HOCKEY

LA FIERTÉ D'UN PEUPLE

HOCKEY
LA FIERTÉ D'UN PEUPLE

Michael McKinley

Traduit de l'anglais par
Richard Dubois

FIDES

RADIO-CANADA
TÉLÉVISION

En mémoire de James Creighton, le père de ce jeu canadien

Photographies de la couverture : (haut de la page), Rob Chapple / Getty Images ;
(bas de la page), José Azel / Getty Images.
Conception de la couverture : Alan Chan
Photo de l'auteur : Ian Campbell

Catalogage avant publication de Bibliothèque et Archives Canada

McKinley, Michael, 1961-

Hockey : La fierté d'un peuple

Traduction de : Hockey: A People's History.
Comprend des réf. bibliogr. et un index.
Publ. en collab. avec : Société Radio-Canada.

ISBN-13 : 978-2-7621-2691-4
ISBN-10 : 2-7621-2691-6

1. Hockey–Histoire. 2. Hockey–Canada–Histoire. 3. Hockey–Ouvrages illustrés.
I. Société Radio-Canada. II. Titre.

GV846.5.M24814 2006   796.96209   C2006-941449-1

Dépôt légal : 4ᵉ trimestre 2006
Bibliothèque nationale du Québec

Titre original : Hockey, A People's History
© 2006 Canadian Broadcasting Corporation
Publié en accord avec McClelland & Stewart Ltd., Toronto, Ontario, Canada

Traduction française : © Éditions Fides, 2006

Les Éditions Fides reconnaissent l'aide financière du gouvernement du Canada
par l'entremise du Programme d'aide au développement de l'industrie de l'édition (PADIÉ)
pour leurs activités d'édition. Les Éditions Fides remercient de leur soutien financier le Conseil
des Arts du Canada et la Société de développement des entreprises culturelles du Québec
(SODEC). Les Éditions Fides bénéficient du Programme de crédit d'impôt pour l'édition de
livres du Gouvernement du Québec, géré par la SODEC. Les Éditions Fides reconnaissent l'aide
financière du Conseil des Arts du Canada et du ministère du Patrimoine canadien par
l'entremise du Programme d'aide au développement de l'industrie de l'édition.

Imprimé au Canada en octobre 2006

TABLE DES MATIÈRES

Par un beau dimanche après-midi de la mi-février de 2005, plus de 300 Vancouvérois ont bloqué l'artère commerciale de la ville, pour protester contre le projet de prolongement de la Transcanadienne. Il faisait bon vivre dans ce quartier, et vu la proximité de l'autoroute, les protestataires craignaient d'assister à une augmentation de la circulation automobile. La manifestation aurait été vite oubliée, n'eût été l'allure qu'elle a prise : une partie de hockey en pleine rue. L'effet fut saisissant.

Sous les chauds rayons d'un soleil précocement printanier, des joueurs, parfois de moins de cinq ans, tentaient de lancer une rondelle – une balle de tennis – dans un filet que seul le cri « Un autobus ! » réussissait à déplacer. Quant aux méchantes voitures, elles avaient été chassées de la rue par la manifestation. Les policiers de Vancouver assuraient la protection du périmètre, pour éviter qu'un automobiliste essaye de se faufiler dans la manifestation en voulant faire croire qu'il pilotait une Zamboni...

Les participants ont senti qu'une bonne vieille partie de hockey était leur plus puissant moyen de protestation. Drôle, original, il allait toucher le gouvernement et le cœur des gens, beaucoup mieux que ne l'auraient fait des bannières et des refrains rageurs. Pour reprendre un slogan des années 1960, le hockey, c'était le peuple au pouvoir !

Était-ce un hasard ? La manifestation fut organisée le jour même où s'ouvrait la dernière ronde de négociations visant à sauver la saison 2004-2005 de la Ligue Nationale de Hockey. Trois jours plus tard, les négociations prenaient fin, faisant place aux lamentations d'un deuil national : embarrassée, la LNH dut reconnaître que, oui, elle était la première ligue sportive professionnelle en Amérique du Nord à annuler une saison entière, en raison de l'incapacité des joueurs et des propriétaires à s'entendre sur les revenus de chacun.

Des gens ordinaires jouant au hockey pour sauver leur quartier, et des professionnels incapables de conclure un accord salarial, et prêts à détruire leur ligue : deux mondes, dont le brutal face à face pose autant de questions qu'il n'apporte de réponses sur l'importance du hockey pour les Canadiens, qui depuis plus d'un siècle maintenant, en font un des éléments clefs de leur identité nationale.

Depuis ses tout débuts, le hockey passionne les Canadiens. Son jeu rapide et endiablé les soulage en partie des longs et rigoureux hivers ; il représente, en pleine saison morte, une promesse de vie. Lui aussi, un jour, fut source de discordes, mais deux hommes remarquables sont venus. Avant eux, il y avait des cris joyeux lancés sur un étang gelé, après eux, il y eut, aux dires des poètes, une authentique religion hivernale. L'un de ces hommes lui a donné son temple, l'autre son calice.

CHAPITRE 1

UN TEMPLE
ET SON GRAAL

« Le hockey doit être strictement interdit. C'est un sport non seulement ennuyeux, mais dangereux. Joué dans un endroit approprié, le hockey est un sport noble méritant tous les encouragements, mais il n'a pas sa place sur une patinoire. On devrait l'en bannir à jamais. » *Halifax Morning Sun*

L'adolescent d'Halifax répondant au nom de James Georges Alwyn Creighton a peut-être lu cette remontrance dans le quotidien local du 25 janvier 1864, mais selon toute vraisemblance, il était sur la glace, trop occupé à participer au déclin de la société. Son seul contact avec le journal a sans doute consisté à en bourrer ses patins pour les garder au chaud. Mais l'idée que le hockey n'était pas un sport d'extérieur allait se loger dans son imagination fertile, et bientôt, sa réponse au problème allait marquer l'histoire.

Né en 1850, Creighton avait hérité des talents de son père, William, en patinage artistique, et il les avait développés sur les glaces du *Northwest Arm*, dans le port d'Halifax, près de la maison familiale, rue Hollis. Il a sans doute patiné à l'intérieur également, car Halifax a ouvert sa première patinoire couverte en 1862, l'année même où Montréal a inauguré sa Patinoire Victoria, de « 10 000 pieds carrés ». C'est sur cette patinoire de Montréal que James Creighton posa un geste historique, dont tout le Canada est resté socialement marqué. À l'époque où le hockey sur glace mettait dans tous leurs états les éditorialistes d'Halifax, le Canada n'était même pas encore un pays.

Creighton déménagea à Montréal en 1872. Il avait dans ses bagages un baccalauréat en génie de l'Université Dalhousie, et une expérience de travail à l'*Intercolonial Railway* des Maritimes. Les travaux d'ingénierie sur les chantiers du canal Lachine l'avaient attiré vers l'ouest. Une fois à Montréal, Creighton s'intégra à son nouvel entourage en devenant membre d'un club de rugby, et en se présentant à la Patinoire Victoria, où il fut accueilli en tant qu'expert et juge de patinage artistique. Mais c'est le hockey sur glace qui fut le vrai cadeau de Creighton à la Patinoire Victoria – et à la nation. Creighton enseigna sa vision

Si on ne peut parler d'un « fondateur » du hockey, il faut toutefois considérer James Creighton (quatrième à partir de la gauche) comme celui qui se rapproche le plus d'un « père » du hockey, tel qu'il se pratique aujourd'hui. Après avoir organisé, à Montréal, le premier match de hockey au monde jamais joué à l'intérieur d'une enceinte, il est allé s'aligner avec les Rideau Rebels d'Ottawa, flanqué de deux des fils de Lord Stanley, l'homme qui allait donner à ce sport sa plus haute récompense, la Coupe Stanley.

(Bibliothèque et Archives du Canada, C- 79289)

Le tableau généalogique du hockey est vieux de plusieurs millénaires. Ce *kouros*, 600 à 800 avant Jésus-Christ, témoin de la brillante culture de l'époque grecque archaïque, montre l'un des premiers jeux utilisant une balle et un bâton.

(Nimatallah/Art Resource, NY, ART, 32693)

du hockey à ses amis de Montréal, en faisant venir de sa province natale, au prix de 50 sous la douzaine, des bâtons de hockey fabriqués par des artisans micmacs dans du bois de hêtre blanc.

Creighton avait aussi amené des patins de hockey avec lui. En 1863, John Forbes et Thomas Bateman, de la *Starr Manufacturing*, de Dartmouth, en Nouvelle-Écosse, avaient inventé les patins à ressort, qui tenaient les lames serrées aux bottes du patineur par une fixation de métal, technique qui envoya aux oubliettes la lanière de cuir fixant les lames aux bottes de façon parfois maladroite et douloureuse. Trois ans plus tard, la Starr fit de ses patins à ressort des patins de hockey brevetables, dont la lame arrondie permettait les rapides changements de vitesse ou de direction nécessités par le hockey sur glace. Quelques années plus tard, la Starr avait à son emploi une centaine d'hommes qui travaillaient 14 heures par jour, pour répondre à la demande de patins de hockey, et les artisans micmacs devaient se tourner vers le bouleau jaune parce qu'ils avaient débité le hêtre blanc jusqu'au point d'extinction.

Le sport que Creighton aimait jouer trouvait ses origines dans les jeux avec bâton et balle pratiqués depuis des milliers d'années, et qui s'étaient développés dans divers foyers de civilisation : en Égypte, en Perse et sans doute plus tard en Grèce. En 440 avant J.-C., à Athènes, les artistes qui sculptèrent la frise de marbre du Parthénon y représentèrent une partie de balle et bâton mettant en scène deux joueurs, face à face, penchés au-dessus d'une balle.

La civilisation poussant vers l'ouest, les jeux avec bâton et balle en firent autant, trouvant un refuge confortable dans les îles britanniques où, au cours du millénaire suivant, ils adoptèrent des styles et des noms anglais ou celtes — *bandy, shinny, hurling*. Les crosses acquirent leurs courbes et leurs côtés plats, permettant des passes plus précises et un jeu plus rapide.

Puis le patinage sur glace est apparu. Les mots « patinage » et « patin » viendraient du grec *patein*, qui signifie « marcher », et *skate* dérive du vieil anglais *sceanca*, « tibia ». Les Vikings en attachaient deux sous leurs chaussures de peau pour suivre leurs proies en glissant rapidement sur la glace. Peu avant le début du 17e siècle, les os auront fait place aux lames de métal, la chasse sera devenue un sport, et Pieter Bruegel aura peint des Hollandais en train de jouer au *colve* (golf) sur un étang gelé. En Écosse, l'Edinburgh Skating Club fut fondé en 1642, ce qui en fait le plus vieux club de patinage au monde. Un siècle plus tard, en Irlande, le *Dublin Evening Post* relate, dans son édition du 29 janvier au 2 février 1740, que deux équipes de gentilshommes ont joué « un match de hurling » sur la glace de la rivière Shannon.

Au cours du siècle suivant, les Européens suivent la migration de l'humanité vers l'ouest et exportent leur jeu de l'autre côté de l'océan Atlantique. Ces premiers colons du Nouveau monde furent sans doute surpris de découvrir que les peuples aborigènes d'Amérique du Nord avaient eux aussi des jeux avec bâton et balle.

Les Iroquois du Québec jouaient au *baggataway*, un jeu que les colons français appelaient lacrosse, en référence à la crosse portée par les évêques catholiques. Les Micmacs de Nouvelle-Écosse jouaient à un jeu avec balle et bâton appelé *oochamkunutk*, terme désignant le bâton avec lequel ils jouaient. Lorsque les Micmacs se joignaient aux colons pour jouer au hurling sur glace, ils jouaient au *alchamadijik*. Les Teton-Sioux (aujourd'hui du Dakota du Sud) jouaient un jeu de balle et bâton sur glace en attachant deux « lames » taillées dans des os d'épaule de buffle sous une latte de bouleau.

Le mot *hockey* vient soit du français « hoquet » – crosse de berger – soit de l'iroquois *hoguee,* qui signifie « branche d'arbre », laquelle servait souvent de bâton de jeu. On raconte même que le mot viendrait du nom d'un officier de l'armée britannique, le Colonel Hockey, en poste dans la garnison de Fort Edward, construit en 1750, près de Windsor, en Nouvelle-Écosse. Quoi qu'il en soit, le hockey s'est joué dans l'herbe ou sur terre battue bien avant de se jouer sur la glace, et le hockey sur gazon est toujours populaire en Europe et en Asie.

Les villes de Windsor et Halifax, en Nouvelle-Écosse, et de Kingston, en Ontario, ont amicalement débattu pendant des années afin de déterminer laquelle d'entre elles pouvait prétendre être le lieu de naissance du hockey. On a des documents certifiant que des soldats et des écoliers ont joué dans ces trois villes – et surtout en Nouvelle-Écosse. Mais peu importe où le hockey est né, c'est à Montréal qu'il a pris sa forme moderne, avec l'annonce de James Creighton dans la *Gazette* de Montréal, datée du 3 mars 1875 : « Une partie de hockey sera disputée ce soir à la Patinoire Victoria par deux équipes de neuf joueurs, choisis parmi ses membres. On va beaucoup s'amuser, car à ce qu'on dit, certains joueurs sont exceptionnels. »

Si les joueurs étaient excellents, c'était parce que Creighton les avait entraînés. En tant que membre estimé du Victoria Skating Rink (la Patinoire Victoria), Creighton avait quelque emprise sur le gardien responsable de la patinoire. En y allant de quelques pots de vin en argent sonnant, lui et ses amis purent jouer sur une patinoire couverte, dans les mois qui ont précédé les vrais débuts du hockey intérieur.

Pour apaiser la crainte que ce jeu de hockey ne soit rendu dangereux par « le trop libre rebondissement de la balle, qui se ferait aux risques des specta-

Fin du 19e siècle, face à face de deux joueurs sur une patinoire de la Grande Allée, dans la ville de Québec. Les buts n'avaient pas encore de filets, des tiges cylindriques en métal servant de marques. Les joueurs faisaient face, non aux buts, mais aux côtés de la patinoire. *(Musée McCord)*

teurs », la *Gazette* rapporta la solution de Creighton : remplacer la balle par un objet venu de son enfance à Halifax, « une pièce de bois plate et circulaire, qui évitait tout danger du fait qu'elle ne quittait pas la glace ». La pièce de bois était une rondelle rudimentaire, mais le terme n'entrera dans le vocabulaire du hockey que l'année suivante.

Jusqu'alors, le hockey avait été un sport d'extérieur, joué librement sur des glaces de toutes dimensions par des joueurs qui, parfois, se comptaient par douzaines. La surface de la glace de la Patinoire Victoria n'avait que « 24 mètres de large par 60 mètres de long », problème que Creighton résolut en ramenant à neuf le nombre de joueurs par équipe. Une petite surface de glace imposait aussi l'adoption de règles. Creighton eut recours aux règlements qu'il avait appris à Halifax, ce qui donna un jeu qu'un observateur moderne trouverait fort différent : la rondelle ne devait pas quitter la glace, le porteur de la rondelle ne pouvait pas faire de passe avant, et les gardiens de but ne pouvaient se jeter par terre ou à genoux pour faire un arrêt. La partie de 60 minutes comportait en son milieu un entracte, pour permettre aux joueurs de récupérer, et aucun remplacement n'était permis pendant le match. Chaque joueur devait jouer l'heure entière, à moins d'être retiré pour blessure ou infraction aux règlements, et dans un cas comme dans l'autre, il n'était pas remplacé.

HOOKEY ON ICE.

A Match for a dinner—Some good sport, and a lively Scene.

Yesterday afternoon eight gentlemen of the St. James' and eight of the Metropolitan Clubs took part in a Hockey match at the Victoria Skating Rink for the above object.

The names of the St. James' men were Messrs. E. A. Whitehead (Captain), Fred. Hart (Goal-keeper), J. A. Gordon, F. M. David, Lutherland, G. T. Galt, George Hope and Frank Bond.

Metropolitan Club : Messrs. J. G. A. Creighton (Captain), R. S. Esdaile (Goal-keeper), W. Barnston, J. B. Abbott, Hy. Joseph, G. G. Geddes and C. Gilder. It will be noted this Club played one man short.

Umpires : For the St. James' Col. Hutton ; For the Metropolitan Mr. D. H. Andrews.

Referee :—Mr. C. E. Torrance.

Colors : St. James' blue and white ; Metropolitan, red and black.

Following were

THE RULES OF THE GAME

1. The game shall be commenced and renewed by a Bully in the centre of the ground. Goals shall be changed after each game.

2. When a player hits the ball, any one of the same side who at such a moment of hitting is nearer to the opponents' goal line is out of play, and may not touch the ball himself, or in any way whatever prevent any other player from doing so, until the ball has been played. A player must always be on his own side of the ball.

3. The ball may be stopped, but not carried or knocked on by any part of the body. No player shall raise his stick above his shoulder. Charging from behind, tripping, collaring, kicking or shinning shall not be allowed.

4. When the ball is hit behind the goal line by the attacking side, it shall be brought out straight 15 yards, and started again by a Bully ; but, if hit behind by any of the side whose goal line it is, a player of the opposite side shall it out from within one yard of the nearest corner, no player of the attacking side at that time shall be within 20 yards of the goal line, and the defenders, with the exception of the goal-keeper, must be behind their goal line.

5. When the ball goes off at the side, a player of the opposite side to that which hit it out shall roll it out from the point on the boundary line at which it went off at right angles with the boundary line, and it shall not be in play until it has touched the ice, and the player rolling it in shall not play it until it has been played by another player, every player being then behind the ball.

6. On the infringement of any of the above rules, the ball shall be brought back and a Bully shall take place.

7. All disputes shall be settled by the Umpires, or in the event of their disagreement, by the Referee.

Premiers règlements

Quand le hockey s'est déplacé des étangs aux arénas, la surface réduite a obligé à imposer des règles de base. Les Règlements d'Halifax constituent la première charte officieuse de règlements, prévoyant entre autres 2 périodes de 30 minutes, entrecoupées d'une pause de 10 minutes pour les joueurs, qui devaient jouer pendant tout le match ; l'obligation, après chaque but, de changer de côté de la patinoire, et pour les gardiens, de rester debout, quoi qu'il arrive, entre les deux tiges de métal délimitant leur espace, les filets ne devant faire leur apparition qu'au tournant du siècle. Le hockey gagnant rapidement en popularité, les Règlements d'Halifax furent bientôt remplacés par la première réglementation officielle du hockey, dite « de Montréal », en 1877. Cette dernière a abandonné les passes avant, permises par la réglementation d'Halifax, permis aux joueurs blessés d'être remplacés, décidé qu'une équipe serait formée de sept joueurs, et que les dimensions de la patinoire seraient d'au moins « 33,6 mètres par 17,4 ». Les gardiens devaient toujours rester debout, mais purent se mettre à genoux pour faire un arrêt, d'abord dans la « Colored League » de Nouvelle-Écosse, au début des années 1900, puis dans la Fédération de Hockey de la côte du Pacifique, en 1912. C'est dans les années 1880 que les équipes sont passées de neuf à sept joueurs : un jour, l'une d'elles était arrivée au Carnaval d'hiver de Montréal avec deux hommes en moins, et l'équipe adverse, pour l'accommoder, a retiré deux joueurs de son alignement. Apparemment, les équipes en présence ont apprécié l'espace supplémentaire ainsi offert aux joueurs, le septième joueur faisant office d'« homme à tout faire », position qui fut finalement abandonnée par la LNH en 1917, et par la Ligue de la côte du Pacifique en 1922 : c'est cette année-là que le hockey est devenu le sport qu'il est aujourd'hui, avec six joueurs par équipe. *(Temple de la Renommée)*

Dans cette annonce publicitaire datant du début du 20ᵉ siècle, le joueur porte un nouveau modèle de patins Starr, l'attache métallique remplaçant l'ancienne lanière de cuir qui assujettissait la lame à la bottine. Le joueur devenu plus mobile, le match a gagné en rapidité. L'affiche montre aussi le bâton de hockey « Mic-Mac », de la compagnie Starr, ainsi appelé en hommage aux artisans micmacs qui l'ont inventé. *(Temple de la Renommée des Sports de la Nouvelle-Écosse)*

Le soir du 3 mars 1875 fut riche en événements de toutes sortes. À Londres, avait lieu la première de *Trial by Jury*, de Gilbert et Sullivan, qui devait être leur premier succès à l'opéra comique. À Paris, Georges Bizet présentait l'opéra tragique *Carmen*, son dernier succès, car il mourut peu après. Et à Montréal, la Patinoire Victoria accueillit ce que la *Gazette* qualifia de « vaste public » — 40 amateurs qui avaient affronté une nuit froide (au plus chaud du jour, le thermomètre avait enregistré moins 13 degrés Celsius) pour assister à ce qui deviendrait une sorte d'opéra canadien, avec ses héros et ses méchants, ses moments de gloire et de tragédie, et dont chaque représentation puiserait sa beauté propre dans l'imprévisibilité de sa fin.

Sous la lumière des lampes à gaz de la Patinoire Victoria, ces intrépides Montréalais, sans doute réchauffés par des flasques de whisky, et à l'abri du danger sur une plate-forme surélevée de 12 centimètres au-dessus de la patinoire, virent James Creigthon et ses 17 copains faire leur entrée sur la glace. Les joueurs, tous issus de la Patinoire Victoria et du Club de Football de Montréal, portaient des chandails de rugby, des shorts, de longs bas de laine, et aucun équipement protecteur. Ils avaient des patins Starr, et se servaient des crosses des Micmacs. La toute première partie de hockey intérieur débuta peu après huit heures. Une heure plus tard, James Creighton avait mené son équipe à une victoire de 2 à 1.

Le jour suivant, la *Gazette* publia le premier compte-rendu mondial d'une partie de hockey intérieur : « En un sens, le jeu ressemble au jeu de crosse — il y a une balle de caoutchouc, le bloc (de bois) doit passer entre des fanions distants l'un de l'autre de huit pieds[1], mais c'est surtout le bon vieux jeu de shinny qui donne la meilleure idée de ce qu'est le hockey. » Au cours des jours suivants, le *British Whig Standard*, de Kingston, fut le premier journal à secouer le doigt en signe de réprobation devant la violence du jeu, déjà endémique : « À l'occasion d'une partie de hockey disputée sur la Patinoire Victoria de Montréal, un disgracieux spectacle nous a été offert. Des jambes et des têtes furent frappées, des bancs fracassés, et les dames qui assistaient au match, profitant de la confusion, se sont enfuies. » La *Gazette* ne fit pas mention de l'empoignade, qui avait opposé, non les équipes, mais les joueurs aux abonnés de la Patinoire Victoria, qui en avaient assez vu, et qui voulaient retrouver leur patinoire.

Si les journaux accordèrent de l'attention à l'événement, c'est fort probablement à cause de

---

1. Plus ou moins 2,5 mètres.

l'ascendance des joueurs – tous des Anglos-Montréalais : Torrance, Meagher, Potter, Goff, Barnston, Gardner, Giffin, Jarvis, Whiting, Campbell, Campbell, Esdaile, Joseph, Henshaw, Chapman, Powell, Clouston et, bien sûr, Creighton.

Le premier match de hockey intérieur au monde marqua le début du développement rapide du hockey à Montréal, où James Creighton étudiait le droit, à McGill, bien que passant plus de temps sur la Patinoire Victoria, et participant à l'élaboration des Règlements de Montréal, publiés en 1877. Après avoir obtenu son diplôme de droit, Creighton déménagea à Ottawa, où il devint juriste assistant et maître de chancellerie au Sénat – ainsi que membre des Rideau Rebels, équipe de hockey sur glace d'Ottawa. Les Rideau Rebels étaient une des équipes mises sur pied par les frères Stanley, leur père ayant craqué pour le hockey. Ce dernier marquera lui aussi l'histoire.

Le 12 mars 1892, à Ottawa, 17 ans après que James Creighton ait présenté son jeu de hockey révolutionnaire à Montréal, une autre révolution sportive se produisit, mais celle-ci prit la forme d'un banquet de sportifs. Les athlètes d'Ottawa et leurs amis s'étaient rassemblés au très élégant Rideau Club, pour célébrer le club de hockey d'Ottawa, champion de la Fédération de Hockey de l'Ontario, fondée deux ans plus tôt.

En tant qu'équipe favorite du sixième gouverneur général du Canada, le Très Honorable Sir Frederick Arthur Stanley, l'équipe d'Ottawa s'inscrivait, pour ainsi dire, dans une lignée royale. Freddy Stanley, comme l'appelait la Reine Victoria, dont il assumait au Canada le rôle de chef d'État, avait été séduit par le hockey sur glace. Ce sport avait touché son cœur – et ouvert son portefeuille. Stanley avait des actions dans la patinoire d'Ottawa, où jouait son équipe de hockey favorite, mais là n'était pas la raison première du geste qu'il s'apprêtait à poser. Ou plutôt qu'il s'apprêtait à poser par personne interposée, car Stanley avait d'autres engagements, ce soir-là, ce qui dut le chagriner, car il appréciait aussi bien un bon repas qu'une partie de hockey. Il fit transmettre un message aux convives par la voix de son aide de camp, Frédéric Lambert (Lord Kilcoursie), aussi membre des Rideau Rebels.

Lambert fit la lecture de son message : « Je pense depuis quelque temps que ce serait une bonne chose si une coupe venait couronner une compétition annuelle tenue entre les meilleures équipes de hockey du Dominion du Canada », écrivait Stanley. « Pour l'heure, on ne voit pas poindre les signes extérieurs d'un tel championnat. Considérant l'intérêt général maintenant suscité par le hockey, et l'importance que les matchs soient joués avec honnêteté et selon des règles généralement reconnues, je souhaite donner une coupe qui, d'année en année, devra revenir à l'équipe gagnante. »

Le Trophée du Défi du Dominion était né, et son nom reflétait le statut du Canada en tant que « dominion », ou territoire autonome dans l'empire britannique. Fait d'un alliage d'argent et de nickel, il avait à peu près la taille d'un ballon de football, il était décoré en sa partie inférieure d'un revêtement ondoyant évoquant un coquillage, et sur une simple plaque étaient gravés les mots : « De

Le Très Honorable Sir Frederick Arthur Stanley, comte de Derby, Baron Stanley de Preston

Né à Londres le 15 janvier 1841, Frederick Stanley a emprunté – il fallait s'y attendre, venant d'un aristocrate – l'itinéraire classique menant de Eton aux Grenadier Guards, qu'il a quittés à l'âge de 24 ans pour s'occuper d'une spécialité familiale : la politique. Fils cadet d'un premier ministre deux fois reporté au pouvoir, Frederick Stanley fut élu député conservateur de Preston en 1865, et pendant 20 ans, il a représenté divers comtés à la Chambre des Communes, en plus d'être nommé secrétaire d'État aux Colonies en 1885-1886. Le 21 juin 1888, il a succédé au marquis de Lansdowne, en tant que gouverneur général du Canada. Peu avant son départ pour le Canada, il a tenu à faire savoir qu'il était sportif, se faisant bâtir, pour ses voyages de pêche, une spacieuse résidence d'été sur la péninsule de Gaspé. Il adorait sa femme, Constance, huitième enfant d'une famille de 10, et aussi les courses de chevaux, les mauvaises plaisanteries, ses beagles de chasse, le jeu d'échec – et le hockey.

(Bibliothèque et Archives du Canada, PA-025686)

la part de Stanley, de Preston ». Ce petit trophée, qui s'emparera des imaginations dans le monde du hockey, n'était pas une marque exagérée de condescendance de la part d'un aristocrate pompeux, mais un geste d'amour.

Stanley avait eu un premier aperçu du hockey au Carnaval d'hiver de Montréal, en 1889. Avec sa femme Constance, deux de leurs enfants – leur fils aîné, le capitaine Edward Stanley, et Isobel, leur fille de 14 ans – et des membres de leur entourage, Stanley arriva au milieu d'un match de hockey disputé par les Victorias de Montréal et l'Association athlétique amateur, match qui se tenait à la Patinoire Victoria, soit à l'endroit même où James Creighton avait fait l'histoire 14 ans plus tôt.

Le Carnaval d'hiver de Montréal était l'une des grandes fêtes du monde dans une ville qui, plutôt que de subir l'hiver, en avait fait une source de réjouissances. Venus de tout le continent, les gens convergeaient vers Montréal pour prendre part au bal sur la patinoire, aux jeux d'hiver, ainsi qu'à la grande parade du Carnaval – congestionnant les rues avec leurs traîneaux, comme le résuma le journaliste montréalais P. D. Ross, dans le *Toronto Daily Mail*, en 1883 : « Entre trois et quatre heures, il devait y avoir entre 1000 et 1500 cutters[2] et traîneaux dans la rue… des gens de toute condition glissent sur la musique infinie de leurs cloches… "Montréal est aujourd'hui la ville la plus en vue de tout le continent,

---

2. Petit traîneau pour personne seule tiré par un cheval. Le terme anglais serait passé dans le vocabulaire français. NDT

observait un journaliste américain. Vous pouvez à peine imaginer l'intérêt qu'elle suscite à travers les États-Unis." »

La pièce de résistance du carnaval était un palais construit avec 10 000 blocs de glace taillés dans le Saint-Laurent, et dont la tour principale avait 25 mètres de haut, soit 8 mètres de plus que la patinoire Victoria, où patinaient, les soirs de bals masqués, une fantastique collection de pays, d'époques et de personnages habillés, selon Ross, comme des « rois, des reines, des courtisans, des pages, des chefs indiens ou des cheiks arabes, des demoiselles des Highlands, des gentilshommes du 18e siècle ou de tout autre siècle, des lutins, des sorcières ou des elfes ».

En 1883, le hockey fut mis pour la première fois à l'affiche du Carnaval d'hiver. En 1877, des règlements avaient été publiés dans la *Gazette* de McGill, sans doute écrits par James Creighton lui-même, puisqu'il travaillait à l'époque pour le journal, et que les règlements en question reprenaient, en les développant, ceux qu'il avait appris dans son enfance, à Halifax. Au début des années 1880, on comptait environ 100 joueurs de hockey pour les seules équipes de Montréal ou de Québec. Au premier championnat mondial de hockey, McGill a battu les Victorias 1 à 0, et créé l'égalité avec Québec 2 à 2, remportant du coup le trophée en argent appelé Coupe du Carnaval d'hiver Birks, alors évaluée à 750 $. (Cette coupe fait partie de la collection du Musée McCord, à Montréal.)

Le fait que les joueurs pouvaient et voulaient concourir pour un trophée – trophée dont la valeur est aujourd'hui estimée à près de 20 000 $ – témoigne de la rapidité avec laquelle le hockey a conquis l'imagination des Canadiens, surtout s'ils étaient assez chanceux pour habiter près des aires de jeu ou s'ils étaient capables de jouer dans les ligues professionnelles, en tant que Blancs d'origine britannique.

Frederick Stanley était de ceux-là lorsqu'il assista pour la première fois, au Carnaval d'hiver de 1889, à du hockey intérieur réglementé. Stanley tomba amoureux de ce sport palpitant, fait d'adresse et de vitesse, de force et d'imagination, qui ranimait la vie pendant la saison morte, et illustrait si bien la fougueuse mentalité de ce jeune pays.

L'Association athlétique amateur de Montréal, championne de la première Coupe Stanley, disputant un match sur la patinoire Victoria de Montréal. 1893 est aussi la première année où la Coupe fut mise en jeu. La patinoire, d'un peu plus de « 3000 mètres carrés », fut ouverte en 1862, à l'intention, non des joueurs de hockey, mais des patineurs du dimanche. Ce qui faisait que les spectateurs faisaient cercle autour de la glace, sans protection aucune contre les rondelles et les joueurs. Le logo de la AAAM, une roue avec une aile à l'intérieur, a donné l'idée de surnommer ses joueurs les « Winged Wheelmen ». *(Bibliothèque et Archives du Canada/Collection d'Archives Molson, PA-139443)*

Isobel Stanley

En 1889, la fille de Stanley, Isobel, a joué dans l'équipe de la Chambre du Gouvernement contre les Rideau Ladies, et le tout premier match de hockey féminin que l'on connaisse a eu lieu à la Patinoire Rideau d'Ottawa, le 10 février 1891. Le *Ottawa Citizen* en a fait mention, mais il s'est contenté de dresser la liste des noms des joueuses, comme pour un bottin mondain. Quand les Stanley sont retournés en Angleterre, en 1893, une contemporaine, Emily Lytton, a cru devoir observer que le séjour d'Isobel en pleine sauvagerie lui avait « donné une propension un peu forte à vouloir imiter les garçons, et lui a fait perdre en conséquence beaucoup de son charme ».

(Bibliothèque et Archives du Canada, nic-5953)

À Ottawa, il fit construire une patinoire sur les terrains de Rideau Hall, allant jusqu'à jouer au hockey un dimanche après-midi – la rumeur est venue aux oreilles d'un quotidien de New York, qui a rapporté que le jour du Seigneur, le représentant de la Reine avait blasphémé.

Les fils Stanley, Arthur et Algernon, jouaient dans une équipe de cinq joueurs – en fait, l'équipe maison du gouverneur général, connue sous le nom des Rideau Rebels, qui, outre James Creighton, comptait parmi ses neuf joueurs quatre membres des Coldstream Guards. Sans doute un bon geste à l'endroit de ces derniers, célèbres pour leur tunique rouge et leur chapeau de fourrure noire, les joueurs portaient des chandails rouge clair. Et quand ils allaient jouer à Toronto, ils voyageaient dans le wagon privé de Lord Stanley.

Le hockey n'arriva à Toronto qu'en 1887, avec la visite que fit le gardien de buts Tom Paton à son ami, l'industriel Hart Massey, membre d'une famille dont Ogden Nash disait avec humour : « Le Canada n'a pas d'autre classe sociale que les Massey et la masse. » Selon le *Dominion Illustrated Monthly*, Paton, de l'Association athlétique amateur de Montréal, « déclara à messieurs Massey et McHenry que le hockey était en train de devenir le premier sport d'hiver à Montréal, et suggéra d'y intéresser les Torontois ».

Massey fut si captivé par ces nouvelles de son ami Paton, qu'il télégraphia à Montréal une commande de 18 crosses de hockey et une rondelle, sans oublier les règlements. Commentaire du *Dominion Illustrated* : « Sur réception de l'équipement, le lendemain soir, une dizaine de patineurs se sont donné rendez-vous sur la glace du Granite Club pour jouer une petite partie. Ils ont recommencé les soirs suivants. Il y a sans doute eu bien des coudes et des hanches

amochés, et quelques doigts écorchés, car on n'entendit plus parler de matchs avant l'hiver de 1889. »

L'hiver suivant l'initiative de Massey, et espérant que les Torontois donneraient au hockey une deuxième chance, le *Toronto Daily Mail* rapporta dans son édition du 16 janvier que les efforts de la saison précédente avaient été abandonnés sous la menace des fontes printanières. Le *Mail* voulut donner un petit coup de pouce en annonçant « qu'un match [de hockey] entre le Toronto Lacrosse Club et l'Athletic Club est en pourparler » et, surtout, « que ce serait une bonne nouvelle si les pourparlers aboutissaient, et qu'un sport aussi intéressant que la crosse vienne raviver les plaisirs de la saison hivernale dans les cercles athlétiques de Toronto ».

Une semaine plus tard, le *Toronto Globe* se faisait encore plus encourageant en rappelant aux résidents qu'« à Montréal, le hockey est un jeu qui occupe la même place dans le cœur des gens que la crosse en été », et qu'au cours des dernières semaines, deux équipes « ont été montées par des athlètes de renom dans le but d'initier le public torontois à ce grand sport ».

Vers la fin de février 1889, le hockey fit enfin ses débuts à Toronto, les Granites défaisant 4 à 1 leurs concitoyens, les Caledonians. Un an plus tard, les Granites de Toronto se sentaient prêts à affronter les Rideau Rebels. Selon le *Toronto Daily Mail*, la joute n'a pas échappé aux aspects moins reluisants du hockey : « Il est grandement regrettable qu'au cours d'un match entre équipes amateurs, certains joueurs, devant leurs nombreux spectateurs, dont une bonne partie étaient des dames, en viennent aux coups. »

En dépit des fortes passions qu'il soulevait – ou à cause d'elles – le hockey a pris une telle place dans l'imaginaire canadien, qu'en février 1893, le *Dominion*

64   *THE DOMINION ILLUSTRATED MONTHLY.*

A Desperate Struggle.—Skeletons vs. Sawed-offs.

En 1893, le hockey était si fortement enraciné dans l'imagination populaire, qu'il fit l'objet d'imitations burlesques. Une Série Burlesque fut organisée à la Patinoire Victoria de Montréal, mettant aux prises des joueurs habillés en clown, baptisés les Squelettes, et l'équipe des Courts-sur-pattes ; on a aussi vu les Vieux décrépits jouer contre les Cancres, et, coup de chapeau à la mentalité coloniale de l'époque, les Éthiopiens affronter les joueurs de la Mère Patrie. Des commentaires satiriques accompagnaient souvent ces divertissements, comme ceux du *Dominion Illustrated Monthly*, rapportant que si l'arbitre se montrait trop zélé, il se voyait vite « invité à faire un petit somme » par l'effort combiné des combattants... *(Dominion Illustrated Monthly)*

En passant de l'extérieur à l'intérieur, le hockey s'est certes donné un cadre de fonctionnement plus strict, avec des règlements, des trophées, des ligues professionnelles, mais comme sport d'hiver, tous les Canadiens y avaient accès. La plupart, peut-être tous les grand joueurs étoiles des débuts du hockey, ont appris à jouer dans la nature, sur des rivières ou des étangs gelés, où d'ailleurs les femmes se mêlaient aux hommes. *(Bibliothèque et Archives du Canada, 2536-10)*

Illustrated Monthly déclarait : « La saison de hockey s'étend sur environ quatre mois, et les patinoires couvertes, présentes dans chaque ville ou village du Dominion, rendent le jeu possible sous toutes les températures. Le joueur n'a plus à accrocher ses patins et remiser sa crosse après une importante chute de neige. » Le hockey est là pour rester, et les gens en redemandent.

Les patinoires couvertes – courantes dans le monde du curling et du patinage artistique depuis le milieu du siècle – étaient tout aussi confortables pour ceux qui préféraient regarder, selon le *Dominion Illustrated Monthly* : « Les patinoires ont beaucoup fait pour encourager la présence du spectateur. En position avantageuse sur une plate-forme ou une galerie, il peut suivre tous les mouvements du jeu dans le confort, et sans devoir, comme avant, ranimer la circulation du sang dans ses extrémités par une danse de guerre frénétique et de vigoureux mouvements de bras techniquement connus sous le nom de "gifle" ».

Le magazine fit également mention d'une innovation technique bénéfique aux spectateurs comme aux joueurs : « L'arrivée de l'éclairage électrique rend possible de jouer une fois la nuit tombée, et tous les matchs importants se tiennent maintenant en soirée. » Le journaliste du *Dominion* concluait que « tous ces avantages combinés hissent le hockey au-dessus de tous les autres sports au Canada, le consacrant ainsi sport d'hiver national ».

À l'époque où les fils Stanley discutaient avec leur père de l'éventualité d'un trophée de compétition national, l'immense popularité du hockey appelait en quelque sorte une telle récompense, et le cadeau de Stanley au Nouveau monde a, sans aucun doute, subi l'influence du vieux continent. Lors d'une assemblée de l'England's Football Association, en juillet 1877, à Londres, il avait été convenu « qu'une coupe de compétition devrait être créée conjointement avec l'association, et que tous les clubs membres de l'association devraient être invités à y participer », décision qui donna naissance à la Coupe FA.

Stanley voulait probablement que le premier gagnant du Dominion Challenge Trophy soit son cher club de hockey d'Ottawa, champion de la saison 1892-93, mais afin d'assurer l'impartialité de la compétition, il créa le premier système de « double-arbitrage », en instituant deux curateurs de la Coupe, dont la fonction était d'empêcher toute équipe d'en prendre le contrôle, et d'ainsi la détourner de ses fins.

Les premiers gardiens de la Coupe, le sportif d'Ottawa, le shérif John Sweetland et le journaliste P. D. Ross, membre des Rideau Rebels, prirent eux aussi au sérieux la volonté de Stanley de voir le trophée gagné par « l'équipe de hockey championne dans le Dominion ». À la fin de l'hiver 1893, ils décrétèrent que l'équipe d'Ottawa disputerait le championnat contre l'équipe de Toronto, les Osgoode Hall – mais à Toronto, rien de moins. Les Rideau Rebels d'Ottawa refusèrent, furieux de l'insulte faite à leur statut de champion. Le premier championnat du Dominion Challenge Trophy fait donc figure d'accroc dans l'histoire du sport au Canada : il n'eut pas lieu là où il devait.

Dans une édition de mai 1893, sans doute pour mieux faire connaître l'esprit de la Coupe, la *Gazette* de Montréal intervint pour clarifier les intentions de Lord Stanley : « La Coupe doit rester une coupe de compétition et ne deviendra la propriété d'aucune équipe, même si elle est gagnée plus d'une fois par la même » expliqua le journal, qui la renomma « Coupe Stanley du championnat de Hockey ».

Au cours de l'automne, Ottawa reconsidéra sa position. Après avoir battu quatre équipes québécoises, l'équipe avait raison de croire que finalement, la plus récente et plus importante récompense du hockey lui reviendrait – jusqu'à ce qu'elle perde contre l'Association athlétique amateur de Montréal (AAAM). Il y eut alors un autre problème, et il était assez embarrassant : l'équipe de Montréal qui gagna la « première » Coupe Stanley refusa de l'accepter.

Ce qui se passait, c'est que le Club de Hockey de Montréal avait bataillé ferme pour remporter la Coupe, mais comme il n'avait que le statut de « club affilié » à l'AAAM, il ne pouvait prendre part aux activités officielles de l'association. L'équipe fut indignée par l'impatience soudaine des cadres bien nourris de l'AAAM de recevoir le trophée de Lord Stanley en son nom. Les curateurs de la Coupe tentèrent de réconcilier les parties, mais lorsque Sweetland se rendit à Montréal pour remettre le trophée à l'équipe, le président du Club de Hockey de Montréal resta introuvable, et l'AAAM s'empressa donc d'accepter la récompense à sa place. Furieux, le Club de Montréal prétendit que les curateurs de la Coupe ne l'avaient pas contacté directement, et qu'il se sentait donc doublement insulté.

Les responsables de l'AAAM convoquèrent les directeurs à une réunion extraordinaire, voulant inscrire l'humiliation en question dans leur histoire officielle : « Afin de ne pas offenser le précédent gouverneur général du Canada, et ne pas sembler ingrat aux yeux du public, les directeurs ont décidé de garder la Coupe Stanley en leur possession. » Et le reste témoigne de la popularité du hockey à cette époque : « Le public n'a pas été informé de la dispute. » Et c'est

Quand Lord Stanley a fait don de son célèbre trophée, en 1892, il voulait encourager l'esprit de compétition dans les régions, et il a donc baptisé « Coupe du Défi du Dominion »[1]. L'un de ses adjudants, le capitaine Charles Colville, avait acheté le bol en argent à l'orfèvre G. H. Collis, dans Regent Street, à Londres, pour la somme de 10 guinées. L'espoir de Stanley était que le désir de remporter la coupe unirait les équipes et leurs amateurs de tout le Dominion et, par le fait même, rapprocherait ses populations disséminées dans de trop vastes territoires. *(Temple de la Renommée)*

1. Dominion Challenge Trophy.

L'Association athlétique amateur de Montréal (AAAM) a remporté la première Coupe Stanley en 1893, en finissant première au classement de la Fédération de Hockey amateur, avec sept victoires, une défaite, une nulle. Bien que la Coupe Stanley ait été instituée comme coupe du « défi », aucune autre équipe ne s'est présentée contre Montréal, dès lors peu emballée par la récompense. Même si ses joueurs représentaient l'AAAM, ils n'avaient pas droit de vote au sein de la direction du club, et ils n'ont pas aimé que les dirigeants réclament la Coupe pour eux-mêmes. L'année suivante, l'AAAM a défait une équipe rivale d'Ottawa, remportant la Coupe Stanley lors d'une première véritable « compétition ».

(Temple de la Renommée)

ainsi que la « première » Coupe Stanley fut gagnée par un comité réuni en secret. Cet épisode était l'innocent présage de toutes les disputes politiques à venir dans le domaine du hockey.

Le dernier match de la première série de la Coupe Stanley qui connut une fin heureuse fut joué le 22 mars 1894, deux ans après que Stanley eut doté le prix. Cinq mille personnes, la plus grande assistance jamais vue à un match de hockey, s'entassèrent sur une plate-forme surélevée de 30 centimètres tout autour de la glace de la Patinoire Victoria à Montréal. Là, ils virent les joueurs de Montréal, vêtus de chandails bleus décorés d'une roue à deux ailes, battre Ottawa 3 à 1. « Presque toutes les femmes présentes dans l'enceinte portaient les couleurs de leur équipe », rapporta la *Gazette* de Montréal, « et jamais chevalier ne se battit plus vaillamment au cours d'une joute ou d'un tournoi que les joueurs de hockey ». Le journaliste anonyme trouva cependant moyen de glisser ce qui deviendra une plainte classique de tous les commentateurs : l'arbitre « n'était vraiment pas assez sévère » ; l'état de la glace laissait « grandement à désirer », les matchs auraient « tout à gagner » s'ils commençaient plus tôt en hiver, et la violence était omniprésente. « Le hockey n'est pas nécessairement synonyme de meurtre », concluait le journaliste.

Les champions quittèrent la patinoire portés en triomphe par leurs fans enthousiastes, et l'arbitre, M. H. Scott, de la ville de Québec, rentra prudemment chez lui, indemne sous le chapeau melon qu'il portait aussi pendant le match. Les noms des champions furent les premiers à être gravés sur la coupe d'argent de Lord Stanley : « Tom Paton, James Stewart, Allan Cameron, Alex Irving, Haviland Routh, Archie Hodgson, Joe Lowe, Bill Barlow et A. B. Kingan. » Une tradition était née. Et le hockey avait son Saint Graal.

Tôt dans l'hiver de 1890, un écolier de Winnipeg en train de patiner avec ses amis aperçut un phénomène étrange. « Deux jeunes hommes, que je ne connaissais pas, se livraient sérieusement bataille pour la possession d'un objet noir et circulaire sur la glace. Ils étaient armés de bâtons incurvés aux contours plus réguliers que ceux des crosses de shinny que les jeunes s'improvisent, mais dont les lignes étaient somme toute assez semblables. » Le souvenir de ce jour fatidique fut publié sous les mystérieuses initiales « W. D. », dans l'édition de mars 1895 d'*Athletic Life*. L'écolier demanda simplement aux deux hommes ce qu'ils faisaient, et il apprit ainsi « qu'ils étaient membres d'un des nouveaux clubs athlétiques de la ville où l'on jouait à un nouveau jeu, appelé hockey. »

 C'est l'Albertain Marshall McLuhan qui a déclaré : « L'homme de l'Ouest n'a pas de point de vue. Il a un vaste panorama. Il est entouré de tellement d'espace. » Cet homme-là trouva aussi d'immenses possibilités dans les grands espaces du Manitoba, où le hockey trouva sa deuxième demeure. Depuis qu'elle avait joint la Confédération, en 1870, la province avait connu deux décennies de guerre, suivies d'une période de croissance rapide. Dans l'imagination nationale, le Manitoba était une terre d'aventures, de possibilités – où l'on trouvait parfois des hommes dangereux, comme Louis Riel, qui s'était autoproclamé « prophète du Nouveau Monde », et dont la croisade pour préserver les droits des Métis catholiques de langue française se termina, en 1885, par la rébellion du Northwest et, la même année, par la pendaison de son auteur.

Si on applique les normes de protection d'aujourd'hui, les premiers joueurs de hockey nous semblent dangereusement exposés. Avant l'apparition des gants de hockey autour de 1904-1905, faisant ensuite place aux gantelets, en 1915, les joueurs ne mettaient que des gants d'hiver, ou alors jouaient mains nues. À partir des années 1880 jusqu'à la première décennie du 20e siècle, les culottes de hockey allaient jusqu'aux genoux et n'étaient pas toujours rembourrées ; elles furent raccourcies par la suite, pour améliorer la mobilité des joueurs. Alors que les premiers gardiens portaient des jambières de cricket, ceux du tournant du siècle eurent droit à une véritable protection des tibias, et pas seulement un peu de rembourrage cousu dans les chaussettes. Les premiers chandails visaient d'abord à protéger du froid, puis avec le temps, on a cousu du rembourrage aux coudes et aux épaules de ces épais cols roulés en laine. On a ensuite allégé l'ensemble, lui donnant plus d'ampleur et de confort mais en l'adaptant à l'équipement de sécurité que les joueurs portaient plus bas. Sur la photo, le juge des buts, avec son manteau de fourrure, est certainement celui qui est le plus au chaud. *(Temple de la Renommée)*

Le Collège Ste-Marie

En dépit du haut calibre des joueurs canadiens-français dans l'histoire du hockey, les francophones sont venus tard au hockey, comme d'ailleurs toutes les autres minorités. Le Collège Ste-Marie de Montréal, fondé en 1848 par les Jésuites, fut un important tremplin pour les joueurs francophones et irlandais. En 1900, l'hebdomadaire libéral *La Patrie* parlait d'un « véritable vivier de talents », qui avait sa propre ligue, formée de quatre ou cinq équipes. Quelques étudiants irlandais se sont retrouvés avec les Shamrocks de Montréal, et les joueurs francophones formés par le Collège furent les vrais pionniers du hockey canadien-français. Les frères Millaire, Édouard et Albert, fils d'un propriétaire de taverne à Montréal, ont joué non seulement pour l'équipe du Collège, mais furent les joueurs clefs des premières équipes francophones, comme les Nationals, les Montagnards et les Canadiens de Montréal. *(Collège Ste-Marie)*

En 1881, après une décennie de débats et de pots-de-vin, le gouvernement canadien commença la construction de ce que le leader de l'opposition libérale, Alexander Mackenzie, qualifia de « folle témérité » : un chemin de fer allant d'est en ouest. Traversant les profondes formations rocheuses du Bouclier canadien, s'étirant tout au long des interminables prairies, puis escaladant les Rocheuses, en apparence impénétrables, pour redescendre les pentes reposantes du Pacifique, le chemin de fer national donna corps à l'idée de Canada. Il allait aussi permettre à ses investisseurs de gagner beaucoup d'argent et dessiner le profil démographique du Canada, car les grandes villes canadiennes croissaient en nombre le long du chemin de fer. Et le Manitoba, au début des années 1880, était en pleine croissance. Le chemin de fer a mis Winnipeg sur la carte du monde, les quotidiens de New York et de Londres parlant d'abondance d'une spéculation terrienne frénétique, qui avait cours dans la nouvelle métropole des prairies. Et avec les nouveaux venus cherchant fortune ou vie meilleure dans l'ouest, arriva le sport qui avait séduit le cœur des Canadiens dans l'est : le hockey.

Fred Ashe, un joueur de hockey québécois cherchant à s'enrichir dans l'ouest, aida à mettre sur pied une équipe, appelée les Winnipegs. Les militaires de l'est du Canada venus servir dans la garnison de la province montèrent eux aussi des équipes de hockey, enseignant du coup le jeu à leurs nouveaux concitoyens.

Le 3 novembre 1890 – à peu près au moment où l'écolier de Winnipeg découvrait ce qu'était le hockey – un groupe de sportifs de Winnipeg décida de former le premier club de hockey du Manitoba. En hommage à la reine (et non à l'équipe de Montréal, qui portait le même nom), ils se nommèrent le Victoria Hockey Club, et peu après, les Winnipegs leur rendirent service en devenant

Les Victorias de Winnipeg ont remporté leur première Coupe Stanley en 1896, le jour de la Saint-Valentin. Ce fut la première équipe, en dehors de Montréal, à remporter la Coupe. Emmenée par son robuste compteur et joueur de centre Dan Bain, et par son gardien Cecil « Whitey » Merritt, les Victorias ont remporté deux autres Coupes Stanley en 1901 et 1902.

(Bibliothèque et Archives du Canada/Collection du Bureau des Brevets et Droits d'auteur/C-024328)

leurs seuls adversaires. Le 11 novembre 1892, la Fédération de Hockey du Manitoba était née. Le hockey était venu au Manitoba pour y rester.

En 1893, les Victorias étaient les champions du Manitoba, mais cela ne fit que les encourager à prouver leur talent là où le hockey avait ses vraies racines. S'alliant à leurs rivaux, les Winnipegs, les Victorias firent une proposition courageuse à leurs cousins de l'est : une escouade composée de joueurs étoiles du Manitoba se rendrait en Ontario pour jouer contre les meilleurs de la province.

Même si la Fédération de Hockey de l'Ontario avait été fondée la même année que la Fédération de Hockey du Manitoba, le succès remporté par le hockey à Ottawa, à Kingston, et plus récemment à Toronto, fit croire aux Ontariens qu'ils l'emporteraient facilement contre les Manitobains – et que tout ce cirque allait s'avérer rentable.

La tournée des joueurs de Winnipeg commença mal, le feu ayant détruit la patinoire où les joueurs entreposaient leur équipement. Les commerçants de Winnipeg, qui avaient financé la tournée, enfoncèrent la main encore plus profondément dans leurs poches, afin d'en sortir de nouveaux patins, des crosses et des uniformes improvisés à l'aide de pantalons noirs et de chandails blancs, sur lesquels s'entrecroisaient des crosses de hockey formant un W sur la fière poitrine des joueurs étoiles de Winnipeg, qui pouvaient maintenant prendre le train en direction de l'est.

Emmenés par le brillant compteur et champion de patinage de vitesse Jack McCulloch, les Victorias de Winnipeg battirent les Victorias de Toronto, une équipe d'Osgoode Hall, et une troisième, de l'Université Queen's, avec un score combiné de 23 à 10. Ils poursuivirent leur tournée en remportant 8 de leurs 11 matchs. Le *Daily British Whig Standard*, de Kingston, exprima la profonde blessure infligée à l'amour-propre des Ontariens : « À quoi vous attendiez-vous de la part de gars qui ont de la glace pour pratiquer à l'année longue ? »

Les équipes de Winnipeg avaient goûté au succès, mais leur vraie grande ambition, c'était de remporter le trophée qui, jusqu'alors, était resté à Montréal. Le 8 février 1896, le *Winnipeg Daily Tribune* annonça que l'heure était venue : les Victorias allaient à Montréal « pour rencontrer l'équipe championne de l'est à la Patinoire Victoria, et qu'à cette occasion, les Vics affronteront les Vics pour remporter les honneurs de la Coupe Stanley et du Championnat du Canada ». Au cas où quelqu'un aurait pu douter de l'importance de la mission, la *Tribune* ajouta : « Nos hommes quittent la ville avec la confiance du public de Winnipeg, pour qui le cyclone de l'ouest est encore capable de montrer aux hockeyeurs de l'est à quoi ressemble une tornade sur glace. »

La nuit du 14 février était froide et la glace était belle, lorsque les joueurs du Winnipeg sont entrés sur la Patinoire Victoria à Montréal, dans des chandails rouge écarlate, décorés de bisons du Manitoba sur fond d'écussons jaunes. Les 25 admirateurs du Winnipeg qui avaient fait le voyage applaudirent leur gardien de but, Cecil « Whitey » Merritt, originaire de Goderich en Ontario, qui jouait au hockey depuis l'âge de 11 ans, et qui avait rehaussé son uniforme de jambières blanches, empruntées au jeu de criquet, et d'une moustache de morse bien fournie.

Protégeant Merritt, il y avait une équipe d'athlètes polyvalents – c'était courant à une époque où les joueurs changeaient de sports avec les saisons. En défense, Roddy Flette. Âgé de 23 ans et natif du Manitoba, il était très bon au football, au base-ball, au rugby, au curling, à la crosse, et il représenterait bientôt le Manitoba à l'aviron à Henley-on-Thames. Le capitaine de l'équipe, J. C. Armytage, un joueur avant de 24 ans, était aussi l'entraîneur de l'équipe. Dan Bain, 23 ans, était le joueur d'avant le plus rapide de l'équipe.

Bain fut l'une des premières étoiles de hockey et ses prouesses athlétiques étaient impressionnantes. À l'âge de 13 ans, il gagna une course de 3 kilomètres, et il devint champion de patin à roulettes du Manitoba. À 17 ans, il participa pour la première fois aux compétitions de gymnastique de la ville. À 20 ans, il gagna le premier de 3 championnats consécutifs en cyclisme. Au cours de sa vie sportive, Bain remporta de nouveaux titres en patinage artistique, des médailles à la crosse et en raquette ainsi que le championnat de tir au pigeon du Dominion.

Bain parlait avec joie de ses réalisations, estimant que son succès était dû à de l'adresse – et à son manque de persévérance : « Je ne voyais pas pourquoi je devrais pratiquer un sport si je n'y étais pas bon. Je le pratiquais juste assez longtemps pour être capable de remporter un championnat, puis j'essayais autre chose. »

Bain avait rejoint les Victorias de Winnipeg en 1895, après avoir répondu à une petite annonce parue dans les journaux locaux. Bain intégra l'équipe après les cinq premières minutes d'essai. La seule chose qui n'allait pas dans son jeu, c'était sa crosse, qui était rafistolée avec du fil de fer. Les Victorias la lui ont confisquée. « Ça m'a presque brisé le cœur de la perdre », confia Bain.

La seule chose que les gens de Winnipeg oublièrent de cette soirée historique, qui vit les Vics affronter les Vics, ce fut la pénalité de Dan Bain au moment même où Winnipeg menait le match 2 à 0. Les foules se rassemblèrent dans les hôtels Manitoba, Queens et Clarendon, pour écouter le premier compte rendu détaillé de hockey qui descendait des fils télégraphiques des chemins de fer du Canadien Pacifique. Selon le *Winnipeg Free Press*, « les surintendants Jenkins et Thos. Masters, du C. P. Telegraphs, étaient au clavier, pendant que le directeur Tait claironnait les bulletins, mais avec un fort accent écossais ». Les sept joueurs du Winnipeg – la nouvelle taille d'une équipe de hockey – l'emportèrent finalement sur leurs hôtes montréalais.

Comme le *Free Press* l'annonça joyeusement, la Coupe Stanley ne fut pas la seule chose que les Victorias de Montréal perdirent ce soir là : « Triste sort infligé ce soir à ses espoirs bien humains, mais oh combien fragiles ! Montréal porte le sac et la cendre, et ses amateurs sont allés se coucher dans des lits sans sommeil, et le portefeuille vide. En face, le contingent des « Peg »[3] a assez d'argent pour ouvrir une banque privée. Pas moins de 2000 verres de piquettes seraient passés au-dessus des comptoirs de l'hôtel Windsor après le match de ce soir, et seraient descendus dans le gosier des supporters du Winnipeg. »

Tard cette nuit-là, rapportèrent les journaux, ou plutôt le lendemain matin, une autre tradition de hockey fut honorée : « Les gagnants ont fêté leur Coupe Stanley de la manière qui convenait. La Coupe contient un peu plus de neuf litres de boisson, mais la foule de Winnipeg, très nombreuse, était très assoiffée. La Coupe dut être remplie plus d'une fois pour bien étancher sa soif ».

Lorsque les sept joueurs du Winnipeg rentrèrent chez eux, une énorme foule s'était rassemblée à la gare du CPR pour leur souhaiter la bienvenue. Le devant de la locomotive était drapé dans l'Union Jack, et les deux côtés du wagon-citerne étaient décorés de serpentins en forme de crosses de hockey. Les joueurs furent conduits à une fête au Manitoba Hotel, dans des traîneaux ouverts, et tous ceux qui s'étaient rassemblés sur le chemin de la victoire purent voir la Coupe Stanley scintiller dans la lumière de l'hiver.

Dix mois plus tard, les Victorias de Montréal filèrent dans l'ouest pour récupérer la Coupe, lors « du plus grand événement sportif dans l'histoire de Winnipeg », selon les journaux locaux. Les billets se vendirent au prix astronomique de 12 dollars – assez d'argent pour payer un repas somptueux à chaque équipe.

---

3. Joueurs et partisans de WinniPEG. NDT

Les Victorias de Montréal furent l'une des premières dynasties de l'histoire du hockey, remportant cinq fois la Coupe Stanley entre 1895 et 1899. Les Vics avaient pour capitaine Mike Grant (dernière rangée, au centre), patineur de vitesse et champion de crosse qui fut l'un des premiers défenseurs-attaquants. Autre titre de gloire : en tant que fils de maréchal-ferrant, il a montré qu'il faisait fi des barrières de classe du hockey organisé de la fin du 19e siècle, à Montréal. *(Temple de la Renommée)*

Les Montréalais durent rajuster leur jeu avant le championnat. Les bandes de la patinoire McIntyre de Winnipeg étaient plus hautes, et les extrémités de la patinoire étaient légèrement arrondies, ce qui faisait rebondir la rondelle différemment. Sept cents admirateurs – autant qu'il en serait venu voir un match à Montréal – voulurent assister à la pratique des joueurs de l'est.

Les Victorias de Montréal eurent aussi le loisir d'assister à un spectacle donné par la Columbia Opera Company, et ils ont, paraît-il, apprécié le spectacle tout autant que les résidents avant eux. Les Victorias confièrent à un journaliste qu'ils considéraient Winnipeg comme une « vraie ville sportive », remarque qui ne les empêcha pas de gagner la Coupe et de la rapporter « à la maison », moins d'un an après son arrivée dans l'ouest.

Winnipeg concourut de nouveau pour la Coupe en 1900, qu'ils perdirent aux mains des puissants Shamrocks de Montréal. Plus tard cette année-là, les Crescents d'Halifax vinrent à Montréal pour essayer d'enlever la Coupe aux Shamrocks, mais ils terminèrent avec un résultat inverse de celui qu'ils avaient espéré, essuyant un blanchissage de 11 à 0. Ils rentrèrent dans l'ouest les mains vides, mais ils ont laissé un souvenir qui devait s'avérer utile : leur habitude de draper les poteaux des buts d'un filet de pêche a donné l'idée du filet, derrière les buts.

Dan Bain joua deux autres matchs de la Coupe Stanley pour Winnipeg, ramenant la Coupe dans l'ouest, en février 1901. Nommé Athlète par excellence du 19ᵉ siècle au Canada, il fut, dans ses vieux jours, nostalgique du hockey de ses débuts : « Quand nous passions la rondelle, elle ne quittait jamais la glace et si l'ailier n'était pas là pour la recevoir, c'était parce qu'il s'était cassé la jambe. Il n'a jamais été question de se faire payer pour jouer pendant les années où j'ai été associé aux Victorias, et même pendant les années suivantes. Ces années-là furent celles des vrais athlètes. » (*Globe and Mail*, 11 novembre 1949).

Les premiers championnats de la Coupe Stanley contribuèrent à définir le hockey canadien, car celui qui concourait pour la Coupe constituait objectivement un critère d'admission, tout comme celui qui se voyait refuser de le faire. Le trophée, par exemple, pouvait être remporté par n'importe quelle équipe pourvu qu'elle soit blanche, anglophone et digne de la compétition.

Même si Montréal détenait la Coupe Stanley à ses débuts, les francophones de la ville étaient largement exclus du jeu. Le fondateur des Jeux olympiques modernes, Pierre de Coubertin, en prit note lors de son passage dans la ville, en 1889. Commentant le grand nombre de clubs et d'associations fondés par la communauté anglophone, de Coubertin déclara : « Les quelques Canadiens français qui aiment l'exercice et le plein air reçoivent un accueil chaleureux dans toutes ces associations, mais l'anglais est la seule langue qui y soit parlée, et elles sont toutes dominées par les Anglais. »

Les Canadiens français n'étaient pas complètement exclus des cercles où se pratiquait le hockey. Charles Lamothe, un des sept joueurs de langue française que comptait alors la ligue montréalaise, fut capitaine des Victorias de Montréal en 1883. En 1872, il remporta quatre compétitions de patinage à la Patinoire Victoria, et il joua aussi dans la ligue de crosse en 1877 et 1878. Mais il était surtout l'exception confirmant la règle.

La croissance de Montréal, au tournant du siècle, donna à la classe moyenne montante de langue française les moyens de dépenser et, les samedis, du temps pour le faire. La première équipe francophone de la ville fut formée en 1895 et porta le nom anglais « The Nationals ». Ses joueurs apprirent à jouer avec des Irlandais catholiques de Montréal – les deux groupes avaient en commun le catholicisme, et nourrissaient une même méfiance à l'égard de l'Anglais. Les Montagnards furent formés en 1898, mais les deux équipes ne remportèrent jamais la Coupe Stanley, parce qu'elles ne le pouvaient pas. Elles n'ont pas pu se faire admettre dans les ligues anglaises, comme la Fédération de Hockey amateur, ou la Ligue de Hockey amateur du Canada, et la récompense resta donc hors de leur portée.

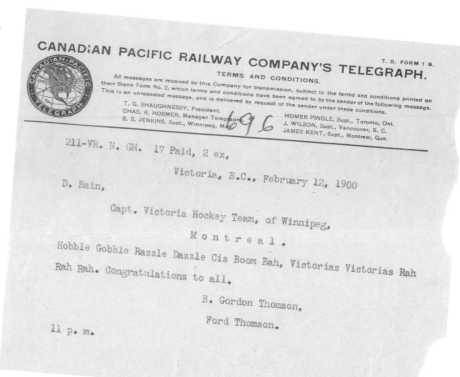

Ce télégramme félicitant les Victorias de Winnipeg et leur capitaine, Dan Bain, a été envoyé après la victoire de Winnipeg lors du premier match de la Coupe Stanley contre les Shamrocks de Montréal, en 1900. Éloge prématuré, car les Shamrocks sont revenus de l'arrière dans les deux derniers matchs, et ont ainsi pu garder la Coupe à Montréal. La saison suivante, Winnipeg a relevé le défi, défaisant les Shamrocks et remportant sa deuxième Coupe Stanley.

(Temple de la Renommée)

Le hockey était devenu un sport lucratif pour les clubs athlétiques « amateurs ». La vente de billets et les droits d'accès à la patinoire permettaient à l'AAAM de récolter, en moyenne, des profits annuels nets de 2000 dollars. Les paris étaient aussi une source de revenus, joueurs et amateurs pariant les uns comme les autres. Il n'y avait alors pas trace de l'opprobre social qui mettra plus tard un terme à la plupart des paris sportifs. Par ailleurs, le hockey avait une popularité croissante dans toutes les classes sociales. Au cours de la dernière décennie du 19e siècle, des clubs de métier se sont formés dans tout le Canada, comme le club des avocats, le club des mineurs. Il y eut des ligues formées d'équipes de banquiers, en partie en vue de compétitions amicales, en partie pour faire des affaires, comme le révéla le *Dominion Illustrated Monthly* en mars 1893 : « Les banquiers de Toronto se sont emparés du sport et se sont donné leur propre ligue. Ils ont joué systématiquement au cours des quatre derniers hivers... Le souper annuel des banquiers est un des événements de la saison ; dans une ambiance de fête, seniors et juniors y échangent leurs idées sur les compétitions et la sélection des joueurs. »

Les femmes aussi jouaient au hockey dans des ligues. Elles ont joué en amateur aussi longtemps que les hommes, mais elles ont rencontré des obstacles supplémentaires, lorsqu'elles ont essayé d'organiser des compétitions. En 1894, une équipe féminine de l'Université Queen's souleva la colère d'un membre du clergé local, qui considérait que le désir des femmes de jouer au hockey offensait l'ordre divin universel. Les femmes prirent son avertissement en considération et se choisirent comme nom les « Love-me-Littles ». Elles jouaient dans de longues jupes ; les dribbleuses s'en servaient pour camoufler la rondelle et les gardiennes de but, pour l'arrêter. Au tournant du 20e siècle, on trouvait des ligues de hockey féminines dans les villes et les universités de l'est du pays, à Vancouver, et jusque dans le nord lointain, à Dawson City. De plus, les femmes avaient alors droit à une couverture de presse, étape essentielle du processus par lequel un jeu devient un sport.

En février 1906, un journaliste du *Halifax Recorder* couvrit un match entre des équipes féminines de Windsor et d'Halifax, notant au passage que les garçons du King's College de Windsor, venus encourager Windsor, hurlèrent leur satisfaction lorsqu'une des leurs, Miss Handsombody, compta un but pour son équipe. La victoire ne devait toutefois pas leur revenir : « Les dames d'Halifax n'ont pas tardé à prendre leurs adversaires à revers, et Miss Edith Ritchie a rapidement marqué un but. Elle s'est de nouveau emparée de la rondelle lors de la mise en jeu, et en a vite enfilé un autre. Jusque-là, Windsor avait mené la bataille avec élégance, et Miss Grace Smith avait réussi à égaliser le score. Mais Miss E. Ritchie marqua le but gagnant pour Halifax. »

La Nouvelle-Écosse, dont l'action fut si cruciale sur les origines et le développement du hockey au Canada, fut aussi le berceau d'une autre ligue de hockey qui fut une première, et une fois encore parce que les joueurs n'avaient eu d'autre choix que de former leur propre ligue. L'importante population noire de la Nouvelle-Écosse – descendante des Américains qui avaient traversé leur frontière nord pendant la guerre d'indépendance ou pour échapper à l'esclavage – s'est donné sa propre Colored League, et elle organisa des rencontres entre équipes de Noirs des Maritimes.

En février 1902, 1200 citoyens d'Halifax se sont donné rendez-vous à la patinoire Empire de la ville, pour voir les West End Rangers, « les champions de couleur de l'Île-du-Prince-Édouard », dans leurs chandails noir et or, affronter les Africville Seasides, champions de la Nouvelle-Écosse noire. L'adresse et la finesse de jeu des Seasides et des Rangers firent dire au *Halifax Recorder* qu'il « n'y avait là personne qui ne fût très heureux d'avoir pu assister à une aussi belle compétition et à une telle démonstration sportive ». Le ton étonné du compte rendu laissait entendre que les équipes de Noirs étaient tout aussi bonnes que celles des ligues de Blancs, dans lesquelles il leur était interdit de jouer. Lorsque le gardien de but des Seasides, William Carvery, « arrêta tir après tir », le journaliste nota que « même dans les ligues majeures, on ne peut voir du travail mieux fait ».

Malgré son admiration, le journaliste ne put s'empêcher de trahir l'attitude raciste qui prévalait dans les Maritimes. Parce que les Seasides avaient trois frères Carvery et trois frères Dixon dans leur équipe et que les Rangers comptaient quatre frères Mills dans la leur, le journaliste du *Halifax Recorder* se sentit obligé d'écrire : « Dans des circonstances ordinaires, il aurait été impossible de distinguer les joueurs, mais avec un quartette (*sic*) de Mills et un trio de Carvery d'un côté et le même nombre de Dixon de l'autre, c'était encore plus difficile. »

Les Seasides gagnèrent le match 3 à 2, mais deux jours plus tard, les Rangers de l'I.P.E, en visite, battirent les Eurekas d'Halifax 2 à 1. Après la partie, les Eurekas accueillirent les Rangers dans leur club de la rue Creighton, à Halifax. Le jour suivant, on a pu lire dans les journaux que les Rangers « ont parlé en termes élogieux du traitement qu'ils ont reçu à Halifax, et ils espèrent visiter à nouveau notre ville au cours de la saison prochaine ».

Ce moment d'amitié contredisait de manière flagrante les sentiments et les termes exprimés par un « poète de l'Île-du-Prince-Édouard » dans des vers coupés à la hache, et portant sur les compétences particulières des Rangers en comparaison de celles d'autres équipes des Maritimes : « C'est correct de parler des Abbies ; / Et c'est correct de parler des Vics ; / Mais pour une bonne vieille bagarre / Comme on les aime / Il faut voir les Rangers se servir de leurs crosses. » Ces vers, publiés dans le *Halifax Recorder*, parlaient d'un aspect déplorable du hockey. Emmenée dans le sillage d'un sport rapide et intense, la violence semblait parfois devenir la « raison d'être[4] » du jeu.

Le racisme de l'époque victorienne avait pour effet que si les joueurs noirs canadiens désiraient s'inscrire à une compétition, ils devaient former leur propre ligue – de là est née la Colored League (Ligue de Hockey de couleur) des Maritimes, en 1900. Ironiquement, les matchs de cette ligue attiraient plus d'amateurs blancs que les rencontres de joueurs des ligues « blanches » n'en attiraient elles-mêmes. Même là, aucun trophée n'est venu souligner le championnat de la Colored League. En 1921, le championnat fut remporté par les Rangers du West End de Charlottetown, à l'Île-du-Prince-Édouard, rendus célèbres par leur style rapide et fougueux. *(Jim Hornby, Institute of Studies, 1990)*

---

4. En français dans le texte. NDT

Un journal de Montréal a décrit le hockey comme une « boucherie orgiaque », où les bagarres n'avaient pas lieu que sur la glace, mais faisaient aussi irruption parmi les supporters, et entre les joueurs et les spectateurs. En 1886, le tout premier match joué pour le titre de Champions du Dominion a tourné en événement sauvage et sanglant. Les bagarres et l'utilisation des crosses comme moyen offensif firent tellement de blessés que les visiteurs de la ville de Québec durent déclarer forfait : ils ne purent trouver suffisamment de joueurs en santé pour finir la partie. Les Crystals de Montréal, qui avaient davantage de joueurs en état de jouer, gagnèrent le titre par défaut.

En 1905, un joueur canadien-français du nom d'Alcide Laurin fut tué d'un coup de bâton accidentel à la tête. Les témoins racontèrent à la police qu'un gars de 19 ans, Allan Loney, de Maxville en Ontario, avait fait valser sa crosse, et il fut accusé de meurtre. Mais selon Wayne Scanlan, dans *Grace Under Fire*, lorsque l'affaire passa en cour, le procureur entonna un refrain devenu étonnamment familier, affirmant qu'Allan Loney ne se tenait pas seul dans le box, mais qu'il y avait un co-accusé avec lui : « Il n'y a pas seulement un accusé à la barre du tribunal, il y a aussi le hockey, tel qu'on le joue. »

Comme pour donner raison à la cour, l'avocat de Loney avança que son client avait agi en légitime défense, et que la mort de Laurin était accidentelle. Le jury rendit sa décision en quatre heures, et la *Gazette* de Montréal publia le message dénué de toute sentimentalité que son président adressa à la cour, au sport et à la nation : « Nous ne pouvons condamner avec trop de sévérité la violence et les méthodes de plus en plus brutales observées au hockey. Nous croyons qu'à moins que cette tendance, qui croît de jour en jour, ne soit complètement éradiquée, les matchs devront être interdits par l'Assemblée, et traités de la même façon que les corridas et les batailles de coq. » En dépit de la sévérité de cette condamnation, le jury jugea Loney non coupable.

Deux ans plus tard, la violence au hockey était toujours aussi importante qu'avant, peut-être pire encore. En 1907, à Richmond, au Québec, un match particulièrement violent fut suivi de sanglantes bagarres opposant les joueurs et les 500 spectateurs présents. Un journaliste de *La Presse* a relaté les événements : « Ils se sont battus entre eux avec des crosses de hockey, des planches arrachées des bandes de la patinoire, des morceaux de glace… tout devenait une arme… Environ 20 personnes étaient au sol, inconscientes, et baignant dans leur sang. » Le maire de Richmond bannira le hockey pour le reste de la saison.

Si le choc avait poussé à la réflexion – ou à une rigoureuse autodiscipline – alors, peut-être, une commotion beaucoup plus grande aurait pu être évitée un mois plus tard, de l'autre côté du fleuve, à Cornwall, en Ontario. Le 6 mars 1907, les choses tournèrent au cauchemar au cours d'un match entre le Cornwall Hockey Club et les Victorias d'Ottawa. « Le match le plus rude et le plus fou jamais vu à Cornwall », commenta la *Gazette*. « Dans la première moitié de l'engagement, le cinglage, les charges avec crosse et les tentatives de faire trébucher l'adversaire n'ont pas cessé. Et la deuxième moitié était à peine entamée, qu'une bagarre générale a éclaté. »

Owen McCourt, un brillant compteur de 23 ans qui jouait pour Cornwall, se retira de la mêlée en titubant, le visage en sang. Il a dû quitter la patinoire accompagné par l'arbitre, un citoyen de Cornwall, Barney Quinn. Deux jours plus tard, l'*Ottawa Citizen* rapportait les propos de ce dernier : « Lorsque je suis allé le voir dans le vestiaire après qu'il se soit retiré, je l'ai vu étendu sur la table où ses blessures étaient recousues et il semblait beaucoup souffrir. J'ai donc dit au capitaine des Cornwalls de ne pas le laisser revenir sur la glace. »

McCourt ne retourna plus sur la glace. Il sombra dans le coma, et il mourut le lendemain matin. La police de Cornwall arrêta le joueur d'Ottawa, Charles Masson, et l'accusa de meurtre. Un jury du coroner déclara que McCourt avait été tué d'un coup de crosse à la tête et, commentaire qui en disait long sur la façon de jouer au hockey de l'époque, qu'il n'avait pas provoqué « le coup parti des mains dudit Charles Masson », puis il ajouta : « Après avoir entendu la déposition, notre jury recommande que le législateur décrète une loi qui punisse sévèrement les joueurs et les spectateurs qui encouragent ou participent à des jeux violents et révoltants. »

Le procès pour homicide involontaire de Masson fit les manchettes de tout le pays, mais la preuve présentée était confuse et contradictoire. Même la mère d'Owen McCourt prétendait que la mort de son fils était accidentelle, confiant à un journaliste de *La Presse* : « Pourquoi ce procès ? Masson n'a jamais eu l'intention de blesser ou de tuer mon fils, et si le pauvre Owen était là, il dirait la même chose. »

Le jury fut de cet avis et acquitta Masson. De fait, ils ne pouvaient savoir quel coup avait tué McCourt, il y en avait eu trop. Dans l'austère enceinte de la cour, le hockey était apparu comme un sport qui avait besoin du secours de la loi pour empêcher l'homicide involontaire de devenir partie intégrante du sport et pour punir ceux qui enfreignent la loi. Le problème, voire le rabâchage du problème, allait traverser tout le nouveau siècle.

Si le hockey avait connu des ennuis avec la loi, la Coupe Stanley avait réussi à échapper aux tribunaux. Auréolée d'une réputation sans tache, elle continuait de porter les espoirs de gloire et de bonnes recettes aux guichets, comme elle le fait encore aujourd'hui. La Coupe représentait ce qu'il y avait de mieux dans le monde du hockey, car seul le meilleur d'entre tous pouvait la gagner. Par contre, tous pouvaient entrer en lice, et pas seulement les meilleurs.

Ce fut au début du 19e siècle que la récompense de Lord Stanley dut relever son plus étonnant défi, lancé depuis le pays de l'or, le Yukon.

La ruée vers l'or des années 1890 ayant pris fin, le calme était revenu à Dawson. Ceux qui avaient cru que les rues de Dawson seraient un jour pavées d'or étaient rentrés chez eux ruminer leur dépit. Le départ des prospecteurs, des rêveurs, des escrocs et des prostituées a ramené l'ordre dans la ville, et les sports d'hiver s'y sont développés. Comme l'hiver durait six mois, et que l'odeur de l'or avait attiré bon nombre de gens talentueux à Dawson, la ville était devenue un terroir pour le hockey. Et un terroir de premier choix. La ligue de hockey de Dawson comptait quatre équipes : l'équipe de la Police montée du nord-ouest,

En 1896, la découverte de l'or a transformé un petit village de pêcheurs, situé au confluent des fleuves Dawson et Yukon, en ville-champignon. La première maison fut construite en 1896, et dans les six mois qui ont suivi, plus de 500 autres se sont ajoutées. Et quand les mineurs sont débarqués à San Francisco avec des sacs remplis d'or du Yukon, ce fut le signal d'une autre ruée vers l'or : 30 000 prospecteurs ont pris la route du nord. En quelques mois, la ville de Dawson a explosé, devenant du coup la plus importante agglomération à l'ouest de Winnipeg, se flattant d'avoir le téléphone, l'eau courante et le chauffage à vapeur. Et à l'aube du nouveau siècle, c'est le hockey qui y faisait son apparition. *(H. J. Woodside, Bibliothèque et Archives du Canada, PA-016239)*

l'équipe de la fonction publique, celle de l'Association athlétique amateur, et enfin, celle de monsieur-tout-le-monde : les Eagles.

En 1902, le Dawson Athletic Club annonça la construction d'un aréna couvert, ultramoderne, et alimenté en électricité. Construit en bois et isolé avec du fumier, sa patinoire serait alimentée par des tuyaux d'eau chaude. L'aréna aurait aussi son club, des vestiaires, des salles d'entraînement, des douches, des salons et une salle à manger.

Joseph Whiteside Boyle, personnage haut en couleurs de l'histoire canadienne, était le pilier du hockey à Dawson. La prospection lui avait permis de devenir millionnaire avant l'âge de 30 ans. Boyle avait ensuite judicieusement étendu son empire en achetant des terres à bois. Les arbres poussaient lentement au Yukon et dans ce pays de mines et de mineurs, on avait besoin de bois pour tout, et sa valeur était donc presque égale à celle de l'or. Le bois servait aussi bien à la construction d'édifices que de mines ou de chemins de fer. Et bien sûr, il servait aussi à la construction de patinoires de hockey.

Boyle était un des citoyens les plus influents de Dawson. C'est à lui que Dawson dut sa patinoire. Boyle dirigeait aussi une des équipes de hockey de la ville, et il faisait de fréquents voyages d'affaires à Ottawa. Au cours de l'un de ces voyages, Boyle eut l'idée du siècle dans l'histoire canadienne du hockey : se monter une équipe de joueurs étoiles, et, en décembre 1904, lui faire traverser le pays d'un bout à l'autre – 6500 kilomètres – pour arracher la Coupe Stanley à l'équipe d'Ottawa.

Joseph Whiteside Boyle

Celui qui allait amener le hockey à Dawson City était un bébé de la Confédération, né à Toronto, le 6 novembre 1867. Comme son père, qui élevait, entraînait et faisait courir des pur-sang à Woodstock, en Ontario, et plus tard au New Jersey et dans l'État de New York, il avait le sport dans le sang. Une fois diplômé du Collège de Woodstock, en 1884, Boyle a couru à New York travailler pour son père et ses frères, mais le loisir des rois n'était pas assez rapide pour Boyle : à l'âge de 17 ans, il a quitté Manhattan et pris la mer.

Boyle a voyagé sous tous les tropiques, échappant aux ouragans et même un jour à un requin, n'ayant dû sa vie qu'à son couteau. Il pouvait jouer de tous les instruments à cordes, et sa belle voix de baryton émouvait les cœurs. De retour sur le continent, Boyle a alors exploré les possibles filons de la boxe : avec ses 2 mètres et ses 100 kilos, c'était un boxeur naturel, mais il a préféré devenir promoteur de boxe, dénichant les talents et organisant les rencontres. C'est la boxe qui, à l'âge de 29 ans, l'a emmené à Juneau, en Alaska, pour un combat de démonstration dans les tout débuts de la Ruée vers l'or. Il a alors loué une terre de 60 kilomètres carrés le long de la rivière Klondike, et il s'est fait une épingle à cravate avec sa première pépite d'or. *(Bibliothèque de Woodstock)*

La publicité présenta les Nuggets de Joe Boyle comme « l'élite des joueurs étoiles ». Aussi étonnant que cela puisse paraître, l'hyperbole avait un peu de vrai. L'entraîneur et le capitaine des Nuggets était Weldy Young, un fonctionnaire qui avait joué pour Ottawa de 1893 à 1899 (il était aussi depuis son enfance l'idole de la future super-étoile, Lester Patrick). Et le docteur D. R. McLennan, à l'emploi de l'administration territoriale, avait joué comme « homme à tout faire »[5] pour l'Université Queen's, contre les Victorias de Montréal, lors des séries de la Coupe Stanley de 1895. Mais là prenait fin la métaphore. Norman Watt, George « Sureshot » Kennedy et Hec Smith, tous trois venus chercher fortune à Dawson en 1898, tenteraient à nouveau leur chance en tant qu'ailier gauche, ailier droit et joueur de centre. J. K. Johnstone, un ancien membre de la Police montée qui travaillait alors au bureau de poste, jouerait au point d'appui. Il était prévu que le défenseur Lorne Hannay prendrait le train des Nuggets à Brandon, au Manitoba. Archie Martin, qui travaillait dans les entreprises de Boyle, serait le joueur de réserve et soigneur de l'équipe, alors qu'Albert Forrest, un gars de Québec, âgé d'à peine 17 ans, serait le dernier gardien de but des Nuggets. Tous allaient se mesurer à l'élite des joueurs canadiens, les Silver Seven d'Ottawa et, par conséquent, à Frank McGee.

McGee est considéré comme le premier joueur étoile du hockey. On peut certes en discuter (à l'époque de McGee, des ligues professionnelles com-

---

5. Le septième joueur, pouvant jouer à toutes les positions. NDT

Le joueur de centre et « homme à tout faire » des Sénateurs d'Ottawa (surnommés les Silver Seven), Frank McGee (dernière rangée, au bout, à droite), était un aristocrate. Son père, John, était Membre du Conseil privé, et son oncle, Thomas d'Arcy McGee, fut l'un des Pères fondateurs de la Confédération. Ce dernier fut la première victime canadienne d'un assassinat politique, tué par un militant d'une Armée de libération irlandaise, les « Fenians », en 1868.

McGee était dur, rapide, et personne ne lui faisait peur, aux dires de Frank Patrick en personne, lequel avait fait ses débuts en 1904, avec les Victorias de Montréal, et devait par la suite devenir un génie de l'organisation du hockey : « Il était encore meilleur que ce que les gens disaient. Il avait tout : vitesse, maniement du bâton, capacité de compter, et sur la bande, vous aviez intérêt à ne pas vous y frotter. Il était taillé à la hache, mais d'harmonieuse proportion, et son rythme était quasi animal. Quand il se déplaçait dans le vestiaire, vous pouviez voir onduler ses muscles. Ce n'était pas les muscles du maréchal-ferrant, c'était les muscles du grand athlète. Il n'y en a pas beaucoup comme lui. » *(A. Podnieks et al., Kings of the Ice)* *(Bibliothèque et Archives du Canada/Collection Thomas Patrick Gorman, PA-091046)*

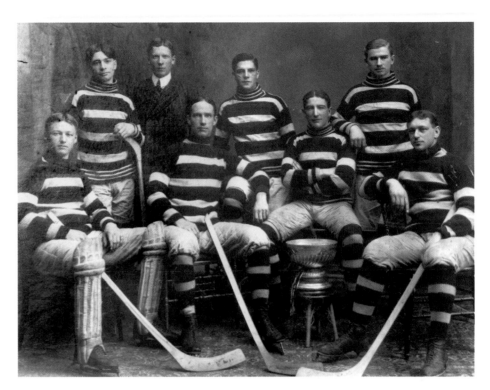

mençaient à se développer aux États-Unis, et elles aussi avaient leurs super-vedettes), mais ce qui demeure incontesté, c'est la suprématie de McGee, brillant athlète. Ce qui avait fait de lui un joueur de hockey encore plus remarquable, c'est qu'il n'avait qu'un œil. Le hockey lui avait pris l'autre. Le 21 mars 1900, McGee a reçu le bâton d'un adversaire sur l'œil gauche, au cours d'un match de démonstration (dont les profits seraient offerts à titre de participation canadienne à la guerre des Boers). La patinoire sur laquelle jouait McGee était petite et plutôt mal éclairée, avec ses trois lampes au kérosène, ce qui explique peut-être que la presse rapporta d'abord que McGee n'avait qu'une coupure au-dessus de l'œil. Mais les journaux se trompaient, et plus le temps passait, plus il devint évident que la blessure de McGee était grave. En janvier 1901, le *Ottawa Citizen* rédigea même son avis de décès : « Avec Frank McGee, l'équipe perd l'un de ses plus brillants joueurs. Tous ceux qui l'ont vu jouer connaissaient et admiraient ses talents. »

Devenu borgne, McGee se recycla dans un métier qui, de toute évidence, ne demandait pas une vision parfaite ; il devint arbitre. Mais dans sa nouvelle peau d'arbitre, il s'ennuyait. Il revint donc au jeu, et ce, au péril de l'autre œil, car l'époque avait un faible pour les mêlées où tournoyaient les bâtons.

Au cours des années suivantes, McGee mena les Sénateurs d'Ottawa à leur première Coupe Stanley, en 1903, sans oublier, la même année, le précédent de 10 victoires consécutives. En défaisant successivement les Thistles, de Rat Portage, le Rowing Club, de Winnipeg, les Marlboros, de Toronto, les Wheat Kings, de Brandon, et les Wanderers, de Montréal, les Sénateurs d'Ottawa dessinèrent, chemin faisant, la nouvelle carte géographique du hockey canadien. Et la meilleure équipe au pays se mérita le surnom de « Silver Seven ».

Compteur hors pair, McGee devint l'ennemi de tous les gardiens de but, et il fit bondir les statistiques : il marqua 21 buts en 8 matchs, lors des séries élimi-natoires de la Coupe Stanley de 1904, et 18 buts en 4 matchs, en 1906. Toutefois, c'est pour sa performance contre les Nuggets de Dawson, en janvier 1905, que McGee entrera dans l'histoire du hockey, et dans la mythologie canadienne.

Les Nuggets n'arrivèrent à Ottawa que deux jours avant le match qui, sinis-trement, devait se jouer un vendredi 13. Ils avaient pris la route le 19 décembre 1904, et ils firent le voyage à bicyclette, à pied, en train, en bateau, et de nouveau en train. De Dawson, ils s'étaient rendus jusqu'à Skagway, puis à Vancouver, avant de traverser le pays en train. La météo, bien que moins désastreuse que prévu, s'est acharnée sur eux. Au Yukon, il avait fait si chaud que les joueurs n'avaient pu trouver de glace pour se pratiquer. Les gens du Yukon, cherchant une explication aux caprices de la nature, firent porter le blâme aux barrages d'artillerie de la guerre sino-russe.

Comme la chaleur avait déposé sur les routes d'épaisses couches de boue, les Nuggets durent abandonner leur bicyclette et marcher jusqu'à Whitehorse, soit près de 500 kilomètres, leur équipement sur l'épaule. Une tempête de neige les obligea à passer un Noël crève-cœur dans un poste de police, à seulement 18 kilomètres de leur point d'arrivée. D'autres tempêtes, dans les cols du White Pass, retardèrent encore leur arrivée à Skagway, et les Nuggets manquèrent donc, de deux heures seulement, le bateau en partance pour Vancouver qu'ils avaient prévu prendre. Ils purent toutefois monter à bord du *S.S. Dolphin*, un bateau qui les secoua sur une mer démontée jusqu'aux abords de Vancouver, où la brume les empêcha d'accoster. Et comme la brume s'étirait jusqu'à Victoria, le bateau prit vers le sud et Seattle. Là, les Nuggets montèrent dans un train qui les ramena à Vancouver, où ils attrapèrent le transcontinental et purent enfin traverser le pays jusqu'à Ottawa.

Joe Boyle avait planifié avec précision l'horaire de son équipe, qui enregis-trait maintenant un grave retard – cinq jours sur l'horaire prévu – en plus d'être épuisée. Selon les plans de Boyle, les joueurs devaient s'entraîner dans le train qui mettait le point final à leur périple, pendant que lui s'acquitterait de ses affaires à Détroit. Il avait prévu rejoindre ses joueurs à Ottawa. Les Nuggets s'en-traînèrent donc en chemin dans un wagon spécialement équipé, en poussant des sprints sur les quais des gares tout au long de leur traversée du pays, récoltant au passage les encouragements des curieux et le regard de la presse nationale.

Le *Ottawa Citizen* relata en ces mots le départ des Nuggets : « L'équipe de hockey de Dawson a quitté Dawson hier... pour aller chercher la gloire et la Coupe Stanley. Les joueurs ont confiance d'arracher le trophée aux équipes de l'est, et de le ramener avec eux dans les collines enneigées ou de glace de leur nord fabuleux ». Le correspondant du *Ottawa Citizen* en Colombie-Britannique commenta avec peu d'enthousiasme l'arrivée des Nuggets à Vancouver, se con-tentant de dire que les joueurs « étaient en très bonne forme ». La *Gazette* de Montréal, par contre, rappela à ses lecteurs que « la volonté de l'équipe de Dawson de remporter la Coupe Stanley n'était pas une blague. »

Les Nuggets de Dawson City, en compagnie de leur fondateur et gérant, Joseph Boyle, à Ottawa, en 1905. Boyle a monté son équipe des Nuggets en allant chercher des joueurs étoiles du Yukon, question, en partie, de montrer que du hockey de haut niveau se pratiquait dans le grand nord canadien. Mais il voulait avant tout faire de l'argent. Et il comptait sur la nouveauté que représentait une équipe faisant des milliers de kilomètres pour aller battre les puissants Silver Seven d'Ottawa, et leur arracher la Coupe Stanley. Mettant de côté les sentiments, Ottawa leur a flanqué une sérieuse raclée, mais il n'empêche : l'aventure avait quelque chose d'épique, et tous les journaux du pays en ont parlé. Le jeune gardien, Albert Forrest, à seulement 17 ans, fut porté aux nues pour sa performance dans les buts. *(Musée Glenbow)*

Les Nuggets arrivèrent à Ottawa en fin d'après-midi, le 11 janvier 1905. Le 8 janvier, le *Citizen* écrivait déjà : « L'équipe demandera que le premier match soit reporté de trois ou quatre jours afin de pouvoir s'y préparer, justifiant leur demande par le retard et la malchance. » L'équipe demanda bel et bien un report, mais en vain : le gouverneur général ferait la mise en jeu à l'heure et au jour prévu, à 8 h 30 du soir, vendredi, le 13 janvier.

Joe Boyle rassembla ses joueurs au matin du 12 janvier. Ils avaient tous de bonnes raisons d'être découragés. Le capitaine et entraîneur de l'équipe, Weldy Young, avait été retenu au Yukon par des obligations électorales. Ni l'uniforme ni l'équipement proposé ne leur étaient familiers. La patinoire Dey, d'Ottawa, était plus longue de 7,5 mètres que celle sur laquelle ils jouaient habituellement. Et leur voyage de 24 jours les avait éreintés. Pourtant, selon le *Citizen*, ceux qui assistèrent à leur pratique matinale purent voir de « vigoureux exercices d'assouplissement », ajoutant que ceux qui étaient dans le secret – ou peut-être ceux que les recettes aux guichets intéressaient – considéraient l'équipe du Klondike comme « une des équipes les plus dangereuses jamais lancées à la poursuite de la Coupe ».

Ce soir-là, Frank McGee et les Silver Seven invitèrent les Nuggets à souper à l'Amateur Athletic Club d'Ottawa, où on leur octroya un statut de membre honoraire pour la durée de leur séjour dans la ville. Ce fut le festin avant le massacre.

Aux yeux des 2200 spectateurs rassemblés à la patinoire Dey, ce vendredi, les Nuggets avaient belle apparence, dans leur élégant chandail noir galonné d'or, mais les Silver Seven paraissaient encore mieux, car le rouge, le noir et le blanc de leur uniforme étaient les couleurs que l'on voyait habituellement portées par les champions de la Coupe Stanley.

Les Nuggets ont commencé à jouer dur, et après 30 minutes de jeu, ils ne tiraient de l'arrière que par 2 buts (3 à 1). Mais dans la seconde moitié, on aurait dit que l'enfer ouvrait ses portes : un duel de bâtons de hockey opposa Norman White, de Dawson, à Alf Moore, d'Ottawa, et chacun se mérita une pénalité de 15 minutes, le temps de se calmer – à l'époque, les arbitres pouvaient retirer les joueurs de la glace aussi longtemps qu'ils le souhaitaient, dépendant de la gravité de la faute. Le match se termina sur la défaite de Dawson 9 à 2, en dépit des protestations du gardien de but, Albert Forrest, qui considérait que six des buts comptés par Ottawa étaient hors jeu.

Au cours de ce premier match, le prolifique compteur Frank McGee n'a marqué qu'une fois contre les Nuggets, ce qui a fait dire à l'un des joueurs du Yukon, et qui voulait bien se faire entendre, que McGee n'était peut-être pas un compteur si exceptionnel. Frank McGee lui répondit au cours du deuxième match. Il oublia alors tout son sens de l'hospitalité, et prit d'assaut le filet des Nuggets, réalisant ce qui est et sera sans doute toujours considéré comme un record absolu dans les annales du hockey : 14 buts en un seul match des séries éliminatoires de la Coupe Stanley, dont 8 marqués au cours d'une attaque qui avait duré 8 minutes et 20 secondes.

Tout en relatant l'humiliante défaite, 23 à 2, des joueurs du Klondike, le *Citizen* salua le gardien de but des Nuggets, Albert Forrest, dont l'habileté au filet, devant un McGee déchaîné, avait évité aux Nuggets une déroute encore plus grande. « Le seul joueur de l'équipe de Dawson qui joua un vrai bon match, c'est Forrest qui, au filet, donna un spectacle à la hauteur de ce que le plus exigeant des spectateurs aurait pu espérer. Sans lui, le score d'Ottawa aurait pu être deux fois plus élevé. »

De son côté, le *Toronto Telegram* ne put s'empêcher de minimiser la belle lutte entre Forrest et McGee, et de se moquer de l'équipe du Yukon, la qualifiant d'« équipe de hockey de pacotille », la pire jamais débarquée « par le chemin de fer du CPR ». L'insulte n'a pas vraiment dérangé l'équipe d'Ottawa, qui avait conservé la Coupe Stanley. Ses joueurs célébrèrent leur victoire avec un banquet bien arrosé, et en balançant la plus haute récompense du hockey dans le canal Rideau – heureusement gelé.

Joe Boyle, qui alimentait en manchettes le *Daily News* de Dawson, expliqua la défaite des Nuggets par le fait que le premier match les avait épuisés et « qu'ils n'étaient pas en condition de jouer le match qu'on leur avait imposé ». Pour récupérer les 10 000 dollars investis, Boyle fit faire une tournée de démonstration aux Nuggets, qui avaient enfin retrouvé leur capitaine, Weldy Young. La tournée des Nuggets commença à l'île du Cap-Breton, et se termina au Manitoba ; l'équipe enregistra quelques victoires. Mais avec le printemps, le dégel força l'annulation des matchs prévus dans les Prairies et en Colombie-Britannique. À Brandon, l'équipe fut démantelée. Seul Albert Forrest rentra à

Les équipes féminines de hockey de Dawson et de Victoria, en avril 1904, sur la patinoire de l'Association athlétique amateur de Dawson. Cette patinoire était le *nec plus ultra* : éclairage électrique, isolation des boyaux d'eau chaude pour prévenir le gel, un pavillon, des vestiaires et des salles d'entraînement, des douches, des salons avec bar et une salle à dîner.

(Bibliothèque et Archives du Canada, NA-2883-31)

Dawson, et il eut amplement le temps, sur le chemin du retour, de repenser à cette histoire peu ordinaire, car il fit la route Whitehorse-Dawson à pied. Et seul.

Les raisons qui avaient poussé les curateurs de la Coupe à donner leur aval à pareille compétition restent inconnues, bien que l'on sache que Joe Boyle entretenait d'étroites relations avec le journaliste et ancien membre des Rideau Rebels, aussi curateur à l'époque de la Coupe Stanley, P. D. Ross. On avance aussi des besoins d'argent et de visibilité – le championnat de la Coupe Stanley avait alors bien besoin de faire parler de lui. Les deux matchs joués par les Silver Seven et les Nuggets firent de très bonnes recettes aux guichets, et ils attirèrent l'attention du pays à un moment où le statut amateur du hockey était menacé par la naissance, en 1904, aux États-Unis, d'une ligue professionnelle de hockey. Depuis cette année-là, les joueurs canadiens affluaient au sud de la frontière, où ils étaient considérés comme des professionnels. Il est possible que les curateurs de la Coupe se soient servis des séries éliminatoires pour rediriger l'attention du public sur le hockey qui se jouait au pays.

Le défi lancé par la ville de Dawson a mis en évidence l'énorme différentiel de talents entre les équipes de niveau senior, et au lendemain de l'aventure, les curateurs de la Coupe décidèrent de relever le niveau du jeu. Dorénavant, toute équipe qui prétendait au titre d'équipe championne de la Coupe devait, au préalable, avoir démontré sa force face à des équipes bien établies. Plus jamais ne verrait-on une bande de joueurs inexpérimentés et inconnus débarquer d'un train, au terme d'un voyage épique, et défier les meilleurs joueurs du pays.

Nous ignorons tout de l'opinion de Lord Stanley sur le défi lancé par l'équipe de Dawson. Stanley lui-même n'a pu assister à un match de la Coupe portant son nom, car au printemps de 1893, à la suite de la mort de son frère, il fut rappelé à Londres, et nommé 16ᵉ comte de Derby. Il est toutefois probable qu'il eût approuvé l'aventure, car cette dernière relevait de la mythologie, du genre de celles dont un grand et jeune pays a besoin pour se définir.

Les propositions de rencontres que reçut l'équipe de Dawson au lendemain de leur équipée dans l'est montre bien tout le chemin parcouru par le hockey au cours des 12 petites années qui avaient suivi la naissance de la Coupe Stanley. En Saskatchewan, en Alberta et en Colombie-Britannique, des équipes de hockey s'étaient convaincues qu'elles pourraient facilement se lancer aux trousses de celle qui avait oser défier les Sénateurs d'Ottawa – le seul obstacle sur leur chemin demeurant typiquement canadien : le dégel.

Finalement, les Silver Seven d'Ottawa furent battus à leur tour, les Wanderers de Montréal mettant un terme à leur remarquable règne en 1906. Frank McGee prit sa retraite du hockey au début de l'hiver 1906, à l'âge de 25 ans, et entra ensuite dans un ministère du gouvernement fédéral.

Joe Boyle continua son périple extraordinaire de par le monde. On le trouvera en Russie pendant la Première Guerre mondiale, où il organisa la résistance contre les Allemands au sein des services secrets britanniques. Pendant la Révolution russe, il aida des membres de la famille royale à échapper aux bolcheviques ainsi que bon nombre de réfugiés, organisa des secours d'urgence, et trouva même le temps de gagner le cœur de la reine Maria de Roumanie.

De son côté, le hockey se préparait à vivre une révolution importante. Bien que le sport ait encore officiellement un statut amateur au Canada, les joueurs se faisaient payer sous la table depuis des années. Les gérants comme les joueurs réalisaient le potentiel lucratif de ce sport d'hiver canadien. Au début du 20ᵉ siècle, J. L. « Doc » Gibson, un jeune dentiste de Berlin, en Ontario, fit passer le hockey de l'autre côté de la frontière. Les talents du jeune dentiste et l'argent américain allaient bientôt faire du hockey autre chose qu'un sport amateur dont le principal enjeu était la Coupe en argent de Lord Stanley. Dorénavant, l'or serait aussi au rendez-vous.

CHAPITRE 2
APRÈS L'ARGENT, L'OR

La récompense était trop belle pour la laisser passer : une paire de patins neufs de cinq dollars, à une époque où cinq dollars représentaient une semaine de salaire à la manufacture locale de pianos. Fred Taylor voulait énormément ces patins, et patiner, ça le connaissait. Si rapide qu'on l'avait baptisé la « Tornade », Taylor, dès l'âge de 14 ans, attirait régulièrement des fous du hockey au nouvel aréna de Listowel, en Ontario : son jeu spectaculaire mettait le feu à l'édifice. Et voilà qu'en cet hiver de 1900, il tenait sa chance de chausser des patins tout neufs. Tout ce qu'il avait à faire était de battre un patineur de vitesse américain sur une distance de 400 mètres – l'Américain, Norval Baptie, patinant de reculons.

Baptie était né à Bethany, en Ontario, mais sa famille avait émigré au Dakota du Nord quand il était bébé encore. À l'âge de 10 ans, il remportait des compétitions de patinage de vitesse, et son premier billet de 5 dollars, il l'avait donné à sa mère. Quatre ans plus tard, le long d'une voie ferrée, il patinait sur la glace d'un fossé pour battre de vitesse le « Great Northern Train ». Aujourd'hui, âgé de 21 ans, après avoir battu tous les records de vitesse et remporté toutes les courses, il ne lui restait plus qu'une chose à faire : transformer son talent en métier.

Baptie a donc entrepris de faire des tournées au Canada et aux États-Unis dans une troupe ambulante offrant tantôt des spectacles de troubadours tantôt des séances cinématographiques ; tous étaient là pour une chose : amuser, et se faire payer. Baptie, quant à lui, donnait un spectacle très particulier, qui allait devenir plus tard les « Ice Capades ». Il raconta : « C'était un spectacle en sept tableaux. D'abord, je donnais un coup de main au vendeur de billets à l'entrée. Ensuite, je me lâchais un peu en donnant une démonstration de ma vitesse sur glace, question d'oublier les 20 degrés sous zéro qui me traversaient les os. Puis je sautais par-dessus des barils. Il m'arrivait aussi de défier les champions de la place dans une démonstration de vitesse un peu spéciale : ils choisissaient la distance nous séparant au départ. »

Quant à Taylor, ce n'était pas un champion local parmi d'autres, c'était LE champion. Il se souvenait avoir été épouvanté par Baptie (« on n'avait jamais vu un champion du monde, jamais ! ») mais en même temps, il se savait capable de patiner lui aussi, disons, « assez vite »... Baptie a pris un avantage au départ d'à peu près 10 mètres, mais avant la fin du deuxième tour de la patinoire, Taylor a tout de suite vu pourquoi il allait perdre la course. Il a raconté dans la remarquable biographie d'Eric Whitehead, *Cyclone Taylor : une légende du hockey* : « Chaque fois que je venais à un cheveu de le dépasser, il esquissait un mouvement vers l'extérieur juste assez pour me ralentir, un léger déplacement du corps et un subtil jeu de hanches. C'est là que j'ai appris à patiner de reculons. Le truc, ce n'était pas la vitesse, mais l'équilibre et la souplesse. C'est aussi là, à ce moment précis, que j'ai décidé que j'allais être aussi bon que lui. »

Taylor avait appris plus que ça. Il avait été le témoin direct de la façon qu'a un champion du monde de mettre à profit son super talent – et son flair – pour faire de l'argent. Et il allait bientôt se faire une réputation dans les deux domaines – talent et dollars. Le problème des joueurs comme la « Tornade » de Listowel, au tournant du vingtième siècle, c'est que jouer au hockey ne leur rapportait pas un sou. Il y avait des codes régissant les clubs d'athlétisme amateur au Canada, et ils avaient été gravés dans le marbre de l'idéalisme britannique victorien – celui des gens de la haute, qui pouvaient s'offrir des activités sportives mais seulement pour l'honneur de la compétition et l'amour du sport – en tout cas sur papier.

Les travailleurs canadiens vivaient de plus en plus dans les villes, et ils entendaient bien s'occuper eux-mêmes de leurs moments de loisirs. S'ils voulaient jouer au hockey, ils pouvaient s'inscrire dans une ligue sportive regroupant les gens par métier – il y avait la ligue des commis de banque, la ligue

Première glace artificielle aux États-Unis

C'est à Londres, en 1876, dans le quartier chic de Chelsea, que fut construite la première patinoire dont la glace était mécaniquement réfrigérée. On l'a appelée « Glaciarium ». En 1894, à Baltimore, fut inaugurée la première patinoire avec glace artificielle des États-Unis, et au tournant du 20e siècle, on pouvait voir des aréNas avec glace artificielle dans les villes de Philadelphie, Pittsburgh et Boston. La technologie employée, ingénieuse, était simple : sous la surface, des tuyaux répandaient de l'eau ; l'on pompait alors par les tuyaux des liquides réfrigérants qui gelaient l'eau répandue. Le plus spectaculaire de tous les aréNas fut le St. Nicholas Rink de Manhattan, érigé dans les années 1890, et dont la facture de 300 000 dollars fut payée par les titans de l'économie de l'époque qu'étaient les Vanderbilt, les Astor, les Choate et les Morgan. Le palais de glace haut de 24 mètres, fait de briques ornementales, déployait une galerie des spectateurs, des salles de réunion, un restaurant et une rôtisserie, mais l'attrait principal était bien sûr ses 5000 mètres carrés de glace.

(Collection privée : Tom Sorra)

des mineurs, etc. – ou ils pouvaient dépenser quelques sous à regarder jouer les autres. Il ne manquait pas de passionnés prêts à payer pour assister à une bonne performance : ce beau sport, rude et rapide, c'était un coup de soleil en plein cœur de l'hiver canadien.

Maintenant que le hockey avait un toit et une réglementation, une hiérarchie où figuraient les meilleurs, des trophées et des équipes, les fédérations sportives amateurs du Canada engrangeaient avec plaisir les revenus tirés de la vente de billets pour les matchs disputés sur leurs patinoires. Les joueurs amateurs se voyaient offrir pour tout salaire des patins neufs ou des pépites d'argent, mais ces cadeaux étaient encore tout empreints des valeurs de droiture liées à l'idéal du sport amateur. Ils ne constituaient justement, et d'aucune façon, un salaire, un vrai gentleman refusant par principe d'être payé pour faire du sport. À l'époque, c'était une hypocrisie flagrante, parce qu'en même temps, n'importe qui pouvant donner un bon spectacle, disons Baptie, pouvait remplir les gradins d'une patinoire, allécher l'amateur local avec une paire de patins de cinq dollars et empocher un pourcentage des recettes au guichet. Mais les propriétaires canadiens de patinoires voyaient le hockey comme une poule aux œufs d'or, et ils étaient convaincus que la meilleure façon de la tuer, c'était de payer les joueurs – une idée de nos jours formulée différemment mais qui court encore.

L'influence des hommes s'affairant dans la coulisse des fédérations de hockey amateur était telle, qu'ils faisaient dire au code ce qu'ils voulaient, ne pensant qu'à leurs poches et à leur pouvoir. Fred Taylor en a fait la dure expérience le jour où il a décidé de dissocier argent et hockey, même si c'était de l'argent qu'il

Louis Hurtubise et Louis Viau

En janvier 1902, les Shamrocks, une équipe d'Irlandais de Montréal, avaient déjà remporté deux fois la Coupe Stanley, mais cette année-là, l'équipe devait affronter les nouveaux champions, les Silver Seven d'Ottawa. Elle est alors allée chercher deux Canadiens français, le joueur avant, Louis Hurtubise, et le défenseur Louis Viau, tous deux diplômés de la puissante machine francophone de Montréal, le Collège Ste-Marie, et tous deux joueurs vedettes des Montagnards. Après la victoire des Shamrocks, la presse francophone ne tarissait plus d'éloges : « Étonnant ! Les champions battus par les Shamrocks », écrivait *La Presse* du 13 janvier. « Il fallait la présence de deux Canadiens français pour en arriver là ! »

(Musée McCord)

allait perdre en obéissant à l'ordre de William Hewitt de venir à Toronto et de jouer pour les Marlborough.

William « Billy » Hewitt, journaliste à Toronto (et père de Foster, la future grande voix de *Hockey Night in Canada*) était le puissant secrétaire de la Fédération de Hockey amateur de l'Ontario. La rumeur des exploits de Taylor avait couru jusqu'à Toronto, après son bref séjour à Détroit, à l'hiver de 1902-1903, où il était allé voir des amis de Listowel, qui faisaient là-bas des études dentaires, et aussi pour jouer un peu de hockey contre une équipe de Houghton. Taylor avait tellement déclassé les autres joueurs, que la nouvelle de son immense talent avait traversé la frontière, et maintenant qu'il était de retour au bercail et se voyait acclamé par les Américains, il a semblé assez bon à l'ambitieux Billy Hewitt.

Taylor a confié plus tard : « J'étais flatté, et je voulais y aller. Après tout, c'était ma plus belle chance d'accéder au niveau supérieur, mais j'ai commencé à me poser des questions. » Des questions d'argent. Les Marlies offraient la gloire, et Taylor ne détestait pas l'idée, mais il y avait un prix à payer : son boulot à la manufacture locale de pianos Morris lui rapportait 20 dollars par mois, qu'il ajoutait aux 75 gagnés par son père, et son départ pour Toronto allait frapper de plein fouet ses parents et sa famille. Il a refusé.

Hewitt n'était pas le genre d'hommes à se faire dire non par un joueur de hockey, surtout s'il sort de nulle part. Il a donné à Taylor une chance de revenir sur sa décision, mais Taylor s'est entêté. Hewitt a alors montré ce qu'il y avait sous le gant de velours du Code policé du hockey amateur ; il a menacé : « Si tu refuses de jouer pour les Marlies, tu ne joueras nulle part ailleurs... » Et il était sérieux. Quand Taylor a voulu tester l'interdiction de jouer dont il était victime en jouant à Thessalon, juste au sud de Sault-Sainte-Marie, mais loin de Listowel, Billy Hewitt l'a appris, et il a fait monter la pression en jurant d'exclure de la Fédération de Hockey Amateur de l'Ontario (FHAO) toute équipe qui offrirait refuge au rebelle Taylor – sauf, bien sûr l'équipe des Marlboroughs de Toronto. Et c'est ainsi qu'à 18 ans, le joueur de hockey le plus prometteur de l'Ontario s'est vu expulsé du hockey provincial.

En colère, Taylor s'est tenu tranquille une année entière. Depuis son premier coup de patin sur la rivière de son village natal de Tara, en Ontario – il avait alors cinq ans, et il était accompagné du coiffeur de la ville, un patineur de vitesse dénommé Jack Riggs – Taylor savait que la glace, il en ferait son affaire. Il prit donc la décision, à l'hiver de 1905, de faire exactement ce que Hewitt avait tenté de lui imposer : quitter son foyer pour aller jouer au hockey. Mais Taylor le têtu n'allait pas laisser gagner Hewitt : il partit au Manitoba, hors d'atteinte de la FHAO, pour jouer à Portage-La-Prairie. Et dès qu'il eut découvert la joie des grands espaces, plus rien ne put l'arrêter.

Bien que Portage-La-Prairie fut à peine plus importante que Listowel, elle avait une équipe de hockey affiliée à la Ligue de Hockey du Manitoba. Emmenée par le fabuleux Art Ross, des « Elks » de Brandon, athlète et esprit novateur, par Si Griffis et Tom Phillips, qui jouaient à Rat Portage, juste de l'autre côté de la frontière ontarienne, elle n'était pourtant qu'une des nombreuses ligues amateures à la recherche de nouveaux talents. La Ligue Fédérale de Hockey Amateur (LFHA) avait comme joueur vedette Edouard « Newsy » Lalonde, à Cornwall, pendant que la Fédération de Hockey Amateur de l'Est du Canada (FHAEC) se vantait, elle, d'avoir dans ses rangs Russell Bowie et Ernie « Moose » Johnson, réputé pour sa capacité de harponner tout ce qui bouge dans un rayon de trois mètres, et qui avait évolué avec les AAA de Montréal, de la Ligue canadienne de Hockey Amateur en 1904-1905, avant de joindre la FHAEC la saison suivante.

Ernie « Moose » Johnson a commencé sa longue carrière de joueur professionnel en 1905, à l'âge de 19 ans, avec les Wanderers de Montréal, et il y a mis un terme en 1931, avec les Tigers de San Francisco. Tout au long, l'ailier gauche a mis à profit le silence des responsables du hockey, au moins au début, sur la question de la longueur du bâton – le sien lui donnait une extension de 2,5 mètres. Il a remporté huit Coupes Stanley avec les Wanderers, puis, en 1911, année inaugurale de la Ligue de la Côte Ouest, il s'est laissé séduire par les sirènes du Pacifique. Quand il a quitté les Aristocrates de Victoria en 1922, il a prétendu qu'ils avaient brûlé ses bâtons.

(Temple de la Renommée)

41

Lors de la première rencontre, à Portage-La-Prairie, Taylor a tout de suite montré que son année « sabbatique » avait porté fruit, comptant deux buts contre Winnipeg, et en ajoutant trois autres contre les « Thistles » de Rat Portage, qui se vantaient d'être l'équipe la plus rapide. Après le match, les joueurs étoiles Si Griffis et Tommy Phillips ont invité Taylor à un Café de l'endroit. Là, ils lui ont fait une offre inimaginable : un an plus tôt, il était *persona non grata* en Ontario, et voilà qu'une équipe ontarienne l'invitait à joindre ses rangs pour l'aider à relever le défi de la Coupe Stanley, à Montréal, contre les puissants Wanderers, champions de la LFHA, en 1904, qui bataillaient pour leur toute première Coupe.

Mais la veille de son départ en train pour Montréal, où il allait disputer le plus prestigieux des trophées du hockey, Fred Taylor reçut un coup de fil menaçant de la part d'un shérif du Michigan qui avait la mémoire longue. Taylor était recherché, et la prime était de 400 dollars plus les frais de déplacement – c'était la promesse lancée par John McNaughton, shérif de Houghton Count, au Michigan, et patron de l'équipe de Portage Lake. Tout ce que Taylor avait à faire pour emporter la prime, c'était de se joindre à son équipe pour le reste de la saison et battre leurs rivaux de Pittsburgh lors du Championnat de la Ligue Internationale de Hockey (LIH). Une équipe de hockey professionnelle attachée à une ligue professionnelle. Taylor a réfléchi. La Coupe Stanley, c'était l'argent, et ça, c'était de l'or. Taylor a échangé son billet de train. Le face du hockey ne serait plus jamais la même.

La LIH, première ligue professionnelle au monde, était aussi née de l'hypocrisie du hockey amateur canadien, qui a profondément marqué la carrière d'un jeune joueur étoile de l'Ontario, Jack Gibson.

Gibson avait 13 ans, en 1893, lorsque le hockey a fait ses débuts dans sa ville natale de Berlin, en Ontario, et il appartenait à cette catégorie d'athlètes qui excellent dans plusieurs sports, phénomène fréquent à l'époque. En 1897-1898, il a remporté le titre de l'aviron de l'ouest de l'Ontario sur 400 mètres et 8 kilomètres, et les championnats de patinage et de natation sur 400 mètres, 800 mètres et 8 kilomètres ; il s'est aussi illustré en crosse, au football, et il jouait de l'excellent soccer.

Au hockey, c'était un joueur de pointe (en défense) qui faisait presque 2 mètres et plus de 100 kilos. Ses mises en échec étaient propres – même écroulés sur la glace, ses adversaires levaient les yeux et l'admiraient. Il personnifiait le joueur amateur type – et à l'hiver de 1898, il a été puni pour cela.

Quand l'équipe de Berlin a blanchi son plus féroce rival, Waterloo, au compte de 3 à 0, le maire de la ville, fier de Gibson et de ses coéquipiers – dont faisaient partie les fils de la famille Seagram – a voulu les récompenser en leur offrant comme trophée quelques pièces d'or. La Fédération de Hockey Amateur de l'Ontario a vu pointer là le début d'une pratique inquiétante, et elle a suspendu toute l'équipe de Berlin pour le reste de la saison pour avoir « touché de l'argent », même si les joueurs, outrés, avaient protesté qu'ils allaient faire fondre les pièces d'or pour les convertir en montres de poche.

John L. « Doc » Gibson, né à Berlin, en Ontario, a excellé dans tous les sports. On lui attribue l'invention du hockey professionnel. En 1904, homme d'affaires et dentiste installé dans la région minière située au nord-ouest du Michigan, il a mis sur pied la Ligue Internationale de Hockey – la première ligue professionnelle du genre. Très critiques de l'hypocrisie du code de conduite du hockey amateur canadien, les joueurs canadiens sont partis en masse vers la LIH, obligeant à son tour le sport canadien à se donner les règles du hockey professionnel. *(Doon Heritage Crossroads, Municipalité régionale de Waterloo, Kitchener, Ontario)*

L'expérience a laissé Gibson amer. On pouvait payer pour assister à des matchs, on pouvait parier de grosses sommes, mais on était trouvé coupable si on dépensait le fruit de ses gains. Gibson a emporté aux États-Unis le souvenir de cet affront ; il s'est mis aux études dentaires à Détroit. En 1902, il devint dentiste à Houghton, une ville de la région cuprifère du Michigan sur la rive sud du lac Supérieur, où les vents d'hiver étaient si froids que les gens, pour plaisanter, en parlaient comme du « Canada des États-Unis » – le pays aux deux saisons : l'hiver qui est là et l'hiver qui s'en vient.

Au tournant du siècle, Houghton était une ville minière en pleine expansion. Dix trains par jour s'y arrêtaient, à destination de Chicago, Minneapolis, Milwaukee ou Détroit. Les 100 000 habitants qui appelaient Houghton County « la maison » lisaient des journaux en quatre langues, envoyaient leurs enfants dans plus de 30 écoles, y trouvaient Dieu dans 30 églises – ou une soixantaine de bars – et passaient leur temps de loisirs à feuilleter le bulletin des spectacles offerts par les 7 théâtres et les deux salles d'opéra de Houghton et de Calumet, située une quinzaine de kilomètres plus au nord.

James R. Dee entrevit la possibilité de faire de l'argent à Houghton County – pas dans les mines, mais en plumant les mineurs[1]. Il songeait à l'argent qu'il pourrait tirer du hockey. Homme d'affaires local, il ne s'était pas beaucoup occupé de sport avant que Jack « Doc » Gibson accroche au mur son diplôme de dentiste, et s'affirme bientôt comme pilier de la communauté de Houghton, et membre de trois sociétés d'aide mutuelle, de l'infanterie légère de la Garde nationale du Michigan, et de l'équipe de football locale. Gibson avait aussi été capitaine de l'équipe de quilles du comté, et mis sur pied le club de hockey de Portage Lake, ainsi appelé à cause du lac séparant Houghton de la ville voisine de Hancock. Nostalgie ? Désir de vengeance ? Le chandail des Portage Lakers de Gibson avait les couleurs vert et blanc de sa vieille équipe de Berlin. Et ils gagnaient. L'équipe alignée en 1902-1903 n'a pas perdu un match, et à la fin de la saison, elle a remporté le championnat des États-Unis.

James Dee était un mordu du hockey qui avait senti l'immense potentiel financier des Portage Lakers. Entouré de quelques hommes d'affaires, il a fondé la Houghton Warehouse Company, et à l'automne de 1901, il a lancé la construction d'un aréna couvert pouvant contenir des milliers de spectateurs et, pourquoi pas ?, devenir la vitrine du talentueux Doc Gibson et de son escouade de Portage Lake. L'aréna fut terminé tôt l'année suivante, et baptisé « L'Amphidrome », et le gagnant du concours reçut en récompense une pièce d'or. La *Houghton Daily Mining Gazette* fut, comme on pouvait s'y attendre, impressionnée par le nouvel aréna, affirmant qu'en dehors de Pittsburgh, de Brooklyn et de New York, « il n'y a pas une patinoire, pas une réalisation plus grandiose dans le monde du hockey que celle de Monsieur Dee ».

Il est intéressant de noter que le quotidien de Houghton comparait son aréna polyvalent à d'autres des États-Unis, et non à ceux du Canada. Bien sûr, Doc

---

1. « ...mining the miners. » NDT

Gibson allait bientôt se lancer dans une folle tournée de recrutement au nord du 45e parallèle, pour débaucher un maximum de joueurs étoiles canadiens, mais ni le patinage ni le hockey n'étaient inconnus aux États-Unis. Rappelons, pour le confirmer, l'article de la *Gazette* de Montréal, écrit au lendemain du match historique de James Creighton, et qui disait : « Le hockey, comme sport, est très en vogue sur les patinoires de la Nouvelle-Angleterre et d'ailleurs aux États-Unis, mais ici, ce n'est pas le cas. »

Les Canadiens revendiquent bien sûr des droits sur le hockey comme patrimoine national, mais les flux migratoires et la colonisation des 18e et 19e siècles ont vu les sports avec balle et bâton se jouer sur glace et se populariser des deux côtés de la frontière. En 1783, un colonel de l'armée britannique en poste à New York se rappelait avoir vu un groupe de patineurs « foncer en paquet derrière une balle poussée devant eux au milieu de cris monstrueux », et à l'époque où Doc Gibson et James Dee entreprenaient leur aventure commune, le polo sur glace, emporté dans les bagages des Acadiens chassés du Canada en 1755, était devenu un phénomène typiquement américain.

Le polo était si populaire qu'en 1895, la ville de New York a construit une patinoire couverte futuriste, destinée à promouvoir ce sport et les autres pratiqués sur glace. Quand il fut inauguré, la St. Nicholas Rink fut, dans sa catégorie, le plus grand aréna de glace artificielle au monde. Son directeur, Frank Swift, a toutefois tenu à préciser dans le *New York Times* que les 2000 mètres carrés de glace synthétique n'étaient pas destinés à tout le monde : « Nous prévoyons ouvrir la saison sans tarder avec des matchs de polo. Les équipes en compétition viendront principalement des plus grandes universités, bien qu'un calendrier des activités ne soit pas encore fixé. La clientèle que nous attendons sera triée sur le volet, et nous avons bien l'intention de nous en tenir à cette politique. J'ai déjà annoncé la hausse du billet d'entrée de 75 cents à un dollar. On évitera ainsi que la glace soit envahie par des éléments indésirables qui n'auraient pas de quoi en payer le prix. »

Une patinoire fermée existait bien à l'intersection de la 107e rue et de Lexington – le Ice Palace – ouverte peu avant la St. Nicholas Rink, mais cette dernière était un club ouvert au public du mardi au samedi et réservée à ses 450 membres les dimanches et lundis. Le *Times* rapporta que des gardiens en uniforme gris nettoyaient la glace de la patinoire, et que le club avait sa propre équipe de hockey, un sport « de plus en plus en vogue ».

Les New-Yorkais eurent la chance d'assister à cet engouement dans ce qu'il avait de plus éblouissant, quand sont débarqués dans leur ville, en 1896, deux étonnants clubs de Montréal, les « Winged Wheelmen » de l'AAAM, et les Shamrocks de Montréal, pour affronter, à St. Nicks, les équipes universitaires américaines. Cette année fut aussi celle du premier match inter-universitaire opposant Yale à John Hopkins, et elle marqua le neuvième anniversaire d'une rencontre où les joueurs canadiens, évoluant pour Oxford et Cambridge, avaient joué le premier match inter-universitaire au monde, à Saint-Moritz, en Suisse.

Le hockey professionnel est donc né du capital américain, du talent des joueurs canadiens, et d'un sens des affaires partagé par ses principaux acteurs.

Gibson y a ajouté l'idéal démocratique d'un sport auquel tout le monde pourrait participer. Comme il l'expliquait à la *Mining Gazette* de Houghton : « Voilà un sport pour les enthousiastes, dynamique, avec des surprises – tableau mouvant et riche en incidents de toutes sortes, plein d'affrontements chevaleresques, d'élans qui vous coupent le souffle, de virages et de détours, les heurts amicaux de jeunes gens bien entraînés et disciplinés, y allant à fond de train, offrant le plus beau de leur jeunesse... un sport à la portée de tous, peu onéreux pour les joueurs, où même les jeunes les moins fortunés peuvent affronter l'héritier d'un comte portant ceinturon ou le fils d'un millionnaire. »

La vision du hockey que Gibson mettait de l'avant était agréable aux oreilles républicaines américaines. Et ce qui plaisait aux Canadiens, c'était l'argent qu'il se disait prêt à leur payer pour un sport qu'ils devaient, chez eux, pratiquer gratis.

À la fin de l'hiver de 1904, Portage Lake a battu les « Bankers » de Pittsburgh, devenant du coup les champions des États-Unis. Et ce qu'ils avaient vu chez leurs adversaires, c'était l'avenir. Les « Bankers », ainsi appelés à cause de l'un de leurs joueurs, Arthur Sixsmith, secrétaire du financier de Pittsburgh, Andrew Mellon, avaient commencé à payer leurs joueurs canadiens. L'ex-joueur étoile d'Ottawa, William Hodgson « Hod » Stuart, pouvait se faire jusqu'à 15 ou 20 dollars par semaine en jouant du hockey semi-professionnel, et plus encore s'il acceptait les petits boulots que l'équipe avait en réserve.

James Dee donna à Gibson et ses « Lakers » 100 dollars pour célébrer leur championnat, mais l'un et l'autre avaient à l'esprit beaucoup plus qu'un repas royal. Maintenant qu'ils avaient remporté le championnat des États-Unis, il voulurent être les meilleurs au monde, et cela voulait dire : aller chercher la Coupe Stanley.

La Fédération du Sport Amateur de Montréal, les « Petits hommes de fer » qui avaient remporté la Coupe Stanley en 1902, déclinèrent le défi lancé par Portage Lake. L'année suivante, c'était au tour de Frank McGee et de ses « Silver Seven » d'Ottawa (qui avaient remporté deux titres de la Coupe en 1903 et quatre autres en 1904, et qui semblaient bien placés pour engranger leur dixième titre d'affilée) de repousser la chance qu'on leur offrait de frotter leurs talents à ceux des Américains. Si l'argent des Américains, forcément sale, constituait l'inquiétude principale, les Wanderers de Montréal, condescendirent, les narines pincées, à affronter l'équipe de Portage Lake dans une série de deux matchs qui se tint en mars 1904 à l'Amphidrome, qualifiée de « Championnat du monde ». Ils ont perdu. Ils avaient trouvé chaussure à leurs pieds.

Évoquant l'équipe de Portage Lake de 1903-1904, l'historien Bill Sproule a parlé de « la toute première équipe de hockey professionnelle », et sa fiche cette année-là a témoigné que l'argent, oui, faisait des champions : 24 victoires, 2 défaites, et un écart des buts avec leurs divers adversaires de 273 contre 48.

Doc Gibson s'y était pris bien avant l'ouverture de la saison de 1903-1904 pour faire son recrutement, en s'assurant les services de Hod Stuart, de Pittsburgh, et de son frère cadet, Bruce. Ce dernier avait suivi Hod, quand il avait quitté Ottawa pour Pittsburgh, où tous deux avaient évolué avec les Sénateurs lors de la saison 1898-1899. Un autre historien, Daniel Mason, a vu chez Hod Stuart « l'un des premiers grands joueurs de défense » ; aujourd'hui, on dirait un joueur de franchise. Hod a enfilé 13 buts en 15 matchs, pendant que Bruce menait son équipe avec 46 buts, au grand plaisir de foules de plus de 4000 amateurs appelés *Puckeys*, à Houghton.

Milton « Riley » Hern, natif de l'Ontario, qui avait gardé les buts des Keystones de Pittsburgh, a pris le chemin de Portage Lake, reconnaissant volontiers dans l'édition du *Toronto Globe* du 16 novembre 1903, que sa seule raison pour signer un contrat avec l'équipe de Gibson était l'argent, et que Gibson en offrait davantage. Durant sa première saison avec Portage Lake, il a inscrit à sa fiche cinq blanchissages.

L'argent qui coulait à flots au pays du cuivre et les amateurs qui s'entassaient dans l'Amphidrome pour aller voir gagner Portage Lake ont fait prendre conscience à James Dee qu'il pouvait en faire beaucoup plus. À l'automne de 1904, il se rendit à Chicago pour rencontrer d'autres propriétaires de patinoire et d'autres présidents d'équipes, et leur vendre ce qui était l'étape suivante la plus logique : une ligue professionnelle de hockey, où chacun d'eux trouverait sa poule aux œufs d'or. Ce fut facile à faire accepter.

Et c'est ainsi qu'est née la Ligue Internationale de Hockey, avec Dee comme secrétaire, trésorier et responsable du calendrier de la saison. Les équipes se produiraient à Houghton et à Calumet, la ville voisine, à Pittsburgh et à Sault-Ste. Marie, au Michigan. La dimension « internationale » serait fournie par Sault-*Sainte*-Marie, en Ontario, appelée « la Sault canadienne[2] » pour la distinguer de sa rivale américaine.

Les joueurs ont vite compris toutes les opportunités que leur offrait la première ligue professionnelle au monde, qui a lancé ses activités à l'hiver 1904-1905. Hod Stuart a joué tous ses atouts d'agent libre en signant avec Calumet un contrat de 1800 dollars comme joueur, instructeur et gérant. Cette fois, son frère Bruce ne l'a pas suivi, préférant rester avec les « Lakers », et la dimension fraternelle vint ajouter à une rivalité déjà renforcée par la proximité des deux villes. La compétition fut excellente au guichet, mais pas nécessairement pour la santé

William Hodgson « Hod » Stuart et son frère cadet Bruce avec les Wanderers de Montréal. Les deux frères ont appris le hockey dans la Vallée de l'Outaouais, mais comme beaucoup de joueurs canadiens, ils ont préféré le sport professionnel qui se pratiquait aux États-Unis. Excellent joueur de pointe, Hod Stuart a fait campagne pour que les joueurs reçoivent des salaires décents, et pour mettre fin aux violences infligées aux bons joueurs de sa trempe. *(Temple de la Renommée)*

---

2. La traduction peut tinter bizarrement aux oreilles du lecteur, mais le texte de la langue de départ (LD) dit « Canadian Soo », ce qui n'est pas plus harmonieux, et qui est sans doute suggéré par la prononciation anglaise des deux « *Sault* » Sainte-Marie, l'américaine et la canadienne. NDT

Joe Hall (au centre, à droite) jouait en défense, et il était connu pour son tempérament bouillant, d'où son surnom. « Bad » Joe était aussi un joueur talentueux très en demande chez les équipes situées des deux côtés de la frontière. Ses accès de colère le laissaient mal à l'aise, et on le voyait souvent après un match traverser dans le vestiaire de l'équipe adverse, et aller s'excuser de son inconduite. La ligue lui a infligé plusieurs suspensions et une condamnation avec sursis pour avoir joué du moulinet avec son bâton à Toronto. Il a été emporté par la grippe espagnole pendant les séries de la Coupe Stanley de 1919, opposant les Canadiens de Montréal à Seattle, ce qui fit annuler les séries finales pour la première et avant-dernière fois dans l'histoire de la Coupe. *(Temple de la Renommée)*

des Stuart. Comme le rapporta Norman Gillespie au magazine *Winnipeg Tribune* en mars 1933, la compétition prit des allures féroces : « Avant le match, on les voyait jaser avec leur mère et on se disait : une belle réunion de famille. Cinq minutes après que l'arbitre avait sonné la cloche et mis la rondelle en jeu, ils se tapaient dessus à qui mieux mieux, au visage, partout, à coups de poing et de bâton. » En janvier 1906, peu après le coup de fil du shérif McNaughton, Fred Taylor, la « Tornade de Listowel », montait à bord du train qui allait l'emmener du Manitoba au Michigan. Tiraillé entre sentiment d'abandon et trépidation extrême, il en oublia ses patins ! Il fit vite connaissance, et à ses frais, avec la rudesse du jeu de la LIH, heureusement rachetée par la vitesse et l'imagination. En faisant l'éloge du plus récent « génie » canadien, la *Mining Gazette* de Houghton a réussi tout à la fois à rassurer et à inquiéter ses lecteurs, écrivant : « Les autres équipes font tout leur possible pour stopper ou à tout le moins ralentir Taylor, et elles sont prêtes à tout pour y arriver. Coups de coude, coups de bâtons, tout y passe, mais jusqu'à ce jour il leur glisse entre les mains. On ne comprend pas comment il peut s'en sortir indemne. »

Avec son mètre 73 et ses 78 kilos, le jeune Taylor ne pouvait pas trop compter sur la chance pour s'en sortir. En tant que joueur étoile, il était tellement visé par l'adversaire, qu'il a décidé de s'improviser une manière de vêtement protecteur, utilisant, au niveau des cuisses, les baleines du corset de sa mère. Lors de sa première saison à Portage Lake, il a enregistré 11 buts en 6 matchs, propulsant son équipe à son premier titre dans la LIH, et se méritant la toute première mention dans l'équipe des étoiles de la Ligue.

Au Canada, la vieille ennemie de Taylor, la Fédération de Hockey Amateur de l'Ontario, était sur le bord de l'hystérie : les talents canadiens s'envolaient vers le sud, en quête de dollars américains ! Dans un mémo interne, son président, John Ross Robertson, aussi membre du Parlement, se fit de nouveau menaçant : « Il s'agit de nous protéger, avertissait-il. En tant que Fédération de Hockey de l'Ontario, notre position et celle du hockey professionnel de Pittsburgh, Calumet, et de la « Sault canadienne » sont tout à fait irréconciliables... Tout joueur s'alignant avec l'une ou l'autre de ces équipes sera interdit de jeu en Ontario. »

Les joueurs ont continué de toute façon à affluer au Michigan. Joe Hall, natif de Staffordshire, en Angleterre, mais qui avait grandi au Manitoba, a fait ses bagages pour Portage Lake, jouant comme « avant droit ». Il a fait la vie dure à ses adversaires avec un jeu rude et un tempérament de feu dont il a souvent eu à se mordre les doigts, et qui lui a valu le surnom de « Bad » Joe. Hall n'était pas seulement un bagarreur. En 20 matchs disputés avec les Portage Lakers, il a compté 33 buts, devenant ainsi le meilleur compteur de son équipe, et se méritant les honneurs d'une sélection dans l'équipe des étoiles de la Ligue.

Il n'y avait pas que les joueurs du Manitoba et de l'Ontario qui trouvaient intéressant de vendre leurs talents. Jean-Baptiste « Jack » Laviolette et Didier Pitre s'étaient alignés avec l'équipe pionnière des Nationals de Montréal, fondée en 1894, et qui était l'une des deux formations francophones de la ville avec Les Montagnards, venues à la Ligue en 1898. Le diplomate Laviolette a facilement convaincu Pitre de la sagesse qu'il y avait à aller jouer pour la LIH, dont les joueurs étoiles se faisaient 100 dollars par semaine, c'est-à-dire 4 fois plus qu'un salaire mensuel décent.

Laviolette avait déjà goûté aux délices du monde professionnel en 1904, s'étant vu sélectionné comme joueur étoile des Indians de Sault Ste. Marie (Michigan). Mais quand il est rentré à Montréal pour raconter à son jeune copain la belle vie qu'on menait dans le sud, il n'a pas eu droit pour une fois à l'index moralisateur de la direction des Nationals de Montréal, voulant lui rappeler le côté vertueux du hockey amateur. La direction s'est au contraire montrée très pragmatique : elle a fait enlever Pitre pour le cacher quelque part ! Il fallait le faire, Pitre étant quelque peu difficile à cacher, avec ses 100 kilos 20, à une époque où le poids moyen des joueurs comptait 20 kilos de moins. Surnommé « Boulet de canon », pour son lancer percutant et précis, Pitre était connu dans toute la ville pour ses prouesses sur glace. Il n'a donc pas fallu très longtemps à Laviolette pour le coincer dans un de ses déplacements, et le convaincre de tenter la grande aventure avec la LIH.

La direction des Nationals n'allait pas abandonner si facilement, et elle a su se montrer très futée. Le jour où la rumeur avait couru que Laviolette s'en allait au Michigan, le directeur et les gérants du club l'attendirent à la Gare Windsor. Laviolette dut bien admettre que, oui, il essayait d'emmener Pitre avec lui dans la LIH. Petit grain de sable dans l'engrenage : Pitre n'était pas au rendez-vous. Et pendant que Laviolette montait seul à bord de son train, les responsables de Montréal se claquaient sur l'épaule en riant : Laviolette avait beau être un bon joueur de hockey, il y avait pas mal plus rusé que lui... Mais pendant ce temps, Laviolette sortit du train en marche par la porte située de l'autre côté, rentra en ville, retrouva Pitre, lui fit signer un contrat, et l'emmena se cacher au sous-sol de la Gare en attendant le prochain train. Une fois à bord, et par crainte que la direction de Montréal n'ait des espions à bord, Laviolette emmena Pitre se planquer dans une couchette, racontant aux curieux que son ami avait la grippe, maladie potentiellement mortelle à l'époque comme aujourd'hui. On les laissa tranquilles, et ils se rendirent sans encombre à Sault Ste. Marie, au Michigan,

Didier Pitre, surnommé « Boulet de canon » à cause de son puissant lancer, fut l'un des tout premiers joueurs étoiles canadiens-français. Quoique bien bâti — une exception à l'époque — avec son mètre 90 et ses 100 kilos, Pitre patinait très vite, et ses patrons ont eu la bonne idée de faire du défenseur un attaquant. Il a fait ses premiers pas dans une carrière professionnelle au sein de la LIH, en jouant pour Sault Ste. Marie, au Michigan. Les Canadiens de Montréal sont alors allés le chercher, mais il a poursuivi sa carrière à Vancouver, où il a entretenu sa réputation de joyeux luron, par exemple en ayant toujours avec lui un demi-litre de champagne qu'il buvait entre les périodes pour se redonner des forces, disait-il. *(Temple de la Renommée)*

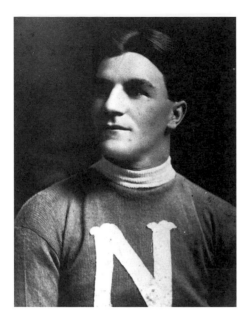

En 1903-1904, Jean-Baptiste « Jack » Laviolette a joué pour les Nationals de Montréal, une des toutes premières équipes francophones du hockey canadien. Il a ensuite déménagé aux États-Unis pour devenir joueur professionnel. Les premiers Canadiens de Montréal l'ont mis sous contrat en 1909, et c'est en passant de joueur de défense à joueur d'attaque que le rapide ailier droit s'est mérité, à lui et à ses coéquipiers, Didier Pitre et Édouard « Newsy » Lalonde, l'appellation de « Français volants ». *(Temple de la Renommée)*

où pendant trois saisons d'affilée, Pitre remporta tous les honneurs des joueurs étoiles.

De son côté, Edouard « Newsy » Lalonde n'a connu aucune de ces aventures rocambolesques, quand il a quitté son travail d'apprenti imprimeur au *Cornwall Free Press* pour aller jouer avec « La Sault canadienne », pour un salaire de 35 dollars par semaine. C'était un fringant et talentueux homme à tout faire – on disait « le septième homme » dans la structure de l'équipe de l'époque, voulant dire par là celui qui peut jouer à toutes les positions – sans compter ses talents de joueur de crosse. Tout ce qu'il avait en poche, c'était un aller-simple, 16 dollars envoyés par l'équipe, et une bonne capacité de résistance au stress. Il raconta plus tard : « Des amis ont tout fait pour me dissuader de me lancer dans le hockey professionnel. Ils me disaient que c'était du hockey trop rude pour un gars de 18 ans, que j'allais me faire tuer... J'ai refusé d'écouter ces conseils venant de proches qui m'aimaient bien. Un soir, j'ai pris un train. Le lendemain soir, à huit heures pile, j'étais à « Sault ». J'avais une partie à jouer à 8 heures 30... »

Lalonde avait décidé de passer son premier match à regarder jouer les autres et à se faire un peu la main dans le hockey professionnel, mais une heure à peine après son arrivée à « Sault », il a vu Marty Wash, le joueur étoile de l'équipe, se briser la jambe. Invité à combler le vide, Lalonde s'élança sur la glace et s'y sentit bien, comme s'il avait été là depuis des semaines. Mais il prit de plein fouet une des clôtures de la patinoire : il s'écroula comme si un boxeur poids lourd l'avait mis K.O. Heureusement pour lui, un boxeur local s'est amené et a couru à son secours. Jack Hammond savait ce qu'il avait à faire, et il avait avec lui deux petits flacons. Il tendit à Lalonde, qui cherchait son air, celui des deux flacons qu'il croyait contenir du whisky. Il s'était trompé. Lalonde a raconté : « J'avais tout en feu, la bouche, les gencives, la gorge. » Il venait de boire de l'ammoniac pur. « J'ai pensé : je suis foutu ! »

On utilise l'ammoniac pour ranimer les boxeurs mis K.O. – mais par le nez, pas dans la bouche. Mais l'ammoniac a fait son boulot : quelques minutes plus tard, Lalonde était droit dans ses patins, et avait repris le match. Il a compté deux buts, se méritant du coup une augmentation de salaire de 50 dollars par semaine. Bien qu'il ait ajouté 24 buts au compteur dans sa saison de 18 matchs, il a décidé de partir[3] la saison suivante et d'accepter une offre venant de Toronto – de la Ligue de Hockey *professionnelle* de l'Ontario.

Un autre joueur a quitté la LIH pour le Canada – mais l'œil généralement tatillon de l'histoire a ici raté le spectacle. Lorne Campbell était si doué, que l'historien Daniel Mason a déclaré qu'il fut « le joueur ayant nettement dominé la courte existence de la LIH », un homme fait sur mesure pour le Temple de la Renommée du Hockey – si seulement il avait eu droit à davantage que des entrefilets dans la presse du Michigan.

---

3. L'anglais dit, non pas « he left », mais « he was a goner », reprenant l'expression plus haut « I am a goner », « je suis foutu ». L'auteur a donc pu jouer sur le clin d'œil des sens littéral/figuré du terme « goner ». Pas nous. NDT

Pendant ses trois saisons au sein de la LIH, jouant pour Portage Lake, ensuite pour Calumet, puis pour Pittsburgh entre 1905 et 1907, Campbell a terminé parmi les trois meilleurs compteurs de la LIH. Dickie Boon, ex-« Petit homme de fer » des AAA de Montréal, fut tellement impressionné, qu'il a tout fait pour amener Campbell à jouer dans l'équipe qu'il dirigeait à Montréal, mais en vain. Campbell a rejeté son offre, préférant être payé par la LIH, où il obtint le championnat des compteurs en 1907.

Si Campbell avait accepté l'offre de Boon, il est tentant de croire qu'il y aurait de nos jours un trophée portant son nom. En 1907-1908, Campbell a joué quelques matchs au Manitoba, pour les Maple Leafs de Winnipeg, enfilant six buts en une seule rencontre deux jours avant que son équipe ne remporte le championnat de la ligue. Et puis on perd sa trace quelque part dans un hiver parmi d'autres, il y a un siècle environ.

Le retour au pays de joueurs comme Hod Stuart, qui s'est joint aux Wanderers de Montréal, et qui pour sa première partie a attiré 6000 amateurs, ou comme Newsy Lalonde et Lorne Campbell, s'est produit juste parce que les équipes canadiennes avaient finalement reçu une paye – même modeste : les propriétaires s'étaient rendu compte que le hockey professionnel pouvait être plus lucratif que le sport amateur.

La dernière saison de la LIH eut lieu en 1906-1907. Fred Taylor continuait à électriser les foules, et à chaque but compté, aurait-on dit, avec la plus grande aisance, un sourire espiègle venait éclairer son visage. Doc Gibson a quitté momentanément sa retraite pour aller disputer deux matchs avec Portage Lake, et les aider à remporter leur deuxième titre contre Pittsburgh. Gibson n'avait pas chaussé ses patins pour des raisons sentimentales, mais parce que la LIH recrutait maintenant difficilement des joueurs, depuis que le Canada avait commencé à les payer. Peu après la victoire des Portage Lakers, célébrée par un défilé aux couleurs vert et blanc de l'équipe, une récession a frappé de plein fouet l'économie américaine, et les prix du cuivre ont chuté brutalement. Il n'y avait plus d'argent pour payer les joueurs, et les propriétaires ont retrouvé le regard glacial de n'importe quel chef d'entreprise professionnelle : c'était une faillite, on fermait les livres.

Après une tournée triomphale aux États-Unis, Hod Stuart est rentré à Belleville, en Ontario, pour travailler dans l'entreprise de construction de son père. Par un après-midi torride de juin 1907, voulant se rafraîchir avec des copains sur les quais de Grand Junction, Stuart a fait un plongeon dans la Baie de Quinte, puis a nagé en direction d'un phare, situé à un demi kilomètre du rivage. Il a alors grimpé sur la plate-forme supérieure du phare, et il a plongé. Ses amis ont attendu. Personne n'a refait surface. Le *Montreal Star* a rapporté plus tard : « Il s'est élancé sans voir qu'en bas, il y avait des rochers pointus. Il avait la nuque brisée, le crâne ouvert. »

Apprenant la mort de son fils aîné adoré, son père s'est effondré, pour ne plus s'en remettre : il y avait trois mois à peine, Hod s'époumonait pour encou-

Tommy Phillips

Un des premiers joueurs étoiles dont la carrière fut pancanadienne, Phillips a appris à jouer au hockey à Rat Portage (rebaptisée Kenora en 1905), petite ville du nord-ouest ontarien, mais il lui a fallu attendre 1901 avant de faire ses premiers pas dans une ligue officielle : il avait alors 18 ans, et il est allé jouer avec les Shamrock de Montréal. Deux ans plus tard, il remportait la Coupe Stanley avec l'équipe de la Fédération Sportive Amateur de Montréal, appelée les « Winged Wheelmen », dont le logo montrant une aile émergeant d'une roue s'est ensuite retrouvé sur le chandail des Red Wings de Détroit. Expert à harceler l'adversaire dans sa propre zone, et très rapide ailier, Phillips est rentré à Rat Portage, où il a été nommé capitaine des Thistles. Quand le hockey professionnel américain est arrivé au Canada, Phillips s'est d'abord aligné avec Ottawa, puis, en 1911-1912, il a suivi les frères Patrick sur la côte ouest, signant un contrat avec les Millionnaires de Vancouver, où il a compté 17 buts en 17 matchs. *(Temple de la Renommée)*

rager ses Wanderers, champions de la Coupe Stanley ; l'hiver précédent, le *Montreal Star* l'avait qualifié de « joueur le plus populaire de toute l'Amérique du Nord ». Il venait de mourir, à l'âge de 28 ans.

L'année suivante, le hockey offrit un premier match bénéfice, et ce fut pour donner un coup de main à la famille de Stuart – les Wanderers de Montréal battant 10 à 7 une équipe formée pour l'occasion. Près de 4000 spectateurs se rendirent au Match Souvenir « Hod Stuart » et la *Gazette* de Montréal rapporta qu'une somme de 2000 dollars, récoltée aux guichets, fut remise intégralement à « la veuve de Stuart et à ses deux enfants, sans déduction aucune pour les dépenses assumées par les clubs et la direction de la patinoire. »

La précision était de taille, et qu'elle fît la nouvelle de la *Gazette* montre bien le rôle grandissant de Mammon dans le sport de l'époque.

Trente ans plus tôt, c'était 40 curieux qui s'étaient déplacés pour voir un match à la Patinoire Victoria de Montréal. Aujourd'hui, on commençait à brasser de gros sous. Le hockey canadien était à la croisée des chemins.

L'année précédente, en 1906, Francis Nelson, directeur sportif du *Globe* de Toronto, avait fait remarquer que les prises de bec entre équipes et responsables étaient devenues si acerbes, qu'on voyait « d'un côté, la Coupe Stanley offrir un beau spectacle et empiler les dollars au profit des équipes et des propriétaires de patinoires, et de l'autre, une compétitivité qui tourne à vide, et où notre sport national ne gagne rien ». Et comme pour prouver sa thèse, on vit en 1907 les Thistles de Kenora, en Ontario, une petite ville de 10 000 habitants, défaire les puissants Wanderers de Montréal, dans leur quête du trophée des trophées, la Coupe Stanley. C'était le triomphe des amateurs sur les professionnels, de la vertu sur le mercenariat. La preuve : cinq ans auparavant, les Thistles étaient une équipe d'écoliers (la ville s'était vu affubler le nom de « Rat Portage », qui fut changé pour Kenora, en 1905.) Le hockey de l'époque, peut-être inspiré par les brusques percées du rugby, et en l'absence d'une zone qui aurait permis des passes avant, se ramenait à « je-déblaie-la-rondelle-et-tu-cours-après ». Innovation des Thistles : la vitesse, et des passes de précision. Pour Fred Taylor, peu réputé pour ses effusions d'émotion, excepté sur la glace, Kenora avait

Après avoir remporté la Coupe Stanley de 1907, les Thistles de Kenora furent fêtés à l'Opéra de la ville. La Coupe fut déposée au milieu de la scène, et l'on vit les joueurs des Thistles trônant, tels des dieux, dans les loges. On y prononça des discours, on y entonna des chansons, on offrit en cadeau de l'argenterie, et à chacun des neuf joueurs une coupe de l'amitié. Une chanson fut spécialement composée pour l'occasion par Madame W. J. Gunne :

Nous aimons vous entendre louangés,
*   jeunes gens, nous comprenons tout*
Parce que tout nous dit : les hommes
*   de Kenora jouent proprement*
Ce sont ces mots qui sont notre
*   récompense, jeunes gens, ils sont*
*   à nous,*
Gagner la Coupe c' est formidable,
*   jeunes gens, mais plus formidable*
*   encore de la gagner honnêtement*
Nos Thistles sont rentrés à la maison ;
*   ce sont nos plus braves,*
*   ce sont nos meilleurs,*
Notre ville n'est pas la plus grande,
*   mais elle est fière, mais dans l'ouest*
*   elle a remporté tous les honneurs.*

(Temple de la Renommée)

« révolutionné » le hockey. « En offrant aux spectateurs du patinage de vitesse, les Thistles ont ouvert grand le jeu, et en 1903, toutes les équipes seniors canadiennes avaient adopté ce style, tellement plus agréable. »

Emmenés par les futurs membres du Temple de la Renommée, Billy McGimsie, Tom Phillips, Tom Hooper, Si Griffis et Art Ross, les Thistles, donnés battus, ont remporté le premier match 4 à 2, et ont répété l'exploit, 8 à 6, lors du deuxième. Victoire particulièrement savourée par Kenora : non seulement c'était leur troisième tentative de remporter la Coupe, mais ils étaient en plus – et sont toujours dans l'histoire du hockey –, la plus petite ville à avoir jamais remporté le Saint-Graal.

À une époque où l'on pouvait gagner quatre Coupes en une saison, les Thistles ont goûté pendant deux mois les délices de la victoire : les Wanderers l'ont alors ramenée à Montréal dans un climat plus que malsain d'engueulades et d'accusations de fausse représentation, de mercenariat, etc., le tout remontant jusqu'au Parlement et dans les colonnes des journaux. Outre qu'elle était la plus petite ville à avoir remporté une Coupe Stanley, Kenora fut aussi la dernière à mériter ce titre, les Wanderers s'étant auto-déclarés « équipe professionnelle ». Le triomphe des Thistles, précisément du genre de ceux qu'avait souhaités Lord Stanley en faisant don de sa coupe, marqua la fin de ce type de défi. Après eux, si une équipe de petite ville désirait décrocher la récompense suprême, elle devrait s'affilier à une ligue professionnelle.

Ce fut le problème qui survint à l'hiver de 1909 : Michael O'Brien, un industriel, envoya son fils Ambrose à Montréal, espérant obtenir pour l'équipe de sa

Les cartes de hockey ont été lancées en 1910, avec l'impression par la compagnie British America Tobacco de cartes de couleur où apparaissaient des joueurs de la Fédération Nationale de Hockey. En 1913, les cartes sont devenues si populaires, que trois compagnies de tabac ont décidé d'en offrir une avec l'achat d'un paquet de cigarettes.

(Temple de la Renommée)

petite ville de Renfrew, une place dans le grand monde du hockey corporatif. Le raisonnement d'O'Brien était le suivant : si une petite ville comme Kenora pouvait, comme équipe amateur, remporter la Coupe, Renfrew le pouvait tout autant comme équipe professionnelle – car Renfrew avait de l'argent.

Le sénateur Michael J. O'Brien était un *self-made-man* dont l'ascension jusqu'aux sommets de la société canadienne avait débuté en 1866, lorsque son père s'était trouvé handicapé, à la suite d'un accident. Michael, à l'âge de 15 ans, s'est vu parachuter chef de famille. Employé chargé de l'eau du moteur à vapeur du train Truro-Pictou, en Nouvelle-Écosse, O'Brien a commencé à faire des économies à même sa paie de 10 cents par seau, rêvant bien sûr de trouver mieux. Quatre ans plus tard, il était sous-contractant, et rêvait de possibles opportunités en Ontario, où l'industrie ferroviaire avait le vent en poupe. O'Brien a fait la meilleure offre pour le projet de construction du dernier tronçon de chemin de fer du K-P (surnommé le « Kick and Push ») allant de Kingston à Pembroke, et c'est en arpentant le terrain où il allait construire sa portion de voie ferrée qu'il fit la rencontre de la femme qui allait devenir son épouse. En compagnie de l'aimable Jenny Barry, O'Brien vint s'installer à Renfrew, pour s'atteler à la conquête du monde – ou presque.

O'Brien a fait fortune dans les mines d'or, d'argent, de nickel et de cobalt ; dans le bois, dans l'industrie lainière, et plus tard, dans la fabrication d'armes durant la Première Guerre mondiale. Comme beaucoup de magnats, il voulait plus que de l'argent, il voulait le Pouvoir, il voulait la Gloire. Il voulait que son bébé, son équipe de Renfrew, remporte le plus prestigieux de tous les trophées, la Coupe Stanley. Renfrew ne serait plus seulement réputé pour ses produits laitiers, une petite ville parmi d'autres dans la Vallée de l'Outaouais – même si son beurre était sublime...

En dépit de toutes les pressions du député local, Tom Low – lui aussi un titan de l'industrie – Renfrew n'a pu s'affilier à une ligue reconnue, condition *sine qua non* pour qui a des vues sur la Coupe Stanley. Les gens ont donc décidé de se donner leur propre ligue. Cette dernière est allée chercher les équipes de petites villes comme Smith's Fall, Cornwall et Brockville, et – le Fédéral n'étant pas contre – les Victorias d'Ottawa. Ils ont piqué au vif les susceptibilités du Haut Canada en la baptisant « Ligue Fédérale », mais tout fut oublié le jour où elle a remporté le championnat, ce qui a amené le *Renfrew Journal* à se demander quand elle aurait enfin sa chance de postuler une place dans les grandes ligues. L'administrateur de la Coupe Stanley, William Foran, a publiquement promis que ce serait « l'année prochaine », mais quand « l'année prochaine » est venue, la promesse ne fut plus que parole en l'air.

O'Brien a envoyé à Montréal son fils de 24 ans, Ambrose, dans l'espoir de convaincre la Fédération de Hockey de l'Est du Canada d'admettre Renfrew dans sa ligue. Armé de son diplôme de l'Université de Toronto, et habitué aux façons de faire de son père, qui s'ouvrait toutes les portes avec de l'argent, Ambrose s'est donc pointé à Montréal le 25 novembre 1909, s'attendant à un accueil sympathique de sa requête. Mais les patrons des Shamrocks et des Wanderers de Montréal, tout comme ceux des Sénateurs d'Ottawa et des Bulldogs de Québec, avaient bien d'autres chats à fouetter, et Ambrose O'Brien n'en faisait pas partie. Ils se disputaient pour des questions d'argent. Ils allaient perdre de jolies sommes si J. P. Doran, qui avait acheté les Wanderers de Montréal en 1908, arrivait à déménager son équipe de l'aréna de Wood Street au plus petit Jubilee Rink, dont il se trouvait justement le propriétaire. Cela signifiait qu'ils allaient voir diminuer de façon draconienne les 40 % de profits des ventes au guichet que les propriétaires d'équipes se partageaient. Ils devaient maintenant payer les joueurs, et ils n'allaient pas puiser dans leurs propres profits pour y arriver.

La solution imaginée montre bien à quel point les débuts du hockey professionnel constituaient un véritable coupe-gorge. Ils ont décidé de dissoudre

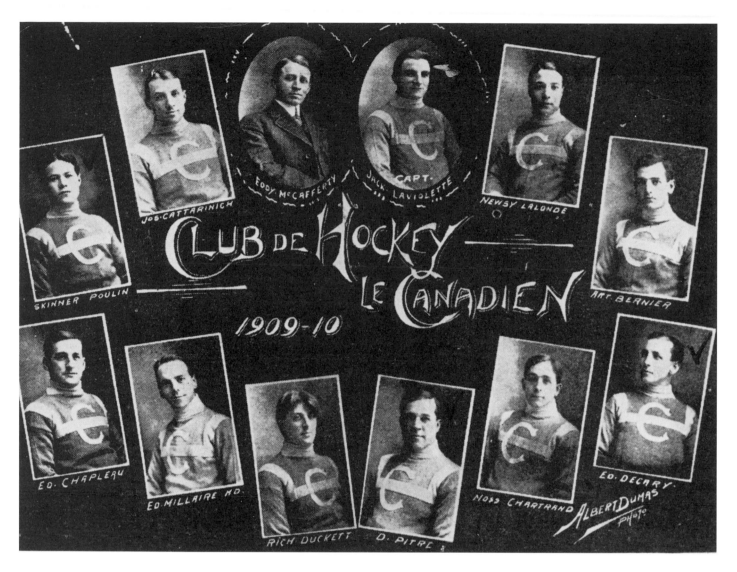

(Temple de la Renommée)

Les Canadiens de Montréal sont nés en 1909 d'un désaccord financier entre millionnaires canadiens-anglais. Lors de leur première saison, ils portaient un chandail bleu, et ils ont terminé bons derniers dans la toute nouvelle Fédération Nationale de Hockey, avec une fiche de 2 victoires sur une possibilité de 10. Ils ont changé de chandail l'année suivante, mais il a fallu attendre la saison 1917-1918, après leur Coupe Stanley de l'année précédente, pour les voir endosser le fameux logo du H contenu dans un C (Club de Hockey).

la ligue et d'en former une autre, avec des franchises à Ottawa, à Québec, et trois autres à Montréal. Doran pouvait déménager ses Wanderers où bon lui plaisait, il ne faisait plus partie de la nouvelle Ligue, baptisée Fédération Canadienne de Hockey (FCH). Dans leur tête, Doran et ses Wanderers appartenaient dorénavant à l'histoire.

Et c'était bien le cas, mais pas exactement au sens où personne n'aurait pu l'imaginer quand Jimmy Gardner, joueur et l'un des responsables des Wanderers, est sorti en hurlant de la réunion. Ambrose a raconté plus tard : « Il était tellement furieux, que tout ce qui lui sortait de la bouche, c'était des jurons. Et puis il s'est tourné vers moi et m'a dit : "Ambrose, et si toi et moi on fondait une nouvelle ligue. Tu as déjà Haileybury, Cobalt et Renfrew. Nous, on a les Wanderers. Et si on formait à Montréal une équipe entièrement francophone, on frapperait un grand coup. Et on lui donnerait un nom canadien-français." »

Et c'est ainsi que d'un mélange d'ambition et de soif de vengeance sont nés les Canadiens de Montréal, un club dont les débuts plutôt branlants, équivoques, ne laissaient présager en rien sa réputation à venir de franchise exceptionnelle, l'une des plus brillantes du sport professionnel.

Le Québec francophone avait déjà eu deux équipes évoluant dans une ligue, mais elles étaient regardées de haut : on les voyait mal rivaliser avec l'élite « anglo ». Attitude demeurée inchangée lorsque le nouveau projet fut annoncé, le 3 décembre 1909. *La Presse* rapporta que la nouvelle équipe porterait le nom de « Canadien », et publia une photo de son gérant, Jack Laviolette – qui, il y avait peu de temps encore, s'en prenait à la direction de Montréal – pendant que la *Gazette* avertissait les francophones de ne pas trop se dresser sur leurs ergots, le « nombre de bons joueurs canadiens-français étant limité ».

D'où il ne faudrait pas conclure que la présence francophone laissait à désirer dans les milieux du hockey de Montréal. Vers 1910, les francophones comptaient pour 54,8 % de la population de Montréal, et sur les 159 clubs existants, les Canadiens français en détenaient 55. Quinze ans auparavant, il n'y en avait presque pas, mais les francophones avaient fait alliance avec les Irlandais catholiques de la ville, qui avaient réussi à fissurer la forteresse anglo-protestante du monde du hockey de Montréal et à aider les francophones à s'y glisser. La communauté francophone était maintenant plus que mûre pour se donner son équipe professionnelle et, une fois de plus, ce sont les Irlandais, en la personne de Pat Doran, puis des O'Brien, et de Jimmy Gardner qui se dirent prêts à leur donner un coup de main, dût-il leur en coûter un peu d'argent.

La nouvelle équipe « canadienne-française » allait évoluer dans la Ligue (qu'on espérait bientôt) Nationale de Hockey, dont la notion de « national » incluait les grosses équipes de Montréal, comme les Wanderers et les Canadiens, et les équipes des petites agglomérations de la Ligue Fédérale. La *Gazette* a prédit une guerre des surenchères, étant donné que les Canadiens devaient dénicher un maximum de talents francophones, et que les talents existants avaient déjà signé des contrats ailleurs.

Jack Laviolette avait vu venir le problème, ayant déjà emprunté ce chemin-là – ou plutôt ce train-là – avec son gros gibier, Didier Pitre. Le *Daily Star* de Montréal a raconté l'aventure de la signature du contrat de Pitre, le 13 décembre 1909, en chapeautant l'article d'un titre qui rappelait les romans d'espionnage : « Une course de trains ». « On a assisté à une véritable chasse à l'homme au cours des 48 dernières heures... Le National et les Canadiens ont eu vent du passage de Pitre à Montréal, samedi dernier. Le président Lecour, du National, fut le premier averti, et il a alors quitté en douce sa réunion sur la crosse, prenant un train à destination de North Bay. Le directeur Jack Laviolette, du club des Canadiens, fut alors mis au courant de la rumeur, et prit le dernier train pour Ottawa. Lecour est arrivé le premier, et a mis la main sur Pitre. »

Détail de peu d'importance pour Pitre, que cette signature avec les Nationals, puisqu'il en avait donné une autre aux Canadiens de Laviolette, dont on apprit la nouvelle trois jours plus tard. Les Nationals, bien au fait de la propension de Pitre pour la poudre d'escampette, ont obtenu de la Cour, le 22 décembre de cette année, une injonction interdisant à Pitre de jouer pour les Canadiens. Notre

Hobey Baker

Hobart « Hobey » Baker, première super-vedette du hockey américain, fut la parfaite illustration des idéaux du hockey amateur. Beau gosse, bourré de talent, et jouant au hockey par amour du sport, il a enthousiasmé son copain de Princeton, F. Scott Fitzgerald, qui l'a pris pour modèle de son héros Allenby, dans *L'envers du paradis*, un de ses premiers romans, écrivant plus tard à son propos : « Porté par mon admiration enthousiaste, je vis en lui mon plus haut idéal, mais ici accompli, entièrement incarné dans un être humain qui était là, sous mes yeux, tout près de moi. » Baker jouait à toutes les positions, et il s'est fait un renom des deux côtés de la frontière, au Canada, avec les Tigers de Princeton, aux États-Unis, sur la St.Nicholas Rink (à Manhattan), dont une banderole à l'entrée clamait « Hobey Baker joue ici ce soir ». Une fois diplômé, Baker a joint les rangs de l'équipe de hockey amateur de la St.Nicholas Rink, et quand il a affronté les joueurs étoiles de Montréal pour l'obtention de la Coupe Ross, le 11 décembre 1915, il a compté deux buts et en a préparé trois autres, donnant à son équipe une victoire de 6 à 2. Il s'est vu proposer 3500 dollars pour venir jouer au Canada, mais il a refusé. Il jouait pour l'amour du jeu. Il est devenu pilote durant la Première Guerre mondiale, et il s'est vu décerner la Croix de Guerre pour le courage dont il avait fait preuve sous le feu de l'ennemi. Peu après la guerre, le jeune homme de 26 ans a trouvé la mort dans l'écrasement de son avion, à la suite d'une vérification de réparation. En sa mémoire, on a donné son nom à un prix soulignant l'exceptionnelle qualité d'un joueur de hockey universitaire américain. *(Temple de la Renommée)*

homme se retrouva donc devant un tribunal de Montréal, écoutant, comme le juge en chef Bruneau, l'argumentation des Nationals suivant laquelle leur gros canon devait leur appartenir. Le contrat que Pitre avait signé avec les Nationals prévoyait qu'il toucherait 1100 dollars pour une saison de 11 semaines. Une clause prévoyait même qu'il pourrait se voir amputer de la moitié de cette somme, s'il se montrait « inefficace à cette position ».

En dehors des débats de la Cour, Pitre jouait alternativement humilité et fanfaronnade. Il déclara à un photographe du *Daily Star* de Montréal qui voulait le prendre en photo : « Ça va servir à quoi ? Demain, je vais être en prison », prédisant quelques jours plus tard à *La Presse* qu'il allait s'en tirer avec une amende. « Et n'allez pas vous imaginer que l'argent va sortir de ma poche, se vanta-t-il. Les Canadiens savaient ce qu'ils faisaient quand ils m'ont mis sous contrat, qu'ils s'arrangent ! »

Pour la Cour, cette histoire de rupture de contrat dans le monde du hockey constituait un précédent, et pour en trouver un, les avocats durent donc se plonger dans la jungle exotique des contrats signés dans le monde du théâtre canadien et du baseball américain. Le conseiller de Pitre fit valoir que Pitre avait été intéressé à jouer avec les Nationals parce qu'on lui avait fait miroiter une participation dans une équipe de joueurs étoiles, dont les francophones Newsy Lalonde et Georges « Skinner » Poulin. Avec la touche qu'il fallait de sophistique, les avocats déclarèrent le premier contrat de Pitre nul et non avenu, les membres de l'équipe où on lui avait promis de jouer ayant fait faux bond (oubliant de mentionner qu'il y avait une raison à cela : les Canadiens avaient déjà braconné sur les terres d'un peu tout le monde, débauchant des joueurs étoiles pour les intégrer à leurs projets tordus, Lalonde et Poulin en faisant partie).

L'ironie sera savourée par tout joueur professionnel ayant connu les contraintes d'une décision salariale, toujours pénible pour l'ego, les équipes se faisant fort de diminuer la valeur de leur poulain, quand il demande une augmentation de salaire : voulant répondre à l'affirmation des Nationals disant que Pitre était un joueur « unique », ce dernier rétorqua « en connaître plusieurs en ville qui pourraient jouer à ma position ». Le juge se dit d'accord avec l'argumentation, décidant qu'un citoyen ne pouvait être forcé d'agir contre son gré, et donc que Pitre pouvait jouer pour qui il voulait.

Ce soir-là, le « Boulet de canon » endossa l'uniforme des Canadiens, qui disputaient un match avec le Cobalt, au Jubilee Rink de Montréal, jugé trop petit et peu rentable par les propriétaires de la Ligue Canadienne de Hockey. L'équipe du Cobalt, dont certains disaient que les joueurs étaient payés avec des pièces d'argent extraites de la mine locale, ont pris un retard de 0 à 4, jusqu'à ce que, jouant de l'alchimie propre au hockey, ils transformèrent en or leur performance de pacotille en comptant six buts d'affilée. Les Canadiens, dont le gardien, Joe Cattarinich, allait devenir propriétaire, ont répliqué. Art Bernier, Skinner Poulin et Newsy Lalonde ont enfilé chacun deux buts, mais il a fallu attendre Jack Laviolette – et c'était un peu normal, après tout ce qu'il avait enduré – pour ficeler la victoire de Montréal en prolongation. *La Presse* exulta, titrant le lendemain sur cinq colonnes à la une : « Le Canadien gagne une grande partie ». L'article continuait en disant – et ce n'était que justice de le dire – que « Laviolette et Pitre avaient brillé de tout leur éclat dans le firmament des Canadiens ». Laviolette était un « fou de la vitesse ». Quant aux Canadiens, ils affichaient une telle fougue, que les commentateurs sportifs les affublèrent du nom de « Français volants ».

Avec 2 victoires sur les 12 possibles, la première saison des Canadiens s'avéra toutefois plutôt terne. Comme la *Gazette* l'avait prédit, la compétition pour s'arracher les meilleurs joueurs était féroce, et avec, dans le décor, la famille O'Brien, dont les gros billets, en nombre apparemment infini, arrosaient tout le monde dans la ligue sauf les Wanderers, les parvenus de la Fédération Nationale de Hockey sont partis faire leur magasinage, amenant dans leur giron les plus grands joueurs étoiles de la Fédération Canadienne de Hockey.

Les Creamery Kings de Renfrew ont mis sous contrat Lester Patrick, des Wanderers de Montréal, pour la somme de 3000 dollars. Comme joueur de défense, Patrick s'était fait une réputation : il courait chercher la rondelle, à une époque où les joueurs arrière se contentaient de déblayer la rondelle et de

Les Millionnaires de Renfrew n'étaient pas seulement la grande équipe de la Fédération Nationale de Hockey. Leur nom évoquait à la fois les gros moyens financiers de leur propriétaire, Ambrose O'Brien, et la richesse de leurs talents. Quatre des joueurs apparaissant sur la photo ont leur nom inscrit au Temple de la Renommée ; ensemble, ils constituent le premier Panthéon du monde du hockey. Partant du quatrième à gauche, on voit Edouard « Newsy » Lalonde, Fred « Cycone » Taylor, Frank Patrick, et tout au bout à droite, Lester Patrick. *(Temple de la Renommée et Musée des sports de la Colombie-Britannique)*

regarder courir les autres. Faisant jouer astuce et propension à tout contrôler, comme il allait le faire avec son frère cadet, Frank, pour rebâtir le hockey professionnel au cours du prochain demi-siècle, Lester Patrick a posé ses conditions : j'embarque, mais vous prenez aussi Frank, exigea-t-il. Ce dernier, lui aussi un défenseur, obtint 2000 dollars. Les Comets de Haileybury sont allés chercher Art Ross pour 2700 dollars ; il s'était fait un nom à Kenora, et il allait devenir un des plus grands gérants et inventeurs du monde du hockey. Mais la meilleure prise fut Fred Taylor, qu'on n'appelait plus « Tornade », mais « Cyclone ».

Taylor s'était mérité le nom de « cyclone » avec les Sénateurs d'Ottawa, peu après avoir quitté la LIH. Quand il s'est vu offrir 500 dollars pour une saison de 10 matchs, il a rappelé à ses interlocuteurs qu'il avait déjà un boulot payé 35 dollars par semaine au ministère de l'Immigration du gouvernement canadien. Il avait fait plus à l'époque de la LIH – 400 dollars pour une saison plus courte – mais il s'y connaissait en matière de sécurité, et il fit le choix le plus sûr. À 22 ans, il avait le temps devant lui, il allait prendre de la valeur, et il avait aussi l'œil sur l'aristocratique Thirza Cook, d'Ottawa. Tout comme Ottawa avait un œil sur lui.

Quand, en mars 1909, avec un tour du chapeau, mais blessé au pied droit lors du match précédent, Taylor a mené les Sénateurs à leur première Coupe Stanley depuis les jours glorieux des Silver Seven, les 7500 spectateurs entassés dans l'Aréna de Dey, venus d'aussi loin que Halifax et Philadelphie, ont bien cru que le Cyclone, l'homme de la Coupe Stanley des Sénateurs, était installé à vie à Ottawa. Mais Taylor avait d'autres idées en tête.

Quand il négociait un contrat, Taylor était aussi subtil qu'il était insaisissable sur la glace. Quand les richards de Renfrew ont fait appel à ses services, Taylor a écouté. Après tout, il avait déjà négocié avec eux, quand il jouait pour Ottawa la saison précédente ; il avait même refusé leurs 2000 dollars, la plus grosse somme jamais offerte à un joueur au Canada. Il a donc écouté, puis il s'est demandé combien il pourrait valoir un jour sur le

FRED TAYLOR IN ACTION

marché. Il était celui qui allait leur donner la Coupe Stanley, électriser les foules avec son talent, et les O'Brien lui offraient 1500 dollars… Il riait dans sa barbe. À la fin de la négociation, les O'Brien suppliaient Taylor d'accepter 5200 dollars pour une saison de 12 matchs. À l'époque, le premier ministre Wilfrid Pelletier gagnait 2500 dollars par année pour garder uni un pays divisé par les tensions opposant francophones et anglophones, immigrants et sujets britanniques, et pour mener le débat sur un projet de libre échange avec les États-Unis. Les joueurs de hockey du calibre de Taylor et des Patrick étaient mieux cotés que les premiers ministres parce que non seulement ils pouvaient faire empocher beaucoup d'argent aux propriétaires d'équipes, mais aussi parce qu'ils pouvaient réaliser ce qu'aucun homme politique n'avait rêvé : faire des propriétaires de véritables héros, en remportant la Coupe Stanley.

Les Creamery Kings de Renfrew ont décidé qu'ils avaient maintenant besoin d'un nom qui traduise bien le monde exaltant du hockey professionnel où ils venaient d'entrer. Et avec un brin d'esprit vantard, ils se sont appelés « Les Millionnaires ».

La petite Charlotte Whitton, future mairesse d'Ottawa, avait 12 ans, lorsque les Millionnaires ont joué leur premier match. Pour son treizième anniversaire, l'équipe lui a offert un billet et une place d'honneur dans sa loge VIP. Whitton se rappelle que les joueurs, qui donnaient généreusement leur temps à l'entraînement des jeunes de la localité, avaient souvent soif. Par beau temps, l'équipe

Après l'avoir vu compter quatre buts spectaculaires pour Ottawa le 11 janvier 1908, Earl Grey, gouverneur général du Canada , a déclaré : « Fred Taylor a été un véritable cyclone – enfin, ce que j'imagine être un cyclone. » Le nom de « Cyclone » Taylor était né. Ce ne fut qu'un des nombreux surnoms donnés à l'homme qui, aux dires de Frank Patrick, fut la première méga-star du hockey, car il n'y avait qu'une force de la nature qui pouvait arriver à décrire son talent. On l'avait auparavant surnommé « Tourbillon », puis « Tornade », et même « Pistolet ». *(Temple de la Renommée)*

Fred « Cyclone » Taylor apparaît ici dans l'uniforme d'Ottawa, mais pour la ville, son nom est resté synonyme de trahison abominable. Très fort en matière de négociations salariales, Taylor prenait plaisir à jouer une équipe contre l'autre, et quand il a quitté Ottawa en vitesse pour rejoindre les arrogants Millionnaires de Renfrew, de la Fédération Nationale de Hockey, il l'a fait pour un salaire représentant le double de celui du premier ministre du Canada. *(Temple de la Renommée et Musée des Sports de la Colombie-Britannique)*

n'aimait rien tant que les rafraîchissements alcoolisés pris en plein air : « La rue tout près du *Mercury* (le quotidien local) était la plus ensoleillée de la ville, et chaque jour – on ne pouvait pas vraiment parler de bonnes manières – ils étaient assis là, en plein soleil, comme des figures sculptées. »

Renfrew avait la réputation d'une ville où l'alcool était très populaire, et les militants des ligues de tempérance faisaient tout pour débarrasser la ville du démon « alcool ». À peu près à l'époque où Charlotte se voyait fêtée par les Millionnaires, la ville a tenu un référendum sur la question. Pour le plus grand chagrin des assoiffés de la place, les prohibitionnistes l'ont emporté, et Renfrew est devenu une ville sans alcool, ce qui a amené le *Ottawa Citizen* à se réjouir que les O'Brien aient obtenu leur franchise avant les campagnes de tempérance, car aucun amateur de hockey digne de ce nom ne permettrait à une ville de prétendre remporter la Coupe Stanley s'il s'avérait impossible de la fêter « comme il convient »...

En dépit de cet obstacle, ou peut-être *à cause de* lui, les Millionnaires durent s'incliner 11 à 9 lors de leur premier match disputé contre Cobalt, se préparant sans doute à verser dans la Coupe un peu du lait local. Mais l'homme de hockey en charge du *Mercury* a trouvé des raisons d'espérer : « Lester Patrick est intelligent, il sait comment échapper à l'adversaire ; Taylor est très bon, mais ses échappées, bien que spectaculaires, manquent de fini, ses coéquipiers ne sont pas là. »

Les Millionnaires s'en sont mieux tirés quand les Canadiens sont arrivés en ville, remportant leur deuxième match 9 à 4. Cette fois, le *Mercury* se dit impressionné par l'adversaire, particulièrement par Newsy Lalonde, « tellement supérieur » aux autres « Français », qu'il aurait presque pu faire un bon Millionnaire. « Les poussées fulgurantes de Lalonde rappellent celles de Taylor », commenta le journal. Et la foule, debout, hurlait « Arrêtez-le ! Arrêtez-le ! » quand Lalonde s'élançait d'un bout à l'autre de la patinoire. Avant la fin du mois, la même foule encourageait Lalonde, qui défendait maintenant les couleurs des Millionnaires, mais ces derniers durent encore patienter pour décrocher la Coupe Stanley.

Leur échec de cette année-là n'empêcha pas qu'ils furent l'une des équipes déterminantes pour l'avenir du hockey professionnel, en soulevant le plus vif intérêt pour ce sport des deux côtés de la frontière, et en donnant aux joueurs une aura digne des grandes figures de la mythologie. Quand Fred Taylor est revenu à Ottawa en février 1910 pour jouer contre son ancienne équipe, un sentiment de trahison s'était vite répandu en ville, mais Taylor l'a pris à la blague : dans la salle des nouvelles du *Ottawa Citizen*, et en compagnie de nul autre que le gardien des Sénateurs, il a promis de compter un but contre son ancienne équipe en patinant de reculons.

En mettant les pieds sur la glace, Taylor a été bombardé de citrons pourris, de crottin de cheval et de bouteilles vides, par une foule de 7000 amateurs en colère. Le héros était devenu le Méchant. Renfrew a remporté le match en prolongation mais il n'y eut pas de but compté de reculons – ce qui n'a fait que rallumer l'appétit au guichet quand Taylor est revenu à Ottawa le 8 mars – pour la plus grande déconfiture des Sénateurs, lessivés 17 à 2, et obligés d'assister, chez eux, à l'exploit du vantard. « Taylor a reçu une passe, raconta le *Mercury*. Il a, comme d'habitude, traversé avec élégance toute la patinoire, puis s'est retourné, montrant le dos au gardien, a donné quelques coups de patins et lestement, avec art, il a lancé la rondelle dans le filet d'Ottawa. » Quelques décennies plus tard, Taylor a révélé qu'il savait exactement ce qu'il faisait quand il a prophétisé son exploit ; puis il a laissé tout le monde mariner, et n'a jamais révélé la véritable histoire. « On a tellement écrit de choses sur mon compte, a-t-il déclaré, que je n'ai pas envie de gâcher l'histoire de quiconque. »

ARTHUR ROSS

Taylor avait exactement saisi la puissance du mythe entourant le premier joueur du pays, tout comme l'autre, Wayne Gretzky, sut, quelques générations plus tard, ne pas rater une chance de l'alimenter. Comme celle de Gretzky, la réputation de Taylor a franchi les frontières canadiennes. Lorsque Taylor s'est retrouvé à New York avec l'équipe de Renfrew, en mars 1910, il fut accueilli comme « le Ty Cobb du hockey », sobriquet lancé par le très pondéré *New York Times*, à l'époque où il visitait Manhattan en compagnie des Sénateurs, deux ans plus tôt.

Son aura de joueur vedette était telle, que les promoteurs de New York refusèrent de financer une tournée des meilleurs joueurs canadiens au St. Nicholas Arena, si Taylor ne participait pas à l'aventure. Les Millionnaires ont alors monté en vitesse une équipe de joueurs étoiles venus de Montréal et de Québec, en prévision d'une série de trois matchs. L'*Evening Telegram* de New York a prévenu ses lecteurs de la puissance de feu de Taylor d'une manière tout à fait appropriée aux pensées profondes de ses lecteurs américains, en révélant que Taylor est « l'homme qui à chaque minute passée sur la glace, empoche 10 dollars. Considérant qu'il reçoit 5000 dollars pour une petite douzaine de matchs, il est sans discussion possible le joueur le mieux payé du sport d'équipe. En comparaison, les salaires de misère offerts à nos joueurs de baseball pour une saison de 154 rencontres font véritablement honte. »

Les Millionnaires ont ramené chez eux la récompense de 1500 dollars, mais une fois encore, la suprême récompense pour laquelle on les payait, la Coupe Stanley, fut remportée en 1910 par les Wanderers de Montréal. Pire encore, ils

Art Ross fut joueur, instructeur et inventeur, et le hockey de notre époque porte encore la trace de son sens de l'innovation. Il a marqué les débuts du hockey en étant l'un des tout premiers joueurs de défense à foncer sur la rondelle. Il a grandi à Montréal en compagnie de Lester et Frank Patrick, et comme eux, il a tout vu des ligues amateures et professionnelles, récoltant au passage deux Coupes Stanley en tant que joueur, et trois autres en tant qu'instructeur-gérant des Bruins de Boston. Après avoir tenté de former une ligue de joueurs, il s'est vu à un doigt d'être suspendu – il a donc consacré au hockey ses talents d'inventeur. Parmi ses réalisations : les buts en forme de B, une rondelle à bords biseautés, plus rapide, et toujours utilisée par la ligue, un équipement protecteur du tendon d'Achille, et ce qu'on appelle le masque Art Ross. De nos jours, le meilleur pointeur de la LNH remporte le Trophée Art Ross, le plus prestigieux après celui de la Coupe Stanley. *(Temple de la Renommée)* ont terminé la saison de 1910 avec une dette d'équipe de 20 000 dollars. En novembre, les propriétaires inquiets de la Fédération Nationale de Hockey se sont réunis pour tâcher d'éponger leurs dettes.

Ils se sont mis d'accord pour une commandite corporative, adoptant la rondelle Spalding comme rondelle officielle de la FNH ; ils ont revu le découpage des matchs de la ligue, dorénavant divisés en 3 périodes de 20 minutes et 2 entractes, pour inciter à la vente de divers produits, puis ils ont posé un geste qui hante, de nos jours encore, le hockey professionnel : ils ont tenté d'imposer une limite à la masse salariale des joueurs. En vertu de ce règlement, chaque club pourrait dépenser un maximum de 5000 dollars pour le salaire de ses joueurs par saison. Pratiquement, cela signifiait que les gros parieurs comme Renfrew pouvaient aligner une équipe de deux joueurs, les frères Patrick, ou 96 % d'un Cyclone Taylor... Les joueurs, qui avaient toujours vu la Fédération comme une manne sans fin, n'étaient pas prêts à accepter pareille réduction de salaire, qui plus est unilatérale, et ils ne croyaient pas non plus les propriétaires quand ils se plaignaient de leurs gros problèmes financiers.

Au milieu de rumeurs évoquant une grève des joueurs, le *Herald* de Montréal a publié une lettre envoyée par Art Ross, des Wanderers de Montréal : « Les Wanderers, racontait-il, ont payé en moyenne entre 10 000 et 14 000 dollars de salaires depuis leurs débuts dans le hockey professionnel. Ottawa a versé entre 10 000 et 25 000 dollars, et ni les Wanderers ni Ottawa ne sont dans le trou. Et de fait, ils ont dégagé, ou seraient capables de dégager des profits. Tout ce que les joueurs veulent, c'est un contrat honnête... Les joueurs n'essaient pas de bousculer la Fédération, mais on aimerait bien savoir où on en est exactement. »

Ambrose O'Brien a répondu aux joueurs mécontents qu'il pourrait aller jusqu'à 8000 dollars comme plafond salarial, mais il se trouvait qu'avec les salaires déjà concédés, les joueurs s'étaient enhardis, allant jusqu'à évoquer l'idée de mettre sur pied leur propre ligue de joueurs. Petit problème : toutes les patinoires avaient été mises sous contrat par la Fédération Nationale.

Les ennuis financiers de la Fédération n'allaient pas se régler avec un plafond salarial ou avec une ligue dirigée par des joueurs. Après avoir terminé troisièmes lors de la saison de 1911, les autrefois puissants Renfrew ont quitté la ligue, et Cobalt, de même que Haileybury les ont suivis. Les Blueshirts de Toronto et les Tecumseh les ont remplacés. Quand les nouvelles formations sont entrées en lice pour la Coupe O'Brien l'année suivante, le message était passé à Michael O'Brien et à ses copains millionnaires qu'on n'achetait pas la Coupe Stanley.

On retiendra tout de même les bons coups de la ligue : la création des Canadiens de Montréal, la commandite des joueurs étoiles, et les bases de ce qui allait devenir la Ligue Nationale de Hockey (LNH). Elle a aussi donné des idées à deux de ses joueurs vedettes, les frères Patrick, qui ont pensé qu'avec des joueurs bien payés et une direction compétente, le hockey pourrait partout prospérer. Dame Chance fit le reste : comme leur père venait de vendre pour presque un demi-million de dollars son entreprise de bois-d'œuvre en Colombie-

Britannique, l'avenir du hockey, pour les fils Patrick, allait se jouer sur la côte du Pacifique.

C'était un jour d'hiver de 1910. Lester Patrick, en compagnie de son père et d'un guide, était en train de délimiter leurs droits de coupe dans les massifs boisés situés au nord de Nelson, en Colombie-Britannique. Un ours affamé surgit, qui dévora leur pitance prévue pour les 10 jours à venir. Lester dut alors aller chasser leur nourriture, mais il s'est retrouvé face à face avec un montagnard armé, répondant au nom de McDaniel. Lester était sur sa propriété, et l'autre voulait savoir ce qu'il faisait là. Le jeune Patrick s'est alors présenté, et l'autre a baissé son arme. Non seulement l'homme savait que Lester était un grand joueur de hockey, mais il avait assisté deux ans plus tôt à un match disputé à Montréal, et où Lester avait soulevé la foule avec un tour du chapeau, envoyant Québec dans les cordes. Lester et son père ont été invités à manger avec McDaniel : trois anciens Québécois réunis par le plus grand des hasards – et par le hockey – se retrouvaient au beau milieu de la Terre promise. Le hockey dans l'ouest canadien avait un bel avenir.

À l'époque, le gouvernement de la Colombie-Britannique donnait à toutes fins pratiques les terrains de coupe, espérant un retour en investissements, et comme Allerdale Grainger le montre dans son roman *Woodsmen of the West*, écrit en 1908, le processus échappait de manière remarquable à la paperasse bureaucratique. « On pouvait se pointer n'importe où sur les terres vierges de la Couronne, planter un piquet, où l'on accrochait un dessin grossier du mille carré de territoire mesuré depuis ce piquet, et obtenir automatiquement de la part du gouvernement des droits exclusifs de coupe sur le mille carré en question. Loyer annuel : 114 dollars. On appelle ce mille carré de forêt « terre en coupe ».

La croissance de l'industrie du bois d'œuvre fut phénoménale – ainsi que celle des finances de la famille Patrick, qui prit l'initiative d'une levée de fonds visant à doter Nelson d'un aréna couvert. Lester et Frank ont inauguré l'ouverture de la patinoire de 800 sièges en s'alignant avec l'équipe de Nelson, leurs deux sœurs, Cynda et Dora, jouant pour le Club de hockey féminin de Nelson. Ce fut là une première incursion des Patrick dans l'entreprise d'édification d'une dynastie, et les événements allaient leur fournir une fois encore l'occasion de tenter leur chance.

C'est en 1911 que Joe Patrick vendit son entreprise de bois-d'œuvre pour la somme de 440 000 dollars – une fortune à l'époque, puisque avec 25 000 dollars seulement, on pouvait s'offrir une résidence de 10 pièces dans le chic « West End » de Vancouver, sur Beach Avenue, avec vue imprenable sur la Baie des Anglais. Et il en restait un bon paquet pour les projets longtemps mûris par ses fils. Frank, le romantique visionnaire, imaginait une patinoire sur la côte ouest, et la ligue qui allait avec. Les habitants de la Colombie-Britannique ne s'étaient jamais beaucoup occupés de hockey, laissant cela aux Canadiens vivant plus à l'est. Eux n'avaient presque jamais de glace naturelle. Les frères Patrick ont alors décidé de régler le problème en y allant d'une bonne astuce.

C'est Frank Patrick qui a eu l'idée d'investir la fortune de son père dans la fondation d'une ligue professionnelle de hockey sur la côte du Pacifique. Il n'était jamais à court d'idées originales. Outre qu'il fut un athlète polyvalent ayant mérité de multiples distinctions d'établissements d'enseignement dans les sports de piste, au football et au hockey, et ce, tout en faisant ses études de licence à McGill, Patrick fut l'un des premiers défenseurs à se lancer sur l'adversaire. Il était si respecté pour son bon jugement en matière de hockey, qu'à 20 ans, on lui a confié la tâche d'arbitrer un match de la Coupe Stanley ! Jugeote et imagination fertile combinées l'ont fait appeler « Monsieur Cerveau du Hockey Moderne », façon de le remercier pour ses 22 innovations, dont la ligne bleue, le lancer de punition, le système des finales, les chandails numérotés, et la rotation des alignements. *(Temple de la Renommée et Musée des Sports de la Colombie-Britannique)*

Lors de la tournée d'exhibition des Millionnaires de Renfrew à New York, Frank Patrick avait été profondément impressionné par la glace artificielle de la « St. Nick's », qui permettait à des milliers de spectateurs de se familiariser avec le hockey. Et la côte sud de la Colombie-Britannique comptait des milliers de clients potentiels. Vancouver, c'était 100 000 habitants, plus les 50 000 de ses banlieues, sans compter le millier de personnes qui venaient s'y installer chaque mois. Le potentiel du hockey professionnel était énorme, et si Lester hésitait à mettre tous les œufs de la famille dans le même panier, Frank a réussi à convaincre son père de risquer un gros magot dans l'aventure : investir sa fortune dans la glace artificielle et le hockey professionnel à Vancouver.

Le 7 décembre 1911, les frères Patrick ont annoncé la création de la Fédération de Hockey de la côte du Pacifique (FHCP), avec des équipes à Vancouver, Victoria et New Westminster. Pour la somme de 27 000 dollars, Joe Patrick a acheté un terrain à l'intersection de Denman et West Georgia, avec vue sur Coal Harbour, le massif des Coast Mountains et la luxuriante magnificence de Stanley Park, l'autre extraordinaire cadeau fait au pays par Lord Stanley. Les Patrick avaient prévu faire participer la population de Vancouver au paiement de son nouvel aréna, mais les gens de la ville avaient déjà prouvé qu'ils étaient d'excellens spectateurs – ils regardèrent donc les Patrick le faire eux-mêmes. Le « Pile », comme on allait bientôt l'appeler, coûta 275 000 dollars ; il pouvait contenir 10 500 spectateurs assis, soit 500 de plus que le plus grand aréna couvert au monde, le Madison Square Garden. Les Patrick ont aussi construit l'Aréna Victoria, d'une capacité de 4200 spectateurs, pour la somme de 125 000 dollars.

Les deux frères se sont attribué les postes clefs de la direction de leur nouvelle Ligue de Hockey de la côte ouest. À 26 ans, Frank fut nommé président, puis instructeur-gérant de l'équipe de Vancouver, pendant que son frère Lester, 28 ans, prenait en charge le club de Victoria. Pour combler les rangs de leurs équipes, ils firent ce qu'O'Brien leur avait appris à faire : débaucher les joueurs des autres ligues, trouvant un malin plaisir à ce que 16 de leurs 23 joueurs venaient de la Fédération Nationale de Hockey. Et les joueurs ne furent pas amenés en leur vantant le bon climat hivernal de Vancouver. Lester l'a reconnu : les frères Patrick ont attiré les joueurs professionnels sur la limite extrême du continent avec « plus d'argent que ce qu'ils n'auraient jamais pensé refuser ».

Du jour au lendemain, la nouvelle ligue eut les faveurs de tous, et une excellente couverture de presse à travers tout le pays : elle venait de mettre sous contrat l'étoile suprême du firmament canadien, Newsy Lalonde, qui quitta aussitôt les Canadiens de Montréal pour s'aligner avec les Millionnaires de Vancouver – le nom de l'équipe avait aussi été emprunté à la ligue d'O'Brien. Jimmy Gardner, trois fois gagnant de la Coupe Stanley avec les AAA et les Wanderers de Montréal, fut nommé instructeur et ailier gauche des Royals de New Westminster.

C'est le 2 janvier 1912 que s'est disputé le premier match de hockey professionnel à l'ouest de l'Ontario et du Michigan, à l'Aréna Victoria. Le lieutenant-

gouverneur de Colombie-Britannique a fait la mise en jeu inaugurale. Pour l'occasion, les parents des frères Patrick, Joe et Grace, étaient dans les gradins, au milieu d'une maigre foule de 2500 spectateurs. Les Aristocrates de Victoria, en rouge et blanc, ont perdu 8 à 3 aux mains de New Westminster, en noir et orange. En dépit de la défaite de ses favoris, le *Times-Colonist* de Victoria a donné au hockey son appui le plus chaleureux, écrivant : « Le hockey sur glace nous a comblés de sensations fortes qui pour nous, dans l'ouest, n'avaient jamais été rien d'autre qu'une rumeur. »

De l'autre côté du détroit de Géorgie, à Vancouver, la tension montait : dans trois jours, ce serait le grand soir des Millionnaires de Frank. La *Province* a piqué l'intérêt des Vancouvérois d'une drôle de façon, affirmant : « Sans oublier l'hommage qu'il nous faut rendre au cricket, nous nous devons de dire que le hockey est un tantinet plus rapide ; la crosse est aussi assez rapide mais comparée au hockey, elle fait figure de cortège funèbre ; le hockey sur glace à Victoria – même chose… Qu'est-ce que nos ancêtres diraient ? » Le jour de la joute inaugurale, la *Province* a expliqué à ses lecteurs en quoi consistait le hockey et ses règlements, rappelant que « seul un tout petit pourcentage de la population a déjà assisté à

Pour rehausser la légitimité de leur nouvelle ligue, les frères Patrick ont proposé une série de matchs de démonstration opposant les meilleurs joueurs de la Fédération Nationale de Hockey et ceux de la Fédération de la côte du Pacifique. Et c'est ainsi que pour clore la saison 1911-1912, les joueurs étoiles de l'est sont débarqués sur la côte ouest pour disputer une série de trois matchs. Bien que facilement battus par les joueurs de l'ouest lors des deux premières rencontres, les joueurs étoiles de l'est ont déclenché l'ouragan Cyclone Taylor (rangée du haut, deuxième à partir de la gauche) pour la troisième. En dépit du fait qu'il soignait une entaille à la main gauche, si vilaine qu'il pouvait à peine tenir son bâton, Taylor a brisé un compte égal de 3 à 3 en enfilant deux buts spectaculaires, son deuxième applaudi par une foule debout. *(Photographie Andrews-Newton, Temple et Musée de la Renommée internationale)*

une rencontre jouée ailleurs au Canada ». Pour la très grande majorité, concluait le quotidien, « le hockey sera une première. »

Ce qui n'était pas le cas pour les Millionnaires de Vancouver, avec leur escouade expérimentée, bourrée de joueurs étoiles, et qui pouvait s'enorgueillir de la présence du grand Lalonde, de Si Griffis et de Tommy Phillips, qui avaient joué un rôle de tout premier plan dans l'obtention de la Coupe de 1907 par les Thistles de Kenora. Mais quand, le 5 janvier 1912, les Millionnaires ont disputé leur tout premier match sur leur patinoire, battant New Westminster 8 à 3 – eux aussi allaient jouer tous leurs matchs à la maison sur la patinoire de Vancouver – en dépit du talent et de tout le battage publicitaire, le « Pile » est resté à moitié vide. La remarque de la *Province* à l'effet que les amateurs étaient quelque peu novices en matière de hockey était juste, mais apparemment, ils apprenaient très vite, puisque le même quotidien parlait à leur propos de « fans passionnés et enthousiastes, qui bien avant la fin, sont debout, et applaudissent follement le spectacle se déroulant sous leurs yeux. Après la démonstration d'hier soir, on peut affirmer, concluait le journal, que la popularité du hockey est sous nos cieux devenue incontestable. »

Populaire jusqu'à un certain point. Les frères Patrick avaient quand même 7200 sièges vides sur les bras – presque la moitié de la capacité de l'aréna, et il s'agissait quand même des débuts d'un nouveau sport au sein d'une nouvelle ligue dans la ville la plus urbanisée du Canada ! Il n'y avait qu'une solution au problème : Cyclone Taylor.

Il a fallu aux Patrick presque une année pour appâter Taylor à l'idée de jouer dans l'ouest. Égal à lui-même et à sa bonne vieille habitude de tâter le terrain et d'évaluer son prix, Taylor est parti s'aligner avec l'équipe étoile de l'est pour affronter la ligue des Patrick. C'était en mars 1912, à Vancouver, et Taylor n'a joué qu'en troisième période. Le jeune joueur de 26 ans s'est contenté de donner aux 8000 amateurs présents dans les gradins un avant-goût de ce dont ils pourraient se délecter un jour, en brisant l'égalité 3 à 3, et en comptant le but de la victoire – et puis il s'en est retourné dans l'est, laissant derrière lui une foule en manque et en liesse.

Taylor s'amusait aussi comme un petit fou en dehors de la glace. Pendant la saison 1911-1912, il a lancé une bataille des contrats entre les Wanderers de Montréal, qui ont remporté « le gâteau » quand Renfrew a fermé ses livres, et les Sénateurs d'Ottawa, ville dont l'un des charmes s'appelait Thirza, sa fiancée, et l'autre un emploi au Gouvernement. Lors d'un match amical disputé à Boston, il a poussé le culot jusqu'à jouer avec Ottawa ! Les Wanderers ont répliqué en convainquant la Fédération Nationale de suspendre Taylor pour la durée de la saison. Se déclarer agent libre était un virus qu'on allait tuer dans l'œuf !

Taylor a répliqué en tâchant de convaincre les Sénateurs de lui offrir 1200 dollars pour écouler sa suspension à Ottawa, sinon il trouverait bien une raison pour s'envoler sous d'autres cieux... Les Sénateurs ont payé, ce qui n'a pas empêché Taylor de partir de toute façon, répondant du coup au télégramme lapidaire de Frank Patrick qui disait : « Cher Fred : on s'amuse bien, ici. Faudrait que tu passes dans le coin. » Taylor s'est donc aligné avec la Ligue du Pacifique

pour la saison 1912-1913. Une fois encore, il allait être le joueur le mieux payé, avec un salaire de 1800 dollars pour la saison, une baisse draconienne comparée à ce qu'il avait gagné trois ans plus tôt, c'est-à-dire trois fois plus. Les propriétaires avaient bien appris leur leçon – en tout cas les jeux de coulisse qu'il fallait pour échapper aux dépenses somptuaires de la Fédération Nationale.

C'était un grand coup pour la nouvelle ligue d'avoir réussi à mettre la main sur le plus grand joueur au pays, toujours dans sa fringante jeunesse, et qui voulait encore ajouter d'autres trophées à sa première Coupe Stanley. Mais vu le dossier de Taylor et ses négociations contractuelles aux allures de montagnes russes, son voyage dans l'ouest pour la saison 1912-1913 a été minutieusement couvert par les médias de Vancouver. Le mardi 26 novembre 1912, le *Vancouver Sun* tenait à rassurer ses lecteurs que Taylor avait bien sûr pris son train à Ottawa le samedi précédent et qu'il était attendu en ville dans le courant de la semaine ; le vendredi, les journaux ont apporté des preuves : une photo de Taylor ayant pris son œil le plus noir, juste au-dessus d'une légende annonçant que « le sensationnel joueur de hockey d'Ottawa » avait donné la veille encore, lors de la séance d'entraînement, un « aperçu de sa forme époustouflante ».

B. C. Electric a mis en service des tramways supplémentaires pour amener 500 amateurs de New Westminster jusqu'à Vancouver, tous trépignant d'assis-

La « Famille Royale » du hockey, célébrant le soixante-septième anniversaire de naissance du patriarche Joe Patrick, le 12 août, 1924, à sa résidence de Victoria. C'est la fortune de Joe Patrick dans l'industrie du bois, couplée aux talents de ses fils, Lester et Frank, tous deux des visionnaires, qui a amené le hockey professionnel sur la côte du Pacifique, en 1911 – même si à l'époque de l'anniversaire en question, le rêve avait tourné au cauchemar. Cette année-là, la Fédération de Hockey de la côte du Pacifique avait fermé ses livres, après avoir remporté deux Coupes Stanley, et avoir emmené sur la côte ouest quelques-unes des plus grandes sommités du monde du hockey. *(Temple de la Renommée et Musée des Sports de la Colombie-Britannique).*

Suite au morceau de bravoure de Taylor, tard dans l'hiver de 1912, les frères Patrick ont compris que pour faire de leur ligue un prétendant sérieux aux honneurs, il leur fallait mettre le Cyclone dans l'uniforme de la Fédération de Hockey de la côte du Pacifique. Taylor, qui avait réussi à obtenir le statut d'agent libre, était sur le point de se voir accorder un contrat en or avec Ottawa, lorsque Frank Patrick lui a fait miroiter une offre de 1800 dollars, s'il jouait dans l'ouest – une somme jamais offerte auparavant. Taylor a fait ses débuts en tant que Millionnaire de Vancouver, le 12 décembre 1912, à Victoria, et il a compté pour l'occasion un but étourdissant dans une victoire de 7 à 4 de son équipe. Après le match, il a repris le chemin de l'hôpital : deux jours avant, il se remettait d'une crise d'appendicite... *(Vancouver Sun, 29 novembre, 1912)*

FRED "CYCLONE" TAYLOR.
Sensational Ottawa hockey player, who arrived in the city yesterday and who showed flashes of his brilliant old-time form at the big workout held at the Arena yesterday afternoon.

ter aux débuts de Taylor contre les Royals. Frank Patrick eut un coup de génie : faire passer Taylor de la défense à la position d'attaquant, lui donnant quartier libre pour exploiter ses dons naturels et ses tendances iconoclastes. Le *Vancouver Sun* a déclaré Taylor « héros du match » : « On ne compte plus les attaques qu'il a organisées pour Vancouver, aidé de son coup de poignet magique ; vif comme l'éclair, fin manieur de bâton. Pendant tout le match, c'était Taylor par ci, Taylor par là. Plus que jamais, et 10 fois plutôt qu'une, il s'est montré à la hauteur de son surnom de Cyclone. »

La deuxième joute des Millionnaires à la maison a prouvé que les Patrick avaient eu raison. Pour la première fois depuis son ouverture, l'aréna de Vancouver s'est rempli à pleine capacité – 10 500 personnes, battant tous les records d'assistance d'un match de hockey.

Bien que leur première année d'opération se soit soldée sur une perte de 9000 dollars, les Patrick ont continué à voir grand. Pour la somme de 250 000 dollars, Frank a obtenu le droit d'organiser des matchs pour souligner l'Exposition internationale de San Francisco de 1915. La Première Guerre mondiale en a décidé autrement, mais les Patrick avaient dorénavant l'œil sur les États-Unis, pari qui enflamma l'imagination populaire. « La destruction de la Fédération Nationale par les Patrick ne constituait qu'un amuse-gueule pour les défenseurs du progrès que sont les magnats de la Côte, commenta fiellement le *Sun* du 2 décembre 1912, mais Frank Patrick a tout de même annoncé, hier après-midi, un événement qu'on ne pouvait imaginer plus prodigieux. »

Les Patrick furent aussi à l'œuvre sur un autre chantier au cours des années qui ont suivi, soit la révision complète des règles du jeu – et les autres ligues ont emboîté le pas. En 1912, ils ont vu dans un magazine britannique une photo de coureurs hors-pistes portant un numéro sur leur maillot de corps – ils ont aussitôt adopté les chandails numérotés. La même année, ils ont permis aux gardiens de lever la jambe pour stopper les rondelles. L'année suivante, frustrés des dizaines de hors-jeu sifflés par l'arbitre lors du Championnat mondial disputé à Québec, qui avaient littéralement tué l'élan qu'aurait pu avoir le match, ils ont imaginé de diviser la glace en trois zones d'une longueur de 22 mètres, séparées par une ligne bleue dans la zone centrale, les passes avant seraient permises, et le jeu serait plus ouvert.

Les Patrick, entre-temps, ont poursuivi l'opération séduction pour amener des joueurs dans l'ouest, tous les coups étant permis. En 1914, Didier Pitre est débarqué : d'un lancer du poignet, il fendait la bande en éclats, et pendant les entractes, il offrait un toast aux amateurs à même un demi-litre de champagne froid, bonne façon, disait-il, de renouveler ses fluides. Sa présence compensait en partie la perte de Newsy Lalonde, envolé vers Montréal, mais Pitre n'a pas semblé très affecté par ce nuage dans le ciel du Pacifique : il s'est pris en main comme joueur d'avant des Millionnaires, avec 13 buts en 14 rencontres, ainsi promu premier compteur d'une équipe championne.

Tard vers la fin de l'hiver de 1914, les Patrick se sont vus à portée de main de la Coupe Stanley, lorsque Victoria a affronté les Blueshirts de Toronto dans une série de trois matchs. Bien que Toronto ait remporté la série, les Patrick se sont repris, l'année suivante, en remportant la Coupe. Après avoir lessivé les Sénateurs d'Ottawa en trois matchs, comptant 26 buts contre 8 pour les Sénateurs, les Millionnaires furent déclarés, comme la *Province* de Vancouver l'a clamé sur 5 colonnes à la une, « Champions du Monde ».

À peine quatre ans après avoir lancé leur Ligue de la côte du Pacifique, les Patrick et leurs joueurs étoiles avaient remporté les plus hautes récompenses. Le hockey professionnel était maintenant une institution nationale, et avec la vente de leur équipe de New Westminster à Portland, en Oregon, et la nouvelle franchise de Seattle, l'année suivante, les Patrick se donnaient une dimension internationale. Ils avaient risqué la fortune de leur père dans l'aventure, mais ils avaient gagné leur pari. Ils avaient en main des équipes pleines à craquer de joueurs vedettes, qui divertissaient des dizaines de milliers d'amateurs, ils avaient innové, réinventé le sport, et ils avaient réussi, tout en demeurant solvables, à combiner prestige et respectabilité. Le hockey était maintenant fermement établi dans le monde des affaires, et les Patrick avaient fait monter les enchères en voyant loin, et grand.

Mais le hockey était plus qu'une bonne affaire. Quand Frank et Lester Patrick ont voulu aller au front en août 1914, le gouvernement a dit non. Frank est revenu à la charge, proposant, au printemps de 1915, d'adjoindre aux Fusiliers irlandais de Vancouver une unité combattante composée de joueurs. Deuxième refus du gouvernement fédéral. Les Patrick, et le sport qu'ils défendaient, constituaient, disait la lettre du gouvernement, « un élément clef du moral de la population ». Même un gouvernement impliqué dans un terrible conflit pouvait voir l'évidence : en moins de 40 ans, le hockey était devenu essentiel à la bonne santé de la nation. Les Patrick allaient se tenir tranquilles. C'est le pays tout entier qui avait besoin du hockey !

CHAPITRE 3
DU SANG
ET DU CHAMPAGNE

« Nos bras meurtris vous tendent le flambeau,

À vous de le tenir bien haut ! »

Ces vers, peints sur la porte du vestiaire des Canadiens de Montréal, sont tirés du poème « In Flanders Fields » (« Dans les Champs des Flandres »), écrit par le major John McCrae, chirurgien de l'artillerie de campagne canadienne, le 13 mai 1915, durant la deuxième bataille d'Ypres, au lendemain du jour des funérailles d'un ami. Après plusieurs refus, il fut publié anonymement dans le magazine britannique *Punch*, et devint le plus célèbre poème sur l'hécatombe qu'avait été la Première Guerre mondiale, qui venait de faucher presque 30 millions de vies humaines au combat, mais aussi par la maladie et la famine.

Qu'une équipe de hockey décide d'inspirer ses jeunes hommes avec des vers parlant de mort violente en dit moins sur la sensibilité poétique des joueurs que sur l'impact dans tout le pays de ce qu'on a appelé la Grande Guerre. Quand le gouverneur général du Canada, et duc de Connaught, a reçu, à 20 h 55, le 4 août, un télégramme annonçant que l'Angleterre déclarait la guerre à l'Allemagne, le Canada, comme composante de l'Empire britannique, s'est retrouvé du coup sous les drapeaux.

D'un bout à l'autre du pays, les Canadiens d'origine française ou anglaise n'ont pas hésité une minute à aller défendre la France, la Belgique ou l'Angleterre contre l'attaque allemande. Par centaines de milliers, ils ont répondu à l'appel sous les drapeaux avec un enthousiasme qui, avec le recul, nous semblera venir non seulement d'un autre âge mais aussi d'un autre monde. Aujourd'hui, les obélisques et cénotaphes érigés partout au pays, dans presque chaque communauté, si modeste soit-elle, nous rappellent la mort tragique de beaucoup de ces jeunes gens.

En dépit des dépêches quotidiennes racontant de lourdes pertes, de l'usage des gaz et des bombardements d'artillerie – et le cas d'un soldat canadien trouvé crucifié par les Allemands – les recruteurs n'avaient aucun problème à trouver des volontaires. La rhétorique du recrutement empruntait volontiers aux idéaux du sport amateur du siècle dernier, allant jusqu'à présenter la guerre comme le dernier et le plus grand match qu'un athlète pouvait disputer. Le capitaine James Sutherland, président de la Fédération Canadienne de Hockey Amateur, se servait du hockey comme incitation à s'enrôler. « Si chacun fait sa part, le Canada va mobiliser une armée de jeunes amateurs enthousiastes, forts en muscles et en cerveau, qui seront aux yeux du monde à nul autre pareils. L'heure est venue. Qu'il soit donné à chacun de disputer le plus grand match de sa vie. » Une annonce de la *Gazette* de Montréal montrait un soldat blessé imaginant un stade plein à craquer attendant son retour, et inscrivait comme légende : « Pourquoi rester ici en simple spectateur, quand votre devoir d'homme est d'aller jouer le vrai match qui se dispute outre-mer ? »

Et c'est ainsi que les joueurs de hockey ont troqué leur uniforme de hockey pour celui de l'armée. À eux seuls, les AAA de Montréal ont envoyé en Europe plus de 965 hommes – ils allaient « régler leurs comptes » à des soldats qu'ils auraient plutôt dû affronter sur la glace, la situation mondiale eût-elle été différente. (Et de fait ils ont joué ensemble, au cours de matchs de soccer insolites disputés entre Alliés et Allemands à l'occasion d'une trêve de Noël exceptionnelle, survenue en décembre 1914. Les officiers supérieurs britanniques furent indignés, jurant de faire fusiller quiconque referait le coup. La métaphore du « match », pour désigner la guerre, avait vécu.)

À l'occasion de la Première Guerre mondiale, le hockey et la guerre ont trouvé des images et un vocabulaire communs : les athlètes sont ici encouragés à participer au « vrai match » de la guerre. L'idéal victorien, emprunté aux Grecs, de l'individu capable de faire toute la différence tant au jeu que sur le champ de bataille a peut-être fait plaisir aux recruteurs de l'armée et à ceux qui y ont répondu, mais le carnage industriel de la guerre de tranchées est vite venu à bout de cette idée – et de toute une génération d'athlètes. (*Musée canadien des Civilisations*)

Frank McGee, appelé « le borgne », le plus brillant des magnifiques Silver Seven d'Ottawa, a réussi à se faire enrôler dans l'armée en tant que lieutenant, bien qu'ayant perdu un œil lors d'un match bénéfice disputé lors de la guerre précédente, la Guerre des Boers. Quand, lors des tests d'aptitude physique, il s'est vu demander de lire le tableau des lettres accroché au mur, McGee a passé le test juste en changeant la main qui recouvrait son œil gauche – et non les yeux eux-mêmes. Le médecin en charge ne pouvait tout à fait avaliser la ruse utilisée par le joueur étoile – dont la cécité partielle avait fait la légende – il trouva donc un compromis : inscrire « Bon », pour l'œil droit, et laisser vide l'espace réservé à l'œil gauche...

Quand il s'est enrôlé en novembre 1915, McGee n'était plus un jeune homme vulnérable, mais un adulte de 36 ans. Un mois plus tard, en Belgique, il était au volant d'un véhicule blindé qui fut touché par un éclat d'obus. Il s'en est tiré avec une blessure au genou, qui devint si enflé, qu'il dut prendre les neuf mois qui ont suivi pour récupérer en Angleterre, où on lui offrit un travail de bureau. Il écrivit à son frère D'Arcy qu'il avait refusé et qu'il se préparait à rejoindre son unité. Le 16 septembre 1916, l'homme qui avait embrasé avec son brio les arénas de tout l'est canadien fut tué au combat, à Courcelette, rejoignant les 624 000 soldats alliés qui ont donné leur vie lors de la Bataille de La Somme.

En dépit des pertes colossales, ou peut-être à cause d'elles, la notice nécrologique du 25 septembre 1916, publiée par le *Ottawa Citizen*, a repris la métaphore sportive, saluant McGee pour son « saut dans la joute à la fois plus grandiose et plus sinistre de la guerre » – ajoutant une cauda patriotique, par souci que sa mort n'incite les autres mortels moins célèbres à se tenir loin des combats. « Et comme au cours de sa carrière sportive, il était toujours dans la mêlée, il est certain que sur le champ de bataille, le lieutenant McGee n'a ni ressenti la peur ni tenté de fuir le danger dans l'accomplissement de son devoir. »

Pour des athlètes, les mots devoir, aventure et patriotisme allumaient le regard, et les joueurs de hockey ont continué à s'enrôler. Après avoir remporté le championnat inter-universitaire devant 4500 amateurs, en mars 1915, un jeune joueur de 20 ans et toute son équipe de l'Université de Toronto, ont décidé de s'enrôler dans un match plus noble : la guerre. Il a raconté plus tard dans ses Mémoires : « On en avait discuté pendant des semaines, et on a alors décidé que quoi qu'il arrive pendant la finale, on allait endosser l'uniforme de l'armée tout de suite après. Le lundi suivant, neuf membres de l'équipe sont partis s'enrôler dans deux kiosques de recrutement d'artilleurs. Avant la fin du jour, j'étais nommé artilleur C. Smythe, de la vingt-cinquième Batterie de l'Artillerie de campagne de l'Armée canadienne. »

Cet automne-là, Conn Smythe était donc lieutenant, et il attendait de s'embarquer en compagnie de ses hommes, destination : l'Europe. Étant donné que 10 d'entre eux comptaient parmi les joueurs ontariens les plus talentueux, et aussi qu'ils avaient un peu de temps devant eux, Smythe, obéissant à son goût du risque, fit une demande d'affiliation à la Fédération de Hockey de l'Ontario (FHO) et d'une charte l'autorisant à bâtir une équipe de joueurs. Les propriétaires de la Fédération furent plus qu'enthousiasmés par l'idée de Smythe, se disant ravis que des hommes soient prêts à aller se faire charcuter en leur nom – et Smythe, et son équipe de soldats, se virent alors imposer un calendrier redoutable : quatre matchs avant Noël, où l'assistance traditionnelle était si clairsemée qu'il est arrivé que l'on compte plus de joueurs sur la glace que d'amateurs dans les gradins. Mais Smythe comptait sur un ingrédient dont les propriétaires étaient totalement dépourvus : le patriotisme. Quand, pour la première rencontre – perdue 6 à 1 – plus de 2500 amateurs torontois se sont pointés pour encourager son équipe de soldats, Smythe s'est dit qu'il y aurait là de l'argent à faire, aussitôt ses hommes remis dans leurs patins.

Ça ne leur a pas pris beaucoup de temps. Après deux victoires d'affilée de ses artilleurs, et après avoir réglé les dettes liées au lancement de l'équipe, Smythe a découvert un profit de 2800 dollars. Puis, suivant le cours tragi-comique de ce qui a marqué la longue carrière de Smythe, un magnat de l'acier de Toronto, qui s'était enrichi dans la fabrication de bombes et d'obus partout en train de tuer des athlètes, a proposé un pari : tous les profits de Smythe sur un seul match. Ce dernier est resté sous le choc, mais son commandant lui a dit de le faire : c'était de toute façon son dernier match. Tout le monde partait au front.

Avec, en vue, un enjeu de 5600 dollars pour une seule rencontre entre les artilleurs et leur ennemi de toujours, les Argos de Toronto, qui les avaient battus deux fois en prolongation, Smythe a mis le paquet : son joueur étoile Quinn Butterfly, natif d'Orillia, qui a compté quatre buts, menant les soldats à une victoire de 8 à 3. Smythe s'est vu accordé en plus les 1106 dollars de recettes au guichet, grâce à une foule record de plus de 6000 amateurs accourus pour assister au match, l'équipe des militaires empochant dès lors la jolie somme de 6706 dollars.

L'équipe de soldats de Smythe a attiré l'attention de la Fédération nationale de Hockey, dont les dirigeants ont vu tout l'avantage qu'on pourrait tirer d'un homme endossant deux uniformes, celui de l'armée et celui de joueur. Ils ont formé leur propre équipe, le 228ᵉ Bataillon (les « Northern Fusiliers ») aussitôt affiliée à la FNH, prévoyant un calendrier complet de matchs contre d'autres équipes professionnelles. Le 1ᵉʳ décembre 1916, portant les uniformes couleur kaki de l'armée, le 228ᵉ est descendu sur la patinoire, prouvant qu'il était davantage qu'une simple curiosité en humiliant 10 à 0 une équipe de joueurs étoiles, en présence du duc de Devonshire, le gouverneur général, et de 5000 spectateurs payants.

Alors que les soldats de Smythe constituaient une équipe de joueurs amateurs animés par une grande ferveur patriotique, les « Northern Fusiliers » étaient, pour ainsi dire, de vieux loups de mer. Le sergent Eddie Oatman, 27 ans, avait joué pour les Bull Dogs de Québec en 1911, puis avait rejoint la Ligue de la côte du Pacifique des frères Patrick, s'alignant avec New Westminster, pour finir avec les Rosebuds de Portland. Le sergent Samuel « Goldie » Prodgers, 25 ans, avait récemment compté le but gagnant de la Coupe Stanley pour les Canadiens de Montréal, en compagnie d'un autre jeune de 21 ans, le sergent Amos Arbour, et du capitaine Howard McNamara, également âgé de 25 ans, tous de nouveau

Au moment où beaucoup d'athlètes troquaient leur bâton de hockey pour l'uniforme militaire, en décembre 1916, une équipe s'est formée portant les couleurs de l'armée. L'équipe du 228e Bataillon (mieux connu sous le nom de « Northern Fusiliers ») n'était pas une collection d'athlètes amateurs, mais des professionnels expérimentés qui, en janvier 1917, ont écrasé leurs adversaires 40 buts à 20 dans les cinq premiers matchs de la saison, terminant premiers de la Fédération Nationale de Hockey. *(Temple de la Renommée)*

réunis au sein du 228e. Le frère aîné de ce dernier, le capitaine George McNamara, 28 ans, avait évolué comme joueur de défense avec les champions de la Fédération Nationale de Hockey, les Tecumseh, de Toronto, et plus récemment avec les Blueshirts de Toronto, qui avaient remporté la Coupe Stanley de 1914 ; de son côté, le lieutenant Art Duncan, 25 ans, avait été joueur étoile des Millionnaires de Vancouver en 1916. Même les joueurs amateurs de l'équipe étaient exceptionnels, comme le lieutenant Gordon Meeking, classé « meilleur (petit) buteur jamais vu dans la FHO » par le *Toronto World*, et le lieutenant Rocque « Roxie » Beaudro, ex-joueur des Thistles de Kenora, champions de la Coupe Stanley de 1907. Étrangement, le seul néophyte de l'escouade était le gardien, le soldat Howard Lockhart. Mais il avait pour le protéger une équipe de joueurs étoiles.

Au début de janvier, le 228e a balayé au pointage ses cinq adversaires, 40 à 20, pour prendre les devants de la Fédération Nationale de Hockey, mais vers la mi-février, l'équipe s'en allait au front – en tout cas le bataillon. « Notre équipe de soldats est disparue pour ne plus revenir », regretta le *World*, rédigeant sa notice nécrologique. « Ils ont joué du hockey propre, toujours, et chacun de leurs gestes fut le meilleur, que dire de plus ? Dans ce monde de désolation, ce qui est demandé à chacun, c'est de faire son possible. » Quand il a reçu sa feuille de route, le 228e était en tête de la ligue avec 70 buts, et troisième au classement général, avec une victoire en moins et une défaite en plus que les premiers, les Canadiens de Montréal, qui se préparaient à disputer la Coupe Stanley.

Au même moment, le *Evening Telegram*, de Toronto, rapportait une curieuse statistique venue de Londres, qui parlait d'une « heureuse diminution du nombre des morts et des blessés sur la Somme, parmi les éminents sportifs de l'Armée britannique », où il fallait sans doute comprendre que la plupart y avaient laissé la vie. Ceux du 228e n'avaient pas vraiment à s'inquiéter, leur départ ayant donné la mesure exacte de leur patriotisme : 10 jours à peine après s'être embarqués pour la France, les joueurs étoiles avant Eddie Oatman et Gordon Meeking étaient de retour à Montréal, tous deux réformés pour « manque de combativité », une faute qui avait valu à certains militaires en poste au Front de passer en Cour martiale et d'être fusillés à l'aube. Oatman a été franc, avouant qu'il n'avait jamais été « un vrai membre du Bataillon », et qu'il avait été recruté pour jouer au hockey, « point final ». Et il réclamait une somme de 700 dollars que le Bataillon lui devait toujours, sur son salaire prévu de 1200 dollars.

Quant à Meeking, il s'est plaint qu'on lui avait promis un grade de lieutenant, qu'on lui avait même permis de porter l'uniforme approprié avant sa nomination. Quand le bataillon s'est embarqué, en février 1917, il s'est vu ordonner de réintégrer son grade et son uniforme de simple soldat. Habitué à un statut d'officier et de joueur étoile, il a poliment refusé. Les autres soldats pouvaient bien aller se faire tuer s'ils le voulaient.

En novembre 1917, les journaux de Toronto annoncèrent que c'était précisément ce qui était arrivé au lieutenant Conn Smythe, « porté manquant », un euphémisme pour dire qu'il avait sans doute été tué. Mais Smythe s'était arrangé pour quitter la guerre de tranchées pour l'aviation, où les occasions de mourir étaient quand même aussi passablement nombreuses, surtout que Smythe pilotait un avion d'observation des services de l'artillerie dont l'ingénierie était si grossière, qu'on l'appelait « L'incinérateur ». Mais il a été chanceux : son avion n'a pas pris feu tout seul, comme il était souvent arrivé à d'autres appareils du même modèle. Il a été abattu, et il fut fait prisonnier. Son manque légendaire de bonnes manières a tellement hérissé le soldat allemand qui tentait de l'arrêter, que

ce dernier lui a tiré dessus deux fois à bout portant. La chance prodigieuse qui allait marquer toute son existence – et son épaisse veste d'aviateur – lui a sauvé la vie. Il allait passer le reste de la guerre en sécurité dans un camp de prisonnier, mais il a fallu un bon mois avant que son père en deuil n'apprenne que son fils était bien en vie. Conn Smythe est rentré au pays, rappelant à son entourage qu'il avait ressuscité une fois, et qu'il le ferait encore. Il allait le faire au hockey.

Pendant que leurs maris étaient au front, les femmes canadiennes en ont profité pour améliorer leur condition de femme en général. Quand la guerre a éclaté, elles n'avaient pas le droit de vote, et elles ne pouvaient pas non plus être propriétaires. En 1917, les femmes ayant un mari ou un frère dans l'armée purent voter en leur nom, et quand la guerre a pris fin en 1918, les femmes avaient gagné le droit de vote aux élections fédérales, à condition qu'elles soient âgées de 21 ans et qu'elles soient sujets britanniques.

La guerre a aussi fait que les femmes ont occupé des postes exigeant une compétence technique, et plus souvent qu'autrement, dans l'industrie clef pour l'économie canadienne qu'était l'armement. Les jeunes Canadiens se faisaient tuer ou estropier, tuaient et estropiaient eux-mêmes l'ennemi avec des bombes et des obus fabriqués par les femmes restées au pays. Le Bureau impérial des munitions rapportait en 1916 : « Il y a un an encore, personne au Canada, et encore moins les fabricants, n'aurait pensé voir des femmes travailler. On a

La feuille d'érable comme symbole du Canada remonte peut-être à l'année 1700, mais c'est en 1867 que fut composée en son honneur l'hymne patriotique « The Maple Leaf forever ! » (La feuille d'érable à jamais). En 1914, on la voyait partout sur les insignes militaires, les écussons et les pièces de monnaie. Les soldats canadiens portaient la feuille d'érable sur leur tunique, et elle a rapidement marqué l'imaginaire canadien comme symbole national. Conn Smythe a décidé de la reproduire sur le chandail de son équipe de Toronto. *(Temple de la Renommée)*

La naissance de la Ligue Nationale de Hockey

La Ligue Nationale de Hockey est née du désir de donner « des fondations durables au hockey », à la suite d'une dispute entre gens d'affaires. Les dirigeants de la Fédération Nationale de Hockey s'étaient réunis en novembre 1917, à l'Hôtel Windsor, parce que la Ligue connaissait des ennuis. La franchise de Québec avait des problèmes d'argent, et par ailleurs, les autres propriétaires trouvaient Eddie Livingstone, propriétaire du club de Toronto, « difficile ». Ces propriétaires de la FNH ont trouvé une solution simple au dernier problème en éjectant Toronto. Peu avant la fin de la rencontre, une nouvelle est tombée à pic : Eddie Livingstone venait de vendre sa franchise de Toronto. Le propriétaire de Québec, financièrement étranglé, a offert de se retirer de la nouvelle ligue et de laisser place à l'équipe de Toronto, désormais privée des services de Livingstone, mais seulement si on lui accordait la somme de 700 dollars par joueur. Permission accordée. La Ligue Nationale de Hockey était née.

L'instituteur britannique expatrié Frank Calder, aussi reporter sportif, fut élu président et secrétaire-trésorier de la « nouvelle » ligue, pour un salaire annuel de 800 dollars par année, s'assurant au préalable que la ligue accepterait ses décisions comme des décisions finales. Dans le corridor de l'hôtel, peu après la fin de la réunion, un jeune journaliste sportif du *Montreal Herald*, Elmer Ferguson, a demandé à Calder ce qui se passait dans le hockey professionnel canadien. Et Calder de laisser tomber : « Pas grand-chose. » *(Imperial Oil-Turofsky/Temple de la Renommée)*

---

découvert qu'il n'y a pas une seule étape de fabrication des obus à laquelle une femme ne peut participer, ou ne participe pas de fait. »

En 1917, le Bureau impérial des munitions du gouvernement constituait l'industrie la plus florissante du pays, empochant plus de 2 millions de dollars par jour de ses 600 usines de fabrication d'armes. La production de munitions tournait à plein régime, et en Ontario et au Québec seulement, plus de 35 000 femmes travaillaient dans le secteur, bien que leur salaire, à travail égal, ait été entre 50 % et 80 % inférieur à celui des hommes.

Le banal et l'horrible, le quotidien des civils et les nouvelles du Front composaient une mixture bizarre. Les journaux accordaient la même importance aux ventes croissantes de vêtements et au nombre également croissant de morts, et les périodiques sportifs mêlaient éloges nécrologiques des athlètes locaux, buts comptés et nouvelles du monde du sport. Ce monde-là, justement, n'allait pas trop bien. Le hockey souffrait, plusieurs de ses joueurs étant au Front. À Montréal, voulant mettre leur grain de sel patriotique, les Wanderers ont offert des billets gratuits aux soldats et à leur famille, désespérant d'occuper un tant soit peu les gradins, dans un contexte fait de privation et de pensées macabres qui était celui des soldats blessés ramenés au pays. Mais ces épreuves

L'explosion d'Halifax

Le 15 décembre 1917, les Canadiens de Montréal et les Wanderers ont disputé le premier match de démonstration de la LNH, pour venir en aide aux victimes de l'explosion qui avait rasé une bonne partie d'Halifax 10 jours plus tôt. Une des victimes s'appelait Charlie Vaughan. Il fut tué sur le coup lorsque le navire français de munitions, *Mont Blanc*, a explosé, après avoir harponné un navire de ravitaillement belge dans le port d'Halifax. En 1916, Vaughan avait joué du hockey semi-professionnel avec les Socials d'Halifax, remportant le championnat local puis défaisant Grace Bay, dans la lutte pour le titre régional. Il a été mis sous contrat par les Crescents d'Halifax, en 1917, et son avis de décès parle de « l'un des meilleurs ailiers de la Province maritime ». L'explosion a aussi emporté son épouse, son fils de cinq ans, sa sœur et sa mère. L'hécatombe a fait 2000 morts parmi les habitants d'Halifax, sur une population de 50 000. (*Bibliothèque et Archives du Canada, C-166585*)

que traversait le hockey ont constitué une autre chance pour les femmes de faire un pas en avant – on devrait dire : de donner un bon coup de patin en avant.

Le *Daily Star* de Montréal rapportait, le 18 janvier 1916 : « Les pertes ont été lourdes. Mademoiselle Hill, de North End Stanley, a reçu un coup de bâton en plein visage. Mademoiselle Allbutt, de Telegraph, a un œil au beurre noir. Mademoiselle May Doloro, de Maisonneuve, a bloqué une rondelle avec le front, arborant une bosse magnifique, et Mademoiselle Thomson, de Telegraph, s'est blessée au bras après s'être emmêlée avec une autre jeune joueuse, puis écroulée sur la glace, étendue sous l'autre de tout son long. » Comme pour rassurer ses lecteurs et confirmer qu'il s'agissait bien de « vrai hockey », le journaliste continuait : « Les femmes se découvrent un intérêt très vif pour le hockey depuis quelque temps. » Le hockey féminin avait déjà sa joueuse étoile en la personne d'Albertine Lapensée, âgée de 26 ans, qui jouait pour les Victorias de Cornwall, en Ontario. Elle savait comment toucher le fond du filet – et attirer des clients payants à la patinoire.

« On nous promet une glace impeccable, et l'on s'attend à ce que le match attire la plus grosse foule jamais vue, lors d'une rencontre impliquant des équipes féminines », annonça le *Ottawa Citizen* du 4 mars 1916. La raison était simple : « Mademoiselle Albertine Lapensée sera la grande attraction quand son équipe mettra le pied sur la patinoire. La courageuse petite dame est aujourd'hui considérée comme la plus talentueuse de toutes les joueuses de hockey féminin. Lors d'un récent match, elle compté plus de 15 buts. »

Son entraîneur, Ernie Runions, un entrepreneur de Cornwall, l'appelait sa « fille miracle », mais depuis ses débuts à Cornwall, lors d'une joute disputée contre Ottawa en janvier 1916, et où elle avait compté les trois buts donnant la victoire à son équipe, on se posait des questions. Les joueuses d'Ottawa se sont plaintes après le match qu'Albertine était en fait un homme, et les accusations ont refait surface la semaine suivante lorsqu'elle a compté quatre des huit buts dans le blanchissage des Westerns de Montréal devant une assistance de 3000 personnes.

Le *Daily Star* a rapporté que « les tirs de Mademoiselle Lapensée ont été les plus puissants, et elle était tellement supérieure sur tous les plans, que pendant un moment, les joueuses des Western et leurs supporteurs ont réellement cru qu'il s'agissait d'un homme habillé en fille ». La gardienne de but de Montréal avait été prévenue, et pour se protéger, elle a mis le masque du receveur, au baseball – 10 ans avant Elizabeth Graham, de l'Université Queen's, qui s'est posée une cage protectrice sur le visage, et qui fut sans doute le premier gardien, tous sexes confondus, à porter le masque protecteur.

Les rumeurs concernant les chromosomes Y de Lapensée ont poussé le *Cornwall Standard* à fournir un étonnant « dossier d'investigation », le 17 février 1916, en réponse à la demande de preuves exigées par le rédacteur sportif en chef du *Star* de Montréal. Suivant le dossier en question, « Lapensée a davantage joué avec ses frères et d'autres garçons qu'avec les filles, ce qui explique le style de jeu très masculin qu'elle a développé. Des dizaines et des dizaines de personnes de Cornwall est la connaissent depuis qu'elle est petite. » Le journal rapporta également que les joueuses des Westerners de Montréal avaient défait la toque de Lapensée, lors d'un match récent, « question de vérifier sa longueur de cheveux, et des longues nattes sont alors retombées sur ses épaules. La question ne se pose plus, Mademoiselle Lapensée est bien une jeune fille. »

Lapensée se comportait comme un homme même en dehors de la patinoire : un jour, elle est venue à un cheveu de déclencher une bagarre, refusant de jouer tant qu'on ne l'aurait pas payée ! Comme l'a raconté le *Ottawa Citizen* par la suite, l'affaire s'est vite arrangée, et « la Ty Cobb de l'équipe de Cornwall, remarquable à la petite bande bleue entourant sa toque, est rentrée sur la patinoire au milieu des applaudissements. Et elle a été prodigieuse ».

Frustré de voir que sa joueuse étoile, Agnès Vautier, n'était pas du même calibre que Lapensée, le gérant des Westerners de Montréal, Len Porteous, crut un moment avoir trouvé la réplique à la machine à compter des buts de Cornwall en la personne d'Ada Lalonde. Comme le disait un journal local en mars 1917, Lalonde, âgée de 17 ans, était « un prodige du hockey », et « tous ceux qui l'ont vue jouer… ont vu en elle la rivale rêvée de Lapensée ». L'espoir fut toutefois de courte durée : le lendemain, le quotidien révélait qu'Ada Lalonde n'était pas ce qu'elle affirmait être. Un jeune homme avait avoué qu'« il s'était habillé en fille parce qu'il voulait jouer contre Lapensée… Ayant revêtu des pantalons bouffants et un tricot, il ressemblait très nettement à une jeune fille. Même Porteous s'est fait prendre au jeu, lors de la première pratique. »

On discutait toutefois de la possibilité, pour certaines joueuses, de s'aligner avec les équipes professionnelles masculines. « L'on rapporte que Mlle Hart, gardienne des Maisonneuve Stanley, se serait vue offrir un contrat par une équipe de la Fédération Nationale de Hockey », rapportait le *Daily Star*, de Montréal dans son édition du 26 janvier 1916. Voyant l'affaire d'un mauvais œil, le journal qualifiait les auteurs de « loups essayant de s'infiltrer dans la bergerie du hockey féminin », et s'empressa de rassurer les lecteurs inquiets de cette éventualité. « Au moment où l'on se parle, les efforts des émissaires sont restés vains, et il est certain que s'ils insistent, ils vont avoir affaire aux mères et aux amis des jeunes femmes. »

Sans oublier le clergé. Le gros titre d'un reportage du *Daily Star* de Montréal, daté de mars 1916, se lisait ainsi : « Les prêtres du Québec disent non au hockey féminin. » L'article poursuivait en disant qu'une jeune femme de la paroisse St-Patrick avait été avertie de ne pas se mêler de hockey féminin, le hockey n'étant « pas fait pour les femmes ». Avis lancé au grand public, mais pendant ce temps, ceux qui avaient lancé l'idée ont parlé d'une tournée de démonstration dans les grandes villes des États-Unis, à l'instar de celle que Cyclone Taylor et les frères Patrick avaient organisée.

Le 3 mars 1916, des investisseurs américains sont venus à Montréal pour convaincre les Westerns de faire une tournée de six semaines aux États-Unis. Jour après jour, l'offre a fait la manchette, étant convenu qu'il était inconcevable que des jeunes femmes, même accompagnées, fassent un tel voyage. Dans le *Star* du 4 mars, l'éditorial se disait d'accord avec « de petits déplacements à l'extérieur pour jouer contre d'autres équipes féminines, et sous la protection de dames plus âgées servant de chaperons », mais en total désaccord avec « des tournées de type commercial qui ne sont qu'un moyen parmi d'autres d'enrichir certains promoteurs, et qui ne peuvent qu'entraîner divers désagréments aux jeunes femmes. Dans ce genre de tournées, les jeunes dames font penser aux actrices professionnelles et aux clowns burlesques des spectacles de vaudeville, et elles doivent donc s'attendre à être traitées comme telles. »

Une semaine plus tard, l'équipe au complet des Westerns de Montréal a fait parvenir au quotidien une réplique indignée : « En tant que membres du club de hockey Les Western Ladies de Montréal, qui avons découvert dans la dépêche du *Star* de samedi dernier que les athlètes féminines « faisaient la queue » pour partir aux États-Unis – et l'article est allé jusqu'à donner le nom de certaines de nos joueuses comme devant faire partie de l'expédition – nous tenons à dire que nous nous objectons formellement à pareil traitement journalistique, et que nous souhaitons désormais n'être liées d'aucune façon à la tournée en question. » Il revint donc à Ottawa et aux Victorias de Cornwall d'Albertine Lapensée de satisfaire la curiosité américaine concernant le hockey féminin. Il y eut donc deux équipes partantes pour une série de trois joutes de démonstration à Cleveland, en Ohio, mais à cause d'une possible atteinte à la moralité publique qu'un tel voyage représentait, elles ont quitté la ville de nuit. La presse de Montréal ne fut pas mécontente de reconnaître le terme de « burlesque », utilisé à Cleveland pour caractériser le hockey féminin dans son ensemble.

Durant cette saison 1916-1917, Albertine Lapensée a compté 80 % des buts de son équipe, et l'année suivante, elle est disparue. Connaissant la famille, certains ont raconté qu'en 1918, la « Fille Miracle » était allée à New York pour changer de sexe, qu'elle s'était installée, et qu'elle avait ouvert une station service tout près de Cornwall, sous le nom d'Albert Smythe.

En 1916, les Rosebuds de Portland, de la Fédération de Hockey de la côte du Pacifique des frères Patrick, sont devenus la première équipe américaine à disputer la Coupe Stanley. Les Millionnaires de Vancouver l'avaient remportée l'année précédente, et les Rosebuds espéraient garder la Coupe dans l'ouest. Il a fallu cinq matchs pour désigner le vainqueur de la série disputée contre les Canadiens de Montréal, champions de la Fédération Nationale de Hockey. Les Canadiens ont remporté la Coupe de justesse, mais la Ligue de la côte du Pacifique avait lancé l'avertissement qu'il faudrait la prendre au sérieux. La saison suivante, les Metropolitans de Seattle sont devenus la première équipe américaine à remporter la Coupe du Défi du Dominion de Lord Stanley. *(Temple de la Renommée)*

Albertine Lapensée, de même que la première vague de popularité du hockey féminin, étaient le fruit de la situation difficile de l'époque. L'engouement fut à son comble après la guerre, mais il faudra attendre encore deux décennies, juste à l'aube d'un autre conflit mondial, pour que le phénomène retienne de nouveau l'attention du pays.

Le hockey professionnel connaissait une autre mauvaise passe. La Coupe Stanley de 1916, opposant les Rosebuds de Portland aux Canadiens de Montréal, avait eu si peu de spectateurs, que la *Gazette* de Montréal s'est demandée si les amateurs n'étaient pas chassés des estrades par le prix élevé des billets, ou « s'ils n'étaient pas fatigués du hockey à cause de la saison prolongée ». À l'occasion du cinquième et dernier match de la série, et après la nervosité des premières minutes de jeu, les deux équipes ont donné un spectacle époustouflant : avec quatre minutes à jouer, le pointage était nul. Et c'est alors qu'on vit le joueur avant de Montréal, Goldie Prodgers, s'emparer de la rondelle dans sa zone, se défaire de deux opposants des Rosebuds, feinter puis contourner le dernier défenseur, attirer le gardien en dehors de son filet, le contourner, et déposer la rondelle dans le filet. Les Canadiens de Montréal venaient de remporter leur première Coupe Stanley.

Suite au triomphe de l'équipe, et sans même prendre le temps de respirer, la *Gazette*, fidèle à sa réputation de mesquinerie à l'endroit des équipes de Montréal, ajouta : « Suite aux nombreuses fautes de jugement de l'entraîneur au cours de la quatrième rencontre, il a fallu attendre le cinquième match pour désigner un vainqueur. »

En mars 1917, le hockey professionnel connut une autre première mondiale, soit un déplacement des Canadiens dans l'ouest pour disputer la Coupe Stanley aux Metropolitans de Seattle, de la Ligue du Pacifique des frères Patrick – match hautement symbolique en la circonstance, les États-Unis se préparant à entrer en guerre deux semaines plus tard. Les Metropolitans étaient les chéris de Seattle, dont les habitants espéraient que les ex-Blueshirts de Toronto, non officiellement accrédités, donneraient à la Ville d'Émeraude son premier championnat du sport professionnel. La *Gazette* de Montréal du 19 mars 1917 rapporta que « des milliers d'amateurs fous de joie », venant du nord-ouest du Pacifique et du sud de la Colombie-Britannique, s'étaient rassemblés à l'occasion de cette série opposant les Canadiens, champions de la Coupe Stanley, et une équipe de Seattle, brillante et débordant de confiance.

En dépit du long voyage en train les emmenant dans l'ouest, et bien que peu au fait des règlements du hockey prévalant dans la Ligue du Pacifique, où étaient permises les passes avant et où le gardien n'était pas tenu de rester debout, Didier « Boulet de Canon » Pitre a explosé, enregistrant quatre des huit buts de Montréal contre le cerbère de Seattle, Hap Holmes. Le gardien de Montréal, Georges Vézina, s'en est beaucoup mieux tiré, un journaliste de la *Gazette* parlant de « l'une des plus belles démonstrations données aux amateurs américains par un gardien de but... À tout moment il bloquait un périlleux lancer décoché à bout portant, et toujours avec aisance : vraiment, c'est à lui que l'équipe des Canadiens doit avant tout rendre hommage. »

Vézina avait été découvert par les Canadiens avant la saison de 1911, à l'occasion d'une tournée du centre du Québec, et où ils avaient été blanchis par Chicoutimi. Le gardien de 19 ans de Chicoutimi, qui avait mis ses premiers patins l'année précédente, et jouait avec ses bottes, a tellement impressionné les Canadiens, que Joe Cattarinich, leur gérant, l'a engagé sur-le-champ, même si ce geste impliquait que Cattarinich lui-même allait perdre son propre boulot de gardien. Vézina faisait preuve d'un tel calme, même sous le feu de l'adversaire, qu'il s'est bientôt mérité le surnom de « Concombre de Chicoutimi ».

Comme on pouvait s'y attendre, les Metropolitans, s'étant sentis mis au défi, ont touché six fois le fond du filet de Vézina lors du deuxième match, et voyant qu'il jouait dans des bottes recouvertes de glaise, ils ont mis la pression, remportant les deux derniers matchs, et enfilant 13 buts contre 2 dans le filet de Vézina. L'attaquant de Seattle, Bernie Morris, qui avait débuté au hockey professionnel avec Victoria, en 1915, s'est lancé dans une orgie de buts, s'inscrivant 9 fois sur 14 au tableau des compteurs seulement au cours des deux derniers matchs de la série – la plus grande démonstration de virtuosité en série finale de la Coupe Stanley depuis les beaux jours de Frank McGee. Les partisans des Metropolitans étaient aux anges, rapporta le *Seattle Times*, acclamant si fort leurs héros « que pendant les minutes où l'équipe quittait l'aréna, avec en poche le titre incontestable de champions du monde, les poutres de fer du toit en ont tremblé ». Et c'est ainsi que le 25 mars 1917, une équipe installée aux États-Unis est, pour la première fois, devenue championne du monde du hockey professionnel. Que tous les joueurs aient été Canadiens importe peu : l'équipe d'une ville américaine venait de remporter le Trophée du Défi du Dominion de Lord Stanley.

Deux ans plus tard, les deux mêmes clubs disputaient à nouveau à Seattle les finales de la Coupe Stanley, dans un contexte mondial ravagé cette fois, non plus par la guerre, mais par une pandémie si virulente (la grippe espagnole), qu'elle allait faucher 50 millions de vies humaines – comme si la nature voulait se venger de quatre années de destruction sur les champs de bataille européens. En mars 1919, le virus avait rattrapé les Canadiens de Montréal à Victoria, sept joueurs des Aristocrates de Victoria s'étant vus envoyés d'urgence à l'hôpital. Quand Joe Hall, de Montréal, et Newsy Lalonde, Louis Berlinquette, Billy Couture, Jack McDonald, et leur propriétaire, Georges Kennedy, ont été atteints à leur tour pendant la finale de la Coupe, la direction de Seattle a craint le pire, et a entrepris de transformer la surface glacée de l'aréna en un espace pour patineurs à roulettes, qui ouvrirait ses portes le printemps et l'été.

La série de la Coupe Stanley était égale deux victoires et un nulle, mais le 5 avril, « Bad » Joe Hall, âgé de 36 ans, fut emporté par une pneumonie compliquée d'une grippe. En dépit de sa réputation, Hall était « l'un des hommes les plus joviaux et les plus sociables qu'on n'ait jamais vu jouer au hockey – un homme bon », déclara Frank Patrick. Sa mort a laissé une trace macabre : le championnat de la Coupe Stanley fut annulé. C'était en 1919. La seule autre fois

Georges Vézina a gardé les buts pour les Canadiens de Montréal à partir des débuts de l'équipe, en 1910, jusqu'en 1925. Il a disputé 367 matchs d'affilée en saison régulière et en finales, jusqu'au jour où la tuberculose l'a contraint à quitter son filet, le 28 novembre de cette année-là. On le voit ici tel qu'il aimait protéger le filet, c'est-à-dire debout. Jusqu'en 1922 – soit pendant presque toute sa carrière – le règlement interdisait aux gardiens des ligues professionnelles de l'est de se jeter sur la glace pour faire des arrêts. En dépit de l'interdiction (qui eut un impact statistique négatif sur la fiche des buts comptés dans son filet), Vézina fut considéré comme un si grand gardien, que le club des Canadiens a offert un trophée portant son nom. Le Temple de la Renommée du Hockey l'a inscrit parmi ses 12 premiers élus.

(Temple de la Renommée)

Frank Frederickson fut un autre de ces joueurs qui se sont enrôlés en 1916. Il fut rattaché au 196e Bataillon des Universités de l'Ouest, avant d'être transféré au 223e Bataillon scandinave, en compagnie de ses coéquipiers des Falcons de Winnipeg, que Frederickson avait pilotés et conduits au titre de la Ligue en 1915. Le 223e eut aussi son équipe de militaires durant la saison de 1916-1917, à Winnipeg, puis il fut envoyé outre-mer. En route pour l'Égypte, où il allait rejoindre le Royal Flying Corps, Frederickson a failli mourir, son navire ayant été torpillé par un sous-marin allemand. C'est un destroyer japonais qui l'a retrouvé flottant dans un radeau de sauvetage, quelque part en Méditerranée, avec pour tout vêtement et bagage son pyjama, et un violon, dont il était, comme à sa position de joueur de centre, un virtuose. *(Temple de la Renommée et Musée du Sport de la Colombie-Britannique)*

qu'il le sera, ce sera 86 ans plus tard, non à cause d'un décès, mais pour des questions d'argent.

Les survivants de la guerre et de la grippe ont trouvé à leur retour un Canada transformé, et s'ils s'attendaient à des défilés interminables en leur honneur, ils ont été déçus. En leur absence, le pays s'était donné un arsenal de lois et de nouveaux règlements : les passeports obligatoires, l'impôt universel, et la prohibition de la consommation de tout alcool sauf pour « usage médical », ce qui a dû paraître complètement surréaliste à des militaires qui revenaient de l'enfer.

Comme toutes les guerres, celle-là avait fait des heureux, mais le temps des vaches grasses était terminé : des usines de munitions fermaient, les faillites et le chômage augmentaient. Comme le coût de la vie : les denrées hier encore rationnées étaient en forte demande, et les logements promis aux vétérans se faisaient attendre, propulsant vers le haut le coût des loyers, le tout s'ajoutant aux souffrances morales et physiques des soldats.

Frank Frederickson était de ceux-là. Lui aussi s'était enrôlé en 1916. Quand il est rentré à Winnipeg en 1919, il voulait toujours jouer au hockey, tout comme ses coéquipiers des Falcons qui, à l'exception d'un seul, Allan Woodman, venaient tous d'Islande. Ils étaient tous allés se battre pour le Canada, mais ils demeuraient des Scandinaves, dans les termes crus de l'époque : « Ils avaient des couilles. » Mais la ligue senior du Manitoba refusait de les faire jouer. Frederickson a expliqué plus tard : « On a découvert que la raison pour laquelle on ne pouvait s'aligner avec les seniors, était qu'eux venaient de familles aisées – et ils ne voulaient pas de nous. Mais ils ne pouvaient pas se débarrasser de nous aussi facilement. »

Frederickson parlait si couramment l'anglais qu'il est arrivé à convaincre Bill Finlay, à l'époque directeur sportif du *Winnipeg Free Press*, de l'aider à former une ligue indépendante, de façon à ce que les Falcons puissent enfin jouer contre quelqu'un, n'importe qui ! « Bill s'inquiétait un peu, quand il regardait aller notre bande de bozos excentriques, qui portaient des chaussettes, des pantalons et des chandails aux couleurs criardes, et dont la plupart n'avaient pas chaussé leurs patins depuis un an. » Finlay a finalement accepté de donner un coup de main, et il est allé dénicher Fred « Steamer » Maxwell, pour piloter l'équipe ; il est aussi allé chercher deux autres équipes, les Selkirks de Winnipeg et une autre de Brandon, pour former sa nouvelle Ligue de Hockey du Manitoba. Frederickson se souvient : « On a un peu fouetté les champions de la Ligue du Manitoba et plus tard ceux de Lakehead, et on a obtenu de disputer la Coupe Allan contre l'équipe inter-universitaire de Toronto. »

C'est le financier de Montréal, Sir Hugh Allan qui, en 1908, avait fait don de la Coupe portant son nom, voulant relever le défi de la réputation de professionnalisme attachée à la Coupe Stanley. La Coupe Allan serait la récompense du meilleur joueur senior d'une équipe de hockey amateur. L'équipe des Falcons,

La Fédération Internationale de Hockey sur glace

La Fédération Internationale de Hockey sur glace fut fondée en 1908, mais elle était alors appelée Ligue Internationale de Hockey sur glace, et conçue pour diriger les destinées du hockey mondial. Elle est devenue *Fédération Internationale de Hockey sur glace* en 1911. À l'époque, « internationale » désignait la Belgique, le Bohême (devenue plus tard la Tchécoslovaquie), l'Angleterre, la France et la Suisse – l'Allemagne se greffant à la Ligue l'année suivante. Il a fallu attendre 1920 pour que le Canada et les États-Unis joignent ses rangs, pourtant à l'origine, l'un du hockey amateur, l'autre du hockey professionnel. *(Temple de la Renommée)*

jugée de deuxième classe et formée d'éléments de la plèbe, pouvait se compter chanceuse d'évoluer sur la même patinoire que l'équipe hautement favorisée de Toronto, qui visait en plus une récompense autrement plus grande : une participation aux Jeux Olympiques.

En janvier 1920, le Comité International Olympique annonça que les Jeux allaient revivre (ils avaient été annulés en 1916 à cause de la guerre), et que bien qu'il s'agirait de Jeux d'été, le hockey sur glace serait pour la première fois inclus dans les compétitions. Les propriétaires du Palais de glace d'Anvers, ville choisie pour accueillir les Jeux à cause des souffrances infligées à sa population durant la guerre, refusaient en effet d'offrir le patinage artistique, si le hockey sur glace ne figurait pas parmi les compétitions. Et comme il était trop tard pour monter une équipe de joueurs étoiles canadiens, la haute direction du hockey amateur du Canada a décidé que les champions de la Coupe Allan représenteraient le pays. En mars 1920, plus de 8000 amateurs déboursèrent donc 25 dollars par personne pour assister au match opposant les Falcons aux Varsity Grads de l'Université de Toronto. Une absence remarquée toutefois dans l'équipe de l'Université de Toronto, le costaud Conn Smythe, en voyage de lune de miel. L'équipe formée des vétérans de Winnipeg n'a pas seulement remporté facilement la série de deux matchs, elle a gagné le respect de tous. « Les Islandais [les Falcons] ont prouvé leur grande classe, hier, rapporta le *Winnipeg Free Press*, ajoutant « plus que tout ce qu'on a vu cette année à l'aréna de Toronto. La performance des gars de l'ouest a été une révélation pour les mordus de l'est : leur vitesse extraordinaire et leur contrôle de la rondelle ont laissé la foule estomaquée. Frank Frederickson, capitaine et intelligent joueur de centre, appuyé par Mike Goodman, un roi de la vitesse, ont offert une démonstration sans pareille de patinage et de contrôle de la rondelle. Nous n'avons rien vu d'aussi sensationnel cet hiver. »

Les Falcons n'eurent pas le temps de rentrer à Winnipeg, il leur fallait s'embarquer pour Anvers, où ils allaient représenter le Canada. Et c'est ainsi qu'avec 25 dollars en poche pour s'acheter des vêtements, les joueurs ont repris la direction de l'Europe. Cette fois, leurs armes étaient des bâtons de hockey, et le

En 1916, les Falcons de Winnipeg s'étaient embarqués pour aller défendre leur pays durant la Première Guerre mondiale. Quatre ans plus tard, ils reprenaient la mer, mais cette fois dans un climat de paix relative, et armés de leurs seuls bâtons de hockey. Ils allaient au Palais de glace d'Anvers, où devait se disputer la compétition olympique de 1920 – remportée par eux.

(Courtoisie de Brian Johannesson)

menuisier du navire, dans un geste qui se voulait patriotique, leur a choisi du bois acheté pour l'occasion à Montréal.

Leur deuxième embarquement pour l'Europe, où peu de temps auparavant ils avaient combattu, fut transformé en banale et frustrante croisière, vu la présence à bord de membres de l'Union pour la Tempérance des femmes chrétiennes, qui se pointaient, apparemment sans difficulté aucune, partout où un joueur des Falcons faisait son entraînement. Alan Woodman écrivit à sa mère : « Elles font vraiment tout pour rendre la vie insupportable à tout le monde. Seigneur, que j'ai hâte de débarquer ! Après trois ou quatre jours, il n'y a plus grand-chose de nouveau, ici. Et rester toute la bande ensemble pendant huit jours au même endroit, c'est long ! »

La partie des Jeux d'hiver s'est tenue en avril, 10 semaines avant l'ouverture des Jeux Olympiques d'été. Des retards dans la construction ont obligé les athlètes à dormir sur des lits de camp, mais le Palais de glace était une merveille dont les directeurs sportifs et Bill Hewitt en personne, gérant de l'équipe et ancienne âme damnée de Cyclone Taylor, ont tenu à rendre compte une fois rentrés au pays. « Des chaises et des tables avaient été disposées en mezzanine, et les spectateurs pouvaient boire et manger tout en regardant les équipes de nombreux pays jouer au hockey, avait-il noté. Un très bon orchestre jouait inlassablement de la musique, tôt le matin jusque tard dans la nuit. »

L'assistance à ces Jeux Olympiques fut plutôt maigre, la guerre ayant rendu le prix des billets inabordable pour la plupart des citoyens. Le hockey fit cependant très bonne figure : tout le monde voulait voir les joueurs canadiens – mais pas trop non plus. Frederickson raconta : « Pendant le tournoi, on a essayé de ne pas compter plus de 14 ou 15 buts par partie, contre les équipes européennes. Crois-moi, ça n'a pas été facile, mais on est arrivé à ne pas trop dépasser la limite. » Les Européens adoraient les Canadiens au point d'en faire des idoles, se massant aux portes du Palais de glace, tôt l'après-midi, pour voir arriver les Falcons, ces derniers devant prévoir, à leur arrivée, une protection policière pour se rendre à leur vestiaire. Une petite troupe d'Européens fanatiques s'est présentée pour offrir ses services comme valets du bolide qu'était Mike Goodman, qu'ils appelaient « Monsieur le Canadien ». Ils l'accompagnaient jusqu'à la patinoire pour qu'il puisse traverser en toute sécurité la foule de ses chauds partisans.

Bill Hewitt raconta par la suite : « Goodman était si rapide, si impossible à coincer, que les Européens pensaient qu'il devait détenir un pouvoir secret à l'intérieur de ses bottes et dans ses patins », mais la guerre les avait aussi rendus très pragmatiques. « Pour découvrir l'influence magique, ils ont offert jusqu'à 100 dollars pour une paire de tout ce que Mike portait comme équipement. » L'équipe américaine, la seule qui pouvait donner du fil à retordre aux Canadiens, a aussi offert une somme. Frederickson raconte : « Un Américain s'est dit assuré qu'ils allaient nous battre, et il a fait un gros pari. Notre trésorier ne nous l'avait jamais dit, mais il a relevé le défi. » Les Canadiens ont battu les Américains 2 à 0, et le trésorier, au comble du bonheur, a offert à chaque Falcon un nouveau costume. Les responsables du programme olympique canadien ont eu vent de l'affaire. Ils étaient furieux : pour eux, l'idéal du sport amateur avait été souillé dans une vile affaire de lucre. « On avait accepté des cadeaux, ils ont voulu nous enlever nos titres et nos médailles – mais rien ne s'est produit. »

Au pointage, les joueurs canadiens avaient défait leurs adversaires réunis 29 à 1, et l'unique but alloué le fut aux Suédois, pour les Canadiens, de loin la meilleure équipe européenne, selon Frederickson. Ce dernier confia : « On peut dire, oui, qu'on leur a donné le but. Les Suédois sont devenus fous. Ils criaient, applaudissaient, se serraient la main entre eux, nous serraient la main. »

Cinq ans plus tard, le Comité International Olympique a renouvelé son offre, mais il a décidé que les premiers Jeux Olympiques d'hiver officiels seraient ceux de 1924 – adieu la médaille d'or de Frederickson. Mais les Falcons et le Canada avaient indiscutablement remporté le premier championnat du monde. Dans les années à venir, le public exigerait rien de moins.

Après des années de morts et de privations, le jazz des années 1920 donna envie de sabrer le champagne, et l'Amérique du Nord entra dans une ère de prospérité tapageuse et d'ambitions sans limites. Plus que jamais auparavant, les gens demandaient aux sports de leur fournir des héros. Le monde du hockey répondit à la demande avec empressement : il allait offrir au monde quelques-uns de ses plus remarquables talents.

À Montréal, le patron des Canadiens, Léo Dandurand, pensait à l'avenir. Il en voyait les infinies possibilités – et de bonnes entrées au guichet grâce au jeune

En 1906, à l'âge de quatre ans, Howie Morenz a voulu voir ce qui se passait dans une casserole où cuisaient des pommes de terre. Elle s'est renversée sur ses jambes, tellement ébouillantées, déclara sa sœur aînée un peu plus tard, qu'« on a cru qu'il ne pourrait plus jamais marcher, encore moins jouer au hockey ». Et Howie a bien sûr marché de nouveau, et sur la patinoire, il volait ! Il s'est vu attribuer le surnom d'« Éclair de Stratford », et pendant les années 1920 et 1930, il a personnifié la fougue et la vitesse des Canadiens de Montréal.

(Temple de la Renommée)

Les Trophées Byng, Hart, Vézina et Prince de Galles

Les années 1920 ont vu la création de quelques-uns des plus prestigieux trophées de la LNH, à mesure que cette dernière s'imposait comme toute première ligue professionnelle de hockey au monde. En 1924, poursuivant la tradition aristocratique de donations de récompenses, le Prince de Galles a offert un trophée portant son nom, au club qui remporterait les honneurs d'une saison de la LNH. Quant au convoité Trophée Hart, il est apparu en 1923-1924, courtoisie de David Hart, le père de Cecil Hart, gérant des Canadiens de Montréal et trois fois vainqueur de la Coupe Stanley. Le Trophée du docteur Hart, qui voulait souligner l'excellence du joueur « le plus utile » de la ligue, a fini par devenir la récompense individuelle la plus prisée dans le monde du hockey. Frank Nighbor, des Sénateurs d'Ottawa, a remporté le premier Trophée Hart en 1924, et en 1925, il était convié à Rideau Hall invité par Lady Byng de Vimy, épouse du gouverneur général du Canada, Sir Julian Byng. Lady Byng, partisane des Sénateurs, avait été impressionnée par le jeu tout en finesse du talentueux Nighbor, et elle lui montra une énorme coupe en argent avec deux anses dans sa partie supérieure, demandant s'il jugeait que la LNH accepterait le trophée comme témoignage de son amour pour le hockey. Nighbor répondit qu'elle serait enchantée. Lady Byng lui remit donc le Trophée du joueur le plus courtois de la saison 1925. Dans la lettre qui l'accompagnait, elle confia : « Votre façon de jouer au hockey m'a fait passer des heures si totalement palpitantes, que j'aimerais profiter de l'occasion pour dire à l'équipe tout le plaisir que ces soirées m'ont apporté, et la hâte que j'ai de les retrouver. »

(Temple de la Renommée)

magicien qu'était Howie Morenz, de Stratford, en Ontario. Morenz avait échappé au pire de la guerre à cause de son âge – ce qui ne l'avait pas empêché, en 1917, de prendre secrètement la route de Toronto pour aller s'enrôler. Voyant que son fils ne s'était pas présenté aux repas du midi et du soir, la mère appela la police, et elle partit pour Toronto en leur compagnie : il fallait arracher son fils de 14 ans aux griffes de la Garde à cheval du gouverneur général, qui venait juste de l'enrôler !

Au printemps de 1922, ce fut Léo Dandurand qui voulut mettre Morenz sous contrat. Quand ce dernier a compté neuf buts pour l'équipe du Canadien National de Stratford, dans le vieil édifice accueillant les Canadiens de Montréal, l'Aréna Mont Royal, l'arbitre, qui avait joué une fois dans une équipe amateur dirigée par Cecil Hart, l'instructeur des Canadiens, s'empressa de téléphoner à son ami, et de lui raconter les merveilles accomplies sur la glace par le jeune joueur de Stratford. Là-dessus, Hart téléphone à Dandurand, toujours un peu sceptique : si Morenz était si génial, comme se faisait-il que personne n'avait mis la main dessus ? Comme réaction, ça ne ressemblait pas trop au style de Dandurand, qui avait acheté la future équipe des « Glorieux » à son ancien

Léo Dandurand et ses collègues, Louis Létourneau et Joe Cattarinich, aussi appelés les Trois Mousquetaires, aimaient parier gros, et devinrent bientôt les propriétaires de 17 champs de course à travers l'Amérique (en 1930, Dandurand a inventé le « doublet du jour[1] » et la photo d'arrivée). Dandurand, le très affable leader du groupe, était monté à Montréal en 1905, à l'âge de 16 ans, depuis son village de Bourbonnais, dans l'Illinois. Il s'est vite assimilé, vu son héritage francophone. Il s'est inscrit au Collège Ste-Marie, dirigé par les Jésuites, et il s'est aligné avec l'équipe de la maison d'enseignement, qui l'a élu meilleur joueur en 1907 et en 1909, année de la fin de ses études.

Dandurand a fait sa première incursion dans le monde des dirigeants du hockey avec les Nationals, une géniale équipe de crosse formée uniquement de Canadiens français. Il avait alors 20 ans – pas encore l'âge légal de voter, suivant la réglementation du club. À 33 ans, il devint le fier propriétaire des Canadiens, acheté par lui et ses collègues pour la somme de 11 000 dollars, en novembre 1921, battant au fil d'arrivée Frank Calder en personne, le président de la LNH. *(Temple de la Renommée)*

---

1. Pari unique sur les gagnants de deux courses affichées ce jour-là. NDT

propriétaire, George Kennedy, à l'occasion d'une vente de ses actifs. Disons plutôt que Cecil Hart avait acheté l'équipe pendant que Dandurand et ses partenaires, Louis Létourneau, un marchand de poisson de Montréal, et Joe Cattarinich, qui avait déjà évolué avec les Canadiens et codirigeait une compagnie de tabac avec Dandurand, jouaient aux courses de chevaux à Cleveland, dans l'Ohio, où ils étaient propriétaires de l'hippodrome.

Dandurand et ses collègues voulaient donner à l'équipe des Canadiens une touche aussi exceptionnelle que la ville et la culture à laquelle ils appartenaient, sûrs d'en tirer de bons profits. Le style des Canadiens allait leur mériter l'appellation de « chariots de feu », un mélange de vitesse, de créativité, d'élégance et, si nécessaire, de robustesse, qui allait faire de Montréal l'aune auquel serait jugé l'ensemble des équipes. Dandurand a transformé la chimie du club – et déclenché la furie des amateurs de Montréal et des autres propriétaires, qui ne rataient pas une occasion de l'enquiquiner, en allant chercher le prometteur ailier gauche, Aurèle Joliat, en échange de Newsy Lalonde, un des membres fondateurs du club, envoyé à Saskatoon. Originaire d'Ottawa, le jeune Joliat, âgé de 21 ans, était sur la patinoire une véritable bombe. Il avait troqué le football pour le hockey après s'être cassé une jambe – ce qui n'étonna personne, vu son faible gabarit : 1 mètre 70, et 66 kilos. Et quelques mois plus tard cette même année, Dandurand tâchait de mettre la main sur le joueur qui allait faire briller de tous ses feux l'ère du Jazz, et faire des Canadiens de Montréal un synonyme d'excellence.

Problème de taille pour les projets de Dandurand : son jeune sauveur, Howie Morenz, hésitait à franchir le pas. Comme Cyclone Taylor autrefois, il avait un

Immobile, Howie Morenz avait l'air timide, comme surpris de se voir dans l'uniforme des Canadiens de Montréal. Sur la glace, il devenait le génie soulevant les foules, de plaisir ou d'effroi. À lui seul, Il incarnait le cachet tout particulier accordé aux « Français volants » des Canadiens de Montréal.

(Temple de la Renommée)

travail régulier – machiniste au Canadien National (CNR) – et il était la légende locale du hockey, où on l'appelait « l'éclair de Stratford ». Il ne voulait pas quitter son patelin. Le jeune Morenz avait aussi des problèmes d'argent : ses dettes se montaient à 800 dollars, ses dépenses en tous genres étant aussi excessives que son style était exubérant sur la patinoire. Dandurand a senti la brèche possible : il a offert à Morenz un bonus de 850 dollars à la signature – qu'il décide de payer ses dettes ou de s'acheter une nouvelle voiture flamboyante – et un contrat de 2500 dollars par année. Morenz étant toujours mineur, son père devait contresigner le contrat. Un mois plus tard, Dandurand recevait un mot poli de Morenz signifiant l'annulation de leur contrat. « Cher Monsieur, vous trouverez ci-joint un chèque et le contrat me liant à votre club. Pour plusieurs raisons, dont la famille et les obligations professionnelles sont pour moi les premières à prendre en compte, je me vois dans l'impossibilité de quitter Stratford. Je regrette de vous avoir causé des ennuis et des dépenses, espérant que vous recevrez ce retour de courrier avec l'esprit sportif qui s'impose en la circonstance. »

Pas question de renoncer pour Dandurand, qui fit venir Morenz à Montréal. Lors de la réunion, ce dernier supplia Dandurand de le libérer et de lui épargner les pénibles démêlés qui s'annonçaient avec son public. Il n'était pas assez bon, il n'était pas assez robuste, et dans un plaidoyer qui rappelait les vieux idéaux du hockey amateur, il déclara que le fait de jouer pour une équipe professionnelle allait à jamais détruire son avenir dans le sport amateur. « Toute ma vie, supplia Morenz en pleurant, sera détruite. » Dandurand retourna donc Morenz à Stratford, et lui donna un peu de temps pour réfléchir : il avait entière confiance que Morenz pourrait tenir son bout dans la LNH. Et puis il avait en main le contrat. S'il refusait de jouer pour les Canadiens, sa vie, oui, serait détruite.

C'est le jour du Boxing Day, en 1923, que Morenz donna son premier coup de patin avec les « Français volants », sur la toute nouvelle patinoire d'Ottawa. Devant une foule record de 8300 amateurs, il a compté le premier des 270 buts qu'il allait récolter dans la LNH. Le jeune défenseur d'Ottawa, Frank « King » Clancy se rappela : « Morenz a foncé droit sur moi, un vrai bolide, puis il a décoché son lancer : je me suis retrouvé sur le cul. Je l'ai averti que s'il recommençait, j'allais lui faire exploser le crâne. Il est parti à rire, et m'a dit qu'il avait bien l'intention de recommencer. Et il l'a fait. »

Après avoir battu Vancouver, champions de la Ligue de Hockey de la côte du Pacifique, Morenz et les Canadiens se sont attaqués aux Tigers de Calgary, pour l'obtention de la Coupe Stanley de 1924. Flanqué du « Petit Géant », Aurèle Joliat, et de Billy Boucher, Morenz pilotait une escadrille foudroyante. En deux matchs disputés contre les Tigers, la ligne Morenz-Joliat-Boucher a compté huit des neuf buts de Montréal. Georges Vézina n'a laissé passer que six lancers en six joutes éliminatoires, inscrivant à sa fiche deux blanchissages. Joliat fut cette année-là troisième meilleur compteur, Boucher deuxième, et Howie Morenz, premier compteur avec sept buts. L'homme qui ne voulait pas jouer du hockey professionnel – et certainement pas à Montréal – s'est retrouvé buvant son champagne à même la Coupe Stanley lors de sa première saison avec les professionnels.

À l'automne de 1924, la LNH existait depuis sept ans. Elle comptait une franchise qui battait de l'aile, Hamilton, et trois équipes fiables : les Canadiens, les St. Patrick de Toronto et les Sénateurs d'Ottawa. Il y avait 20 ans de cela, les Américains avaient fait du hockey un sport professionnel. La LNH se mit à penser que c'était le bon moment pour le hockey de retrouver ses racines professionnelles, mais pas pour des raisons de sentiment. La LNH avait à vendre un beau divertissement, et les États-Unis y avaient beaucoup d'argent à dépenser. Les États-Unis des années 1920 constituaient un paradis pour quiconque cherchait à monopoliser un secteur d'activités pouvant être mises en marché et dégager des profits. Des

taxes d'affaires moins élevées et des tarifs gouvernementaux préférentiels protégeaient l'industrie manufacturière américaine, et de nouvelles techniques de production de l'électricité ont véritablement mis sur ses rails une production de masse bientôt phénoménale. L'offre et la demande de voitures, de machines à laver, de phonographes et de radios ont explosé, et Hollywood a répandu dans le monde entier l'idée que l'Amérique du Nord était l'espace illimité et infiniment extensible de toutes les opportunités. Le sport, dans sa grande diversité, constituait une expérience clef de la psyché américaine. Au cœur de cette dernière, et la plus chérie de toutes, était la notion de volonté : toute personne ayant un talent et qui *voulait* le développer pouvait connaître la gloire et devenir riche ! Et vu la population de ce nouveau Léviathan – plus de 120 millions d'individus contre 10 millions seulement au Canada – les gagnants pouvaient en effet gagner très gros.

On a donc vu, un certain 25 décembre 1925, défiler manteaux de fourrure, colliers de perles, chapeaux haut-de-forme, et queues-de-pie, le tout New York de Park Avenue se mêlant aux belles de Broadway, sans compter les 2000 invités du gratin canadien, à l'occasion du lancement du hockey professionnel à Manhattan. Avec beaucoup d'esprit, le *New York Evening Post* annonça : « Deux charmantes débutantes seront ce soir officiellement présentées au milieu du sport, l'une, le Madison Square Garden, enfant chérie de Tex Rickard, et l'autre, le hockey professionnel, la préférée du Canada. » Ce que le quotidien a omis de dire, c'est que le hockey s'installait à New York parce que George « Tex » Rickard, proprio de bar, mercenaire, promoteur de matchs de boxe et premier moteur de

Quand, le 3 novembre 1922, Newsy Lalonde fut envoyé par les Canadiens aux Sheiks de Saskatoon en échange d'Aurèle Joliat, il y eut à Montréal des hurlements d'indignation. Mais Joliat, 1 mètre 73, surnommé le Petit Géant, devait bientôt avoir les faveurs des amateurs de Montréal, quand ils voyaient l'ailier gauche s'élancer avec sa casquette noire à visière si caractéristique, et organiser une montée avec ses coéquipiers, Howie Morenz et Billy Boucher. Le défenseur de Toronto, Babe Dye, frustré de ne pouvoir attraper Joliat, a dit au propriétaire des Canadiens, Léo Dandurand, que « s'il mettait Joliat au centre avec un miroir de chaque côté, il aurait la ligne la plus rapide du hockey ». *(Temple de la Renommée)*

Lionel Conacher

Lionel Conacher était un gros joueur, si gros qu'on l'appelait « Big Train », qui avait commencé à jouer au hockey à l'âge de 16 ans, mais qui à 18 ans, remportait la Coupe Memorial avec les club des Canoe de Toronto. La même année, en 1920, il frappait le coup de circuit gagnant d'une partie de baseball, se sifflait un taxi pour arriver à temps à une partie de crosse disputée par les Maitlands de Toronto, et rachetait leur déficit de trois buts en en comptant quatre. L'année suivante, il enregistra quatre touchers avec les Argonauts de Toronto, leur donnant du coup le championnat de la Coupe Grey. Il était sur la patinoire quand fut diffusée la première partie de hockey à la radio.

Toronto et Montréal convoitaient toutes deux le gros défenseur, mais Conacher voulait faire des études. Il a donc continué à jouer au niveau amateur, juste assez longtemps pour décrocher une bourse dans un établissement universitaire de Pittsburgh. Puis il fit ses débuts dans la LNH, en 1925, avec les Pirates de Pittsburgh, comptant le tout premier but de l'histoire de leur franchise.

Conacher a joué pour les Americans de New York, et il a remporté la Coupe Stanley avec les Maroons de Montréal et les Black Hawks de Chicago. Quand il a pris sa retraite en 1937, il s'est mis à la politique, et il fut élu cette année-là à l'Assemblée législative de l'Ontario. En 1949, il était nommé ministre. En 1954, alors qu'il courait vers les buts lors d'un match de baseball bénéfice, « Big Train » s'est finalement effondré. Conacher est membre des Temples de la Renommée du Football, de la Crosse et du Hockey. En 1950, il fut nommé par les rédacteurs sportifs « plus grand athlète canadien de la première moitié du vingtième siècle ». De nos jours, les plus grands athlètes canadiens reçoivent un trophée portant son nom. *(Temple de la Renommée)*

l'entreprise (l'aréna fut édifié en 1925, pour remplacer son prédécesseur, bâti en 1890), avait vu jouer Howie Morenz. Sans mentionner non plus la bonne vieille odeur de scandale planant sur les relations de travail.

Les Tigers de Hamilton, qui avaient terminé premiers de la saison 1924-1925, se sont mis en grève quand ils ont appris que leur club, qui traversait soi-disant « une période difficile », avait empoché un profit de 24 000 dollars. Plus tôt dans l'année, les propriétaires avaient refusé aux joueurs la somme supplémentaire prévue de 200 dollars, attachée aux matchs de finale. Pendant les années 1920,

les grèves étaient fréquemment imputées aux menées de socialistes radicaux. Et les joueurs, tout comme le public, répugnaient à avoir recours à ce type d'action jugé téméraire. Les meneurs de la grève, Billy Burch et Wilfred « Shorty » Green, sont toutefois demeurés fermes, même si certains joueurs étaient prêts à céder, après que le président de la LNH, Frank Calder, les eut menacés d'amendes, de suspensions et d'un procès.

La dernière chose que souhaitaient les propriétaires de la LNH, au moment où ils faisaient leurs premiers pas au paradis des dollars américains, c'était un lavage de linge sale en public. Invoquant les pouvoirs dictatoriaux qu'il avait insisté pour se donner quand il avait été nommé président en 1917, Calder a suspendu toute l'équipe pour une période indéfinie, sans possibilité d'appel, et les a mis à l'amende de 200 dollars chacun – la somme qu'ils cherchaient à récupérer. Puis, en 1925, la LNH vendit l'équipe des Tigers au bootlegger de New York, William V. Dwyer, pour la somme de 80 000 dollars. Les Tigers d'Hamilton, qui avaient lancé le mouvement de grève, s'appelaient maintenant les Americans de New York.

En 1925, George « Tex » Rickard, tout à la fois cowboy, prospecteur de mines d'or et promoteur de boxe, enfonce la dernière vis du tout nouveau Madison Square Garden, dont il a lancé et piloté la construction, bientôt appelé « la maison de Tex ». Au début, Rickard ne pensait pas y bâtir une patinoire, mais quand il a vu Howie Morenz jouer au hockey, il a changé d'idée. Cette année-là, la ville de New York entra dans la LNH avec son équipe, les Americans de New York. *(Corbis/Bettmann)*

Dwyer adorait le hockey, qu'il avait appris d'un ami canadien. Et quand son partenaire, Tom Duggan, patron des Maroons de Montréal et bootlegger réputé, découvrit, horrifié, que Tex Rickard ne partageait pas la même passion pour le hockey, pire, qu'il n'avait pas prévu de hockey sur glace au Madison Square Garden, il trouva une solution. Il invita Tex à Montréal, question de lui montrer « comment ça se jouait, du hockey » – et d'étancher sa soif au Canada de la Prohibition. Quand l'arbitre siffla le début de la partie, Rickard flottait, heureux, tout prêt à voir évoluer le magicien Howie Morenz contre les Sénateurs d'Ottawa. À la fin de la partie, Rickard acceptait de bâtir une patinoire au MSG, mais à une condition : le magicien Morenz devait jouer lors du match d'ouverture.

Et c'est ce qui arriva. Morenz joua devant un parterre de célébrités de la ville de New York, invitées à un match bénéfice commandité – et c'était bien pensé, vu le nombre élevé de blessures à la tête infligées pendant les joutes – par l'Institut neurologique de New York. On vit là des mécènes comme Quincy S. Cabot junior, et M. et Mme E. F. Hutton, financiers de la planète, débourser 11,50 dollars pour une place dans une loge, et la populace gratter ses fonds de tiroir pour trouver 1,50 dollar pour un siège au « poulailler ». Pour l'occasion, le coût d'un billet était passé de 1,10 à 3,85 dollars. Le *New York Times* raconta : « Beaucoup d'eau va couler sous le pont de Brooklyn avant que New York n'offre à nouveau, pour souligner un événement sportif, le spectacle d'une aussi tapageuse ostentation. » Furent aussi présents Mme Franklin D. Roosevelt, Charles Scribner et Mme Charles Tiffany, et les millionnaires du cirque John Ringling et William Barnum. Et quand Aurèle Joliat aperçut les Americans de New York faire leur apparition sur la glace sous un chandail aux couleurs de la bannière étoilée, il pensa : « On dirait qu'ils arrivent tout droit d'un cirque. On s'est demandé : "Alors ! c'est pour danser ou pour jouer au hockey qu'ils arrivent ?" »

Si le hockey professionnel se mariait si bien avec cet univers de « bijoux, de crésus au bon cœur et de playboys », c'est parce que les responsables de la St. Nicholas Rink, qui avait ouvert ses portes 25 ans plus tôt, avaient vu défiler régulièrement dans ses murs le gratin du gratin que constituaient les membres de l'Ivy League. La plupart des joueurs canadiens avaient débuté sur des flaques gelées, des étangs et des rivières, alors que les jeunes Américains, plus souvent qu'autrement, avaient appris les rudiments du hockey à Groton, Exeter, ou Saint-Paul, et les avaient emportés avec eux à Harvard, Princeton et Yale. Il n'était donc pas si surprenant que les amateurs viennent voir jouer leurs héros en limousine. Les joueurs canadiens, tant de niveau amateur que professionnel, faisaient régulièrement leur pèlerinage à New York pour garnir leur compte en banque, et les New-Yorkais voyaient dans ces matchs l'assurance d'un spectacle éblouissant où s'illustraient les meilleurs, et qui en mettait plein les yeux.

Howie Morenz ne les a pas déçus, même si physiquement il ne payait pas de mine : déjà à moitié chauve, plutôt fluet, avec son mètre 75 et ses 75 kilos, et l'air de vouloir se cacher derrière son ombre, il donnait l'impression de vivre dans son monde – sauf sur la glace, où son troisième œil pressentait la position à venir de la rondelle, et ça n'avait rien à voir avec sa position *réelle* sur la patinoire.

Lorne Chabot

Avec ses 2 mètres et ses 90 kilos, Lorne Chabot bloquait l'entrée d'une bonne partie de son filet. Il a fait ses débuts professionnels avec les Rangers de New York, le 27 novembre 1926, blanchissant 2 à 0 les Maple Leafs de Toronto. Après avoir combattu pour le Canada sur le Front ouest lors de la Première Guerre mondiale, et après un bref séjour dans la Police montée du Canada, Chabot a attiré l'attention de Conn Smythe, lorsqu'il a donné deux championnats de la Coupe Allan à son équipe de Port Arthur. Smythe a fait de Chabot le pilier des premiers Rangers de New York. L'agent de publicité de l'équipe, Johnny Bruno, a bientôt proposé de changer le nom de Chabot pour « Lorne Chabotsky », question de donner le petit cachet ethnique qui allait plaire à l'importante communauté juive. Ayant lu le nouveau nom dans les comptes rendus de la partie, l'instructeur et directeur-gérant des Rangers, Lester Patrick, s'est violemment opposé au changement de nom de Chabot. Quand il a vu Bruno rappliquer, et proposer un autre coup publicitaire (faire enlever le capitaine des Rangers, Bill Cook, et le ramener juste avant la partie), il lui a montré la porte. Même chose pour Chabot, momentanément écarté du jeu après qu'il eut reçu une rondelle sur l'œil, et aux dires de Patrick, l'incident l'avait rendu ombrageux. Conn Smythe est allé le chercher à nouveau pour jouer avec ses Leafs en 1928-1929, où en 43 matchs, il a enregistré 12 blanchissages, conservant une moyenne dans les buts de 1,61. En 1932, il a remporté la Coupe Stanley avec les Leafs, ainsi que le Trophée Vézina en tant que meilleur gardien de la LNH en 1935.

(Temple de la Renommée)

Tout comme Gretzky aurait l'art, 60 ans plus tard, de « déchiffrer » le jeu du moment dans sa totalité, Morenz *sentait venir* le match avant qu'il se joue, il *savait* où ses coéquipiers Joliat et Boucher allaient se trouver avant qu'ils ne le sachent eux-mêmes. Dans leur uniforme rouge, et avec leur style « chariot de feu », Morenz et les Canadiens représentaient l'exotisme, la France du nord, même si Morenz lui-même était allemand par ses parents et qu'il était né en Ontario, Joliat, le fils d'un protestant, et Boucher aux trois quarts irlandais. Leur ligne a compté tous les buts des Canadiens, qui ont remporté le match 3 à 1. « Les Habits rouges et les Americans ont déclenché hier soir une nouvelle révolution », s'émerveilla le *Evening Post*. « Ils se sont rencontrés sur la même patinoire, pas celle du Delaware, celle du nouveau Madison Square Garden… et l'âme du nouveau « Garden » nous est apparue ! »

L'âme de Tex Rickard fut elle aussi bouleversée. Les journaux américains, si emballés par le style de Morenz qu'ils n'ont rien trouvé de mieux pour en faire l'éloge que de l'appeler « le Babe Ruth du hockey », venaient de mettre la LNH sous les feux de la rampe, et dans la Grosse Pomme – et la ville en redemandait !

Tex Rickard allait leur en donner davantage, mais c'est un autre vétéran qui l'avait mise au monde.

Lorsque Conn Smythe a finalement mis le pied en gare de Rosedale, à Toronto, après avoir été relâché de son camp de prisonniers de guerre, il s'est senti à la fois trompé et impatient. « J'avais perdu quatre ans de ma vie, et je n'allais jamais les retrouver, » raconta-t-il plus tard dans son autobiographie, *If you can't beat them in the Alley*. « J'avais 24 ans, et je n'avais encore rien fait de mes 10 doigts. J'allais me rattraper, ça, vous pouvez en être sûr. » Il avait toujours son métier dans l'industrie du gravier, mais son père s'était remarié, il avait déménagé, et il avait maintenant une petite sœur. Le Canada avait changé, mais pas le flair de Smythe pour dénicher les joueurs prometteurs, et c'est ce mélange de perspicacité et d'ombrageuse confiance en soi qui allait le mettre sur la carte du hockey.

En 1924, Smythe a emmené son club inter-universitaire de l'Université de Toronto dans une tournée à Boston, où la LNH avait vendu sa première franchise au magnat de l'alimentation, Charles Weston, en 1924, et où a débuté entre lui et l'instructeur des Bruins, Art Ross, une chicane qui devait durer toute leur vie. Quand il se vit demander ce qu'il pensait des pauvres Bruins, qui n'avaient remporté que deux victoires dans la première moitié de leur calendrier de 30 matchs, Smythe a carrément répondu que son équipe universitaire pourrait certainement battre les Bruins, mais tant qu'elle serait composée de joueurs amateurs, elle ne pouvait prétendre battre que les équipes universitaires de Boston. Et c'est ce qu'elle a fait, attirant des foules telles, que ceux qui n'avaient pas trouvé de place au Garden de Boston durent être refoulés par une police à cheval.

En 1926, la LNH avait des équipes à Boston, Pittsburgh, Détroit, Chicago et New York, et après avoir vu le beau succès financier que représentaient les Americans de New York, Tex Rickard a fait le calcul qu'il y avait de la place à New York pour une deuxième équipe professionnelle de hockey. La LNH a donné son accord, et lui a vendu une nouvelle franchise. Un rédacteur sportif et copain de Rickard a appelé la nouvelle équipe, mais pour rire, les « Tex's Rangers »[1], et c'est ainsi que sont nés les Rangers de New York, pour la plus grande consternation de Bill « Bootleg » Dwyer qui peinait à se faire entendre depuis sa prison de Georgia, où des évasions fiscales l'avaient emmené.

Le problème de Rickard était le suivant : il avait bien la bénédiction de la LNH, son équipe avait bien un nom, mais il n'avait pas d'équipe. Et c'est alors que le magnat Charles Weston lui a conseillé d'engager celui-là même qui avait monté un spectacle à Boston : Conn Smythe. Son expérience du hockey amateur allait lui donner une vraie longueur d'avance. Il avait vu de nombreux joueurs passer du statut d'amateur à celui de professionnel lors des tournées qu'il organisait dans des villes que la LNH considérait comme des trous perdus, mais où justement il avait découvert des athlètes. Il a donc signé avec New York : il s'était monté une équipe pour moins de 32 000 dollars, une véritable affaire,

---

1. Texas Rangers. NDT

quand on sait que les Americans avaient coûté 80 000 dollars, et que le major Frederic McLaughlin venait de débourser 120 000 dollars pour se monter une équipe à Chicago après avoir acheté les Rosebuds de Portland des frères Patrick (les frères Patrick avaient vendu les derniers avoirs de la défunte Ligue du Pacifique en 1924, déménageant les deux équipes qui restaient dans la Ligue de Hockey Western).

Smythe a bâti l'équipe des Rangers avec des talents de Toronto, faisant parfois une razzia dans l'arrière-pays pour séduire des joueurs qu'il n'aurait pu rencontrer en ville, mais il s'en voulait toujours à mort d'avoir laissé échapper Mike

Les Rangers de New York se sont vus donner le surnom de « Texas Rangers », clin d'œil à George « Tex » Rickard, l'homme qui avait introduit le hockey au Madison Square Garden. Mais celui qui avait amené les Rangers à New York, c'était Conn Smythe, qui connaissait bien le hockey canadien, et qui a réussi à se monter une nouvelle équipe pour la somme dérisoire de 32 000 dollars. Traité de trop « provincial », il fut congédié, et à l'automne de 1926, c'est Lester Patrick qui prenait la direction des Rangers pour la somme astronomique de 18 000 dollars par année. Combinés, les joueurs talentueux dénichés par Smythe et la perspicacité de Patrick ont fait que, dès leur deuxième saison dans la ligue, les Rangers ont remporté la Coupe Stanley.

(Temple de la Renommée)

Goodman, le rapide patineur qui avait électrisé les foules européennes aux Jeux Olympiques d'Anvers, et qui refusait de jouer pour Smythe ou pour quiconque dans la LNH, juste parce qu'il ne le voulait pas. Autre joueur qui donnait des crampes à Smythe : la machine à compter des buts qu'était Cecil « Babe » Dye, des St. Patricks. Car il y avait des gens à New York qui racontaient que si Smythe s'était sérieusement attelé à la tâche de bâtir une équipe de grande ville, il serait allé chercher Dye, au lieu de s'échiner à se monter une équipe d'amateurs sortis tout droit du bois. Les racontars faisaient rager Smythe, car il avait l'impression d'avoir monté une véritable équipe.

En 1926, peu après le début du camp d'entraînement des Rangers sur la patinoire Ravina de Toronto, Smythe fut convoqué à Union Station. Il y avait là, pour l'accueillir, le président des Rangers, le colonel John Hammond, et le nouvel instructeur de l'équipe, Lester Patrick, qui après avoir vendu la ligue familiale, atterrissait à New York en lieu et place de Smythe, toutes dépenses payées par Smythe en personne. Les Rangers lui annonçaient son congédiement pour n'avoir pas mis la table avec suffisamment de faste. Et comme si ce n'était pas déjà assez grave, Hammond lui annonça qu'il retenait 25 % de ses gages de 10 000 dollars. L'argent, se justifiait-il, avait été prévu pour le déménagement de Smythe à New York, mais Smythe avait levé le nez sur l'offre et avait décidé de rester tranquille à Toronto. C'était 7500 dollars ou rien du tout.

L'épouse de Smythe, Irène, ne l'entendit pas de cette façon. Elle venait de recevoir une invitation de Tex Rickard pour aller assister, toutes dépenses payées, à la joute inaugurale des Rangers à New York. Elle avait envie d'une petite vacance, et elle allait en prendre une. L'orgueil blessé de Smythe fut rapidement soigné, quand il se vit assis dans la loge privée de Rickard en train de regarder l'équipe qu'il s'était bâtie battre les Maroons de Montréal pour leur joute inaugurale. Ravi, Rickard offrit à Smythe le poste de vice-président, ce dernier réalisant alors que Rickard n'était pas au courant de ce qu'il venait de subir. Informé, Rickard obligea le colonel Hammond à payer les sommes qu'il devait à Smythe. Ce dernier a alors posé le geste qui lui était le plus naturel : tout parier sur un match de football entre Toronto et l'Université McGill. Il a doublé la somme. Quand les Rangers sont arrivés en ville pour jouer contre St. Patrick, Smythe a consulté l'avis des bookmakers, pour qui les New-Yorkais étaient des nuls. Smythe a donc parié à 5 contre 1 pour les Rangers, qui l'ont emporté. En trois jours, Smythe avait fait fructifier 4 fois sa mise de 2500 dollars.

Smythe était convaincu qu'il pouvait bâtir une équipe, cette fois en tant que propriétaire. Il a contacté J. P. Bickell, propriétaire de St. Pat's, déjà courtisée plus au sud par des personnes intéressées de Pittsburgh. Smythe a joué la carte patriotique, affirmant que si Toronto perdait son unique équipe de hockey professionnel parce que Bickell l'aurait vendue aux Américains, il faudrait un sacré bout de temps avant qu'elle n'en voie une autre. Bickell aimait ce qu'il voyait chez Smythe : du sang-froid, et puis son regard... Il a accepté de déposer 40 000 dollars dans la cagnotte si le crack du hockey qu'était Smythe, alors âgé de 31 ans, s'occupait des 160 000 autres qu'il fallait obtenir des investisseurs. Et s'il y

C'est à l'âge de 16 ans que Conn Smythe est tombé amoureux d'Irène Sands, de peu sa cadette. Pendant les 35 années qui ont suivi, jusqu'à sa mort survenue en 1965, elle fut sa muse, et lui son héros anti-conformiste. En 1926, le jour où est arrivée à leur résidence une invitation de Tex Rickard à partager sa loge pour inaugurer la première joute des Rangers – invitation accompagnée de quelques billets d'entrée à Broadway – Smythe a aussitôt rageusement refusé de se présenter : il se rappelait trop bien la façon dont les Rangers l'avaient traité. Mais Irène était bien décidée à y aller, expliquant : « Ça va compenser toutes les soirées que j'ai passées toute seule, quand le hockey t'appelait à l'extérieur. » Et ils y sont allés. *(Courtoisie Dr Hugh Smythe)*

arrivait, il avait une autre condition : c'est Smythe qui allait prendre le contrôle de l'équipe. Smythe a alors déposé sur la table les premiers revenus de son pari, 10 000 dollars, et il a trouvé assez d'investisseurs pour atteindre la somme désirée.

En tant que fils d'un orangiste de Belfast, il croyait que le nom et la couleur vert et blanc de St. Patrick étaient trop sectaires, faisaient un peu trop « vieille Europe ». Il voulait quelque chose de canadien, quelque chose qui irait chercher le cœur du Canada anglais, comme les Canadiens de Montréal s'étaient attachés le cœur des francophones. Il a donc emprunté les couleurs des camions de son entreprise de gravier, et il a habillé son équipe en bleu et blanc. Comme il existait déjà une équipe portant le nom de « Maple Leaves », il a rebaptisé son équipe d'une manière remarquablement non grammaticale, les « Maple Leafs », s'inspirant de l'écusson que les soldats canadiens arboraient, et qu'ils ont rendu célèbre pendant la guerre, devenu synonyme de bravoure. Et le jeune joueur, qui avait donné quatre années de sa vie à cette guerre, a fait un autre pari : dans cinq ans, lui et ses Maple Leafs iraient chercher le plus grand trophée qu'on puisse imaginer : la Coupe Stanley.

CHAPITRE 4

RÊVES
DE CENDRES

Ce fut un début, et une fin. Le 30 mars 1926, s'est disputé le premier match de la Coupe Stanley au Forum de Montréal, temple majestueux érigé à la gloire des Canadiens de Montréal. Le jour où il a fermé ses portes, 70 ans plus tard, on ne voyait plus les poutres de l'enceinte : il y avait, les décorant, une forêt de bannières de la Coupe Stanley. Mais en ce soir frisquet de mars 1926, les « bleu, blanc, rouge »[1] ne disputaient pas la suprême récompense de Lord Stanley. Bien que vainqueurs de la Coupe la saison précédente, les Canadiens se retrouvaient cette année-là au dernier rang du classement, et ils étaient en deuil, moins à cause de leur saison désastreuse qu'à cause de Georges Vézina.

---

1. En français dans le texte. NDT

Le 28 novembre 1925, après une première période sans but pour Pittsburgh, le gardien des Canadiens, Georges Vézina, s'est effondré sur la glace, saignant de la bouche, fiévreux, et la poitrine en feu. L'homme qui avait joué en saison régulière 325 matchs consécutifs de hockey professionnel avec les Canadiens avait la tuberculose. Cette maladie était une infection bactérienne des poumons, connue à l'époque sous le sinistre nom de peste blanche, et incurable. Il faudrait attendre les années 1940 avant que ne soit découvert un traitement anti-microbien qui permette, sinon de tuer la maladie, au moins de la gérer au mieux. Vézina savait depuis quelque temps qu'il était atteint de la tuberculose, mais il avait gardé le secret. Maintenant tout le monde savait.

Vers la fin du mois de mars 1926, peu avant que ne débutent les séries de la Coupe Stanley, Vézina est arrivé au vestiaire des Canadiens, à l'heure habituelle. Le joueur trapu, 1 mètre 70, 90 kilos, était devenu un homme décharné, à la respiration sifflante, les poumons ravagés. Il a retrouvé sa place habituelle dans le vestiaire, jetant autour un long regard, comme s'il ne devait plus y revenir. Et là, il s'est effondré. Dandurand raconte : « Je l'ai aperçu, assis dans son coin, des larmes coulaient sur son visage. Il regardait ses vieilles jambières, ses patins, bien rangés dans son coin par Eddie Dufour, qui s'attendait à le voir jouer ce soir-là. Il a alors demandé une petite faveur : le chandail qu'il avait porté durant la série mondiale. » Quelques jours plus tard, le 26 mars, Georges Vézina mourait, à l'âge de 39 ans. Les propriétaires des Canadiens, Dandurand, Louis Létourneau et Joe Cattarinich, qui l'avaient découvert 15 ans plus tôt, immortalisèrent alors le grand Vézina en instituant un Trophée portant son nom, la plus haute récompense d'un gardien de buts de la LNH.

Les Canadiens en deuil, les Cougars de Victoria se préparaient à faire la fête. Ils avaient suivi la série opposant les Sénateurs aux Maroons depuis la voiture-salon du train brinquebalant qui les emmenait vers l'est. Profitant d'un arrêt à la gare de Winnipeg, Frank Patrick a couru au bureau du télégraphe, et il a rapporté la nouvelle – le genre de nouvelle qu'on aime, et qui peut rapporter gros : les Cougars, à la fois champions de la Ligue de Hockey Western des frères Patrick, et détenteurs de la Coupe Stanley depuis plusieurs années, allaient affronter les Maroons, champions de la LNH, dans le nouveau Forum de Montréal – 11 000 places assises et debout – ce qui doublait du coup leur part des recettes au guichet. Et ils avaient besoin d'argent.

Le hockey professionnel des frères Patrick débordait maintenant la côte ouest de l'Amérique du Nord et s'étendait plus à l'est. On parlait maintenant de la Ligue de Hockey « Western », avec, dans ses rangs, des villes comme Edmonton, Calgary et Saskatoon, ainsi que la franchise de Régina, déménagée à Portland, plus les deux franchises restantes de la Ligue du Pacifique, Vancouver et Victoria. Bien qu'Edmonton et Saskatoon aient terminé premier et deuxième au classement dans l'ouest, le hockey professionnel des Prairies ne faisait pas recette, et c'était un secret de polichinelle que les patineurs de la Ligue Western commençaient à s'essouffler. C'était un problème que les frères Patrick espéraient résoudre, d'une façon ou d'une autre, à Montréal.

How to Become a
HOCKEY STAR

by T. P. (Tommy) GORMAN
Manager of 1935 Stanley Cup Winners
in collaboration with F. J. (Shag) Shaughnessy
With the Compliments of
The CANADA STARCH COMPANY Limited
Montreal   Toronto

Tommy Gorman

Tommy Gorman est une des personnalités les plus colorées du hockey professionnel. Très sportif, Gorman s'est intéressé au hockey lorsque sa famille a acheté les Sénateurs d'Ottawa, de la Fédération Nationale de Hockey, durant la Première Guerre mondiale. Quand la FNH est devenue la LNH, Gorman fut l'un de ses membres fondateurs, et durant sa carrière, qui a duré une bonne trentaine d'années, il a piloté ou dirigé quatre équipes gagnantes de sept Coupes Stanley : trois avec les Sénateurs, deux avec les Canadiens de Montréal, et une avec les Black Hawks de Chicago et les Maroons de Montréal. Il est alors passé au hockey amateur, donnant la Coupe Allan à l'équipe senior amateur des Sénateurs. Il adorait les courses de chevaux ainsi que le baseball, où il faisait des incursions régulières. En dépit de tout le temps passé à Montréal, Gorman était aussi nul en français que sa langue était riche en anglais. Ce qui ne l'empêchait pas, rapportait le *Star* de Montréal, lorsqu'il condescendait à dire le mot « oui », de se donner l'air de quelqu'un qui connaît toutes les subtilités de la langue française.

(Temple de la Renommée)

De leur côté, les Maroons de la LNH se retrouvaient en finale de la Coupe Stanley après seulement un an d'existence. Comme tout le monde s'y attendait, leur première saison comme équipe recrue de la LNH avait été désastreuse, terminant derniers au classement, avec seulement 9 victoires sur une possibilité de 33. Mais ils étaient revenus en force avec de nouveaux joueurs dans un nouvel uniforme – un grand M blanc sur un chandail bordeaux – et ils jouaient au Forum, bâti à leur intention (même si dans l'Histoire, le terme de Forum allait devenir synonyme des Canadiens).

Les Maroons furent fondés en 1924. Ils sont nés d'un mélange de fierté anglaise, de largesses françaises, d'une bonne dose d'ironie – et d'un incendie. Dans la promotion du hockey au rang d'institution sportive, les anglophones de Montréal avaient constitué la première pierre de l'édifice, et pendant plus de 30 ans, ils avaient fait de la haute direction du hockey une chasse gardée. Quand, le 2 janvier 1918, l'aréna de Westmount a brûlé, ses locataires, les déjà légendaires Wanderers, dont les neuf Coupes Stanley avaient inspiré la création des Canadiens de Montréal, furent forcés de quitter la LNH et d'abandonner le hockey professionnel. C'est en tout cas ce que l'on raconte. Les Wanderers connaissaient de grosses difficultés financières, et même si Hamilton avait offert de les prendre, l'imprévisible propriétaire des Wanderers, Sam Lichtenhein, s'est servi de l'incendie (déclaré dans le vestiaire des Wanderers) comme excuse pour fermer les livres. Et comme ils avaient jusque-là partagé la patinoire avec les Wanderers, les Canadiens durent déménager au Jubilee Rink, plus petit, dont les 3000 places assises contrastaient durement avec les 8500 de l'aréna de Westmount. Montréal s'est retrouvée sans équipe anglophone.

Les francophones sont alors venus à la rescousse. En mars 1922, Donat Raymond était un financier de Montréal qui faisait aussi des levées de fonds pour le compte du Parti libéral (dont le talent en cette matière devait lui valoir un poste de sénateur sous le gouvernement du premier ministre Mackenzie King, quatre ans plus tard). Il voyait les besoins de Montréal – et aussi le marché potentiel d'une équipe anglophone. Léo Dandurand aussi, qui a accepté de vendre à Raymond ses droits territoriaux si ce dernier réussissait à trouver quelqu'un pour bâtir un gros aréna, et s'il permettait aux Canadiens d'en devenir les colocataires une fois que leur bail de l'Aréna du Mont Royal arriverait à échéance. *Et voilà !*[2] Il y aurait désormais deux équipes professionnelles, une anglophone et une francophone, et beaucoup d'espace dans le nouvel édifice où faire asseoir de nombreux spectateurs payants. Et il se brasserait là de grosses affaires.

Raymond engagea William Northey, ex-gérant de l'Aréna de Westmount, et tous deux prirent contact avec Sir Edward Beatty, président du Canadien Pacifique, pour lui demander du financement. La compagnie de chemins de fer qui, dans sa poussée colonisatrice vers l'ouest, avait déjà tellement contribué à faire connaître le hockey partout au pays, vit tout l'intérêt de la proposition de Raymond d'investir dans un marché encore mal desservi. Et c'est ainsi qu'en janvier 1924, fut fondée la Canadian Arena Company, qui s'est donné pour mandat d'ériger un nouvel aréna à l'intersection des rues Atwater et Sainte-Catherine. La construction a débuté au printemps, et moins de six mois plus tard, le Forum de Montréal ouvrait ses portes.

---

2. En français dans le texte. (NDT)

Contrairement à ce que raconte l'histoire populaire, le Forum de Montréal ne fut pas construit pour être le temple du hockey francophone des Canadiens. Il a été érigé pour les Maroons de Montréal, équipe mise sur pied en 1924 à l'intention des amateurs anglophones. Le Forum a ouvert ses portes le 29 novembre de cette même année, après seulement cinq mois de travaux. Ce n'est qu'après la disparition des Maroons, en 1938, qu'il est devenu l'aréna des Canadiens, et le haut lieu du hockey francophone. *(Bibliothèque et Archives du Canada, PA-202809)*

Quand l'Aréna de Mutual Street a ouvert ses portes en 1912 sous le nom de Arena gardens, il fut, avec ses 8000 sièges, le deuxième plus important aréna couvert du Canada, après celui de Denman Street, des frères Patrick, à Vancouver. *(Temple de la Renommée)*

Entre-temps, Raymond s'allia à James Strachan, fondateur des Wanderers de Montréal, pour obtenir une franchise dans la LNH, qu'ils obtinrent le 1er novembre 1924, pour la somme de 15 000 dollars. La nouvelle équipe, les Maroons de Montréal, allait jouer dans un édifice de 1 200 000 dollars – bien qu'au début, le sort en ait décidé autrement : comme la glace naturelle de l'Aréna du Mont Royal n'avait pas encore pris, ce sont les Canadiens de Montréal qui ont inauguré le Forum, le 29 novembre.

Quand Frank et Lester Patrick sont arrivés à Montréal avec leurs Cougars, pour affronter les Maroons et décrocher la Coupe Stanley de 1926, les deux frères ont tout de suite vu de quoi l'avenir du hockey serait fait. Non seulement les Maroons ont remporté la série 3 de 5, leur première Coupe Stanley, et la première Coupe de l'histoire du Forum, mais les frères Patrick sont restés le souffle coupé, tant l'argent coulait à flots. « Frank, chuchota Lester à son frère, tu vas pas me dire qu'on est dans la même Ligue que les gars de l'est ! » Il venait d'apprendre que certains joueurs des Maroons se faisaient jusqu'à 10 000 dollars par saison, et les propriétaires lançaient l'argent par les fenêtres, comme s'il s'agissait de confettis. Quand il a mis le nez dans le vestiaire des Maroons, Lester a vu leur joueur vedette, Nels Stewart, « avec des rouleaux de billets à vous étouffer votre cheval. Sur les entrefaites, quelqu'un est arrivé et lui a glissé dans la main un billet de mille comme bonus pour le match de la soirée. Et Lester Patrick de conclure : « Bon sang, Frank, c'est immoral, tout ça ! »

Les Patrick, qui, il n'y avait pas si longtemps, avait eux-mêmes lancé l'argent par les fenêtres, découvraient que la LNH était trop forte pour leurs moyens et leurs salaires ne dépassant pas 4000 dollars. Plus tôt dans la saison, Frank Patrick avait tenté d'étouffer dans l'œuf un début de rébellion dans sa ligue, en qualifiant de « foutaises » la rumeur des gros salaires distribués par la LNH. Mais les deux frères savaient qu'ils étaient cuits. Après tout, ils avaient eux aussi séduit d'autres joueurs d'une ligue rivale en les arrosant de gros billets, et avant de passer à leur tour à la moulinette, ils ont prouvé une fois de plus leur sens de l'innovation en vendant les joueurs de leur Ligue Western à la LNH pour la somme de 317 000 dollars. Les droits de préemption sur les Cougars de Victoria, qui venaient de remporter la Coupe en 1925, furent vendus à Détroit (devenus par la suite les Red Wings), et ceux des Rosebuds de Portland furent achetés par la nouvelle franchise de Chicago, les Black Hawks. On avait déjà vu auparavant des joueurs être mis en vente, quand les Ligues mettaient la clef sur la porte, mais jamais à une telle échelle. La vente de feu des frères Patrick prouvait une chose : la LNH avait du muscle et elle pouvait dorénavant revendiquer d'être la

Murray et les Hounds de Notre-Dame
L'année de ses 30 ans, le jeune prêtre James Athol Murray fut « prêté » au diocèse de Régina. Le prêt devint finalement un don, après que Murray eut fondé l'une des écoles de hockey les plus respectées au Canada, le Collège Notre-Dame, de Wilcox, en Saskatchewan, ville d'accueil des légendaires Hounds. La première mouture des Hounds, en 1927, comprenait 15 jeunes jouant aussi bien au hockey qu'à la crosse, au baseball et au football, au sein du club des Argos, bâti par Murray, et qui l'ont suivi à Wilcox. L'école est vite devenue célèbre sur tout le continent. L'exigence première de Murray était simple : que l'étudiant désire apprendre la théorie et la pratique des sports. Sa devise était : *Luctor et Emergo*, Lutte et Fonce. *(Collège Notre-Dame)*

propriétaire exclusive de la Coupe Stanley. Et maintenant que ses clubs professionnels couvraient tout l'espace canadien, il n'y avait plus qu'une façon de prendre de l'expansion : pousser plus au sud, vers les États-Unis, où le hockey professionnel existait depuis plus de deux décennies.

À temps pour la nouvelle saison 1926-1927, la LNH se réorganisa en deux divisions de cinq équipes chacune, cinq canadiennes et cinq américaines. Au cas où tout le monde n'aurait pas vu ce qui se passait vraiment, soit l'internationalisation du hockey, les Americans de New York sont passés l'année suivante dans la division canadienne pour faire place aux Rangers. Les États-Unis, avec le muscle que leur conféraient opulence et culture de masse, alors en pleine expansion, et capable de promouvoir et de concrétiser le Rêve Américain, étaient l'ami que tout le monde voulait avoir.

Au printemps de 1929, au moment où les patrons de la LNH tenaient des réunions à l'édifice de la Sun Life de Montréal – le plus gros édifice de tout l'empire britannique – les gens vivaient bien, et les perspectives d'avenir étaient bonnes. L'année précédente, la LNH avait doublé ses profits, qui ont atteint la somme astronomique de 2 500 000 dollars, en bonne partie grâce à l'argent américain qui coulait à flots dans le sport canadien. Questions d'améliorer encore leurs marges, ils ont décidé de permettre les passes avant, l'invention des frères Patrick. Le jeu serait plus rapide, l'attaque aurait plus de mordant – et les amateurs se débarrasseraient un peu plus de leurs dollars...

Les Americans de New York
En 1926, à la suite de la disparition de la Ligue mondiale de Hockey, qui ne pouvait plus rivaliser avec les salaires de plus en plus élevés offerts par la LNH, la seule ligue de hockey professionnelle restante en Amérique du Nord s'est scindée en deux divisions fondées sur le principe d'une équipe par pays. L'anomalie d'une équipe comme les Americans de New York au sein de la Division canadienne n'était pour ainsi dire que normale : l'année précédente, l'équipe s'appelait les Tigers d'Hamilton, mais ses joueurs et ses actifs avaient été vendus à des intérêts américains, après qu'ils se furent mis en grève pour récupérer le salaire prévu pour leur participation aux séries éliminatoires. *(Bibliothèque et Archives du Canada, PA-194592).*

Les gens avaient de plus en plus d'argent – en tout cas sur papier. Après les cruautés inouïes de la guerre et de l'épidémie de grippe espagnole, les dieux avaient retrouvé le sourire, et au Canada, entre 1918 et 1929, les valeurs en bourse avaient triplé. Frank Selke, directeur général des Maple Leafs de Toronto, a pu se rendre compte à quel point, en cette tumultueuse année 1929, le hockey était influencé par la folie boursière ambiante : « Les joueurs dépensaient tous leurs revenus en achetant des actions « sur marge », en dépit des nombreux avertissements... d'avoir à retrouver un peu de bon sens et de mettre leur argent à la banque. Dans le vestiaire des Maroons, la folie boursière est devenue telle, que certains jours, quand l'instructeur Eddie Gerrard ordonnait une pratique, un ou deux joueurs seulement se présentaient. Les autres étaient au centre-ville, calculant leurs gains dans les marchés en hausse. »

C'était facile de jouer à la bourse : ceux qui n'avaient pas d'argent avaient accès à la baguette magique du crédit, qui s'étendait à la pratique dite de l'achat d'actions « sur marge », opération risquée pour l'acheteur, qui se procurait des actions avec de l'argent emprunté à des maisons de courtage, à des taux d'intérêt très bas, les actions elles-mêmes étant considérées comme subsidiaires. Mais toutes ces richesses étaient fictives. Les retours sur investissements prévus par les corporations étaient gonflés outre mesure, et la spéculation omniprésente tirait les actions vers le haut, multipliant parfois leur valeur par 40. Les compagnies répliquaient en émettant de nouvelles actions, et la bulle spéculative enflait toujours davantage. Le 29 octobre, tout s'est effondré.

La manchette de la une du *New York Times* se lisait ainsi : « Des milliers de comptes partis en fumée, les opérateurs dans le noir pour ce qui est des échanges. » Moins d'un mois après l'effondrement des marchés, le correspondant à New York de l'Associated Press utilisait le langage des spéculations boursières pour prédire un brillant avenir au hockey professionnel : « Une nouvelle saison de hockey s'ouvre ce soir. Elle s'annonce prometteuse : certainement la plus grosse, la plus profitable, et bien sûr la plus intéressante depuis la renaissance de la LNH. » La nouvelle saison de la seule ligue professionnelle de hockey restante sur le continent était lancée – tout comme l'impact de l'effondrement des marchés sur les Canadiens. L'économie canadienne, fidèle compagne des sursauts de l'économie américaine, a plongé. Avant même la première chute de neige de 1929, près de 30 % de la population était au chômage. Un Canadien sur cinq vivait au crochet du gouvernement – et si vous étiez Chinois, vous receviez le tiers de ce qu'empochait l'homme blanc. Ni les historiens ni les économistes ne jettent tout le blâme sur le fameux « jeudi noir » de la Crise, mais cette journée a certes servi de détonateur à une décennie de pertes brutales et de privations de tous ordres.

Il n'y avait plus de queues dans les arénas, il y avait des files à la soupe populaire. Ou avant d'en arriver à cette humiliante échéance, les gens vendaient tout ce qu'ils avaient aux voisins. Au beau milieu de l'hiver, quelque part en Saskatchewan, un colporteur frappa à la porte de la famille Howe. Gordie Howe raconte : « Ma mère a donné deux dollars à une femme prête à tout pour avoir un peu de lait pour sa famille. En échange, la femme a donné à maman un plein sac d'objets de toutes sortes, dont une paire de patins. Ma sœur en a pris un, j'ai pris l'autre. On a couru dehors, chacun se poussant d'une jambe sur un étang gelé. Quand Edna a commencé à avoir froid, elle a enlevé son patin, et je l'ai chaussé. »

Pour Howe, un geste tout simple en faveur d'une voisine en détresse, foudroyée par la crise économique, a ouvert un vaste horizon. « C'est à ce moment-là qu'est née ma passion du hockey. Tout gamin encore, il m'arrivait de prendre mes repas les patins aux pieds. Le hockey, c'était ma vie. Je courais de la glace à la cuisine ; ma mère disposait vite des papiers par terre pour ne pas salir le linoléum, je mangeais à toute vitesse, et je repartais patiner – je n'avais pas manqué plus d'une couple de changements de ligne... Comme si les deux dollars que ma maman avait donnés à cette femme étaient un premier versement sur ma carrière. »

Au pays Cariboo, quelque part en Colombie-Britannique, un jeune homme était lui aussi tombé amoureux du hockey, et si le Ranch d'Alkali Lake où il travaillait se trouvait relativement épargné par les bouleversements de la Crise économique, Alec Antoine, qui menait une double existence de cowboy et d'in-

Les Braves d'Alkali Lake, menés par le robuste et puissant joueur de centre, Alec Antoine (au centre de la rangée arrière), étaient une équipe de joueurs amérindiens de la région de Cariboo, en Colombie-Britannique. Antoine, appelé Se'leste, ou Sylista (son prénom était Célestin) avait un puissant coup de patin, il était extrêmement rapide et était un habile manieur de bâton. Une jeune anglaise, Hilary Place, racontait : « De reculons, il contrôlait mieux la rondelle que la plupart des joueurs patinant de l'avant. Il avait le don des lancers précis : ses coéquipiers disposaient des bouteilles ou des conserves sur le bord de la bande, et Sylista, depuis la ligne bleue, faisait mouche à tout coup. Un lancer extraordinaire. *(Courtoisie de Barbara Poirier)*

dien, en savait long, et pour cause, en matière de privations diverses. Chaque fois que son équipe d'Alkali Lake s'embarquait pour jouer contre les équipes de blancs de la ville de Williams Lake – 56 kilomètres en traîneau à des températures sous zéro – l'accueil était froid, plus glacial encore que l'hiver lui-même. L'équipe d'Alkali Lake, de la nation Shuswap, se voyait interdire d'aller à l'hôtel ou de manger dans les restaurants, question de respecter la barrière des races. Ils allaient donc abreuver leurs chevaux dans une crique, remontaient jusqu'à la patinoire de la troisième avenue, enlevaient la neige quelque part pour planter leurs tentes, se faisaient un feu, mangeaient un souper de viande de daim et de pommes de terre bouillies, puis s'endormaient tout près, autour d'un feu.

Le lendemain matin, ils revêtaient leurs uniformes bariolés de beaucoup de vert et de blanc, cadeau du propriétaire du centre commercial Woodward, marié à la fille de l'un des cowboys du ranch d'Alkali Lake. Ils jouaient si bien au hockey, qu'une jeune immigrante anglaise, Hilary Place, eut alors envie d'écrire quelque chose à leur sujet. « Les Indiens adoraient le hockey. C'était pour eux l'occasion de prouver qu'ils étaient les meilleurs athlètes d'un sport par ailleurs extrêmement exigeant. Mais gagner un match n'était pas la seule chose qui comptait. Pour eux, la seule émulation était une pure joie ; ils se délectaient de tout : contourner rapidement l'adversaire, patiner, se retourner, manier le bâton – chaque petit fait et geste du hockey, le plus rapide, le plus rude et le plus élégant de tous les sports jamais imaginés par l'homme. Ils jouaient non seulement avec grâce, robustesse, et dextérité, ils y mettaient toute leur âme. »

Les Braves d'Alkali Lake, menés par leur centre Antoine, trapu et puissant, constituaient une si belle équipe, au jeu propre, qu'ils ont remporté en 1930-1931 le titre de la Ligue amateur du nord de la Colombie-Britannique. À une époque où les jeunes amérindiens étaient arrachés à leur foyer pour être confiés à des internats dirigés par des Blancs, les Braves ont reçu une invitation à se rendre, tout à fait librement cette fois, à Vancouver, où leur réputation les avait précédés. Andy Paull, chef de la nation Squamish, avait organisé à leur intention une série de deux matchs contre l'équipe étoile semi-professionnelle de la Ligue commerciale, les Commercks. Pour Paull, l'enjeu n'était pas uniquement sportif, puisqu'il était aussi président de la Fraternité indienne d'Amérique du Nord, une première tentative de la part des Amérindiens de se constituer en mouvement politique. La Fraternité avait organisé le tournoi dans le but de s'attirer quelques mots gentils de la part des Braves d'Alkali Lake, en échange de quelques bons mots sur la communauté amérindienne en général. L'initiative n'avait pas vraiment le poids du voyage de Joe Boyle, des Nuggets de Dawson, parti faire de la prospection à Ottawa en vue de décrocher la Coupe Stanley, mais la curiosité à Vancouver fut vive, alimentée par quelques piques bon enfant du Chef Paull, rapportées dans le *Vancouver Sun*.

Le journal du 9 janvier 1932 racontait en effet : « Les Indiens Squamish se préparent à divertir les gars venus du froid pays Cariboo, et vont les héberger dans la réserve North Shore. Chef Andy nous a déclarés : "Cette nuit sera, on l'espère bien, la grande nuit du Hurlement indien. Nous, de la nation Squamish, offrirons, pendant le match, l'accompagnement musical d'un orchestre de 40 instruments. Au moment où nos gars vont quitter la glace, nous espérons pouvoir entonner les accords de *Voyez nos héros, ces conquérants*." » Et le journaliste enchaînait : « L'un des joueurs d'Alkali a 50 ans, et il est grand-père. Toutefois, a tenu à préciser Monsieur Paull, "il faut prendre au pied de la lettre l'avertissement expert d'Harry Taylor, représentant des Indiens du Nord, que ça va prendre un patineur mauditement plus rapide pour même espérer toucher un peu de la personne de ce courageux ancien, qui, lorsqu'il vole sur ses lames d'acier, file dans toutes les directions ! " »

Les Braves, qui jouaient en moyenne huit matchs par saison sur des patinoires extérieures, ont vu en face d'eux une équipe de joueurs étoiles trois fois plus importante en nombre, et évoluant sur une glace artificielle devant plus de 4000 supporters. La série avait créé de gros espoirs au pays Cariboo, et les gens ont syntonisé leurs radios pour écouter les matchs, bien que le paysage montagneux n'ait pas constitué le meilleur allié des ondes radio. « La réception était terrible, la voix s'en allait, revenait », raconta Hilary Place. On entendait qu'Alkali quittait sa zone, la voix disparaissait, et le reste de la remontée disparaissait dans un grésillement. Le dernier long silence est arrivé juste à la fin de la partie : on a appris qu'Alkali avait perdu avec juste un point de différence. Les rédacteurs sportifs de Vancouver avaient annoncé une promenade de santé, avec un pointage final du genre 15 à 1 en faveur de Vancouver, alors nous, les gens de Cariboo, avons été plus que satisfaits de notre prestation. »

La presse de Vancouver est restée plus amère, et, attitude typique à l'époque, tenta d'expliquer par la race la bonne performance des Braves. Selon le *Sun*, « les Alkali d'aujourd'hui se lancent à la poursuite de la rondelle dès le premier coup de sifflet, et jusqu'à la fin, ils persistent. On ne peut pas parler d'attaque organisée, c'est juste de l'obstination. C'est un peuple primitif, silencieux, un peuple du nord et de l'ombre, et il joue au hockey de la même façon. » Au deuxième match, également perdu par un but aux mains des professionnels, plus de 8000 Vancouvérois ont vu, de leurs yeux vu, et le journaliste du *Vancouver Sun* inclus, comment le hockey devait se jouer : « Ils ont donné une bonne leçon à Vancouver. Le hockey peut se jouer sans malveillance aucune... Les Braves ont perdu hier soir, et ils l'ont pris avec le sourire. Trois fois, ils ont bruyamment applaudi les buts comptés. La foule a eu l'air d'apprécier. Pas vous ? »

Le directeur général des Rangers de New York, Lester Patrick, s'est dit lui-même ravi par ce qu'il avait vu, et à un point tel, qu'il a tout de suite offert à Antoine de s'installer à Manhattan, où il deviendrait la coqueluche de Broadway. Mais Alec Antoine a répondu non, merci, aux perspectives de gloire. Il avait déjà un travail régulier qui lui donnait 15 dollars par semaine, et il est reparti chez lui, cowboy heureux sur son ranch d'Alkali Lake.

Janvier 1932 a vu d'autres Canadiens partir au loin jouer au hockey, pour le plaisir de gens qui les regardaient, eux et leur sport, avec une intense curiosité. L'automne précédent, le courtier Cecil Duncan, du hockey amateur d'Ottawa, avait rassemblé une équipe de joueurs étoiles de la région Hull-Ottawa pour une série de matchs de démonstration devant être disputés en Europe, où existait,

Les Canadians de Grosvenor House étaient l'une des sept équipes de la Ligue anglaise, fondée en 1929. Ils disputaient leurs matchs locaux sur Park Lane Rink, au sous-sol de l'hôtel Grosvenor House, situé dans le chic quartier de Mayfair, à Londres. La patinoire, qui avait ouvert ses portes en 1927, pouvait accueillir 1500 spectateurs ; avec ses 56 mètres de long et ses 22 mètres de large, elle était de dimension réduite par rapport à la patinoire canadienne traditionnelle. En 1932, un match fut pour la première fois radiodiffusé en Angleterre. Disputé au sous-sol de l'hôtel, où s'affrontaient une équipe de coloniaux en tournée et des joueurs canadiens installés en Grande-Bretagne, le match était trop rapide pour la radio. Le *Skating Times* rapporta : «[Ce fut] l'un des matchs les plus rapides jamais disputés à Grosvenor House, si rapide par moments, que j'ai eu l'impression que le commentateur de la radio qui décrivait le match bafouillait, cherchant ses mots. » *(Courtoisie de l'Hôtel Grosvenor House)*

The Ice Rink

BE not perturbed if you notice, on a warm, sultry afternoon, people walking down Park Lane carrying ice skates—they are merely wending their way to Grosvenor House for an hour or so on the Ice Rink, one of the first of its kind in this country.

depuis 1908, la Ligue internationale de Hockey sur glace (qui allait devenir plus tard la Fédération internationale de Hockey sur glace, ou FIHG), regroupant la France, l'Angleterre, la Suisse et la Belgique. Avec, comme joueur de centre, le futur gagnant du Trophée Hart, Bill Cowley, âgé de 19 ans, alors joueur junior étoile des Primrose d'Ottawa, les joueurs canadiens se sont produits en France, en Suisse, en Pologne, en Tchécoslovaquie et en Angleterre. Impressionnés par le talent déployé sur la patinoire par leurs visiteurs canadiens, les promoteurs européens ont invité d'autres Canadiens à faire la traversée de l'Atlantique et à s'installer chez eux. Pour de jeunes Canadiens mis en chômage par la Crise, l'occasion était trop belle. Jacques Moussette, qui avait déjà évolué dans une équipe de joueurs étoiles à Ottawa, fut invité à joindre les rangs de la Ligue française, et s'est retrouvé par la suite, en 1933, sur l'alignement des *Français volants*. Ces derniers étaient presque tous Québécois, et leur capitaine, Roger Gaudette, ailier gauche natif de Saint-Jean-sur-Richelieu, était décrit dans un prospectus britannique comme « de la foudre mise en cage, avec une pointe de vitesse qui en fait l'un des chasseurs de rondelle les plus rapides en Europe ».

Gaudette se rappelle que le fait de jouer dans une équipe installée à Paris comportait d'évidents et agréables avantages, mais l'Europe constituait tout un défi quand il s'agissait de prendre la route : « On jouait partout, dans beaucoup de grandes capitales : Prague, Vienne, Budapest, Berlin, Londres et Paris. Vingt-

Durant la Crise économique, les joueurs de hockey canadiens ont pris en masse la direction de l'Europe, cherchant du travail dans les équipes européennes. Les Français volants*, installés à Paris depuis 1933, offraient aux Canadiens français l'occasion unique de pratiquer leur sport tout en étant bien payés, et de faire la tournée des grandes villes européennes, parfois devant des assistances de 20 000 personnes. En 1936, des ennuis financiers ont forcé les Français volants à déguerpir en Angleterre, où leur joie de vivre* fut assombrie, non seulement par le climat anglais, mais par le fait qu'ils jouaient maintenant davantage pour la « gloire » que pour l'argent. *(Courtoisie Philippe Lacarrière)*

---

* En français dans le texte. NDT

quatre matchs par saison. Toujours en train de courir. Pas facile ! Parfois devant des foules de 20 000 personnes. » Les spectateurs en question n'étaient pas toujours des mordus du hockey, beaucoup venaient là pour se montrer, avec des orchestres, du patinage artistique entre les périodes, et l'occasion rêvée de pouvoir rencontrer « la personne qui compte », comme à l'aréna de Wembley, où les organisateurs pouvaient assister au match depuis un restaurant. Quand les Français volants se sont présentés à l'Empire Pool and Sports Arena, de Wembley, en novembre 1935, les promoteurs avaient prévu entre les périodes une demi-heure de patinage artistique féminin – excellent pour la foule, très mauvais pour les joueurs. « Pendant ce temps-là, nous, les joueurs, on avait chaud, on avait froid. Notre élan était cassé, raconta Gaudette. Pas très motivant, tout ça. »

Pendant que les joueurs amateurs canadiens se cherchaient du travail en Europe, Conn Smythe bâtissait un nouvel aréna pour ses Maple Leafs de Toronto. Là, disait-il, les gens vont venir en habit de soirée, comme à l'opéra, ou au théâtre. Smythe avait déjà promis en 1927 que ses Leafs remporteraient la Coupe Stanley au plus tard dans cinq ans, et là, au pire de la Crise, l'échéance approchait.

Les Leafs allaient bien, mais pas tout à fait assez bien. Ils remplissaient leur aréna de Mutual Street une fois sur deux, mais il était trop petit pour donner à Smythe les beaux dollars nécessaires pour espérer ravir la coupe d'argent. Il lui manquait deux ingrédients : un plus gros aréna, et un joueur étoile. Et il se trouvait que ce joueur, Francis « King » Clancy, était l'ennemi public numéro un.

Clancy était sportif dans l'âme. Son père, immigrant américain, était passé du football au rugby, en déménageant dans le nord. Il était si habile à pousser le ballon du talon hors de la mêlée, qu'en 1890, il fut surnommé « Roi des

En 1932, les Maple Leafs de Toronto remportaient leur première Coupe Stanley, cinq ans précisément après leur création par Conn Smythe (devant, au centre). Leurs joueurs étoiles : Francis « King » Clancy (première rangée, troisième à gauche), petit mais courageux défenseur, et l'ex-gardien des Rangers de New York, Lorne Chabot (dernière rangée, quatrième à partir de la droite). *(Imperial Oil-Turofsky/Temple de la Renommée)*

Heelers ». Son fils, en plaisantant, a conclu que, naturellement, ça l'obligeait à devenir le « Roi des Talons ». Quand les amateurs l'ont vu jouer au hockey, ils ont juste gardé le mot Roi – sauf les partisans des Maple Leafs...

C'est à l'âge de 17 ans que Clancy avait fait irruption dans la LNH. C'était en 1921, avec les Sénateurs d'Ottawa. Il était l'un des plus petits défenseurs professionnels jamais vus, avec son mètre 73 et ses 75 kilos, mais il ne fallait pas qu'un adversaire, ayant la mauvaise idée de le bousculer, réveille le volcan qui sommeille... Le volubile Clancy a rapporté qu'un rédacteur sportif avait écrit de lui : « Clancy, c'est 65 kilos de muscles et de conversation. » Les adversaires qui ont cru un moment pouvoir le bousculer s'en sont vite mordu les doigts. Il ne jouait pas seulement du bon hockey, avec un vigoureux coup de patin : il n'avait peur de rien ni de personne. Il mettait au défi n'importe quel gros joueur et ne reculait jamais devant une bonne bagarre – exactement le type que Conn Smythe, du même gabarit, voulait sur son équipe. Petit problème : la sagesse populaire inspirait à Clancy d'aller en enfer, plutôt que de jouer pour Toronto. Le capitaine des Leafs, Clarence « Hap » Day, un gentleman, diplômé en pharmacie de l'Université de Toronto, aurait été bien heureux d'aller le chercher, mais c'est précisément après lui que Clancy en avait.

Quand, à l'automne de 1930, Smythe a vu les Sénateurs d'Ottawa, en pleine tourmente financière, vouloir vendre Clancy pour la jolie somme de 35 000 dollars, il s'est dit qu'il n'avait pas une chance : lui pouvait offrir 25 000, pas plus, et puis il y avait la querelle avec Day ; de leur côté, les Maroons de Montréal, d'après la rumeur, se disaient très intéressés à acquérir ses services. Et là, d'un coup, Smythe s'est rappelé qu'il était propriétaire d'un cheval de course. Il l'a inscrit à la Coronation Futurity, avec une cote de 220 contre 1. Abreuvé d'un peu de brandy, « Rare Jewell » a remporté sa seule et unique course, et Smythe est allé chercher Clancy.

Quand quelqu'un a finalement demandé à Clancy pour qui il aimerait jouer, il est apparu qu'il ne voyait aucun problème à jouer pour Toronto. Il a donc rejoint un alignement qui allait écrire une page de l'histoire des Maple Leafs, et l'une des plus glorieuses. Le joueur étoile Bailey, agressif ailier droit, et Hap Day, joueur de défense et leader naturel de l'équipe, s'alignaient avec l'équipe depuis ses débuts, en 1927. Joe « Gentleman » Primeau était un jeune joueur de centre au jeu propre, qui remporterait le Trophée Lady Byng, et qui ferait bientôt partie de la fameuse « Kid Line ». Charlie « Big Bomber » Conacher, Torontois, fils d'immigrés irlandais, venait d'une famille si démunie qu'« on n'avait même pas assez d'argent pour s'acheter de la pâte dentifrice », raconta-t-il plus tard. Il venait des rangs juniors, et avec ses 2 mètres et ses 100 kilos, et un lancer qui fendait la bande, il constituait un redoutable ailier droit, pendant qu'à gauche, Harvey « Busher » Jackson était l'élégance même, le directeur général des Leafs, Frank Selke se rappelant « un joueur beau comme un dieu, fait pour Hollywood ; 2 mètres, 100 kilos... aussi agile qu'un danseur de ballet, capable de se retourner complètement sur une pièce de 10 cents, maniant le bâton avec art, déjouant la ligne adverse au complet... et capable de décocher un puissant lancer, de la droite

La vraie chose « rare », dans la carrière du pur-sang de Conn Smythe, Rare Jewel, fut de gagner une course. Et l'entraîneur de Smythe, Bill Campbell, n'a jamais sellé un cheval gagnant au champ de courses Woodbine. Aussi a-t-il bien averti Smythe de ne pas s'inscrire à la course de la Coronation Futurity, où Rare Jewel était coté à 200 contre 1. Pour un parieur né comme Smythe, c'était la cote rêvée. Il a parié 60 dollars sur sa pouliche, et l'entraîneur du cheval, aidé d'un copain parieur de Smythe, lui ont fait secrètement ingurgiter une petite bouteille de brandy. Propulsé par des raisins bien fermentés, Rare Jewel a remporté la seule et unique course de sa carrière, Smythe se découvrant d'un coup propriétaire d'une somme de 11 000 dollars, plus la récompense du coureur gagnant de 3750 dollars.

(Courtoisie du Dr Hugh Smythe)

ou de la gauche ». Jackson a mal fini, sans le sou et alcoolique : c'était le « quêteux » installé à l'entrée de l'aréna de Toronto, où des foules éblouies l'avaient applaudi jadis. Conn Smythe ne lui a jamais pardonné ses frasques d'alcoolique et ses abus domestiques, les jugeant moralement condamnables. Jusqu'en 1971, cinq ans après la mort de Jackson, il a tout fait pour que ce dernier ne soit pas élu au Temple de la Renommée.

Smythe avait aussi ramené de New York son gardien préféré, Lorne Chabot, que les Rangers étaient contents de laisser partir, parce qu'ils trouvaient qu'il était trop tendu depuis qu'il avait reçu une rondelle en plein visage. Smythe a aussi payé 8000 dollars à Pittsburgh pour mettre la main sur le robuste ailier gauche (et arrière) Harold « Baldy » Cotton (qui avait un jour voulu se battre avec l'arbitre Cooper Smeaton, et qui n'avait échappé au bannissement à vie que suite à l'intervention du président de la LNH, Frank Calder). Il compléta ses lignes avec un gros défenseur, Reginald « Red » Horner, doté d'un puissant lancer et arborant une forme physique redoutable. Pour les mises en échec, il était, selon Smythe, « le meilleur jamais vu ».

Smythe se préparait à faire jouer sa brochette de joueurs étoiles dans un nouvel aréna, situé à l'intersection de Church et Carlton, où le magasin Eaton lui avait vendu un terrain pour 350 000 dollars et un droit de souscription. Eaton fut de nouveau mis à contribution quand il s'est agi pour Smythe de décider où, dans l'aréna, il pourrait bien installer son équipe de radiodiffusion des matchs. Celui qu'on appelait « La Voix des Leafs », Foster Hewitt, a fait tous les étages du nouvel édifice Eaton, aux coins de College et Yonge, regardant plus bas déambuler les piétons : il lui fallait la bonne hauteur pour voir toute la glace sans en être trop éloigné. Le cinquième étage allait être le perchoir idéal de Foster au Maple Leaf Gardens, et sa cabine vitrée fut bientôt baptisée la « Gondole ».

Le perchoir de Hewitt donnait un beau coup d'œil, et beaucoup d'eau avait coulé sous les ponts depuis sa toute première radiodiffusion d'un match, en 1923. Il avait alors 23 ans, et le jeune reporter décrivait la joute pour CFCA, depuis une cabine en verre installée au niveau de la glace de l'Aréna de Mutual Street. Comme beaucoup de stations de radio de l'époque, CFCA appartenait à un quotidien, et la Star Printing and Publishing Company publiait le *Toronto Star*, où le père de Foster, William, le tsar du hockey amateur, était rédacteur sportif. La première radiodiffusion d'un match eut lieu le 8 février 1923, à Toronto – ce fut en fait la diffusion de la troisième période d'une rencontre disputée entre

Le premier coup de pelle de la construction du Maple Leaf Gardens fut donné le 1ᵉʳ juin 1931. Cinq mois et demi plus tard, une foule s'est rassemblée au nouveau temple du hockey du Canada anglais, où les Leafs ont perdu leur premier match aux mains des Black Hawks de Chicago. Ce premier faux-pas n'a pas empêché les Leafs de remporter, cette saison-là, leur première Coupe Stanley. *(Archives de la Ville de Toronto, 25377)*

Toronto Nord et Midland, à l'Aréna de Mutual Street. Hewitt n'en fut pas le commentateur. La première émission radiodiffusée du jeune Foster, qui travaillait lui aussi au *Star*, a eu lieu le 16 février, au même endroit. La cabine où il se trouvait était si pleine de monde, que sa respiration déposait une brume sur le verre, et pour voir le jeu, il devait constamment l'essuyer. La description du jeu n'allait pas de soi non plus : il devait téléphoner ses commentaires à la station, et il se voyait constamment interrompu par des standardistes qui lui demandaient quel numéro il voulait avoir.

Mais en 1931, Hewitt et la radio avaient fait beaucoup de chemin. Pendant les années de la Crise, la radio a constitué un divertissement peu onéreux. Le journaliste sportif, Dick Beddoes, s'est rappelé : « Ces émissions de radio illuminaient notre petit monde. À une époque où il n'y avait pas d'argent à la maison ni nulle part ailleurs, c'était pour nous comme de l'or. Nous ne savions pas à quel point nous étions riches d'avoir sous la main un aussi fabuleux divertissement, les samedis soirs. » En 1936, on comptait 900 000 postes au Canada. Calculant une moyenne de quatre auditeurs par poste, on obtenait un auditoire potentiel de 3 600 000 personnes.

Les commanditaires aussi aimaient beaucoup la radio. Parmi eux, la St. Lawrence Starch Company, qui a profité du fait que les journaux ne montraient pas souvent les photographies des grands joueurs professionnels. Ils ont eu un coup de génie : en échange d'une preuve d'achat de Sirop de maïs Bee Hive, la compagnie envoyait une carte montrant la photo d'un joueur que les neuf millions de Canadiens vivant hors des villes où se produisait la LNH ne connaissaient que par la radio, des noms comme Clancy, Morenz et Joliat. Peter Gzowski, journaliste canadien et futur chroniqueur du hockey, racontait : « C'est au hockey qu'on a trouvé nos vrais héros. On faisait la collection de leurs photos sur les

« À Toronto, la première destination de beaucoup de visiteurs était à l'intersection de Carlton et Church, raconta Conn Smythe. Ils allaient juste voir l'endroit dont leurs postes émetteurs les avaient fait rêver l'hiver, chaque samedi soir, quand Foster Hewitt, surexcité, lançait son "Allô le Canada" à l'autre bout du pays ». Une fois construit le Maple Leaf Gardens, Conn Smythe a accordé à Foster Hewitt Productions le droit de diffusion exclusif, et très lucratif, de tout ce qui allait se passer à l'intérieur de l'enceinte, mais c'est le hockey qui, pour des générations, en a fait la grande voix du hockey. Suspendu 20 mètres au-dessus de la glace, Hewitt officiait depuis la célèbre « Gondole ». *(Imperial Oil-Turofsky/Temple de la Renommée)*

cartes Bee Hive, et on découpait leur histoire dans les pages des journaux et des magazines qu'on livrait. »

Un autre jeune homme qui avait grandi à Montréal s'est rappelé l'impact des cartes Bee Hive sur son imagination. « Dans mes rêves les plus fous, je me voyais, moi aussi, avoir ma photo sur une carte, comme mes idoles[3] », écrivit un jour Denis Brodeur. Ses rêves n'étaient pas si fous après tout, puisqu'il est devenu un célèbre photographe de hockey, dont les instantanés ont nourri les espoirs des plus jeunes. Parmi eux, il y avait son fils, Martin, qui allait plus tard réaliser son ambition d'être gardien de but, et de remporter la Coupe Stanley.

Le 1er juin 1931, les ouvriers ont posé la première pierre du palais de glace rêvé par Smythe pour sa ville, Toronto, alors rongée par la Crise. Les risque-tout ont accepté de se faire payer en actions de la nouvelle entreprise. C'est le 12 novembre de cette année-là que fut inauguré le nouvel édifice, aux sons de « Les beaux jours sont revenus », joué par les Royal Grenadiers et les 48es Highlanders. Parmi les 13 000 amateurs qui se sont déplacés pour l'occasion, plusieurs d'entre eux ont endossé la tenue de soirée, pour répondre au projet de Smythe, annoncé haut et clair, de faire de son temple le lieu d'une nouvelle expression artistique nationale.

Les Leafs ont perdu leur premier match au Maple Leaf Gardens, aux mains des Black Hawks de Chicago, mais ils ont remporté la finale de la Coupe Stanley de 1932, leur première année complète passée chez eux, dans leur nouvel aréna. Comme on pouvait s'y attendre, leurs adversaires furent les Rangers de New York, l'équipe bâtie par Smythe. Au pointage, les Leafs ont battu les Rangers

---

3. En français dans le texte. NDT

Gordie Drillon

Gordie Drillon, de Moncton, au Nouveau-Brunswick, n'a joué que sept saisons dans la LNH – six à Toronto et une à Montréal – mais ses talents lui ont valu une place au Temple de la Renommée, et un véritable culte de la part de ses admirateurs des Provinces maritimes et des grandes villes de la LNH. Avec ses 2 mètres et ses 88 kilos, l'ailier droit était un gros joueur pour l'époque, mais il savait aussi être rapide, et il avait le compas dans l'œil. Entre lui et le joueur de centre, Syl Apps, des Maple Leafs, la chimie fut parfaite : il passait trois, quatre heures en sa compagnie à faire dévier des rondelles vers le gardien de Toronto, Walter « Turk » Broda. Il a confié : « J'ai pris 10 ans à me faire la main, avant qu'on trouve finalement un nom pour ça. » Quant à Broda, il voyait en lui beaucoup plus qu'un artiste du tir dévié. « Je ne pense pas qu'il existe un joueur de hockey qui lance avec autant de précision, affirma-t-il. Tu lui laisses juste l'espace d'une rondelle, et il la met dedans à tout coup. » Lors de la saison 1938-1939, Drillon a remporté le Trophée Art Ross du meilleur pointeur (26 buts, 26 mentions d'aide), et quand il est parti s'enrôler en Europe, en 1943, il avait à son actif trois sélections sur l'équipe étoile, et 155 buts, soit une moyenne de 22 buts par saison – sans oublier le Trophée Lady Bing, accordé au gentilhomme de la Ligue. Il n'a en effet jamais passé plus de 15 minutes par saison sur le banc des pénalités. *(Temple de la Renommée)*

18 à 10, remportant trois matchs d'affilée, dont le dernier disputé à Toronto. Moins de cinq ans avant l'échéance de la promesse faite par Conn Smythe (« Dans cinq ans au plus tard, on va remporter la Coupe Stanley »), les Maple Leafs passaient à l'acte. Ce jour-là, Foster Hewitt fit vibrer les chevrons du Maple Leaf Gardens, trouvant, pour s'adresser à tout le continent, les accents caractéristiques des grands récits mythologiques, et lançant l'appel qui allait devenir sa marque de commerce : « Salut, Canada, États-Unis et Terre-Neuve ! » Les Canadiens venaient de tomber amoureux de « l'Équipe du Canada » – il aurait fallu dire : de l'équipe du Canada anglais. À l'autre bout de la ligne de chemin de fer, à Montréal, l'équipe des Canadiens français allait mal.

Alors que, d'un côté, on avait un Conn Smythe et ses rêves de grandeur – et il en mesurait les retombées financières dans sa ville, Toronto, tout en alimentant les rêves d'évasion des Canadiens aux prises avec la Crise – ailleurs, d'autres équipes professionnelles étaient mal en point. En 1931, les pauvres Sénateurs d'Ottawa et les Quakers de Philadelphie ont vu leurs activités interrompues « pour au moins un an » par la LNH. Pour les Quakers, c'était effectivement terminé, mais les Sénateurs firent un retour au jeu en 1932-1933, incapables, toutefois, de faire les séries éliminatoires au cours des deux années suivantes.

En 1934, la LNH fit une promesse que les Canadiens ont entendue sous diverses formes et un grand nombre de fois depuis : jamais, jura son président, Frank Calder, l'équipe historique et inestimable des Sénateurs ne quitterait la

La joute bénéfice Ace Bailey

Le 13 décembre 1933, le défenseur des Bruins de Boston, Eddie Shore, encore ébranlé par une mise en échec donnée par le rude défenseur torontois, Red Horner, et qui l'avait fait s'écrouler sur la glace, a pensé à tort que le coupable était l'ailier droit et joueur étoile, Ace Bailey. Bailey avait momentanément pris la position du défenseur King Clancy, parti à l'autre bout de la patinoire. Shore s'est vengé en s'élançant de toutes ses forces, par derrière Bailey, le projetant d'un violent coup d'épaule. La tête de Bailey est allée frapper si violemment la glace, qu'après avoir reçu les derniers sacrements, Bailey, convulsé et saignant abondamment, a été envoyé d'urgence à l'hôpital, où l'on a craint une fracture du crâne. Un neurochirurgien célèbre, Donald Munro, a pratiqué une double intervention chirurgicale, de manière à diminuer la pression imposée au cerveau de Bailey. On lui a de nouveau donné les derniers sacrements. En dépit des sinistres pronostics, Bailey a survécu, mais sa carrière au hockey était finie. La LNH a tenu à fêter sa convalescence en organisant un match bénéfice, le 14 février 1934 ; les Maple Leafs faisaient face à une équipe de joueurs étoiles de la LNH, et le montant des recettes allait être versé à la famille de Bailey. Lui-même fut invité au centre de la glace pour présenter son chandail à chacun des joueurs. Quand Eddie Shore est allé chercher le sien, Bailey lui a tendu la main. La foule, jusque-là très tendue, a aussitôt laissé éclater sa joie : les deux hommes, dans un bel élan d'esprit sportif, ont échangé une poignée de main. Le match a permis d'amasser plus de 20 000 dollars, et les Leafs y sont allés de leur grain de sel en battant Shore et l'équipe des joueurs étoiles au compte de 7 à 3.

(Temple de la Renommée)

ville-mère du Canada, Ottawa. Mais dans les faits, après avoir remporté quatre Coupes Stanley pendant les années folles, l'équipe s'apprêtait à évoluer sous les couleurs et le chandail le plus américain qui fût, avec un aigle en plein milieu – et les Eagles de Saint-Louis étaient nés. Les Eagles ont vécu un an, puis ils ont demandé la permission de suspendre leurs activités en attendant un retour des jours meilleurs, permission qui fut refusée. La LNH acheta la franchise, et dispersa ses joueurs un peu partout dans la Ligue.

La LNH a aussi décidé de ramener sa masse salariale totale, par équipe, à 62 500 dollars, et le salaire maximum d'un joueur à 7000 dollars. À Montréal, Léo Dandurand avait déjà déclaré en plaisantant à son joueur étoile, Howie Morenz, qu'étant donné que l'équipe était dans une mauvaise passe financière, son salaire allait être coupé de 4000 dollars. Et l'homme dont le génie avait inspiré l'idée d'une patinoire au Madison Square Garden, Howie Morenz, a plié

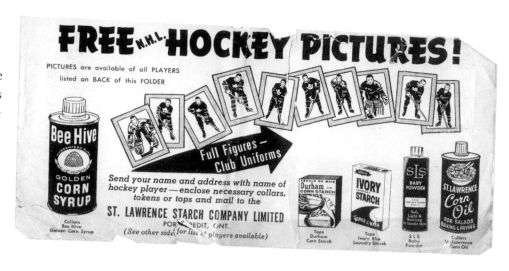

l'échine devant la direction, attitude répandue et caractéristique des mœurs de l'époque. « Pas de problème ! » fit-il savoir. Et Dandurand de confier : « Juste avant qu'il mette les pieds dehors, je l'ai pris à part pour lui glisser : "ta vraie paye, ça va être cette année 11 500 dollars." Il m'a remercié les larmes aux yeux. C'était ça notre vrai contrat. Une parole donnée. »

Il y avait de bonnes raisons de pleurer. Les Canadiens ne faisaient pas recette aux guichets – 2000 personnes en moyenne achetaient un billet, dans un édifice qui pouvait en contenir cinq fois plus. Et en plus, il était lourdement hypothéqué. Quelques mois après sa promesse, Dandurand fut contraint de commettre l'impensable : trahir la parole donnée à Morenz, l'homme que tous avaient fini par identifier aux Canadiens. En octobre 1934, il a échangé aux Black Hawks de Chicago Howie Morenz, icône du Canada et des Canadiens, Lorne Chabot et Marty Burke contre Leroy Goldsworthy, Lionel Conacher, et Roger Jenkins. Les Montréalais furent indignés comme si Dandurand à lui tout seul leur avait volé leur unique rêve de gloire. Il a raconté : « Chaque jour, je recevais des centaines d'appels téléphoniques. Les gens m'accostaient dans la rue pour se vider le cœur et me dire leur façon de penser. Disons, pour ne pas entrer dans le détail, que je me suis fait royalement engueuler. »

Dans le fond de l'affaire, il y avait autre chose : pour Dandurand, Morenz devenait un actif de moins en moins rentable. De 1926 à 1933, Morenz avait été premier compteur de son club, mené son équipe à deux Coupes Stanley d'affilée en 1930 et 1931, remporté trois Trophées Hart comme joueur le plus utile de la LNH, et avait été deux fois nommé meilleur compteur de la Ligue. Mais le génie de la vitesse qu'était Morenz avait maintenant 32 ans. Il avait soulevé les foules, certes, les cellules grises des gens toujours en retard d'une seconde sur ce qu'ils venaient de voir accomplir par « L'Éclair de Stratford » – mais cet homme-là n'avait plus la forme d'un jeune joueur. Il était amoché, blessures causées par le sport et par la vie dure, entrecoupée, entre les matchs, de lumières trop vives et de ténèbres trop profondes : Morenz, une épave dans la nuit noire, baignée de whisky.

La tentative désespérée de Dandurand de remettre son équipe à flot en se débarrassant de son lucratif joueur étoile devait venir le hanter quelques mois plus tard, quand le déficit de son équipe a atteint les 45 000 dollars. Le premier mousquetaire et son comparse, Joe Cattarinich, ont finalement vu de quoi il retournait, et ils ont vendu les Canadiens pour la somme de 165 000 dollars, à la Canadian Arena Company. C'était en septembre 1935. Le hockey professionnel de Montréal était un petit monde : le propriétaire de l'Arena Company était nul autre que Donat Raymond, le sénateur et financier qui avait fait le montage nécessaire à la construction du Forum. La compagnie de Raymond possédait en outre les Maroons de Montréal, et s'il avait été vrai, durant les années folles, que

En 1934, dans le cadre d'une campagne publicitaire, la St. Lawrence Starch Company, fabricant du sirop de maïs Bee Hive, ainsi que d'autres produits, a engagé un photographe pour prendre des instantanés des joueurs étoiles des Maple Leafs. En retournant une preuve d'achat d'un produit de la Starch Company, les amateurs recevaient une carte montrant une photo en noir et blanc d'un joueur. Pendant les 33 années qui ont suivi, une génération entière de jeunes amateurs de hockey ont collectionné les cartes de leurs joueurs préférés, qu'ils ne connaissaient que par la radio. Mais en 1967, l'aventure a pris fin, et avec elle, une institution canadienne : les cartes étaient devenues trop chères, victimes de l'expansion de la LNH, des cartes plus petites mais en couleurs qui avaient envahi le marché, et des coûts postaux prohibitifs. La Starch Company a dit : c'est assez. *(Courtoisie du Rév. Glen Goodhand)*

Juste avant le début de la saison 1934-1935, des ennuis financiers ont forcé le patron des Canadiens de Montréal, Léo Dandurand, à envoyer Howie Morenz à Chicago – Morenz : l'âme des Canadiens de Montréal. Pour Dandurand, le joueur de 32 ans était presque fini.
Les amateurs de Montréal se sont sentis trahis. Lors du dernier match de la saison, et pour la première fois de sa carrière professionnelle, Morenz est revenu jouer au Forum de Montréal sous d'autres couleurs que le bleu blanc rouge des Canadiens. Quand il a marqué contre son équipe préférée, la foule du Forum lui a offert une ovation debout. *(Temple de la Renommée)*

deux équipes professionnelles à Montréal, l'une anglophone et l'autre francophone, étaient une bonne idée, là, ça ne fonctionnait plus. Il fallait que l'une ou l'autre disparaisse.

Et le départ de Morenz se faisait sentir. Au cours du dernier match de la saison de 1935, il est revenu jouer au Forum de Montréal pour la première fois depuis son échange : il a compté un but contre l'équipe à qui il avait insufflé son âme. Dans un geste à la fois de défi et de belle conduite sportive, la foule du Forum a applaudi, debout, le but de Morenz. Le message était clair : la direction avait eu tort, et Morenz avait raison. En fin de compte, les amateurs sont toujours du côté du génie.

Vers le milieu de la saison 1935-1936, Chicago a échangé Morenz à la ville qui l'avait toujours adoré : New York. Bien que les Rangers furent écartés des éliminatoires cette année-là, l'animation et la magie propres à la Grosse Pomme ont comme ranimé le joueur. Il apparaissait maintenant que les Canadiens de Montréal s'étaient débarrassés de lui peut-être un peu trop tôt. Morenz n'était peut-être plus dans la liste des plus gros compteurs, mais il avait le charisme, et les Canadiens, qui ont terminé la saison, non seulement derniers de la Division canadienne mais bons derniers de toute la Ligue, avaient précisément besoin de cela. L'ancien entraîneur de Morenz, Cecil Hart, qui l'avait emmené, lui et les Canadiens, à deux Coupes Stanley d'affilée plus tôt dans la décennie, a été ramené à Montréal – à condition – et c'était la condition expresse de son retour sur le banc des Canadiens – que Morenz endosse une fois encore le chandail *bleu blanc rouge*[4]. Il était convaincu que tous ensemble, ils pouvaient remporter leur troisième Coupe Stanley.

Les amateurs de Montréal et Morenz sont de nouveau tombés amoureux. Maintenant qu'il était revenu et qu'il jouait de nouveau avec son ami et coéquipier Aurèle Joliat, tout était rentré dans l'ordre – même si dans le vrai monde, les gens souffraient terriblement. En ce soir du 28 janvier 1937, ceux qui ont vu jouer Morenz contre les Black Hawks ont retrouvé l'homme qu'ils croyaient avoir perdu à jamais, le gars qui, un petit sourire en coin, préparait dans sa tête un jeu, pour eux, inimaginable encore. Quand il a traversé à toute vitesse la défensive de Chicago pour aller chercher une rondelle qui, après avoir glissé sur une bande, filait vers le fond de la zone adverse, l'assistance au complet a sauté sur ses pieds, comme elle l'avait si souvent fait auparavant. Quelque chose allait se passer, Morenz était là. Quelque chose s'est effectivement passé. Le défenseur de Chicago, « Big Earl » Seibert s'est lancé à sa poursuite mais Morenz était trop rapide. Seibert s'est souvenu : « Je ne pouvais d'aucune façon le rattraper, mais je pouvais quand même l'obliger à rester derrière les filets. Il a trébuché, et le bout de son patin est resté pris dans la bande – je l'ai frappé. Il n'y avait aucune autre façon de l'arrêter. » Les amateurs du Forum ont pu entendre les os se casser quand Seibert s'est écrasé sur sa jambe restée prisonnière – mais personne ne pouvait penser que c'était là la fin de sa carrière.

---

4. En français dans le texte. NDT

Telle fut l'histoire la plus répandue dans la presse, question de rassurer les lecteurs tant francophones qu'anglophones : Morenz était fini pour la saison, et les quatre os brisés de sa jambe allaient guérir. Aurèle Joliat était d'un autre avis. « J'ai pleuré, ce soir-là. Je savais que sa carrière était finie », a-t-il raconté, 34 ans plus tard. « On était tout près de la fin, et je savais qu'Howie s'inquiétait ; il avait peur de se brûler trop vite, trop tôt... mais... il était incapable de ne pas se donner à fond. Quand sa jambe s'est fracassée, ce soir-là, je savais qu'il n'était plus question pour lui de revenir au jeu. Il était fini, et on le savait tous. »

Comme pour parer ce tacite et sinistre pronostic, Morenz faisait des blagues devant les nombreux visiteurs venus le voir à l'hôpital Saint-Luc, buvant avec eux le whisky et la bière qu'ils apportaient. Dans une lettre envoyée à sa femme et ses enfants, Morenz tâchait de garder bonne contenance, écrivant : « C'est sûr que j'aurais bien aimé finir la saison, mais le sort m'a donné un sacré coup. Rassurez-vous, je ne vais pas me décourager. » Mais l'homme qui avait du mal à encaisser une simple défaite était ébranlé, titubant sous le choc : il venait de perdre son identité. Il eut une dépression nerveuse. Pendant un moment, l'hôpital lui a imposé la camisole de force. Il a avoué à son ami Joliat que sa prodigalité légendaire n'avait plus laissé beaucoup de sous pour sa famille – dans sa tête, il était déjà mort. Levant les yeux au ciel, le visage ravagé par la douleur, il a juste dit : « Quand je serai là-haut, je te regarderai jouer les finales. »

Le soir du 8 mars 1937, Howie Morenz s'est levé de son lit d'hôpital pour aller aux toilettes, et il s'est effondré. Verdict médical : embolie coronarienne. Morenz était décédé à l'âge de 34 ans. Joliat a trouvé une explication plus simple et plus profonde à la mort de son ami : « Howie aimait jouer au hockey plus que quiconque n'a jamais aimé quelqu'un ou quelque chose, et quand il a pris conscience qu'il ne jouerait plus, il n'a pas pu le supporter. Je pense qu'Howie est mort le cœur brisé. »

Des deux côtés de la frontière, le monde du hockey fut consterné par la mort de Morenz, et la réaction a montré toute l'importance qu'avaient ce sport et l'une de ses légendes aux yeux des gens. Le lendemain de sa mort, au Madison Square Garden, les joueurs des Rangers et des Americans, debout à leur ligne bleue respective, et 10 000 personnes, dans un silence recueilli, ont écouté le clairon entonner « The Last Post ». À Montréal, 2000 personnes ont défilé au salon mortuaire devant sa dépouille mortelle, les fortunés de Westmount se reconnaissant aux fourrures et aux voitures luxueuses. On a vu passer des gamins, solennels, tenant très fort leur bâton de hockey, des ouvriers vigoureux, la casquette à la poitrine, les yeux rouges. Comme si tous et chacun avaient voulu constater, de leurs propres yeux, que Morenz était bien mort. Puis sa dépouille fut transportée au centre de la patinoire du Forum, sa vraie demeure, là où si souvent, les cris de joie de milliers d'amateurs avaient retenti à ses oreilles, parce qu'il venait de compter un but ! Quatre de ses coéquipiers des Canadiens ont formé une garde d'honneur, et pendant les quatre heures précédant ses funérailles, plus de 50 000 personnes sont allées lui rendre leurs derniers hommages – 250 000 autres, certaines en pleurs, se sont massées le long du parcours

Aurèle Joliat, inconsolable, regarde l'équipement de Morenz, mort le 8 mars 1937, à la suite de complications d'une blessure. C'était le coéquipier et l'ami intime : pendant les années 1920 et 1930, tous deux avaient ébloui les foules des grandes villes de la LNH, avec leur talent et leur vitesse exceptionnelle. *(Temple de la Renommée)*

du convoi funéraire se dirigeant vers le cimetière. Les funérailles de « L'Éclair de Stratford », joueur un jour hésitant des Canadiens, furent la plus grande manifestation commémorative jamais offerte à un athlète au Canada.

La mort de Morenz ne fut pas une disparition parmi d'autres. La saison suivante encore, une ombre lugubre a plané dans le Forum de Montréal, laissant même des traces sur l'équipe des Maroons. La ville ne pouvait plus s'offrir deux équipes, mais il n'était pas question que disparaisse l'équipe formée à l'intention des Canadiens français, dans une ville aux trois quarts francophone. Quand Dandurand a vendu les Canadiens, la rumeur a couru qu'ils se fusionneraient aux Maroons ; une autre disait que ces derniers seraient transférés à Saint-Louis. Mais leur déménagement était devenu impensable : menés par la grosse et robuste « S Line », les Babe Seibert, Nels Stewart et Hooley Smith, dirigés par le génie Tommy Gorman, les Maroons avaient remporté la Coupe Stanley de 1935, plus le titre de la Division canadienne la saison suivante, au moment où les Canadiens terminaient dans la cave.

Les nouveaux propriétaires, la Canadian Arena Corporation, ont alors fait le calcul suivant : on va laisser mourir les Maroons de leur mort naturelle. Ils ont donc envoyé à Boston leur joueur étoile, Hooley Smith, plutôt que de lui payer son salaire. La saison suivante, Lionel Conacher, l'un des plus grands

athlètes polyvalents au Canada, l'aîné du joueur étoile des Maple Leafs, Charlie, a pris sa retraite. Et en dépit des efforts de King Clancy, engagé pour redonner à l'équipe un peu de sa combativité (lui-même avait cessé de jouer en 1936), les Maroons ont fini derniers au classement, et ont été chassés des séries éliminatoires pour la première fois dans leur courte histoire de neuf années. Les propriétaires avaient maintenant les mains libres pour ne plus rien faire... En août 1938, quelques joueurs furent transférés aux Canadiens, et d'autres se sont dispersés un peu partout dans la LNH. Les Maroons n'étaient plus, et le hockey professionnel avait de sérieux ennuis dans la ville même qui lui avait donné son style. Les amateurs de Montréal avaient besoin d'un nouveau messie.

Un matin de novembre 1935, quelque part en Tchécoslovaquie, Mike Buckna se trouvait bien loin de sa ville natale de Trail, en Colombie-Britannique, où il avait joué pour les Smoke Eaters, l'équipe locale. Ses parents avaient émigré au Canada en 1898, où ils avaient ouvert un petit hôtel, à Trail. Buckna était accompagné d'un copain. Le décor urbain environnant ne lui était pas familier, mais il savait tout de l'édifice qui lui faisait face : l'aréna. L'instructeur, Jiri Trzicka, ignorait que le jeune Canadien de 22 ans, accroché nerveusement à une coupure de presse parlant des besoins de l'équipe nationale, allait être le sauveur du hockey en Tchécoslovaquie, mais il sentait que s'il n'agissait pas très vite, Buckna et son ami s'en iraient, vu qu'ils partaient en Slovaquie le matin même. Il s'est lancé sur son téléphone, demandant à parler au directeur de l'équipe. « J'ai reçu un ordre formel : "tu les testes, et s'ils sont bons, tu me rappelles !" ». Trzicka a raconté plus tard à la Trail Historical Society : « Je lui ai prêté des patins, un bâton et une rondelle. Je portais le double chapeau d'examinateur et d'employeur. »

Buckna a fait quelques tours de patinoire, sur une glace défectueuse, et il est vite apparu à Trzicka que le jeune Canadien n'allait pas partir pour la Slovaquie. « Son coup de patin, sa façon de se déplacer étaient inimitables, et à une vitesse

La mort d'Howie Morenz, le 8 mars 1937, a vu le Canada tout entier crier sa douleur. « L'Éclair de Stratford » avait fini par incarner toute la beauté du hockey, et sa mort fut un terrible choc pour le pays. Cinquante mille personnes ont tenu à rendre hommage à sa dépouille mortelle, déposée au Forum de Montréal, et dans ce qui fut à l'époque la plus grande manifestation populaire jamais vue au Canada, 250 000 amateurs l'ont accompagné jusqu'à sa dernière demeure. *(Temple de la Renommée)*

En 1935, Mike Buckna avait quitté sa petite ville de Trail, en Colombie-Britannique, pour visiter le pays d'origine de ses parents émigrés au Canada, la Tchécoslovaquie. Ayant lu dans un journal que l'équipe nationale tchèque mettait de nouveaux joueurs à l'essai, il s'est présenté. Il a non seulement bâti l'équipe, il a également enseigné aux Tchèques le hockey rapide et inventif qu'il avait appris au Canada. Brillant instructeur de l'équipe tchèque, il s'est mérité le surnom de « Père du hockey tchèque ». *(Courtoisie de Mike Buckna)*

folle ; et vous voyiez à quel point il était heureux de faire tout ça, il avait l'air tellement bien… Et c'est ainsi qu'on est allé chercher un joueur canadien, plus tard notre instructeur. On le comprenait bien, et lui surtout nous comprenait. On avait tous hâte de recommencer, d'apprendre, et Matej [Buckna], c'était du feu, il se donnait à fond. » De manière tout à fait accidentelle, les Tchèques venaient de trouver leur sauveur.

Buckna fut engagé comme joueur et assistant instructeur de l'équipe nationale tchèque – pour lui, un boulot sur mesure. À l'époque, une fois que les joueurs étaient inscrits dans une équipe, c'était pour la vie ou presque : ils jouaient au hockey pour passer le temps entre les pauses du bistrot. Buckna a raconté plus tard : « Un de ceux dont je me suis débarrassé avait 42 ans, et il avait une jambe ankylosée, il ne pouvait pas plier le genou. » Les boiteux et les alcooliques ont dû quitter l'équipe, et ils ont été remplacés par des joueurs jeunes. Même eux ne brillaient pas par leur imagination – ils attendaient les ordres. « Leur conception de base : y aller mollo. Aucun sens de l'attaque. Ils abandonnaient avant la fin de la partie, et ils ne finissaient pas leurs jeux. Ils n'avaient jamais entendu parler d'échec avant. Jamais un joueur de défense n'avait imaginé sortir avec la rondelle de son territoire et passer à l'attaque. »

Buckna leur a tout appris : l'échec avant, courir après la rondelle, sortir un gars du jeu « au lieu de lui donner une petite poussée ». Il leur a montré à se maintenir en forme, comment déplacer la rondelle avec précision, foncer à toute vitesse depuis leur zone, et lancer vite, pour surprendre les gardiens. « C'est simple : je leur ai appris le hockey qu'on jouait à Trail. » Il a aussi enseigné aux Tchèques une vérité fondamentale, que toutes les grandes équipes connaissent d'instinct : ce sport est si fluide, si rapide, qu'il suffit d'un geste, une fraction de seconde pour que la roue de la Fortune nous fasse passer du désespoir au triomphe. « C'est la beauté de ce sport, confia Buckna. Si tu n'abandonnes pas, un match peut changer complètement d'allure. »

Les Tchèques n'ont pas laissé Buckna diriger leur équipe olympique envoyée à Berlin en 1936. Comme ils le lui ont fait carrément savoir – et laissant de côté la question de la fierté nationale : si jamais le meilleur compteur de la ligue se pointait dans l'Allemagne nazie, l'assistance aux joutes disputées à Prague ultérieurement passerait de 15 000 à 5000 personnes…

En mars 1939, l'Allemagne nazie marchait sur Prague. Buckna sentit que c'était le temps de rentrer au pays en compagnie de sa nouvelle épouse, Lola Frolikova, qu'il avait épousée l'année précédente. Un journal de Prague rédigea un petit mot en forme d'adieu, comme s'il fallait également dire adieu à un certain mode de vie : « Aujourd'hui, 30 mars, Matej Buckna va rentrer au Canada. Pendant ces quelques années passées avec nous, à Prague, il a grandement contribué à la qualité et au prestige de notre hockey. Beaucoup de ses amis d'ici vont se rappeler l'homme qu'il était, bon et simple. Qu'il ait choisi une jeune fille tchèque comme épouse montre à quel point il aime notre pays. Nous vous souhaitons à tous deux beaucoup de bonheur, Mike, et espérons que nous allons bientôt vous revoir à Prague. »

La Ligue de Hockey des Tropiques

L'une des expérimentations les plus délirantes du hockey professionnelle s'est tenue en 1938, dans le sud floridien. Cette année-là, dans un coin du monde où la glace est plutôt ce qu'on met dans le rhum, fut fondée la Ligue de Hockey des Tropiques. Quatre équipes : les Clippers de Miami, les Pirates de Miami Beach, les Séminoles de Coral Gables, et les Tropicals de la Havane ont installé leur quartier général, non au Metropolitan Ice Palace, mais à Coral Gables, une banlieue de Miami. Tous les joueurs, sauf trois, étaient des Canadiens recrutés dans des camps d'entraînement de Winnipeg et de Port Colborne, en Ontario ; le joueur-instructeur de l'équipe de Coral Gables s'appelait Mike Goodman, lui-même ex-étoile olympique alignée avec les Falcons de Winnipeg. Le match historique d'ouverture, le 10 décembre 1938, opposant les Clippers et les Pirates, fut salué comme « le tout premier match de hockey jamais organisé dans le sud ». Avant la joute, les joueurs ont donné une démonstration des jeux et pénalités possibles. Pendant la deuxième pause, autre spectacle : des danses mambo accompagnées de l'orchestre Caesar La Monaca. Les Clippers l'ont emporté 4 à 3, et le match a fini dans une bagarre générale. Mais des débuts de match tardifs – à 9 heures, le soir – une faible implication des équipes, et la nette prépondérance du pugilat sur le sport ont fait qu'un jour, après seulement une saison, la Ligue s'est comme envolée dans les chaudes vapeurs du soleil de Floride. *(Temple de la Renommée)*

Mais un autre conflit allait dévaster l'Europe, et celui-là allait être encore pire que l'autre, et ses sanglantes impasses au fond des tranchées humides. Il faudrait attendre l'année 1946 pour que Buckna retourne à Prague. Et quand ce fut fait, il a mené l'équipe nationale tchèque à son premier championnat mondial, en 1947.

Cette guerre allait bien sûr affecter toutes les équipes, y compris celle dont le dossier impressionnait, et que personne n'imaginait battue un jour. Pendant que dans l'Europe de 1939, les fascistes imposaient leur dictature, de ce côté-ci de l'Atlantique, les Rivulettes de Preston, menées par leur joueuse étoile, Hilda Ranscombe, talentueuse et rapide ailier droit, offraient à tout le pays, sur toutes les patinoires, le spectacle de leur totale domination du hockey, donnant un coup de fouet au hockey féminin, et jouant devant des arénas pleins à craquer – et cela durait depuis le début de la décennie.

Les Rivulettes de Preston sont nées d'un sport estival. Hilda et sa sœur, Nellie, étaient les deux vedettes d'une équipe de baseball, et elles jouaient avec l'équipe locale de softball féminin. À la fin de la saison de baseball de 1930, Hilda avait alors à peine 17 ans, elle et sa sœur ont décidé de jouer un sport d'hiver,

Athlète polyvalente, Hilda Ranscombe est allée chercher des prix en softball et en tennis, mais c'est le hockey qui devait la rendre célèbre. Jouant à l'aile droite, elle était réputée pour sa vitesse et son maniement du bâton, menant ses Rivulettes de Preston à 6 titres nationaux, et 10, en Ontario et au Québec. *(Dave Menary)*

question de garder soudée la belle équipe formée pendant la saison estivale. Mais Hilda a entendu un jeune du voisinage s'esclaffer à l'idée que des filles puissent jouer au hockey (« les filles sont pas capables de jouer au hockey »), et surtout pas des filles qui pratiquaient un sport « élégant » comme le baseball. C'était précisément ce qu'il ne fallait pas dire à Nellie Ranscombe. « Ça a déclenché tout le reste. Personne, jamais, ne va me défier de faire quelque chose, et que les choses en restent là ! »

Dès les années 1920, le hockey féminin avait connu ses jours de gloire dans diverses communautés et universités du pays ; on a même vu les Debs de l'Université McGill monter sur la patinoire habillées en jupe-culotte, question sans doute de rester dans le vent de la grande époque du jazz. L'équipe de l'Université de la Saskatchewan avait comme joueuse étoile Genevra « Ginger » Catherwood, dont la sœur, Ethel, allait remporter la médaille d'or du saut en hauteur aux Olympiques de 1928. Les sœurs Catherwood étaient des athlètes extraordinaires. Lors d'une série de deux matchs disputés au Manitoba, en 1921, Ginger a récolté 21 buts.

En Ontario, le hockey féminin était dominé par les Alerts d'Ottawa, championnes de l'est canadien. En mars 1922, elles ont fait face à l'équipe féminine de Toronto, dans une belle série de joutes de démonstration, mais le *Toronto Star*, redoutant des accès de violence, s'est permis d'écrire : « Les amateurs ne souhaitent pas voir de jeu rude dans cette série. » Le match fut arbitré par Fred Waghorne, qui fut le premier à lancer la rondelle sur la glace pour la mise en jeu au lieu de la déposer. C'est aussi Waghorne qui a utilisé le premier sifflet en plastique, en remplacement des clochettes utilisées pour les débuts et les arrêts de jeu, qui avaient elles-mêmes remplacé le sifflet de métal, qui restait souvent collé aux lèvres de l'arbitre à cause du froid.

L'une des joueuses de Toronto s'appelait Fanny « Bobbie » Rosenfeld, future étoile des Patterson Pats, et médaillée d'or en pistes et pelouses, aux Jeux olympiques de 1928. En 1927, après la victoire des Pats, en finale du Championnat de Hockey des dames de l'Ontario, le *Toronto Star* a proclamé que Bobbie Rosenfeld et sa coéquipière, Casey McLean, « étaient capables de jouer dans n'importe quelle équipe junior [masculine] ».

Vers la fin des années 1930, quand Bobbie Rosenfeld a vu jouer Hilda Ranscombe, elle a su qu'elle venait de voir sa jumelle. « Elle a tout ce qu'il faut pour devenir une grande vedette », écrivit-elle dans sa chronique sportive du *Globe and Mail*. « Elle a l'instinct du jeu. Qu'elle évolue sur sa patinoire ou dans d'autres villes, elle est la même : une athlète bourrée de talents, et jouant avec aisance. » Même ses adversaires lui manifestaient une crainte admirative. Mary McGuire, alignée avec les As de Stratford, s'est souvenue d'elle comme « la meilleure joueuse de hockey au monde. Un pur spectacle à elle toute seule. Je la vois encore tricoter son chemin à travers l'équipe adverse, sans jamais s'énerver, et ça avait l'air facile. » L'élégance de Ranscombe n'empêchait pas le jeu rude, tout comme chez les hommes, et les journaux faisaient leur miel de la violence – les lecteurs aimaient ça !

La tension fut très vive, lors du dernier match du championnat féminin, en 1935, disputé par les Rivulettes et les Eatons de Winnipeg. L'attachée au *Daily Star* de Montréal, Myrtle Cook, a rapporté qu'« Helen Ransom, de Winnipeg, et Marm Schmuck, de Preston, ont laissé tomber les gants, et se sont échangé des coups en y mettant toute leur force – la foule regardait, muette ». Le match a tourné en bagarre générale : « Ces gamines débarquées de leur grossier Far West, où les hommes sont des hommes et les femmes les patronnes, sont capables d'aller les chercher et de les mettre par terre. Les Rivulettes n'ont quand même pas flanché, et les deux équipes se sont tout lancé par la tête sauf les sièges et les fauteuils des loges. »

Hilda Ranscombe a réussi à se tenir en dehors de la mêlée, concentrée sur ce qu'elle pouvait faire : au bas mot, fonder une dynastie. Aidée de sa talentueuse Nellie, dans le filet, et des qualités d'attaquantes des sœurs Schmuck, Marm et Helen, les Rivulettes ont donné un feu d'artifice. Entre 1930 et 1939, elles ont remporté 10 championnats en Ontario et au Québec, plus 6 titres nationaux, n'encaissant que 2 défaites et 3 matchs nuls en 350 joutes. Leurs deux défaites eurent lieu en mars 1932, après un épuisant voyage en train où elles ont attrapé la grippe. Elles affrontaient les Rustlers d'Edmonton pour le premier Championnat de hockey féminin du Dominion. Les 2000 spectateurs présents ont eu droit à du hockey rude mais remarquable, qui a relancé la popularité du hockey féminin au pays. Au cinéma, la semaine suivante, les spectateurs ont pu voir aux actualités filmées les moments forts du match opposant Edmonton et Lethbridge, à Banff, dont le Carnaval d'hiver annonçait comme attraction première des matchs de hockey disputés par de puissantes équipes, comme les Amazons de Red Deer. Depuis ce jour, le hockey féminin fut considéré de niveau égal à celui du hockey masculin.

Oublions cependant les comparaisons financières. Pendant toute leur carrière, les Rivulettes, tout comme les autres équipes féminines, subissaient la pression supplémentaire d'avoir à défrayer le coût de leurs déplacements et de leur équipement – sans parler de la Crise, qui ne facilitait pas les choses. En 1937, on a frôlé la grève : outre leurs dépenses de déplacements, les équipes féminines devaient payer des droits d'entrée à la Fédération de Hockey amateur féminin du Dominion. Au bout du compte, seules les équipes pouvant s'offrir les dépenses de déplacement pouvaient espérer remporter le Trophée Lady Bessborough, offert par l'épouse du quatorzième gouverneur général du Canada. Le match de championnat opposant les Rivulettes et les Falcons de Winnipeg, au Galt Arena, a tout de même attiré plus de 3000 spectateurs, et dégagé pour les deux équipes un profit net.

Durant les années 1930, les Rivulettes de Preston ont outrageusement dominé la scène du hockey féminin : entre 1930 et 1939, deux défaites en 350 matchs. Mais leur succès sur la patinoire, et les foules chaleureuses venues les applaudir n'ont pas réglé leur situation financière difficile. Pour défrayer les coûts de leur participation aux séries du championnat de l'Île-du-Prince-Édouard, leur entraîneur, Herb Fack, a dû hypothéquer sa résidence, et les joueuses devaient souvent mettre la main à la poche : ce fut le prix à payer pour assurer la survie de cette véritable dynastie du hockey, qui a duré plus de 10 ans. *(Temple de la Renommée)*

Les joueuses des Rivulettes avaient toutes un emploi dans l'usine ou à la manufacture locale. En cela, elles ne différaient en rien des autres équipes féminines, sinon qu'elles arrivaient à financer leur succès. Quand elles ont battu les Maroons (l'équipe féminine) de Montréal, en 1936, 168 amateurs avaient fait le déplacement, les recettes au guichet étant de 150 dollars inférieures au coût du match. Chacune dut donc mettre la main à la poche, et trouver cinq dollars, pour que leurs hôtesses, les Maroons, puissent s'offrir le party de la victoire.

En 1938, l'instructeur des Rivulettes, Herb Fack, a hypothéqué sa résidence personnelle pour permettre à son équipe de participer au championnat féminin de hockey qui se tenait à l'Île-du-Prince-Édouard. Ruth Dargel, la cadette de l'équipe, se souvient d'un voyage de rêve, où elles étaient logées dans un joli petit hôtel de Charlottetown, « et emmenées dans une excursion incluant la visite du Parlement, avec des repas fabuleux et des paysages à couper le souffle, à cheval ou en carriole ». Même si le contrebandier local était installé juste en face de leur hôtel, les Rivulettes sont allées dormir tôt, ce soir-là, et elles se sont réveillées avec un mètre de neige dans la cour – aucune d'elles n'avait emporté de vêtements d'hiver. Elles se sont dirigées vers l'aréna : le championnat les attendait.

Dargel a raconté : « On a gagné nos matchs, on a eu droit à une couverture nationale, mais je ne me rappelle pas avoir vu l'ombre d'un Trophée. Les foules furent enthousiastes, mais l'aréna n'était pas plein. J'ai compté un but en désavantage numérique, et ça a été mon exploit de la série. J'ai aussi écopé d'une punition pour rudesse. Au retour, nos familles nous attendaient, mais personne n'avait prévu une réception particulière. Une fois au boulot, les autres m'ont demandé comment s'était déroulée l'expédition, mais on est resté là. J'ai rangé ma médaille dans mon tiroir. J'allais la regarder, de temps en temps. »

Les Rivulettes ont poursuivi leur totale domination du hockey féminin jusqu'au début de la Deuxième Guerre mondiale : elles se préparaient à une tournée européenne, mais la guerre en a décidé autrement. Le rationnement les ayant forcées à annuler leurs voyages à l'extérieur, et plusieurs joueuses ayant dû aller travailler dans les usines d'armement, les Rivulettes ont fermé les livres en 1941. On leur a offert un banquet au Springs Hotel, de Preston. Ruth Dargel s'en est souvenue comme d'un jour « comment dire ? à la fois triste et très heureux : c'était un couronnement ! ». En souvenir, chacune des Rivulettes s'est vue offrir une veste en soie rouge avec un écusson. La meilleure équipe de hockey féminine au monde se voyait défaite, non par des rivales, mais par le cataclysme global que constituait la Deuxième Guerre mondiale – sur glace, aucune puissance féminine n'était en mesure d'arrêter les Rivulettes. Et voilà que 20 ans après la guerre qui devait mettre fin à toutes les guerres, des jeunes hommes et des jeunes femmes échangeaient leur uniforme de hockey pour l'uniforme kaki. La guerre allait une fois encore changer le monde ; une fois terminée, il faudrait attendre très longtemps avant de reparler de hockey féminin.

CHAPITRE 5
UN MÉDIUM D'AVANT-GARDE

Fin décembre 1942, à Toronto. Il neige ce soir-là.

L'écrivain Morley Callaghan s'achemine vers le Maple Leaf Gardens, lorsqu'il aperçoit une bande de gamins en train de jouer au hockey dans la rue. L'éclairage des lampadaires lui fait apercevoir une sorte de gibelotte ethnique, comme il l'écrira plus tard : « Des Anglo-saxons et des Scandinaves, des traits italiens ou slaves... mais plus de différences : juste des petits Canadiens de toutes origines en train de s'amuser avec des bouts de bois et quelque chose qui sert de rondelle. Unis par la seule chose qui importe : la partie à jouer... Pensons-y : le hockey peut davantage pour l'harmonie ethnique de ce pays que tous les discours des politiciens qui se sont pointés à Ottawa le menton relevé... Le hockey se moque bien des prétentions à une quelconque supériorité raciale. »

Le spectacle a ému Callaghan en partie parce que cette année-là encore, le monde était en guerre, les armées d'Hitler paradant dans les capitales européennes et imposant partout leur idéologie de haine raciale. Pour ces jeunes, le monde d'Hitler n'existait pas. « Et j'ai poursuivi ma route en pensant que dans la nouvelle année qui approchait, il était suprêmement important que, dans un pays se préparant chaque jour un peu plus à une guerre totale, le hockey survive. Le hockey est notre ballet d'hiver, et à plusieurs égards les seules planches où puisse se déployer notre dramaturgie nationale. Après tout, que faisaient les Russes quand les Allemands étaient aux portes de Moscou ? Ils écoutaient les pièces de leurs plus grands dramaturges. »

Le 1er septembre 1939, l'Allemagne avait envahi la Pologne, et le premier ministre canadien William Lyon Mackenzie King affrontait la crise en faisant tourner les tables à Kingsmere, le domaine qu'il s'était offert dans les environs d'Ottawa, et dont il avait eu la sagacité d'acheter les terrains avoisinants de manière à ne jamais entrevoir même le bout du nez d'un Juif... Et d'appeler son défunt père, qui lui révéla qu'Hitler avait été assassiné par un Polonais, et de faire apparaître sa mère – sa plus proche conseillère – puis son grand-père, William Lyon Mackenzie, puis William Gladstone, un premier ministre du siècle précédent, pour s'entendre dire qu'Hitler était bien vivant, mais acculé au mur. La séance de King fut interrompue par un coup de fil : Hitler se portait plutôt bien en effet, et les Anglais venaient de lui lancer un ultimatum : qu'il se retire de la Pologne, ou alors !

Deux jours plus tard, la Wermacht était aux portes de Varsovie, la France et l'Angleterre déclaraient la guerre à l'Allemagne, et le 10 septembre, en dépit des assurances conférées à King par le monde des esprits, le Canada entrait lui aussi en guerre. Une fois encore, les joueurs de hockey troquaient le chandail pour l'uniforme, dans une mêlée où la défaite pouvait signifier la mort. En décembre de la même année, plus de 69 000 Canadiens s'étaient enrôlés, et pendant que la Ligue nationale vaquait à son petit ronron habituel, un convoi canadien cinglait vers l'Angleterre, plusieurs militaires ignorant encore que leur mission initiale, combattre, allait se jouer sur la glace.

En décembre 1939, Gilles Turcot, 21 ans, lieutenant au sein du célèbre 22e régiment, les « Vandoos », originaires du Québec, mettait le pied sur le sol britannique ; il avait aussi joué dans la Ligue Junior A. À peine un mois après son arrivée, le hockey devînt d'une brûlante actualité. Les dirigeants anglais de la ligue de hockey avaient approché le général Andy McNaughton, commandant de la Première Division canadienne, avec une offre qu'il pouvait difficilement refuser. Turcot raconte : « Ils lui dirent que si jamais il songeait à mettre sur pied une ligue de hockey, ils défrayeraient toutes les dépenses. Le général a dit OK, les Anglais ont eu leur Ligue, et notre bande du 22e s'est retrouvée dans les « Eastern Flyers ».

Au début des hostilités, la plupart des joueurs canadiens qui avaient envahi les rangs de la très populaire Ligue anglaise se virent rappeler au Canada, et les promoteurs britanniques se sont retrouvés le bec à l'eau : beaucoup de patinoires,

Gilles Turcot (rangée arrière, deuxième à gauche) avait 21 ans quand il a joint les rangs du célèbre 22e Régiment – les Vandoos – en septembre 1939. Deux mois plus tard, il était en Angleterre, dont la déclaration de guerre avait eu l'effet d'un tremblement de terre en vidant la ligue professionnelle de hockey de la plupart de ses joueurs canadiens rentrés à la maison. Face à cette saignée, les promoteurs britanniques de hockey firent appel à l'armée canadienne. Turcot s'est alors retrouvé dans une ligue en compagnie d'autres militaires canadiens. Ils jouaient sur des patinoires comme celle de l'Arena Earl Court, devant des assistances de plus de 10 000 personnes. *(Musée du Royal 22e Régiment)*

plein de partisans, mais à peu près aucun talent sur la glace. Ils ont alors envisagé comme providentiel l'afflux de Canadiens (dont le chiffre devait subséquemment atteindre les 500 000 hommes) – et les commandants en chef canadiens aussi : pour eux, c'était une bonne façon de maintenir leurs troupes occupées. Et de garder la forme pour quand ils seraient au front.

Turcot se rappelle : « Notre équipe se composait d'engagés et d'officiers. On avait une pratique et une partie par semaine, presque une vraie saison de hockey. Les parties alternaient avec l'entraînement militaire comme tel, défilés et manœuvres. On était en super forme. »

La patinoire Impériale de Purley, au sud de Londres, n'était pas éloignée du camp de Surrey, où étaient stationnés les soldats canadiens. Les gars de l'Armée de l'Air engagés dans la bataille d'Angleterre de l'été 1940 prenaient une pause entre les sorties en jouant au hockey. Bien que la patinoire ait été endommagée par les bombes allemandes à l'hiver 1940-41, il y avait plus de 200 soldats qui jouaient quotidiennement au hockey, sans compter les joueurs canadiens du Royaume-Uni toujours en civil. Un pilote anonyme du 401e Escadron de Chasseurs de la RCAF l'a découvert de dure façon. Dans son journal de guerre du 8 novembre 1940, il écrit : « Ce soir, une équipe de hockey composée des membres du personnel de l'Escadron appelés « Les Canadiens » (il fallait bien se faire connaître...) a rencontré les Ayr Raiders sur la glace du stade local. Dans l'équipe adverse, seulement des joueurs canadiens débarqués ici depuis plusieurs années déjà pour représenter la ville... Après un début de raclée (7-1), les Raiders ont fait baisser la pression, question de rendre la partie intéressante, et le score final a été de 10 à 6. »

Quelques jours plus tard, le pilote rapporte que les non-gradés, avec toute la roublardise qu'on imagine de la part de ceux qui occupent le dernier échelon de la hiérarchie militaire, se sont trouvé de plus nobles adversaires. « Novembre 1917 : ce soir, une partie de hockey a opposé les officiers à leurs hommes, et la rencontre s'est terminée avec une victoire de 6-4 pour ces derniers. Les gradés avaient le handicap de ne pouvoir compter que sur deux substituts, alors que leurs adversaires pouvaient déployer plus de trois lignes d'attaquants. » Les enrôlés s'étaient ramenés en force.

Le 7 décembre 1941, la guerre a gagné le Pacifique à la suite de l'attaque japonaise de Pearl Harbour. Deux jours plus tard, 10 000 partisans du Garden de Boston écoutaient dans un silence lourd une communication par haut-parleurs de leur président, Frank Roosevelt. Les joueurs de Boston et ceux de

Chicago, enroulés dans leur couverture sur chacun de leur banc, apprirent que leur pays déclarait la guerre au Japon.

En Colombie-Britannique, la réponse à l'entrée en guerre du Japon fut immédiate, et brutale à sa façon. En janvier 1942, tous les Canadiens mâles d'origine japonaise âgés de 18 à 45 ans furent emprisonnés dans des camps situés à l'intérieur des terres, la côte du Pacifique étant déclarée « zone surveillée ». Un mois plus tard, 21 000 autres se virent ordonner de prendre une valise – il s'agissait ni plus ni moins de la totalité de ladite communauté vivant au Canada – puis parqués dans des hangars à bestiaux en attendant leur « internement ». La peur irrationnelle était que leurs sympathies iraient au Japon, non au Canada, et qu'ils contribueraient à la défaite de leurs compatriotes canadiens en émettant des signaux à l'intention des sous-marins japonais naviguant au large de Vancouver.

À l'époque pourtant, c'était par leurs propres alliés que les Canadiens se faisaient proprement charcuter. Quand les Allemands ont enfoncé la ligne de défense française en mai 1940, Mackenzie King avait noté : « Il revient maintenant aux Britanniques et aux descendants des Britanniques de sauver le monde. » En août 1942, au moment où les troupes allemandes étaient installées sur les rivages de la Manche, les Britanniques se souvinrent de l'offre de King mais en y mettant une touche de raffinement : pour attaquer le port de Dieppe, question de soi-disant préparer le terrain à l'invasion alliée en Europe, ils envoyèrent au feu des troupes très majoritairement canadiennes. Sur les 5 000 hommes qui participèrent à cet assaut désastreux organisé par les Britanniques, presque la moitié furent tués ou faits prisonniers par des Allemands mis au parfum de l'opération.

Pour Conn Smythe, le fondateur de l'équipe de Toronto, le premier ministre King et la guerre qu'il menait constituaient deux désastres plutôt qu'un. S'imaginant qu'il pourrait être de bon conseil auprès du premier ministre pour la conduite de la guerre, il tenta sa chance. Son interlocuteur, circonspect et pointilleux – le genre à téléphoner à Winston Churchill en personne durant la bataille d'Angleterre pour en obtenir un peu de gravats pouvant bien s'agencer à son fastueux domaine de Kingsmere – s'est découvert une détestation instantanée pour Smythe, cassant et dogmatique. Le sentiment fut réciproque. Smythe envoyait au premier ministre des télégrammes enthousiastes où il comparait la guerre aux activités sportives, suggérant que King nuisait à sa propre cause en ne mettant pas sur pied une super-équipe de militaires et de commandants bien entraînés et bien armés comme ceux qu'on trouvait dans la « Ligue » de l'Empire britannique – Australie, Nouvelle-Zélande et Afrique du Sud.

King n'avait surtout pas oublié les problèmes soulevés par Wilfrid Laurier et la conscription lors du précédent conflit mondial. Il savait que l'appui du Québec était la condition *sinon qua non* de sa victoire aux prochaines élections. Son gouvernement mit donc de l'avant l'Acte de mobilisation des ressources nationales, mais en prévoyant un compromis : les militaires appelés sous les drapeaux pourraient effectuer leur service au pays et faire l'entraînement militaire de base sur une période de 30 jours, le soir et les fins de semaine.

Maintenant âgé de 45 ans, capitaine attaché à la Milice auxiliaire, Smythe eut un coup de génie : il emmènerait au front avec lui un bataillon de joueurs de différents sports, exactement comme ce qui avait été fait 25 ans auparavant. Le gouvernement puis l'armée ont fini par céder, et en septembre 1941, Smythe fut fait major en chef de la 30e Batterie du 7e Régiment de Toronto, mettant sous contrat le premier alignement des Mimico Mountaineers, détenteurs de la Coupe Mann (en crosse), plusieurs vedettes du baseball ontarien, un joueur des Argonautes de Toronto, et deux des meilleurs golfeurs canadiens, Jim Boekh et Clare Chinery. Smythe a même réussi à débaucher deux scribes de Toronto et à les joindre à son équipe d'artilleurs : Ted Reeve du *Telegram*, et Ralph Allen du *Globe and Mail*. Allen allait se retrouver correspondant de guerre pour *Maclean's* deux ans plus tard.

La dernière chose que la ligue professionnelle de hockey du continent voulait voir, c'était le nom de ses joueurs vedettes figurant dans la liste des noms glorieux morts au champ d'honneur. Et c'est ainsi que la formidable Kraut Line des Bruins de Boston (Milt Schmidt, Bobby Bauer et Woody Dumart, tous originaires de Kitchener en Ontario), choisit le nom plus banal de Kitchener Kids[1], et fut rapatriée sous la bannière plus sécuritaire de l'équipe de hockey « Les Flyers de la Royal Air Force ». Milt Schmidt et Woody Dumart furent subséquemment envoyés en Angleterre comme joueurs-entraîneurs pour le compte de la Ligue du Canadian Bomber Group. Ewart Tucker, coursier à motocyclette puis conducteur de char dans l'armée, se rappelle l'année 1942, où des recruteurs se mirent en quête de joueurs potentiels en vue d'une tournée dans les îles Britanniques. « On était 16 joueurs, plus l'entraîneur, plus le pilote, et un officier supérieur. C'est la seule chose qu'on a faite jusqu'au 26 mars 1943 : des tournées de promotion du hockey dans toute l'Angleterre et en Écosse. »

De retour au Canada, une rivalité est née au sein des Forces canadiennes. Quand les gars de l'Aviation ont remporté la coupe Allen, le trophée de championnat des hockeyeurs seniors, la réplique du pilote des Rangers de New York, Frank Boucher, fut de mettre sur pied une équipe de hockey de l'Armée de terre. Les Commandos d'Ottawa comptaient dans leurs rangs Neil et Mac Colville, ainsi qu'Alex Shibicky, tous membres de l'escouade des Rangers, gagnante de la Coupe Stanley de 1940, et leur gardien, « Sugar » Jim Henry. Ken Reardon, un joueur de défense des Canadiens de Montréal, fut incorporé aux Commandos, de même que son pilote Dick Irvin, qui dirigea alternativement les deux formations, celle des Canadiens et celle des militaires.

Les équipes de l'Armée de terre jouaient du hockey senior un peu partout au Canada pendant la guerre, leurs effectifs se composant de joueurs en sabbatique de la Ligue Nationale et d'autres qui allaient plus tard devenir des profes-

---

1. Plus banal et aussi plus gentil. La « Kraut Line » signifie littéralement « les Boches », pour rappeler l'origine allemande des joueurs de l'alignement. NDT.

Les lignes d'attaque mémorables

Il faut remonter aux années 1920 pour trouver l'origine de la pratique consistant à donner un nom aux trios formant les lignes d'attaque des équipes. La toute première : celle mise sur pied par Bun Cook (ailier gauche), Frank Boucher (joueur de centre), et Bill Cook (ailier droit) des Rangers de New York, appelée la Ligne A, clin d'œil au train de la ligne A passant sous le Madison Square Garden, la patinoire de l'équipe. Le baptême des lignes a connu son apogée dans les année 1930 et 1960, même si dans les années 1990, on a eu des lignes d'attaque comme la Légion de la Mort (Legion of Doom) à Philadelphie, avec John Le Clair comme ailier gauche, Eric Lindros au centre, et Mikael Renberg ; comme aussi la Life Line des Canucks de Vancouver, formée de Geoff Courtnall à l'aile gauche, Cliff Ronning, au centre, et Trevor Linden. D'autres lignes d'attaque mémorables, de l'aile gauche à l'aile droite :

- La **Bread Line :** Mac Colville, Neil Colville, Alex Shibicky. Rangers de New York, dans les années 1930-40. Le nom ne vient pas de ceux qui faisaient la queue pour trouver du pain pendant la Crise, mais du fait qu'ils étaient pour leur équipe la denrée de base, le pain et le beurre.
- La **Donut Line :** ainsi nommée à cause de ses deux ailiers vedettes et de leur joueur de centre, sans titre de gloire mais gros travailleur (le trou au milieu).
- La **French Connection Line :** Richard Martin, Gilbert Perreault et René Robert. À Buffalo.
- La **GAG :** Vic Hadfield, Jean Ratelle, Rod Gilbert. Avec les Rangers de New York dans les années 1970. Ils marquaient (ou espéraient marquer) un but par match (GAG = goal-a-game)
- La **Kid Line :** Harvey « Busher » Jackson, Joe Primeau, Charlie Conacher. Avec les Maple Leafs de Toronto, dans les années 1930. Leur jeune âge et leur inexpérience les firent voir comme des originaux ; la plus célèbre ligne de jeunes joueurs de l'histoire du hockey.
- La **Kraut Line :** Bobby Bauer, Milt Schmidt, Woody Dumart de gauche à droite sur la photo. Avec les Bruins, fin des années 1930, début des années 1940. Le trio a mené les Bruins à la Coupe Stanley en 1939, terminé la saison de 1940 aux premier, deuxième et troisième rangs des compteurs, et remporté une autre Coupe en 1941. La Deuxième Guerre mondiale vit leur nom changé en Kitchener Kids. À mi-chemin de la saison 1941-1942, les Kids furent assignés dans l'aviation, où ils ont remporté la Coupe Allan pour les Flyers de la RCAF basés à Ottawa.
- La **Mafia Line :** Don Moloney, Phil Esposito, Don Murdoch. Avec les Rangers de New York (années 1970-1980). Le parrain Esposito et ses deux chefs.
- La **Poney Line :** Doug Bentley, Max Bentley, Bill Mosienko. Avec les Black Hawks de Chicago, dans les années 1940. De petite taille, mais très forts.
- La **Production Line :** Ted Lindsay, Sid Abel, Gordie Howe. Avec les Red Wings de Détroit, dans les années 1940-50. Comptait des buts au rythme des chaînes de montage de l'industrie automobile de Détroit.
- La **Punch Line :** Toe Blake, Elmer Lach, Maurice Richard. Avec les Canadiens de Montréal, dans les années 1940. Leur offensive était dévastatrice.
- La **S-Line :** Babe Siebert, Nels Stewart, Hooley Smith. Avec les Maroons de Montréal, 1929-1932. Le nom n'est pas très recherché (la première lettre du nom de famille), mais les trois étaient toujours en tête des meilleurs compteurs des Maroons.
- La **Triple Crown Line :** Charlie Simmer, Marcel Dionne, Dave Taylor. Avec les Kings de Los Angeles, dans les années 1970-80. Une ligne « royale »! *(Temple de la Renommée)*

sionnels. À Calgary, l'ancien gagnant du Trophée Hart, Tom « Cowboy » Anderson, prit en charge les gars des casernes de Currie, en compagnie du gardien Frank McCool, qui allait s'illustrer plus tard dans la Ligue Nationale. Nick Metz, des Maple Leafs, et Bill Carse, des Black Hawks de Chicago, jouèrent pour les Escadrons de Victoria, qui en 1943, remportèrent le championnat du hockey senior de Colombie-Britannique.

Le hockey senior, en dépit de son statut de hockey « amateur », s'est aussi révélé rentable pendant ces années de guerre. Conn Smythe et ses collègues de la direction des Maple Leaf Gardens ont obtenu de la Fédération de Hockey de l'Ontario d'être les hôtes exclusifs de toutes les parties de hockey junior et senior de la région de Toronto, concession renouvelée pour une période de cinq ans en 1942. Étant donné que les équipes formées de militaires avaient le statut de joueurs seniors, même si leurs rangs étaient truffés de joueurs professionnels, leurs rencontres ont dégagé des profits importants pour le Gardens. En 1943, on a doublé la vente des 112 693 billets vendus lors de la saison précédente. Et comme ça avait été le cas durant le Première Guerre mondiale, ce fut une mine d'or pour Conn Smythe d'avoir sous la main des patineurs en uniforme.

Pour certains d'entre eux, le hockey senior ne fut pas tout bénéfice, ni les rencontres sur glace un éloignement automatique du champ de bataille. Albert « Red » Tilson, des Généraux d'Oshawa, Jack Fox, une recrue des Leafs, et Dudley « Red » Garrett, un ancien des Rangers de New York, furent tués en service actif.

Après un stage à Tofino, en Colombie-Britannique, qu'il s'agissait de protéger contre une éventuelle invasion japonaise, et où le travail consistait à maintenir à un haut niveau les qualités d'artilleurs des hommes des batteries côtières – ils se pratiquaient en tirant sur un rocher au large – le major Smythe se tourna vers l'Europe. Ses Leafs se sont vu amputés du tiers de leurs effectifs au bénéfice de l'armée, y compris leur gardien étoile Walter « Turk » Broda, dont l'enrôlement fit les manchettes partout au pays, et déclencha même un débat au Parlement. Broda avait été arrêté le 18 octobre 1943 par la GRC, alors qu'il se dirigeait vers Montréal. On l'a accusé d'avoir enfreint son ordre d'incorporation, même s'il s'était porté volontaire pour faire son service militaire trois jours plus tôt à Toronto, et qu'il se trouvait en compagnie d'un sous-officier au moment de son arrestation. Il fut emmené de force hors du train et aussitôt renvoyé à Toronto, où il déposa une deuxième demande formelle de s'engager. Il se trouva dès lors éligible au poste de gardien de but de l'équipe des Army Daggers de Toronto.

Durant le Deuxième Guerre mondiale, la LNH voulut éviter que ses joueurs aillent se faire tuer en Europe ; ceux qui rejoignaient les rangs de l'Armée canadienne se retrouvaient donc sur la glace. Des équipes de l'armée, comme les Commandos d'Ottawa, allèrent chercher Neil et Mac Colville, Alex Shibicky – champions de la Coupe Stanley de 1940 avec les Rangers de New York ; même chose pour leur gardien « Sugar » Jim Henry. Le défenseur du Canadien, Ken Reardon, fut aussi un Commando, et l'équipe a remporté la Coupe Allan en 1943, comme meilleure équipe du hockey senior canadien. *(Temple de la Renommée)*

Des lunettes d'approche pour la RCAF

Après l'attaque japonaise de Pearl Harbour, le 7 décembre 1941, les Canadiens se mirent à craindre que les Japonais n'envahissent la côte ouest. La RCAF s'inquiétait : ses longue-vue n'étaient pas assez puissantes pour voir venir sur toute la longueur de la côte du Pacifique d'éventuels avions ennemis. Sa solution : le hockey. Le 20 décembre 1941, pendant la diffusion d'une joute commanditée par l'Imperial Oil au Maple Leaf Gardens, Foster Hewitt lança un appel demandant aux amateurs d'offrir au pays leurs lunettes d'approche. Le lundi 12 janvier 1942, la RCAF avait reçu 400 paires de longue-vue. Les experts de l'armée de l'air ayant jugé qu'ils en recevaient trop, ils ont demandé au diffuseur d'interrompre momentanément les livraisons – mais les Canadiens ont continué à en envoyer : sur les 1116 paires livrées, 440 furent utilisées par l'aviation. *(Temple de la Renommée)*

Des spécialistes de la théorie du complot firent courir le bruit que Conn Smythe avait conspiré pour empêcher Broda de jouer pour l'équipe de l'Armée de Montréal, qui lui avait offert 2400 dollars de plus que son salaire de militaire. Le *Calgary Herald* ouvrit ses pages à de nombreux Canadiens qui voyaient une disgrâce nationale dans le fait que des joueurs de hockey engagés un ou deux ans plus tôt jouaient toujours au hockey plutôt que d'aller au front. L'Aviation tout comme l'Armée de terre firent promptement taire les critiques indignées : quelques mois plus tard, les équipes de hockey furent démantelées et les joueurs soumis à un entraînement de pointe pour les opérations militaires à venir.

Les joueurs de hockey réussirent tout de même à se trouver du temps de glace une fois installés en Angleterre, et comme le rapporte Ken Reardon du Canadien de Montréal dans l'ouvrage de Dick Irvin, *The Habs*, la Ligue Nationale de Hockey n'était jamais très loin : « On a joué un match à Brighton dans le cadre du championnat de l'Armée canadienne. Conn Smythe y était, et il y a fait venir le maréchal Montgomery. Smythe a paru enchanté de nous voir. C'était un vrai militaire. Pour lui, chaque joueur de la Ligue Nationale de Hockey se devait de rejoindre les rangs de l'Armée. »

En 1944, plus de 90 joueurs de la Ligue Nationale avaient à un moment ou un autre servi sous les drapeaux, poussés soit par leur patriotisme personnel, soit par celui de leur équipe, bien que plusieurs n'aient jamais endossé l'uniforme. Le Service d'affectation des tâches du gouvernement canadien avait prévu une clause de dérogation voulant que les athlètes professionnels ne recevraient aucun traitement de faveur, mais, d'autre part, qu'il leur serait loisible de pratiquer un sport professionnel si leur tâche au sein de l'armée n'était pas classée prioritaire. L'Acte de mobilisation des ressources nationales, introduit en 1940, permettait au Gouvernement d'engager des hommes et des femmes aux fins de l'effort de

guerre, mais une clause garantissait leur droit de ne pas être expatriés outre-mer. Les « Canadiens » purent échapper aux exercices militaires obligatoires parce que plusieurs de leurs joueurs avaient invoqué des tâches considérées comme essentielles à l'effort de guerre (tout comme les Leafs, mais ceux-là avaient pour patron un Conn Smythe qui les poussait à aller au front). En 1944-1945, la Ligue Nationale de Hockey changea sa constitution de manière à ce qu'aucun de ses joueurs ne puisse échapper au service militaire, idée fortement défendue par un Conn Smythe désireux de mettre du bois dans les

Comme il l'avait fait 30 ans plus tôt, Conn Smythe répondit à l'appel sous les drapeaux, emmenant une nouvelle fois avec lui toute une équipe de joueurs. Il fut grièvement blessé en juillet 1944, en France. Voyant que beaucoup d'autres soldats se faisaient traiter avant lui au centre de triage des blessés, son adjudant révéla aux médecins son identité. Heureusement pour lui, les médecins étaient des partisans des Leafs. *(Bibliothèque et Archives du Canada, PA-163191)*

roues de la grosse machine de guerre qu'étaient devenus les Canadiens de Montréal.

Ces temps obscurs contribuèrent paradoxalement à mettre en lumière l'équipe des Canadiens de Montréal. Ils avaient suscité beaucoup d'espoirs dans une ville qui n'avait connu aucune véritable dynastie du hockey depuis les premières années de la compétition pour l'obtention de la Coupe Stanley. Et voilà qu'en 1942, les Canadiens avaient une raison de croire à nouveau en leur bonne étoile en la personne d'un ailier droit de 23 ans qui avait fini par leur donner un gros club : Maurice Richard. Il avait été réformé pour cause de trop grande fragilité osseuse, mais il allait devenir le porte-drapeau de la métropole, puis de toute la province.

Richard en était à sa deuxième année dans la Ligue Nationale. Un jour, l'ayant observé tricoter un jeu, son coéquipier, Ray Getliffe, raconta : « Je l'ai vu s'emparer de la rondelle à la ligne bleue, faire une double feinte pour contourner deux joueurs, foncer droit devant avec du feu dans les yeux, et toucher le fond du filet. J'ai alors échappé : Wow ! une vraie fusée ! » Le journaliste sportif « Dink » Carroll a saisi le mot au vol. Ce soir-là est né Maurice « Rocket » Richard, l'un des noms les plus célèbres de tous les sports.

Maurice « Rocket » Richard : 1 mètre 80, et un volcan sur glace de 80 kilos, qui allait devenir beaucoup plus qu'une étoile dans le firmament des sports. Il devint l'icône de tout un peuple, et vers la fin, de tout un pays. Dans le roman maintenant classique de Roch Carrier, *Le chandail de hockey*, le narrateur explique ce que le « Rocket » représentait pour les gamins s'escrimant sur les étangs gelés de la province : « On priait le bon Dieu de nous faire jouer comme Maurice Richard. Tous, nous portions le même chandail rouge, blanc et bleu des Canadiens de Montréal, la meilleure équipe de hockey au monde. Tous nous peignions nos cheveux à la manière de Maurice Richard. Pour les tenir en place, nous utilisions une sorte de colle, beaucoup de colle. Nous lacions nos patins à la manière de Maurice Richard. Nous mettions le ruban gommé sur nos bâtons à la manière de Maurice Richard. Nous découpions dans les journaux toutes ses photographies. Vraiment, nous savions tout à son sujet. »

Maurice Richard était l'aîné des garçons et le deuxième enfant d'Onésime et Alice Richard, qui avaient quitté Gaspé pour Montréal dans ce qui devait être, au Québec, l'exode des gens de la campagne vers les villes qui a suivi la Première Guerre mondiale. Onésime a trouvé du travail comme charpentier pour le compte du Canadien Pacifique, et lui et sa famille se sont par la suite installés dans les confins nord de la ville, dans les environs de Rivière-des-Prairies. C'est sur cette même rivière et dans les cours d'école que Maurice Richard allait finir d'aiguiser ses talents de hockeyeur.

Il a fait partie d'une ligue dès l'âge de 11 ans. Après un séjour éclair avec les Maple Leafs Juniors de Verdun, en 1938-1939, il a joint les rangs d'un club-école des Canadiens, les Royal Seniors. La première fois qu'il a assisté à une rencontre des Canadiens, c'est sur la glace des Canadiens, dans leur alignement ! Ses premiers coups de patins avec l'équipe furent loin d'être prémonitoires : invité au camp d'entraînement des Royals, il a compté deux buts lors du premier match de la saison régulière, mais il a dû tout de suite abandonner la partie, et la saison, pour cause de blessure : son bâton s'est pris dans une fissure et il s'est cassé la cheville gauche. L'année suivante, c'était le poignet, et en 1942-1943, sa première saison avec les Canadiens, la cheville droite. On s'est mis à chuchoter que Richard était d'une constitution trop fragile pour jouer dans les grandes ligues, et Dick Irvin en personne mettait ouvertement en question sa force de tempérament.

Richard est revenu avec du feu dans les yeux, cette flamme qui devait émouvoir William Faulkner et lui faire écrire dans *Sports Illustrated* : « Le " Rocket " a quelque chose du serpent : un éclat de lumière venue d'ailleurs, un feu, et cette flamme vous sera fatale. » Dans l'alignement, Dick Irvin l'a mis aux côtés d'un doux joueur de centre, Elmer Lach, et avec l'ailier gauche Hector « Toe » Blake, dont l'habileté à toucher le fond du but lui valut le surnom d'allumeur de réverbère (dans son cas, de la lumière rouge signalant un but). On a appelé cette ligne « coup de poing » (Punch Line), tant elle brillait à aplatir l'adversaire, quel qu'il fût. Elle constituait aussi une sorte de microcosme où, au début, l'ensemble de ses chauds partisans se reconnaissaient : Lach parlait seulement anglais, Richard seulement le français, et Blake était bilingue. La langue d'usage des Canadiens en 1940 était l'anglais, à la fois dans la haute direction, chez les entraîneurs, et jusque dans les vestiaires, ce qui reflétait assez bien une autre réalité provinciale : le vrai pouvoir était dans les mains des Anglais.

Mais la vraie langue parlée par Richard s'exprimait avec éloquence sur la patinoire, avec son bâton et la rondelle. À l'occasion des finales de la Coupe Stanley de 1944, mettant en présence les ennemis ancestraux, Toronto et Montréal, Richard a brillamment montré à quel point il était « fragile » ! Dans la deuxième partie de la série, il enfila deux buts en 17 secondes au cours des

La ligne rouge

Au début de la saison 1944-1945 de la LNH, le Comité en charge des règlements de la Ligue se réunit pour étudier la façon de donner de la vitesse au sport, et du coup, de rendre les matchs plus intéressants. Le pilote des Rangers de New York, Frank Boucher, eut une idée attrayante : dessiner une nouvelle ligne sur la glace de manière à donner plus d'espace de manœuvre aux joueurs dans chaque zone. Joueur de centre renommé pour sa courtoisie et son habileté à voler la rondelle – il avait remporté sept fois en huit ans le Trophée Lady Byng, et en 1935, la LNH le lui a carrément donné, se gardant pour elle une copie – Boucher se vit bientôt appeler Raffles, du nom du personnage de roman, A. J. Raffles, gentleman cambrioleur. L'idée de Boucher était qu'une ligne divisant la glace en deux permettrait aux équipes de déblayer la rondelle hors de leur zone – ce qui était autrefois interdit. La nouvelle ligne rouge donna de la vitesse aux rencontres en permettant aux joueurs de défense d'inventer des jeux, de libérer leur zone en lançant la rondelle en « zone neutre », loin du danger, et aux ailiers de s'élancer loin devant le long des bandes dans de folles échappées. Les francs-tireurs de la Ligue s'en donnèrent à cœur joie, et pendant la saison 1943-1944, six des meilleurs compteurs atteignirent le chiffre de 30 buts ou plus, une première dans la LNH. *(Temple de la Renommée)*

deux premières minutes de jeu. Et comme si de rien n'était, il décrocha un tour du chapeau avant la fin de la période. En troisième période, le « Rocket » rugit à nouveau : deux autres buts, égalisant du même coup le record de Newsy Lalonde de 1919, avec ses cinq buts lors d'un match éliminatoire de la Coupe Stanley. Score final : Toronto 1, et le « Rocket » Richard 5. L'annonceur Foster Hewitt choisit alors les trois étoiles de la soirée : « Maurice Richard, Maurice Richard et Maurice Richard ». Ce fut l'année où la Coupe Stanley revint à Montréal, après 13 années de vache maigre, et Richard devint d'un coup le héros du Québec francophone.

Les Canadiens anglais ne le virent pas du même œil, à commencer par Conn Smythe. Tout en rappelant le triomphe des Maple Leafs de 1942, vainqueurs des finales de la Coupe Stanley, il déclara avec le plus grand sérieux du monde que si Richard avait l'air si fort, c'est qu'il jouait dans une ligue faible. Revenu au pays en 1945, Smythe ne fut pas le seul à s'interroger sur les faiblesses du hockey pendant la guerre : Frank Selke, à qui il avait confié la direction de Leafs pendant que lui se battait contre Hitler, lui a reproché d'avoir asphyxié la ligue professionnelle en fourguant brutalement les joueurs du côté des Forces armées.

Durant le conflit mondial, la moyenne des buts comptés par partie est passée de 2,5 à la fin des années 1930 à plus de 4,08 en 1944 ; cette année-là, six joueurs de la Ligue Nationale ont compté 30 buts ou plus, un exploit inédit. On ne pouvait plus parler de gardiens ou de défenseurs « faibles », mais bien d'attaque fructueuse. Au début de la saison 1943-1944, le comité en charge des règlements au sein de la LNH décida de donner de la vitesse au sport, de manière à améliorer

Membre de la « Punch Line »,
en compagnie de ses coéquipiers Elmer
Lach et Toe Blake, Maurice Richard
terrorisait les gardiens de la LNH, quand
il fonçait sur eux, avec du feu dans les
yeux, pour aller inscrire un nouveau but
dans le livre des records.

Lors des éliminatoires de la Coupe
Stanley de 1944, Maurice Richard a
compté neuf buts, dont cinq pendant la
demi-finale disputée contre Toronto, et
quatre autres dans la série contre
Chicago (3 à 2), donnant à Montréal sa
première Coupe Stanley en 14 saisons.

Vers la fin de la dernière rencontre de
la saison 1944-1945, Richard est devenu
le premier joueur de l'histoire de la LNH
à compter 50 buts en 50 rencontres.
Record maintenu jusqu'en 1980-1981,
l'année où Mike Bossy, des Islanders de
New York, a répété l'exploit. *(Temple de la
Renommée)*

le spectacle offert lors des rencontres. Art Ross, des Bruins, un grand joueur, un
grand entraîneur, homme d'avant-garde et – son entourage en savait quelque
chose – un tyran, s'allia à son homologue Frank Boucher des Rangers de New
York pour mettre de l'avant une innovation qui devait s'avérer capitale : la ligne
rouge.

Avant cette trouvaille, qui divisait la glace en deux, il était interdit de faire
une passe à partir de sa propre zone, et les joueurs devaient attendre d'avoir
franchi leur ligne bleue avant de s'exécuter. S'ils avaient un homme en moins,
ils ne pouvaient manœuvrer qu'au-delà de la ligne, et en infériorité numérique,

faire des passes en direction de sa propre zone était toujours dangereux. La ligne rouge a ajouté de la vitesse à la rencontre en donnant plus d'espace aux ailiers, qui pouvaient désormais recevoir des passes en plein milieu de la patinoire et foncer ensuite vers la zone adverse. Plus grande liberté de manœuvre aussi pour les défenseurs, qui pouvaient en toute sécurité renvoyer la rondelle hors de leur propre zone. L'invention de la ligne rouge a permis aux joueurs d'être plus imaginatifs.

En février 1945, Conn Smythe célébra son cinquantième anniversaire de naissance et sa première vraie partie de la LNH en trois ans, en assistant *de visu* au talent « surfait » de Maurice Richard. À peine l'eût-il vu patiner, que lui, Smythe, l'homme qui n'avait jamais eu un joueur canadien-français dans son alignement, et qui un jour avait salué l'auditoire de Montréal avec un ahurissant « Mesdames, Messieurs, et vous les Français », l'imagina tout de suite dans le chandail des Leafs.

Dans son chandail rouge, blanc et bleu, le « Rocket » avait atteint, en termes de buts comptés, des sommets inaccessibles, et le mythe allait grandissant au fil de ses poussées flamboyantes (en zone adverse). Trois jours après la Noël de 1944, on l'a vu prendre toute une journée pour emménager dans sa nouvelle maison – pas en supervisant le travail des déménageurs, mais en s'occupant lui-même des meubles, y compris un piano. Il y avait une joute ce soir-là, et Richard est arrivé dans le vestiaire complètement lessivé ; il est resté couché de tout son long sur une table, l'air de dire à ses coéquipiers : ne comptez pas sur moi ce soir. Mais il refaisait ses forces – bientôt déchaînées dans le massacre des Red Wings de Détroit au compte de 9 à 1 : Richard a récolté ce soir-là 5 buts et 3 aides. Toujours en 1944 : 15 buts dans une séquence de 9 parties, en dépit des tentatives de l'arrêter de ses adversaires, qui le cinglaient, donnaient du coude, accrochaient, parfois s'empilant sur lui pour stopper sa fougue. Richard les repoussait, et s'ils s'accrochaient, il les aplatissait d'un puissant coup de poing : il avait la précision d'un boxeur poids lourd. Il était obligé : personne ne venait à sa rescousse, et ses batailles, il devait les mener seul.

Son rêve le plus fou était d'être le premier joueur à marquer 50 buts. Quand il a battu le record de 45 buts de l'ex-Canadien Joe Malone (établi en 1918, sur une séquence de 22 parties), il avait devant lui 8 autres parties pour atteindre le chiffre magique de 50. Mais il ne put faire mieux que 49 buts. Tout le monde voulait l'arrêter, aucune équipe ne voulait lui accorder son cinquantième et ainsi passer à l'histoire en étant l'équipe qui a permis l'établissement de ce record. L'obsession de Richard n'en devint que plus forte, et le drame qui se joua sur la glace prit des allures de grand opéra.

Pendant la dernière période du dernier match de la saison de 1944-1945, disputé à Montréal, Richard s'est retrouvé tout fin seul devant les filets de Chicago. Un défenseur des Black Hawks lui asséna un coup de bâton et Richard se retrouva par terre. L'arbitre lui donna un lancer de punition. Le cinquantième but était à portée de main, et c'était un contre un, rien de moins ! Mais le gardien de Chicago fit l'arrêt, et il ne resta plus à Richard qu'une partie pour réaliser

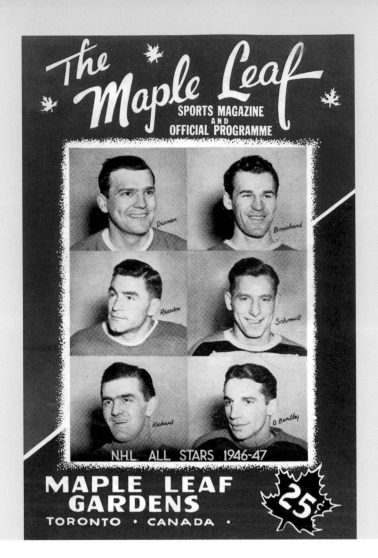

The **Maple Leaf**
SPORTS MAGAZINE
AND
OFFICIAL PROGRAMME

Durnan *Bouchard*
Reardon *Schmidt*
Richard *D. Bentley*

NHL ALL STARS 1946-47

MAPLE LEAF GARDENS
TORONTO · CANADA · 25

Le premier Match des Étoiles de la LNH

Le premier match officiel des Étoiles de la LNH s'est tenu au Maple Leaf Gardens le lundi 13 octobre 1947, dans le but de lever des fonds destinés à la nouvelle Association des pensionnés de la LNH. En tant que détenteurs de la Coupe Stanley, les Leafs firent face à une équipe des Étoiles dotée d'une grande puissance de feu : Maurice « Rocket » Richard, Ted Lindsay, de Détroit, la « Poney Line » de Chicago, Bill Mosienko et les frères Bentley, Doug et Max, et la célèbre « Kraut Line » de Boston. Les Leafs n'étaient pas dépourvus de joueurs étoiles, avec le gardien Walter « Turk » Broda, l'avant Ted « Teeder » Kennedy, et le capitaine Syl Apps, mais l'équipe des Étoiles a remporté le match inaugural 4 à 3. On a versé 25 000 dollars dans la cagnotte de l'Association des pensionnés, et le Match des Étoiles est devenu depuis lors une tradition de la LNH. Dans les années qui suivirent toutefois, les sommes réellement versées à l'Association firent l'objet d'un contentieux entre joueurs et propriétaires de la Ligue. (*Temple de la Renommée*)

son rêve, ou alors se souvenir à jamais à quel point il s'en était fallu d'un cheveu, et ressasser le mauvais sort qui s'était cruellement acharné sur lui à la dernière minute. Il ne s'était pas rendu la tâche facile, ni à lui ni à ses millions de supporteurs enthousiastes. Vers la fin de la troisième période de la dernière rencontre de la saison, dans la zone des Bruins de Boston, Richard s'empara d'une passe d'Elmer Lach, et on entendit alors une détonation : la rondelle siffla en direction du filet et fit secouer les cordes. Maurice Richard avait ses 50 buts !

Comme pour chasser tout souvenir du mauvais sort qui s'était attaché à lui pendant les huit parties qu'il avait fallu jouer avant d'atteindre le chiffre magique de 50, Richard enfila – du jamais vu dans l'histoire – six buts en six rencontres durant les joutes éliminatoires contre les Maple Leafs de Toronto : Richard avait gagné sa place dans la grande mythologie du hockey sur glace.

Conn Smythe devint obsédé par Richard : il offrit 25 000 dollars aux Canadiens et un bonus de 1000 pour qui mènerait l'affaire à bien. Personne n'y arriva. Le problème était fort simple : Richard portait déjà les seules couleurs dont il avait jamais rêvé.

Pour le jeune Felix Gatt, âgé de 12 ans, bien installé dans une salle de cinéma de Malte – nous sommes en 1950 – le plus grand patineur au monde s'appelle Gordie Howe. « La façon de jouer de Gordie m'impressionnait, confia-t-il, et je

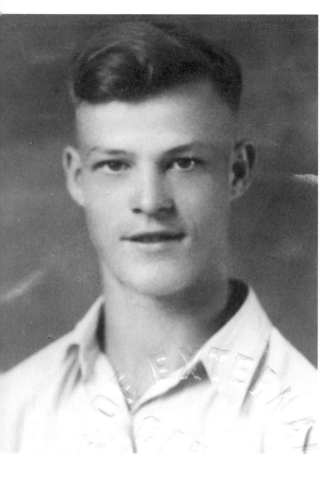

Lorsque le pilote et entraîneur des Red Wings de Détroit, Jack Adams, vit jouer pour la première fois Gordie Howe au camp d'entraînement en 1944 – il avait alors 16 ans – ce dernier lui apparut comme le plus brillant espoir de la Ligue. Il y avait là comme un présage des mesquineries que le futur « Monsieur Hockey » allait endurer plus tard : Jack Adams a oublié sa promesse d'envoyer au jeune joueur le coupe-vent de ses Red Wings adorés. L'année suivante, quand Adams a offert un contrat à Howe, ce dernier a refusé tout net, se rappelant l'épisode de la promesse trahie. Adams raconta plus tard : « Vous n'avez jamais vu quelqu'un courir aussi vite après un coupe-vent. Je suis venu à un cheveu de le perdre. »

(Temple de la Renommée)

suis tombé amoureux du hockey. » Gatt développait déjà une sorte de relation personnelle forte avec les Red Wings, son père ayant précédé sa femme et ses neuf enfants à Détroit, d'où il faisait parvenir aux siens des nouvelles du nouveau monde. « Un jour, vous savez, il y a comme une étincelle ; vous êtes attiré vers quelqu'un ; [Howe] était le joueur étoile... à Détroit, et dans tous les journaux que mon père m'envoyait, il faisait la manchette. » Quand Gatt débarque aux États-Unis pour commencer sa nouvelle vie, il se sent confier une mission, la plus importante de toutes : « Je ne pouvais plus attendre ; il fallait que je voie Gordie Howe... La première chose que j'ai faite, c'est... je suis allé voir mes premières parties de hockey. »

Howe était un grand bonhomme de 2 mètres, faisant 95 kilos, avec le physique d'un gars qui passait ses étés à transporter des sacs de ciment pour une équipe de cheminots travaillant pour son père, à Saskatoon. Quand le propriétaire de Détroit l'a aperçu pour la première fois au naturel dans le vestiaire des Red Wings, il s'est exclamé : « Je pourrais faire de toi un champion du monde de boxe, catégorie poids lourd, en moins de 10 mois ! » Howe était déjà un champion poids lourd sur glace, avec un coup de poing si puissant que son père, Ab, s'en est inquiété quand Gordie a joint les rangs des Red Wings. « J'ai dit à ma femme "j'espère que le gars va jamais se battre. Un coup de poing, et il tue !" »

L'année où le jeune Gatt est tombé amoureux du hockey est la même où Gordie Howe a frôlé la mort de près. Le 28 mars 1950, au milieu de la deuxième période de la première rencontre éliminatoire contre Toronto, Ted « Teeder » Kennedy, capitaine des Leafs, s'élança avec la rondelle lorsque du coin de l'œil, il aperçut Howe fonçant sur lui à toute vitesse. Howe a trébuché, les bâtons brisés ont volé dans tous les sens, et un joueur de Détroit a accidentellement et violemment culbuté Howe dans la bande. D'un coup, le numéro 9 s'est écroulé, le crâne ouvert ; le sang sortait à gros bouillons sur la glace blanche (le terrifiant contraste mérite d'être souligné, 1950 étant l'année où la glace fut pour la première fois peinte en blanc).

L'homme qui avait compté 35 buts et engrangé 33 mentions d'assistance cette saison-là, ce qui le hissait troisième dans la liste des meilleurs compteurs derrière ses coéquipiers Sid Abel et Ted Lindsay, fut vite emmené hors du Gardens, entre la vie et la mort. Les médecins ont dû pratiquer une trépanation, juste au-dessus de l'œil droit, et le liquide qui avait commencé à envahir le cerveau de Howe a pu s'épancher. À Détroit ce soir-là, la rumeur disait que Howe était mort. À Saskatoon, sa mère Katherine était accrochée à son poste de radio, écoutant le patron des Red Wings déclarer que Howe ne vivrait sans doute pas son vingt-deuxième anniversaire de naissance, prévu dans trois jours (le 31 mars). Les radios américaines et canadiennes diffusaient à répétition les derniers bulletins de santé décrivant l'état de Howe ; à Saskatoon, les radios locales ont commenté toute la nuit la nouvelle du désastre.

L'aube devait apporter de bonnes nouvelles. Non seulement Howe s'en était sorti, mais il pourrait chausser ses patins la saison suivante. Quand Howe a mis le pied sur la patinoire, le soir où les Wings ont remporté la Coupe Stanley,

Le Zamboni, ou Machine à glacer la patinoire

Le niveleur de glace en forme de boîte partout à l'œuvre sur les modestes patinoires locales et dans les Palaces du hockey de la LNH fut inventé par Frank Zamboni, en partie contraint par les circonstances. Ses talents combinés de réparateur de voitures et d'installateur de blocs frigorifiques destinés aux laiteries locales furent mis à profit, lui et son cousin s'étant vus charger de la construction de la patinoire Iceland, dans la banlieue de Paramount, à Los Angeles. Quand elle fut inaugurée, en 1940, Iceland – 6,000 mètres carrés de glace – fut l'une des plus vastes patinoires des États-Unis. Zamboni réalisa bientôt qu'il avait besoin d'un toit pour protéger la glace du soleil et du vent californien. Mais même avec un toit, il y avait le problème de conserver à la glace une surface lisse et fraîche. La méthode utilisée à l'époque était peu efficace et prenait beaucoup de temps : il fallait en permanence trois à quatre ouvriers pour enlever les copeaux de glace éparpillés par le grattoir du tracteur, puis répandre partout de l'eau fraîche, et passer à nouveau la gratte pour faire disparaître les aspérités. L'idée de Zamboni était simple : une machine qui « rase » les aspérités, collecte les éclats, égalise la glace à l'aide d'une bordure en caoutchouc, prévoie le double écoulement d'une eau froide et d'une eau bouillante, et le filtrage de l'eau usée à des fins de réutilisation. Zamboni a déposé un brevet de son invention en 1950, et comme on pouvait s'y attendre, la machine aujourd'hui connue sous le nom de Zamboni fut inaugurée lors d'une rencontre Montréal-Toronto, en 1952. *(Frank J. Zamboni & Co. Inc.)*

Ted Lindsay, de la même ligne d'attaque, approcha doucement son bâton de la tête de Howe, et d'un petit coup envoya valser son chapeau sur la glace. Lindsay voulait montrer les terribles cicatrices à ses admirateurs de l'Olympia de Détroit. Il voulait montrer comment il s'en était fallu de peu qu'ils le perdent à jamais...

Howe s'est bien remis de sa blessure à la tête, assez bien pour participer aux 70 parties de la saison régulière de l'année suivante : 43 buts et 43 mentions d'aide lui ont valu le Trophée Art Ross, le premier de ses six Trophées de buteur dans la Ligue Nationale de Hockey. Et c'est ainsi qu'en 1951, il allait devenir l'une des plus grandes vedettes de la télévision.

Il faut remonter au 11 février 1939 pour assister au premier match de hockey télévisé. Le réseau télé de la BBC a alors diffusé la troisième période d'une rencontre entre Oxford et Cambridge, à Earl's Court. En 1940, le Madison Square Garden a tenté une diffusion en circuit fermé – pas grand monde n'a imaginé un brillant avenir au hockey télévisé. En 1949, le président de la Ligue Nationale, Clarence Campbell, a exprimé tout haut ce que tout le monde redoutait – et c'était aussi un fait – concernant l'amateur qui venait applaudir les matchs de hockey : « Les téléviseurs sont chers, et en tant que tels, réservés aux salaires élevés ou moyens », constatait-il. « Ce sont ces gens-là qui nous achètent des billets, et s'ils restent à la maison, on estime que les six clubs de la LNH pourraient

Depuis 1936, la diffusion à la radio des parties de hockey du samedi soir, commanditée par l'Imperial Oil, était devenue une sorte de grand-messe pour les amateurs. Et quand la télévision s'est répandue dans les foyers canadiens après ses débuts en 1952, le hockey a suivi le nouveau médium, toujours le samedi soir, et toujours commandité par l'Imperial Oil.

(Temple de la Renommée)

perdre jusqu'à un million de dollars en recettes par saison. Et il est fort improbable que les dollars offerts par la télévision compensent nos pertes aux guichets. »

Trois ans plus tard, 10 % seulement des Canadiens étaient propriétaires d'un poste de télévision. Mal réparti encore sur les côtes canadiennes, ce médium d'avant-garde avait fait prendre conscience à tout un continent de son fort potentiel de transformation culturelle d'un pays – assez pour que les Black Hawks de Chicago en diffusent les matchs qu'ils jouaient le matin, et pendant le week end. Première équipe à télédiffuser des matchs, les Hawks jouaient le matin, craignant que le hockey du samedi soir ne puisse sérieusement concurrencer les émissions télé du samedi soir.

Cette année-là, le 6 septembre 1952, à Montréal, puis le 8, à Toronto, la CBC a émis un signal télé. Un mois plus tard, le 11 octobre, Gérald Renaud, 24 ans, rédacteur sportif qui n'avait même jamais vu un match à la télé, a organisé pour le nouveau médium électronique une rencontre entre Montréal et Détroit, disons plutôt entre les numéros 9 des deux formations, le « Rocket » et Gordie Howe.

Trois semaines après les débuts télévisés du hockey à Montréal, où le commentateur René Lecavalier, la grande voix du hockey télédiffusé au Québec, inventa tout un lexique décrivant aux téléspectateurs les manœuvres et exploits des Canadiens sur la glace du Forum, Foster Hewitt devenait, lui, la grande voix du hockey télédiffusé au Canada anglais. Le 1er novembre 1952, et au beau milieu de la deuxième période d'un match opposant les Leafs et les Canadiens, la CBC inaugura *Hockey Night in Canada*. Conn Smythe avait refusé que l'on télédiffuse « gratis » la première partie de la rencontre – ce qu'il fit à toute fin pratique, en demandant comme droit de télédiffusion des joutes des Leafs, offert à Imperial Oil, la somme de 100 dollars la partie pour toute la durée de cette première saison ! Smythe a alors réfléchi à ce que pourrait valoir le hockey télévisé sur le marché : la saison suivante, il vendait à Imperial Oil trois saisons de télédiffusion des matchs de hockey pour 450 000 dollars. *Hockey Night in Canada* venait de faire d'un sport télévisé l'événement le plus couru au pays, même s'il a fallu attendre 1968 avant que les téléspectateurs n'assistent à un match complet. Un phénomène équivalent au Québec, la *Soirée du Hockey*, commentée par René Lecavalier, allait devenir un incontournable dans tous les foyers québécois. En 2002, l'émission fêtait ses 50 ans à l'antenne, ce qui en fit la plus longue série continue en Amérique. Elle n'existe malheureusement plus aujourd'hui.

Tout jeune encore, dans sa banlieue de Toronto, en compagnie de papa, maman, ses frères et sœurs et grand-maman, Ken Dryden regardait *Hockey Night in Canada* à 21 heures pile, tous les samedis soirs. Il raconte, dans un article sur le site Internet de l'Imperial Oil : « Tout, ce soir-là, était spécial. C'était samedi. C'était veiller tard en famille. C'était voir les adultes exceptionnellement excités (disons mon père et ma grand-mère, ma mère étant l'immuable image de la sérénité) disant des gros mots et faisant plein de gestes pas polis que vous pensiez être le seul à faire… C'était regarder une partie que vous commenciez à comprendre, à aimer, jouée par des joueurs que vous rêviez d'être. C'était le seul moment de la semaine qui n'arrivait pas assez vite – tout, absolument tout le monde lié de près ou de loin à *Hockey Night in Canada* était spécial. »

Pour Conn Smythe, la télévision constituait moins un moyen de renforcer les liens familiaux qu'un bonne technique commerciale, qui inciterait les amateurs à quitter la maison et courir à l'aréna. Il fit valoir que lorsque les Cassandres du hockey avaient prédit que la radio allait tuer le sport, c'était le contraire qui s'était produit. « Même chose pour la télévision », raisonnait-il. « Ils seront des milliers à vouloir voir pour la première fois du hockey joué par des professionnels. Ils vont s'y accrocher parce que c'est un sport sublime, et ils ne vont pas vouloir rester à la maison, ils vont vouloir de la vraie patinoire ! » Smythe avait raison : les amateurs affluaient aux patinoires – sauf à Ottawa.

Un jour portés au pinacle du sport professionnel, les Sénateurs de 1954 durent se contenter de la Ligue de Hockey senior du Québec ; ils jouaient le samedi soir un mélange de hockey professionnel et amateur. En décembre de cette année-là, plus personne ne vint les voir jouer. Tommy Gorman, le directeur-gérant du club, qui avait dirigé trois équipes et remporté quatre Coupe Stanley, et qui avait ressuscité les Canadiens des années 1940 – même s'ils n'étaient plus que l'ombre d'eux-mêmes – s'était battu comme un lion, mais il a dû finalement s'avouer vaincu. La télévision était incontournable. « On n'a plus le choix : il faut quitter la Ligue du Québec sans plus tarder. Lé télédiffusion des parties jouées au Maple Leaf Gardens le samedi soir a complètement vidé nos arénas », écrivit-il à John McLaren, président de McLaren Advertising, qui avait produit *Hockey Night in Canada* à ses débuts. Gorman y est allé encore plus brutalement dans une lettre d'explication envoyée à la Ligue de Hockey Western : « C'est l'avis de tout le monde : impossible de continuer. Notre auditorium est presque un désert, pendant que les bars et débits de boisson de Toronto et de Montréal sont pleins à craquer d'amateurs de hockey. »

Le *Ottawa Citizen* écrivit en noir sur blanc ce que beaucoup pensaient dans la Capitale : « Dur constat pour la ville d'Ottawa ce matin : elle n'a plus d'équipe digne de figurer dans les annales de notre sport national. C'est sans doute la première fois dans notre histoire que la Capitale, autrefois reconnue comme ville pionnière du hockey, se retrouve sans club senior, amateur ou professionnel. » De fait, toutes les ligues seniors voyaient leur auditoire grignoté par la télévision, et l'œil de la caméra s'intéressait davantage aux six premières formations de la LNH. Sept équipes à un moment donné, mais la Ligue s'est retrouvée à six quand les Americans de New York ont fermé les livres durant la guerre. La LNH était maintenant la seule ligue pouvant remporter la palme suprême, et elle allait chercher du même coup les plus grands joueurs et des paquets de dollars en publicité.

Les Canadiens de Montréal étaient bien au courant du phénomène. Ils ont mis sous contrat Jean Béliveau, un beau et grand jeune homme, un joueur de centre dont le coup de patin était un véritable ballet, et qui jouait pour les As de

Surnommé Le Gros Bill à cause de sa ressemblance avec un héros célèbre d'une chanson du folklore canadien-français, Jean Béliveau a fini par incarner la classe, l'équilibre, et le succès des Canadiens, pour qui il a joué jusqu'en 1971, y passant dix ans comme capitaine et remportant dix Coupes Stanley. *(Franz Prazak/Temple de la Renommée)*

Québec. Béliveau était si populaire, que chaque fois qu'il faisait un tour du chapeau, les marchands locaux lui offraient des complets, des chapeaux et des chemises, sans compter le repas du midi avec steak au menu. À 21 ans, Béliveau s'était vu offrir par les As un contrat de 20 000 dollars par année, plus deux voitures, dont l'une, une très belle décapotable, portait le numéro d'immatriculation « 2 B » (le tout-puissant premier ministre québécois de l'époque, Maurice Duplessis, avait déjà la plaque « 1 B »). Les Canadiens détenaient déjà les droits de Béliveau dans la LNH, mais Béliveau était plus heureux à Québec, il empochait plus d'argent, croyait-il, qu'il ne pourrait en faire dans la LNH – jusqu'à ce que le sénateur Donat Raymond, propriétaire des Canadiens, achète la Ligue senior de Hockey du Québec : comme l'a déclaré le directeur-gérant Frank Selke, les « voûtes s'ouvrirent grand » pour Béliveau, qui endossa le chandail rouge, blanc et bleu. Il était une mine d'or pour le sport – et pour la télévision.

Pour Jack Adams, entraîneur et directeur-gérant des Red Wings de Détroit, la télévision et ses petits cousins de la radio et des journaux devaient faire leur examen de conscience. C'était le fameux soir du 17 mars 1955. Il s'est vidé le cœur à l'occasion d'une prise de bec avec les journalistes alors qu'il montait à bord du train le ramenant à Détroit, après la victoire par défaut des Red Wings : « Ce qui s'est passé ce soir est une honte, ça me donne envie de vomir. C'est de votre faute, à vous tous, ce qui vient d'arriver, lança Adams. Vous avez fait de Richard un dieu, et sa suspension a transformé des amateurs de hockey en idiots hurlant comme des putois. Et puis sachez une chose : Richard n'est pas un héros !... J'ai honte de me voir impliqué par ce gars-là dans cette foutue histoire ! » Des personnalités respectées du monde de la culture ont vu dans cette soirée de hockey l'un des événements fondateurs de la Révolution tranquille au Québec. Richard au cœur d'une émeute allait orienter dans un certain sens la pensée politique au Québec, dévoilant du même coup le lien très fort entre le hockey et la psyché canadienne.

La bataille fut déclenchée par l'affrontement d'une idole francophone, Maurice Richard, et du président anglophone de la LNH, Clarence Campbell, chargé d'un symbolisme culturel incendiaire. Une idole canadienne-française issue de la classe ouvrière, un homme passionné avait à plusieurs reprises affronté Dieu lui-même dans la LNH : Clarence Campbell, formé à Oxford, et dont la parole faisait loi. Ou plutôt qui souhaitait imposer comme dictat les désirs des propriétaires des équipes de la LNH. « Dans quel autre pays, demanda le fils de Smythe, Stafford, aurait-on pu trouver un boursier Rhodes, avocat de profession, bardé de décorations militaires, et ex-procureur aux Procès de Nuremberg obéir à un ordre ? »

En mars 1955, Richard s'était déjà vu mettre à l'amende par Campbell – 2500 dollars, plus que tout autre joueur de la LNH – et avait été plusieurs fois sanctionné pour « mauvaise conduite » à la suite de saccages divers, et pas toujours sur la glace elle-même. Richard plaidait que les arbitres fermaient un peu trop les yeux sur les joueurs qui le mettaient brutalement en échec sur la glace ;

il s'était même attaqué physiquement à un arbitre dans le lobby d'un hôtel de New York en l'attrapant par le collet, mais ses coéquipiers ont séparé les deux hommes.

Auteur du roman devenu classique *Les deux solitudes*, qui explore le fossé séparant Canadiens d'origines française et anglaise, Hugh MacLennan expliquait en 1955, dans le magazine *Saturday Night*, que Richard jouait de la seule façon qui lui était possible. « S'il explose, c'est qu'il est trop souvent incapable de jouer son meilleur hockey, les arbitres ne faisant pas respecter le règlement. » Richard était régulièrement cinglé, enfargé, dardé, retenu et insulté par les joueurs et entraîneurs adverses. Et pas d'encouragement sur son propre banc : Dick Irvin lui répétait que les spectateurs le prendraient pour un couillon s'il ne rendait pas la pareille à ses bourreaux. Plus tôt dans la saison, Richard avait répliqué à une violente mise en échec de Bob Bailey en lui donnant un coup de bâton sur la bouche. Durant la mêlée qui a suivi, l'arbitre Red Storey et son juge de ligne George Hayes ont enlevé cinq fois le bâton des mains de Richard, et chaque fois, Richard revenait avec un autre bâton. Il a fallu que Storey visionne l'incident sur le petit écran après la partie pour tout comprendre : de son banc, Dick Irvin fournissait les bâtons à Richard selon ses besoins...

Richard avait aussi giflé Hayes et passé son gant au visage de Storey, une faute jugée grave dans n'importe quelle ligue, mais les officiels ont bien voulu passer l'éponge dans le rapport remis après la partie. Ils étaient aussi au courant, outre l'enfer qu'il devait régulièrement endurer sur la glace, que Richard était sous forte pression : pour la première fois de sa carrière, il pouvait remporter le Trophée Art Ross et le chèque de 1,000 dollars qui y était attaché, accordé au premier compteur de la Ligue. Le président Clarence Campbell lui avait imposé une amende de 250 dollars, et promis de le suspendre si jamais il franchissait de nouveau la... ligne rouge !

Puis, à Boston cette fois, le 13 mars, Richard fut victime d'un bâton élevé de la part du défenseur des Bruins, Hal Laycoe. Œil pour œil, Richard répliqua avec un coup de bâton au visage de Laycoe, réussissant – deux fois ! – à échapper aux officiels qui essayaient de l'empêcher de retourner frapper Laycoe. Le juge de ligne recrue Cliff Thompson, autrefois défenseur des Bruins, s'en est pris à Richard, et ce dernier répliqua avec un coup de poing en plein visage. Il expliqua après les faits qu'il faisait juste se défendre, Laycoe tapant sur lui comme un malade pendant que Thompson le maintenait à terre. Trois jours plus tard, Campbell tint sa promesse : suspension de Richard pour le reste de la saison et pour les éliminatoires. Non content de s'en prendre à Richard, il y alla d'une phrase insultante pour tous les Québécois francophones : « Ce sera maintenant tolérance zéro. Fini les temps de probation. Et on se fout que ce type de comportement vienne d'une instabilité du tempérament ou constitue un défi délibéré. »

Pour les francophones, il ne s'agissait plus de hockey. Ce qui était en cause, c'était des siècles d'insultes et d'injustice infligées par les Anglais. Les standards des postes de radio furent saturés, les gens voulaient protester, écrivaient des lettres

Après que le président de la LNH,
Clarence Campbell, eut suspendu
Maurice Richard pour le reste de la
saison 1954-1955, y compris pour les
éliminatoires, la Police de Montréal et le
maire Jean Drapeau s'attendaient à ce
qu'il y ait du grabuge. Ils lui ont
conseillé de ne pas se présenter à la
joute suivante. Campbell n'a pas daigné
les écouter, et s'est amené au match
opposant Détroit à Montréal le 17 mars
1955, en compagnie de sa secrétaire
Phyllis King (qu'il devait épouser plus
tard), et d'un ami. Campbell redoutait
de passer pour un lâche s'il évitait le
Forum, mais il fut attaqué dans les
gradins, et sa présence a déclenché une
émeute. *(La Gazette de Montréal)*

indignées à Campbell où l'on lisait que si Richard s'était appelé Richardson, il
serait toujours sur la glace. Un hebdomadaire de Montréal publia une caricature
où l'on voyait la tête de Campbell sur un plateau, avec la légende « Comment on
aimerait bien le voir ». La manchette de *La Presse* du 17 mars 1955 se lisait comme
suit : « La punition jugée trop forte » – vu les circonstances, elle était plutôt
mesurée. À Toronto, le *Globe and Mail* ramena tout à la grande division nationale,
Anglais d'un côté, Français de l'autre : « Clarence Campbell sera vilipendé et
insulté à Montréal pour l'action disciplinaire prise à l'encontre du « Rocket »... À
Détroit, Boston, et dans toutes les villes situées plus au nord, il sera félicité au
nom de son sens du devoir. » La rumeur a couru que la suspension de Richard
avait été organisée à Détroit, qui voyait en Richard le plus grand obstacle à l'obtention de la Coupe Stanley, et avec l'aide de Conn Smythe, toujours piqué au vif
d'avoir vu Richard refuser de jouer pour les Leafs 10 ans auparavant.

Toujours le 17, à Montréal, Red Storey, à peine levé, a entendu l'annonceur
de la radio demander : « Est-ce bien la fête de la Saint-Patrick, ou le jour de la
mise à sac de la Sun Life ? » (l'édifice abritant les quartiers généraux de la LNH).
Quand Clarence Campbell est apparu au Forum ce soir-là, faisant fi des avertissements de la police de Montréal et du maire Drapeau en personne, on eut la
réponse : ce fut la Fête du Forum. Avant la partie, la foule en colère s'était massée
autour de l'aréna, portant des banderoles fustigeant Campbell, quelques-uns
déjà lançant des bouteilles dans une sorte de répétition de la nuit à venir. Guy
Robinson assistait à la partie en compagnie de ses deux frères, avec un sac de
tomates caché sous leur siège, prêt à ouvrir les hostilités. « On espérait malgré
tout que les Canadiens pourraient battre Détroit [mais] quand ils ont commencé
à perdre, tout a explosé. »

Les Canadiens étaient comme tétanisés, et le pointage était de 4 à 1 en faveur
de Détroit à la fin de la première période. Et voilà qu'un peu plus tard dans le

La colère suscitée par la suspension de Maurice Richard, le 16 mars 1955, exprimait les sentiments de frustration longtemps contenus par la majorité francophone soumise à une élite anglo-québécoise extrêmement autoritaire. Le lendemain soir, un rassemblement de protestation réunissant 10 000 personnes au Forum de Montréal a bientôt tourné à l'émeute, avec son cortège habituel de vitres fracassées, magasins pillés et voitures renversées. Le bilan : 70 arrestations, des dommages s'élevant à 100 000 dollars, et une flambée du sentiment séparatiste au Québec. *(La Gazette de Montréal)*

match, Clarence Campbell fait son entrée au Forum en compagnie de sa secrétaire et d'une amie à elle. Il y eut là beaucoup plus que des « Shoooos » et des sifflets. « Le hockey était une religion, se rappelle Roméo Paré, qui assistait à la rencontre. Mais c'étaient nos héros qui se faisaient massacrer par Clarence Campbell – un Anglais qui n'avait jamais raté une occasion de dire son mépris des Canadiens français. »

Les frères Robinson mirent leurs armes au grand jour. Guy se rappelle : « On a commencé à lancer des tomates. Malheureusement, on touchait les gens autour mais pas Campbell lui-même. Mon frère n'en pouvait plus... Il a grimpé dans les gradins et a lancé une tomate en plein sur sa cible. Soudain, une bombe à gaz lacrymogène, comme celles utilisées par la police de Montréal, vint tomber juste à côté du président de la LNH. La foule se rua vers les sorties. L'organiste du Forum s'était-il préparé pour la circonstance ou avait-il eu une inspiration diabolique ? Toujours est-il qu'il entonna la chanson "Mon cœur gémit loin de toi". On était asphyxié, raconta Robinson. On a vite redescendu les marches et là, il y avait partout des chapeaux de femme, des souliers... une vraie panique. »

Clarence Campbell se dirigea vers le centre des premiers soins, où il eut une brève conversation avec le chef des pompiers de la ville de Montréal, et il rédigea un mot à l'intention des joueurs de Détroit disant : « Jack Adams : la partie annulée sera rejouée à Détroit. Vous vous occupez de ramener votre équipe à la maison au moment que vous déciderez. Monsieur Selke est d'accord et le chef du service des pompiers a fait fermer le Forum. Clarence S. Campbell. »

La foule des partisans du Forum se répandait maintenant dans la rue Sainte-Catherine, faisant jonction avec celle qui manifestait à l'extérieur contre la suspension de Richard. Il n'y avait pas plus de 250 policiers pour contenir une foule de 10 000 personnes, le rassemblement prenant maintenant l'allure d'une véritable émeute – on mettait le feu, on renversait des voitures, on brisait des vitres. « Le kiosque à journaux flambait, se souvient Robinson. La foule bloquait les tramways. Un bordel total ! »

Les échauffourées ont duré jusqu'à trois heures du matin, et les conséquences dépassèrent largement les 70 arrestations et les 100 000 dollars de dommages déplorés par la ville. La *Gazette* anglaise titra : « La foule en furie saccage le Forum. La partie annulée ». Elle rajoutait à propos des amateurs qu'ils s'étaient comportés de façon aussi scandaleuse que barbare, en cela comparables aux hordes berlinoises de la fin de la Deuxième Guerre hurlant leur défi au monde. » La presse francophone mit en cause Campbell, tout comme le maire Jean Drapeau qui, tout en qualifiant les émeutes d'inexcusables, les trouva compréhensibles, « provoquées par la présence au Forum de monsieur Campbell ».

La ville redoutait qu'après avoir goûté au sang, la foule en redemande encore. Pour calmer le jeu, on fit appel à l'homme qui, pour les uns, avait tous les torts, et qui, pour les autres, apparaissait comme une victime des événements. Le lendemain des événements, peu après 19 heures, Richard fut entendu à la radio et vu à la télévision. Il expliqua que tout en n'étant pas d'accord avec la sentence rendue, il l'avait acceptée. « Je subirai ma punition, et je reviendrai l'année prochaine. Pour éviter du grabuge supplémentaire, j'aimerais demander à chacun d'appuyer l'équipe à fond, et de les aider à gagner à New York et à Détroit. » Richard devait déclarer ultérieurement qu'il n'avait pas du tout accepté sa punition, mais la pression sur ses épaules était telle – il fallait éviter toute nouvelle violence – qu'il avait déclaré la seule chose qu'on lui permettait de dire s'il souhaitait un jour s'exprimer dans le seul endroit au monde qui lui importait : la glace de l'aréna.

Les Montréalais écoutèrent – fin des manifestations – mais les Canadiens avaient été durement touchés. Cette année-là, Détroit remporta la Coupe Stanley, et Felix Gatt y assista en direct, pas à la télé. « Ted Lindsay brandissant la coupe, fit un grand tour de patinoire, s'arrêtant ici et là pour que les gens la touchent... c'était incroyable. » Pour les Canadiens et les amateurs de Montréal, c'était bien réel.

Deux ans plus tard, Maurice Richard compta son 500e but devant 14 000 de ses admirateurs, qui lui firent – et à eux-mêmes – une longue ovation. Le hockey était décidément plus qu'une religion : c'était une bataille. En dépit de tous les obstacles, et grâce à son excellence, sa résistance, son refus d'être un quelconque deuxième violon, Richard avait triomphé. Le hockey verrait bientôt débarquer un tout nouvel adversaire. Il ne serait ni Anglais ni Français – il serait Russe.

En 1954, la Guerre froide battait son plein. Deux années auparavant, les États-Unis avaient secrètement testé une bombe à hydrogène dans le Pacifique : elle était 10 fois plus puissante que les bombes atomiques qui avaient dévasté Hiroshima et Nagasaki. En septembre 1954, c'était au tour des Soviétiques de tester leur propre bombe à hydrogène ; partout en Amérique du Nord, on se mit à construire des abris antinucléaires comme préparatif à l'apocalypse annoncée par les États-Unis et l'Union soviétique, apparemment décidés à détruire la planète au nom d'idéologies rivales.

Le Canada entre-temps eut son moment de vérité. Envolés pour Stockholm où se tenait le Championnat mondial des équipes amateurs de hockey, les Lyndhursts d'East York firent durement connaissance avec l'Union soviétique, qui leur donna une raclée, 7 à 2, raflant du même coup la médaille d'or, et laissant le Canada sous le choc. Le *Toronto Telegram* titra : « Un œil au beurre noir pour le Canada », et « Envoyez les sélectionneurs en Sibérie ! ». On a parlé d'envoyer au goulag les personnes jugées responsables de ce qu'Elmer Ferguson, du *Herald's*, a qualifié de « désastre national, un affront à tout le pays, une expérience humiliante ».

Le Canada s'imaginait champion incontesté du hockey sur glace, et pendant plusieurs décennies, on avait cru que n'importe quelle équipe canadienne pouvait remporter la médaille d'or. La liste est longue de celles qui s'étaient imaginées les meilleures au monde : les « Varsity Grads » de l'Université de Toronto, les « Monarchs » de Winnipeg, les « Quakers » de Saskatoon, les « Flyers » de la Royal Canadian Air Force, les « Mercurys » d'Edmonton... Mais voilà que les Soviétiques s'amusaient comme des petits fous avec les joueurs canadiens ; ils étaient plus rapides, plus résistants, capables de faire des passes de précision à leurs défenseurs dans toutes les directions – en avant, sur le côté, et personne n'en croyait ses yeux, par derrière ; ils se regroupaient, ils menaient le jeu. L'ironie de tout cela était que les Soviétiques avaient peaufiné leur technique en regardant jouer les Tchèques, qui eux-mêmes avaient tout appris du sport canadien en la personne de Mike Buckna, dans les années 1930.

Encore sous le choc de l'humiliante défaite des Lyndhursts et de tout le pays, les responsables du hockey canadien prirent la décision d'envoyer outre-mer des représentants plus capables de laver l'affront infligé au Canada. Conn Smythe proposa d'envoyer les Maple Leafs, et le maire de Toronto Alan Lamport offrit de payer de sa poche les 5000 dollars nécessaires au déplacement de l'équipe, mais la Fédération internationale de Hockey refusa au Canada le droit d'envoyer des joueurs professionnels. La tâche de sauver notre sport national des gros méchants soviétiques fut confiée à une équipe d'une petite ville de Colombie-Britannique célèbre pour ses vergers, Penticton : champions en titre de la Coupe Allan de 1954, ils constituaient alors la meilleure équipe amateur de tout le Canada. Les « Vees » de Penticton tiraient leur nom des trois types de pêches qui poussaient dans les vergers environnants – la Valiant, la Vedette et la Veteran. En 1955, l'équipe s'envola pour Krefeld, en Allemagne de l'Ouest, pour affron-

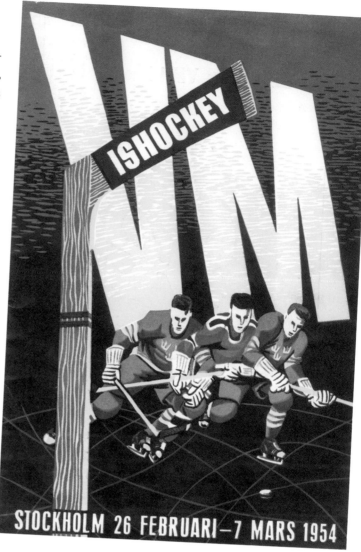

En 1954, les Lyndhursts d'East York étaient les grands favoris pour rapporter au Canada le championnat mondial de hockey tenu à Stockholm. Ayant gagné les six premiers matchs du tournoi, il n'y avait que les Dynamos de Moscou qui pouvaient les priver du titre, dans ce qui était la toute première compétition internationale mettant aux prises les deux pays. Les Lyndhursts – et tout le Canada – restèrent sous le choc : les Soviétiques, très talentueux à toutes les positions, leur ont infligé une raclée de 7 à 2, la pire défaite canadienne depuis le tournoi de 1924.

(Temple de la Renommée)

Après la correction subie aux mains des Soviétiques, lors d'une rencontre décidant de la médaille d'or et du vainqueur du championnat mondial de hockey de 1954, les « Vees » de Penticton furent désignés pour représenter le Canada au tournoi de 1955 en Allemagne de l'Ouest. Vainqueurs de la Coupe Allan en 1954, qui récompense la meilleure équipe du Hockey senior amateur canadien, ils étaient décidés à venger le Canada. Dirigés par le joueur-instructeur Grant Warwick, gagnant du Trophée Calder en 1932 comme meilleure recrue de la l'année avec les Rangers de New York, les « Vees » ont écrasé les Soviétiques 5 à 0. *(Bibliothèque et Archives du Canada, Collection de la Tribune, PA-093954)*

ter l'Ours russe. Les « Vees » avaient déjà connu l'humiliation, et ils avaient su s'en remettre. Sid Godber, journaliste au *Herald* de Penticton, était sûr que l'équipe locale était mûre pour sa mission, la décrivant comme « bien pourvue en joueurs autrefois méritants, d'autres réintégrés comme ex-professionnels ayant connu leur jour de gloire – et aussi des francs-tireurs qui ne s'étaient jamais haussés au niveau du sport professionnel... c'est là la vraie grandeur des « Vees » de Penticton... des gars d'abord méprisés dans toute la ligue lors de leur première saison, montés en finale de la Coupe Allan lors de la deuxième, et sacrés champions de la Coupe Allan dans leur troisième. »

Emmenés par le joueur-entraîneur Grant Warwick, ex-gagnant du Trophée Calder avec les Rangers de New York, et un vétéran qui avait passé neuf ans dans la LNH, revigorés par une équipe de durs regroupant des ex-professionnels et des amateurs doués, les « Vees » savaient qu'ils portaient sur leurs épaules, non seulement leur équipement de hockey, mais l'honneur du pays. « Les Russes avaient fait une bouchée 7-2 des Lindhursts, et tout le pays en rageait encore », se rappelait Billy Warwick, l'un des trois frères Warwick constituant la ligne d'attaque des « Vees ». « Tout était tellement politique, et puis il y avait la Guerre froide, et on pensait "mais c'est pas possible, les Russes débarquent, imagine, et..." Tout l'Occident était bouleversé : était-il pensable que le Canada se fasse battre par des communistes ? »

Des centaines de supporteurs accompagnèrent les « Vees » à l'aéroport de Penticton ; les conseils fusaient, émus, traduisant toute la profondeur de l'angoisse nationale : « Il faut gagner ! », « Pas de punitions ! », « Il faut les battre ! », « Revenez-nous en vainqueurs ! »

Pour la première fois de son histoire, la CBC envoya des équipes chargées de faire le compte rendu de la partie : la voix par excellence des Maple Leafs, Foster Hewitt, pour décrire la rencontre à la radio, et Steve Douglas pour le plan-par-plan à la télé. La présence des médias dramatisait le message : on n'avait pas le droit de perdre !

La vraie nature de l'affrontement était apparue lors d'une partie disputée par les joueurs canadiens à Berlin : dans la foule des spectateurs, ces derniers reconnurent le joueur étoile soviétique Vsevolod Bobrov – les Canadiens avaient fait leur boulot d'éclaireurs, et c'était maintenant au tour des Soviétiques. Tels de véritables espions de la Guerre froide dans une ville littéralement coupée en deux par l'idéologie et les forces militaires en présence, Bobrov et ses coéquipiers prenaient des photos des joueurs canadiens en action. « Ils voulaient savoir qui était qui, se rappelle Billy Warwick. Grant nous a tout de suite rappelés vers la chambre des joueurs, et on a échangé nos chandails. Nos numéros de gilet étaient tous mêlés ».

Le 6 mars 1955 eut lieu le face-à-face Canada-Union soviétique dans ce qui était la dernière rencontre de la finale du Championnat du monde. Pour le journaliste chevronné Andy O'Brien, on aurait dit que tout ce qu'il y avait de médias au monde s'était entassé dans le petit aréna allemand pour assister, en pleine Guerre froide, à cet affrontement si lourd de symboles. « La pression, énorme, ne cessait d'enfler ; jamais, sauf pour cette finale du dimanche, je n'ai rien ressenti de tel lors des gros événements que sont la Coupe Stanley, la Coupe Grey, ou un combat de boxe poids lourd. Durant le court moment de calme du samedi précédant la finale du dimanche, la délégation des médias combinés, radio, télé, presse écrite, avait atteint le chiffre faramineux de 350 représentants incluant la Suède, la Pologne, la Finlande, la Suisse, l'Angleterre, les États-Unis, la Hollande, la France, l'Italie, l'Autriche et l'Allemagne, et bien sûr le Canada et la Russie ».

Les joueurs canadiens se focalisèrent sur Bobrov, en l'empêchant de récupérer la rondelle, en le contenant quand il l'obtenait, et en frappant autour d'eux tout ce qui bougeait. Les Européens détestaient le jeu de massacre des joueurs canadiens, très physique ; un spectateur faillit même toucher Warwick en lui lançant une bouteille d'eau gazeuse à la tête. Mais les « Canucks » s'en fichaient pas mal : les Russes étaient vidés, et Foster Hewitt annonça à un pays soulagé une déroute des Russes 5-0. Les « Vees » avaient remis le Canada à sa juste place : au sommet du monde. Ils furent des héros nationaux.

Billy Warwick déclara : « On a travaillé toute l'année juste pour cette partie-là. On avait la forme pour jouer toute la journée et toute la nuit. Et ce jour-là, on aurait battu n'importe qui. On se fichait de l'adversaire, personne ne pouvait nous battre. C'était comme ça. La pression, et toute la politique autour avaient fait ça. La Guerre froide, l'Est contre l'Ouest. »

Le 18 janvier 1958, Willie O'Ree écrivit une page d'histoire en devenant le premier joueur noir de la LNH. Il a porté le chandail des Bruins lors d'une rencontre disputée contre Montréal. Cette année-là, O'Ree a joué deux parties sous les couleurs des Bruins, puis 43 autres lors de la saison 1960-1961. Rendu aveugle de l'œil droit par une rondelle, il a décidé de ne pas dévoiler son handicap aux responsables de la Ligue, seule façon pour lui de pouvoir jouer dans la Ligue. *(James McCarthy/Temple de la Renommée)*

Six ans plus tard, les Trail Smoke Eaters participèrent au Championnat du monde et battirent les Soviétiques 5-1. Et entre les deux événements, une autre équipe originaire du pays des vergers traversa le Rideau de fer pour aller se battre contre les Soviétiques sur leur propre patinoire.

En novembre 1958, les Packers de Kelowna furent la première équipe canadienne à jouer en Russie, après le passage d'une équipe britannique l'année précédente. En tant que champions du Hockey senior d'Okanagan, les Packers avaient joué les sept parties de la finale de la Coupe Allan, mais ils avaient dû s'incliner devant les McFarlands de Belleville. Mais ils étaient alors sans les services de cinq de leurs meilleurs joueurs. C'est ce qui a justifié la Fédération Canadienne de Hockey Amateur de courir le risque, et de choisir les Packers pour le périlleux et historique voyage.

En novembre, l'équipe atterrit dans l'un des plus chauds moments de la Guerre froide. Deux ans auparavant, les troupes soviétiques avaient brutalement écrasé le soulèvement hongrois. Maintenant dotés de bombes à hydrogène, les Soviétiques constituaient alors un réel et terrifiant ennemi. À peine arrivés à Moscou, l'avion à bord duquel avait volé l'équipe de Kelowna fut soudain rempli de militaires menaçants. L'ambassade canadienne annonça aux Packers que leurs chambres d'hôtel étaient sous écoute, et Bill « Bugs » Jones, nommé « Professionnel le plus qualifié de la série », se rappelle que l'équipe a dormi « toutes les lumières allumées... On avait peur de les éteindre. »

La loi soviétique permettait la détention de tout citoyen russe ou de leurs enfants, quelle que fût leur citoyenneté du moment. Personne n'en avait rien dit aux Packers, et voilà que deux joueurs – Greg Jablonski et Russ Kowalchuk – tous deux d'origine ukrainienne et parlant bien le russe – risquaient d'être envoyés en Sibérie. Ils virent leur passeport confisqué par les Soviétiques, et ils jouèrent toutes les parties de la série avec la peur au ventre : jamais, peut-être, ils ne reverraient le Canada. L'équipe était prise en filature par le KGB, et toute fraternisation avec les joueurs soviétiques ou avec les Moscovites rendus curieux était interdite. Moscou elle-même était un lugubre monolithe de béton, mais la passion des Soviétiques pour le hockey était remontée à la surface : pendant la série, on put la lire sur tous les visages.

Les deux premières parties furent jouées dans le tout nouveau Palais des sports Lénine, pouvant accueillir 15 000 spectateurs, et les trois dernières à l'extérieur, dans un stade de soccer de 60 000 places. L'entraîneur Anatoly Tarasov était très intéressé à en savoir davantage sur son homologue Jack O'Reilly, et en dépit des interdictions de socialisation, il était permis de faire des affaires. Les deux hommes ont littéralement épuisé leurs interprètes, passant des heures à parler hockey. Les Soviétiques ont même filmé les joueurs canadiens lors des pratiques, et certains, comme Mo Young, soupçonnaient les Russes de viser plus haut, déclarant peu après : « Ils se préparaient à affronter la LNH. Ça se sentait, et nous, on le savait. »

Pendant la première partie, l'Armée rouge rattrapa un déficit de 3 à 2 pour finalement l'emporter. Les deuxième et troisième parties se terminèrent par une nulle, et les Packers commencèrent à s'inquiéter. Le joueur avant Mike Durban se souvient de Russes rapides et en excellente forme physique ; ils jouaient « comme si tout était écrit au tableau, mais quand on faisait crouler un de leurs gars, tout le système tombait en morceaux ».

Il a fallu attendre les deux dernières rencontres pour que les Canadiens trouvent enfin leur jeu, remportant coup sur coup deux victoires. À la fin, lançant leurs bâtons dans la foule, ils firent un grand tour de patinoire sous les applaudissements d'une foule debout saluant à la fois les Canadiens et la griffe, unique, de leur hockey. Anatoly Tarasov, peu enclin aux hommages, déclara ensuite ce que tout le monde au Canada attendait : « Les Canadiens sont des joueurs de hockey superbes. » Mais les Soviétiques avaient décidé d'être les meilleurs, et un peu moins de 15 ans plus tard, le Canada se verrait à nouveau plongé dans une guerre froide – sur la glace – à côté de laquelle la série des années 1950 leur semblerait du bonbon.

Le 18 janvier 1958, Willie O'Ree, originaire de Moncton, fut mis sous contrat par les Bruins de Boston : il était le premier joueur noir de la LNH. Dix ans plus tôt, Jackie Robinson avait été le premier joueur professionnel de couleur de la Ligue de Baseball, et les débuts d'O'Ree furent remarqués, mais davantage par lui-même que par les médias : « Ce soir-là, le Forum de Montréal fut différent, prit une coloration spéciale. L'éclairage était plus éclatant, la glace plus blanche. Les amateurs m'ont semblé plus corrects, et personne ne m'a lancé des insultes. »

La LNH était toujours la chasse gardée des Blancs. Il faut remonter à 1948 pour trouver un joueur chinois, Larry Kwong, le fils d'une famille d'immigrants installés en Colombie-Britannique : il avait joué une seule minute dans une seule partie sous le chandail des Rangers de New York, devenant la « première personne de couleur » de la LNH. Apparition peu glorieuse pour Kwong, demandant : « Mais qu'est-ce que je peux prouver dans une minute de temps de glace ? Je n'ai même pas eu le temps de me réchauffer ! »

Durant la saison 1953-1954, Fred Saskamoose, un Cri de la Saskatchewan, a joué 11 parties sous les couleurs des Black Hawks de Chicago. Dans les années 1930, quand Herb Carnegie, de descendance africaine, a signé un contrat avec les semi-professionnels, il s'est retrouvé tout seul dans une catégorie à part, pour le moins inconfortable. Durant la saison 1938-1939, au début de sa carrière avec les Rangers de Toronto, il s'était fait dire par son entraîneur quelque chose qui allait changer sa vie : « Tu vois, là-bas, l'homme en bleu ? C'est Conn Smythe, le propriétaire des Maple Leafs. Il dit que s'il pouvait te blanchir, il te prendrait demain dans son équipe ! » On a une version encore plus cynique du commentaire grossier de Smythe ; il aurait déclaré offrir 10 000 dollars à quiconque ferait

Fred Saskamoose est le premier Amérindien à avoir endossé un chandail de la LNH, suite à l'appel des Black Hawks de Chicago en 1953-1954. Il a joué 11 parties, cette saison-là. Joueur de centre, Saskamoose avait appris le hockey à l'Internat St. Michael, en Saskatchewan, et il s'était vu accorder le titre de joueur le plus utile de la Ligue de Hockey Western dans l'alignement des Canucks de Moose Jaw, en 1952-1953. *(Courtoisie de Barbara Poirier)*

Peu après la Deuxième Guerre mondiale, Herb Carnegie (au centre), en compagnie de Mannie McIntyre (à gauche) et de son frère Ossie Carnegie (à droite) s'étaient illustrés dans l'équipe des Rand de Sherbrooke de la Ligue provinciale de Hockey du Québec. Ils eurent pour eux l'attrait de la nouveauté, en tant que premier alignement de joueurs noirs dans le hockey semi-professionnel, mais sur la glace, ils étaient tellement bourrés de talent, qu'ils se sont vus surnommer les As Noirs. Grâce à la vitesse et la finesse du jeu de Herb Carnegie, couplée à l'adresse et au courage de ses coéquipiers, les trois ont complètement dominé la Ligue. *(Courtoisie de Frédéric Zachaib)*

de Carnegie un Blanc, peut-être par le biais d'une sorte d'alchimie raciale ! Mais les choses étant ce qu'elles étaient, Carnegie a trouvé dans cette petite phrase la motivation pour se tailler une place dans un sport de Blanc. Il a rempli son contrat avec les Rangers, loin des siens installés quelque part dans les villes minières du nord québécois et de l'Ontario, et en 1941, en compagnie de son frère Ossie et de Manny McIntyre, un rapide ailier de Moncton, au Nouveau Brunswick, il est reparti à Timmins mettre sur pied le premier alignement composé uniquement de joueurs noirs.

Herb Carnegie était un artiste du maniement du bâton et ses passes vives et précises ont fait de sa ligne la meilleure de la Ligue. Après avoir signé un contrat avec les As de Québec pour la saison 1949-1950, trois fois dans sa carrière ultérieure il s'est mérité la mention de joueur le plus utile à son équipe – et l'hommage flatteur de Jean Béliveau, que ce dernier allait saluer comme son mentor : « Carnegie était d'une autre catégorie : grand style, patineur élégant, et un génial tricoteur de jeux. À cette époque, les jeunes apprenaient des plus anciens. J'ai appris de Herbie. »

Carnegie se vit offrir une période d'essai avec les Rangers de New York s'il acceptait de jouer pour leur club-école de New Haven au Connecticut, alors au dernier rang du camp d'entraînement. « Ils m'ont raconté que si je signais un contrat avec les Rangers et que je rejoignais New Haven, je ferais la manchette dans la presse internationale. J'ai répondu que ma famille ne mangeait pas de manchettes. C'est sans doute là que les Rangers ont pris la décision de m'oublier. »

Carnegie était tellement bon, qu'il aurait pu jouer sur la ligne d'attaque d'une ligue professionnelle avec un salaire de grand joueur, si seulement la LNH

avait pu voir plus loin que son nez et balayer les préjugés raciaux non seulement d'un Conn Smythe, mais de toute une époque ; surtout qu'en baseball professionnel, on avait relevé le défi d'aller chercher Jackie Robinson des Royals de Montréal pour le hisser dans la grosse Ligue des Dodgers de Brooklyn en 1947. Si Conn Smythe n'avait pas été Conn Smythe, il aurait pu faire sauter le barrage de la question raciale au sein du hockey 10 ans plus tôt, et l'histoire du hockey en aurait été transformée.

Être Blanc ne donnait rien de plus quand vous étiez une femme. Bien que le hockey féminin ait été très populaire pendant la guerre et entre les deux guerres, l'ère nouvelle était celle du petit noyau familial, au sein de laquelle la division technique des tâches était simple : dans la maison de banlieue, des femmes consacrées à la propreté du linoléum, et dehors, des hommes toujours en chasse dans la grande ville en compagnie des copains. Dans ces conditions, le hockey féminin a bientôt battu de l'aile.

Impressionnée par un jeu télévisé des années 1950, une Américaine prit l'initiative de téléphoner au président Clarence Campbell et de lui proposer une Ligue professionnelle de hockey féminin. Habitué aux coups de fil des soûlards

Marguerite Norris, qui appartenait à la famille des propriétaires des Red Wings de Détroit, fut nommée présidente au moment où le club connut des problèmes juridiques obligeant ses frères – patrons des Wings – à adopter un profil bas. Marguerite, enfant, avait joué comme gardien avec ses frères, et elle en savait long sur le fait de fréquenter des hommes. En dépit des tentatives d'obstruction de Conn Smythe, elle a fait mieux que tenir son bout : elle s'est imposée au Bureau de direction de la LNH. En 1954, elle est devenue la seule femme à voir son nom gravé sur la Coupe Stanley. C'est l'année où les Red Wings avaient défait les Canadiens, et remporté leur troisième Coupe en 10 ans. *(Corbis/Bettmann)* tâchant de trafiquer les paris, Campbell donna le temps à son interlocutrice d'exposer son idée, mais il lui rappela alors sa vraie place : le hockey, c'était « une affaire de gars : trop dangereux pour les filles ».

Les films d'actualité portant sur « les épouses des joueurs de Détroit » montraient des femmes prenant le thé, bavardant, et jetant un coup d'œil distrait à un écran de télévision où jouait parfois le mari – dans la vraie vie, les épouses des joueurs comme Colleen Howe étaient publiquement humiliées par le propriétaire de l'équipe, Bruce Norris. À l'occasion d'une fête de fin d'année, déjà bien imbibé, ce dernier a publiquement accusé l'épouse du joueur vedette d'avoir des amants, quand elle partait en excursion de ski avec ses amis et ses enfants, et ce, au lieu de jouer son rôle et d'aller encourager Gordie lors des matchs disputés à Détroit. Colleen Howe trouvait le ski plus intéressant que l'idée qu'on se faisait à Détroit des devoirs d'une épouse. Sous les coups de Norris, elle fondit en larmes.

Norris et son demi-frère Jimmy trouvèrent un jour les femmes utiles : ils jugèrent bon d'en nommer une à la direction des Red Wings, lorsque la gestion de leurs intérêts financiers, à Chicago et dans d'autres équipes de la LNH, eût attiré l'attention d'une commission d'enquête du Congrès américain concernant la boxe professionnelle, où ils avaient également de gros intérêts. Obligés d'adopter un profil bas – on était en 1953 – les frères Norris nommèrent Marguerite, la sœur de Bruce, âgée de 25 ans, présidente des Red Wings – nomination retirée quand l'orage s'est dissipé. Petit problème : Marguerite faisait du bon boulot, et entourée d'une talentueuse équipe, elle a fait la preuve que le monde du hockey pouvait amplement nécessiter la présence d'une femme au sommet. Rien ne fut facile. Conn Smythe était consterné, et il a tout fait pour empêcher Marguerite de siéger au Bureau des gouverneurs de la LNH, rédigeant un nouveau règlement qui prévoyait à ce niveau la seule présence des hommes. Marguerite a trouvé une parade astucieuse : elle s'est donné comme mandataire le rival haï de Smythe, Jack Adams des Red Wings. Pendant les réunions du Bureau, elle envoyait des signaux de la main pour faire savoir à « Jolly Jack » si elle était d'accord ou pas.

Smythe a continué sa campagne de dénigrement, mettant publiquement en cause ses qualités de gestionnaire, allant même jusqu'à critiquer l'entretien des toilettes pour dames au Stade Olympia de Norris. Marguerite tint à lui clore le bec, déclarant à un journaliste de Toronto que monsieur Smythe semblait faire une fixation sur les toilettes pour dames de son stade. Smythe passa à autre chose. Marguerite fut alors passée à la trappe par son frère Bruce, qui avait décidé que l'heure était venue pour lui de prendre en main la direction des Wings, maintenant que les deux frères étaient sortis gagnants. Il la nomma vice-présidente exécutive, un joli titre qui s'avéra purement honorifique.

Pour les filles désirant jouer au hockey à des niveaux supérieurs, il n'y avait qu'une chose à faire : dès l'âge de huit ans, Abigail Hoffman trouva l'astuce. Elle jouait au hockey avec ses frères depuis l'âge de cinq ans. Le baby-boom d'après-guerre vit sortir de terre une multitude de ligues de hockey. Hoffman voulut se

Quand la petite Abigail Hoffman, huit ans, a signé un contrat pour jouer dans la Nouvelle Ligue des Petits de Toronto, en 1956, c'est en tant que fille qu'elle l'a fait. Mais la direction masculine de la Ligue l'a prise pour un garçon, et le temps que l'erreur soit découverte, Hoffman était devenue l'une des joueuses étoiles de la Ligue. Hoffman fut par la suite une célébrité du hockey international, mais sa célébrité fut douce-amère, la permission de jouer dans une équipe masculine lui ayant été refusée. *(Archives de l'Université York)*

joindre à l'une d'elles ; elle voulait continuer à jouer avec les garçons. Et quand la Ligue des Petits de Toronto annonça son intention de recruter des joueurs, Hoffman se glissa dans la file des candidats. « Je leur montre mon certificat de naissance, ils me demandent mon nom, je le leur dis, ils transcrivent l'information qu'ils ont lue sur mon certificat, et puis voilà !, raconta-t-elle plus tard. Quand mon père revient, il déclare "Non, pas possible, le hockey, ce n'est pas pour les filles, c'est évident, les filles jouent pas au hockey !" »

En dépit du certificat de naissance de Hoffman, les organisateurs n'ont pas pigé qu'elle était une fille. Quelques jours plus tard, la mère d'Abby, Dorothy, reçut un coup de fil. À l'autre bout, « un homme très aimable dit qu'il voudrait bien voir notre garçon s'aligner dans l'une des équipes. On n'a pas eu la force de lui dire que notre garçon était une fille, et ainsi anéantir ses chances de jouer. » Abby ne le voulait pas davantage ; elle courut chez le barbier. « J'avais déjà les cheveux courts, se souvient-elle, mais pour être sûre de jouer, je me suis fait faire une sorte de brosse. » Trente-cinq ans plus tôt, un gamin utilisant le pseudonyme de « Ada Lalonde » s'était déguisé pour jouer au hockey durant la Première

Guerre mondiale, et voilà qu'une fille faisait l'inverse. Trois mois durant, Hoffman emprunta le chemin de la patinoire, son attirail sur l'épaule comme n'importe quel autre joueur, et joua au hockey. Elle se fit une renommée comme défenseur des Tee-Pees de St. Catherines. Elle fut plus tard sélectionnée parmi 400 autres joueurs de la Ligue pour un match des étoiles. Al Grossi, l'entraîneur, vérifia son certificat de naissance et découvrit le pot aux roses : « Je défie quiconque de voir une fille quand elle est sur la glace, affirma-t-il au *Toronto Star*. Elle joue comme un garçon, elle joue avec agressivité, elle sait donner une mise en échec quand les autres foncent vers sa zone. »

Du coup, Hoffman devint une star. Une caricature du *Toronto Star* la montra infligeant une défaite aux Soviétiques, à côté d'un éditorial au titre flatteur : « Une étoile est née ». Les magazines *Time* et *Newsweek* demandèrent à l'interviewer, et les Canadiens de Montréal, tout comme les Maple Leafs de Toronto, l'invitèrent à rencontrer leur équipe. Un documentaire de la Warner-Pathé intitulé *Le gars n'est pas un gars, c'est une fille* montrait Hoffman dans le vestiaire en train de se préparer pour une rencontre en compagnie des autres joueurs, pendant que l'annonceur commentait : « Abigail – Ab, pour faire plus court – Hoffman, 9 ans, 30 kilos de matières explosives, a électrisé les Canadiens, si forts en hockey. »

Maintenant que tout le monde savait, et comme il n'y avait pas de ligue où elle pouvait jouer, Hoffman dut accrocher ses patins. Sans lâcher : elle devait plus tard s'illustrer en piste et pelouse, où elle fit carrière. Mais son œuvre de pionnière sur glace devait inspirer d'autres jeunes filles, et mena à la mise sur pied de ligues entièrement féminines dans les années 1960, puis à la Coupe Abby Hoffman, accordée à l'équipe gagnante du championnat féminin canadien. Interrogée peu de temps après la révélation de son véritable sexe – le journaliste voulait savoir comment elle expliquait la folie médiatique qu'elle avait suscitée – elle trouva la formule qui résume bien la consternation féminine, à l'idée d'avoir été écartée du sport national durant plusieurs décennies : « De la folie furieuse ! »

C'était à peu de choses près le jugement du capitaine des Red Wings de Détroit, Ted Lindsay, quand il réfléchissait à la situation de la Ligue Nationale vers la fin des année 1950. « On vivait en dictature... personne n'osait élever la voix. Les propriétaires vous disaient quoi faire. Ils disaient "Saute !", et vous répondiez : "combien de fois vous voulez que je saute, à quelle hauteur ?" C'est tout. Ils contrôlaient votre vie. »

Ted Lindsay avait remporté le trophée Art en 1949-1950 comme meilleur compteur de la Ligue, et en 1956-1957, pour ses 30 buts et 55 mentions d'aide : jamais un ailier gauche n'avait atteint ces sommets. Il avait aussi une réputation de gars qui ne recule devant personne.

Quand il fut nommé au Bureau de direction du Service des pensions de la LNH, en 1952, il en tira d'abord une grande fierté : il faisait partie d'un gouvernement qui appuyait le hockey à fond, et qui voyait les joueurs, peut-être pas

Red Storey

Roy Alvin « Red » Storey fut l'un des plus colorés et des plus respectés arbitres de la LNH, un extraordinaire personnage qu'ont vu à l'œuvre certains des plus grands joueurs de la Ligue. Comme plusieurs athlètes de son époque, les années 1920, il a passé son enfance à jouer au hockey, à la crosse, au baseball et beaucoup au football, où il a joué au niveau professionnel, en 1936, avec les Argonautes de Toronto. Il avait alors 18 ans. Il fut l'auteur de trois touchers dans le quatrième quart, puis d'un quatrième, conduisant les Argos à leur deuxième Coupe Grey, en 1938 (c'était sa première). Une blessure au genou ayant mis un terme à son rêve de faire carrière en football, il s'est tourné vers le hockey, jouant comme défenseur pour les Royals de Montréal, de la Ligue de Hockey Senior de Québec, où il se fit bientôt remarquer par les Rangers de New York.

En 1950, une autre blessure au genou lui a fait troquer son chandail pour le chandail rayé des arbitres de la LNH. Il s'est vite attiré le respect de tous pour son arbitrage équilibré des rencontres de la LNH. Et il y en eut des explosives... Le 17 mars 1955, Storey était l'arbitre de la joute où ont éclaté les émeutes faisant suite à la suspension pour le reste de la saison du joueur étoile des Canadiens, Maurice Richard, qui avait frappé l'un des officiels. Storey avait aussi été l'arbitre la veille au soir à Toronto, quand Richard avait à plusieurs reprises joué dangereusement du bâton. C'est Storey, qui dans son rapport officiel, avait atténué la responsabilité de Richard, expliquant son geste par le stress intense que devait supporter sur la patinoire cet artiste du hockey, le plus grand jamais vu. On ne lui a pas rendu la pareille. Le 8 avril 1959, à Chicago, pendant une joute éliminatoire contre Montréal, Storey n'a pas sifflé un jeu que les amateurs avaient jugé être une infraction. Le stade de Chicago devint fou furieux, la glace transformée en poubelle, et après la partie, Storey a reçu des menaces de mort. Le lendemain, le président de la LNH Clarence Campbell a déclaré que Storey avait « calé ». Blessé dans sa fierté, ce dernier a donné sa démission. En dépit des supplications du propriétaire des Leafs, Conn Smythe, pour qu'il revienne dans la Ligue, il a refusé, et il n'a plus jamais arbitré une partie. En dépit d'une carrière relativement courte dans la LNH, et comme reconnaissance de son excellence, Storey vit son nom inscrit au Temple de la Renommée. *(Imperial Oil/Turofsky/Temple de la Renommée)*

Billy Harris
Durant sa longue carrière au sein de la LNH, commencée à Toronto en 1955 et terminée à Pittsburgh en 1969, avec des escales à Détroit et à Oakland, le joueur de centre Billy Harris ne fut pas seulement remarqué pour sa Coupe Memorial, mais aussi comme fou de la photographie. Ses clichés des célébrations des joueurs dans les vestiaires ont dévoilé une complicité que seul un intime pouvait avoir, et dont aucun photographe professionnel n'aurait pu faire preuve. Quand les Leafs de Toronto ont défait Chicago pour remporter la Coupe Stanley en 1962, Harris s'est élancé dans le vestiaire pour mettre sa caméra en place, ratant ainsi la présentation de la Coupe, mais ses photos ont saisi sur le vif la joie débordante des Leafs ce soir-là. *(Graphic Artists/Temple de la Renommée)*

comme des égaux, mais à tout le moins comme des partenaires des propriétaires. Il dut vite déchanter, et la fierté fit place à une amère déception lorsqu'il entendit les propriétaires de la LNH refuser aux joueurs de consulter les livres des fonds de pension, où l'on tenait les comptes depuis cinq ans déjà. Les joueurs versaient dans ce fond 20 % de leur salaire annuel, plus ou moins 8000 dollars, alors que la LNH y contribuait pour 600 pauvres dollars, et elle empochait la totalité des bénéfices du Match des Étoiles, offerte gracieusement par les joueurs.

Les joueurs de baseball professionnels des États-Unis avaient récemment mis sur pied une association de joueurs, et Lindsay s'envola pour New York afin d'avoir des discussions avec les avocats ayant contribué à la syndicalisation des joueurs. À cette occasion, il apprit que ce qui faisait entrer l'argent dans les caisses du sport professionnel, c'était la télévision. Les propriétaires de la LNH prétendaient ne retirer aucun bénéfice de la télé, ni même de ses clients. À les écouter parler, leur entreprise se maintenait à peine à flot. Lindsay et les autres membres du Bureau avaient leur petite idée sur le sujet. Si l'entente était parfaite entre propriétaires, les joueurs, eux, ne se parlaient même pas. « Les propriétaires se réunissaient quatre ou cinq fois par année, et nous, on ne se voyait jamais, confia Lindsay. Ça expliquait leur pouvoir... Ils contrôlaient tout. On était impuissants. »

Au début de la saison 1956, Lindsay a osé commettre l'irréparable. Pendant une période de réchauffement au Forum, il prit contact avec le défenseur et joueur étoile des Canadiens de Montréal, Doug Harvey, un acte courageux quand on connaissait l'hostilité viscérale opposant les deux équipes (la rivalité était telle entre les six équipes de la LNH, que lorsque les Red Wings et les Canadiens montaient à bord du même train, ils voyageaient dos-à-dos, évitant à tout prix de mettre le pied dans le wagon-restaurant pendant que l'autre équipe mangeait). Ted Lindsay et Doug Harvey étaient de même étoffe : durs, bourrés de talents, froids et impitoyables avec l'adversaire. Tous deux connaissaient par expérience le Service des pensions de la Ligue, et chacun respectait l'autre. Harvey se dit d'accord avec l'idée de Lindsay de fonder une association de joueurs. Plusieurs embarquèrent avec enthousiasme, et bientôt, des représentants de toutes les équipes étaient assis à la même table. Quand ils annoncèrent la création de leur association lors d'une conférence de presse tenue à New York le 12 février 1957, tous les joueurs de la LNH avaient signé, à l'exception de Ted Kennedy, qui prenait sa retraite.

Bien que les joueurs aient fait bien attention de jouer la carte de la collaboration, et de se présenter comme voulant travailler de concert avec les dirigeants de la Ligue, les propriétaires parlèrent en chœur d'un complot communiste, leur porte-parole, Conn Smythe, précisant : « Je suis d'avis que tout le secret ayant entouré la naissance de cette association a des relents de cela. » Personne ne haïssait Lindsay autant que Conn Smythe, qui courait derrière le banc des Maple Leafs pour engueuler l'insolent et très futé joueur des Red Wings. Ce qui enrageait Conn Smythe, c'était de ne pas avoir Lindsay sur son équipe. En tant que recrue du Collège St. Michael de Toronto, Lindsay aurait aussi pu se retrouver sur l'équipe des Maple Leafs, mais il s'était blessé, et il ne faisait plus partie de l'alignement quand les Leafs sont allés faire du dépistage à son Collège.

Jack Adams, le directeur-gérant et entraîneur de Détroit, avait déjà l'habitude de rappeler à ses joueurs leur place toute minuscule dans l'histoire du monde en agitant du bout des doigts des billets de train à destination d'Omaha, le club-école des Red Wings. Pour Lindsay, il concocta une vengeance plus raffinée. Le 24 juillet 1957, alors que la plupart des amateurs se prélassaient sur les plages ou dans un chalet, le président Bruce Norris échangea son ex-capitaine de 33 ans aux consternants Black Hawks de Chicago, dont le propriétaire était nul autre que son propre frère, et qui, entre 1949 et 1957, avait terminé chaque saison dans la cave de la Ligue, sauf une. C'était la gifle retentissante infligée à Lindsay pour avoir osé affronter le LNH. Lindsay avait perdu la guerre, et les joueurs en prirent note. Gordie Howe et Red Kelly persuadèrent l'équipe de se retirer de l'Association des joueurs, et d'autres suivirent. Il faudrait 10 ans avant que les joueurs ne ressuscitent l'idée d'un regroupement, au moment où une fois encore, le hockey canadien lorgnait de nouveau vers le sud à cause d'une ruée vers l'or appelée « Télévision ».

CHAPITRE 6

NOUS ET EUX

Mardi soir, un début d'avril 1960, à l'hôtel Royal York de Toronto. Maurice Richard est dans sa chambre en train de fumer un cigare et de regarder l'émission *The Red Skelton Show*. L'anecdote rapportée par *Sports Illustrated* veut que lors d'une pause publicitaire, l'annonceur a demandé : « Qu'est-ce qui fait vivre Toronto ? », et le « Rocket », un vieux guerrier de 38 ans et 18 saisons dans la LNH, battu comme plâtre mais son légendaire œil noir toujours étincelant, a lancé au petit écran : « Qu'est-ce qui fait de Toronto une ville morte ? » Le capitaine des Canadiens, initié aux délices de la *dolce vita*, évoquait peut-être les vertus presbytériennes d'une ville connue sous le nom de « Toronto la pure ». Disons plutôt qu'il prédisait l'élimination des ennemis naturels des Canadiens, les Maple Leafs de Toronto, que Montréal se préparait à rencontrer lors du championnat de la Coupe Stanley.

L'idée de vieillir hantait Richard, ce printemps-là ; il refusait que ça lui arrive. Il disait : « Si je joue mal, les gens vont parler. Je vais partir avant. On va pas me crier "Shooooo ! ". J'ai déjà mieux patiné, mieux contourné le filet. Si je sens ça, c'est que la fin est proche. »

Après avoir balayé Chicago durant les éliminatoires à la fin de mars – en quatre, dont les deux dernières par blanchissage – les Canadiens et Richard ont rencontré les Leafs, les éliminant eux aussi en quatre parties et remportant du même coup leur cinquième Coupe Stanley en cinq ans. Pendant que le chronomètre égrenait les 10 dernières secondes de la troisième période de la dernière rencontre – un blanchissage 4-0 – on vit le propriétaire des Maple Leafs, Conn Smythe, repoussant la foule des photographes pour se diriger vers le banc des Canadiens, main tendue vers les vainqueurs, dans ce que le *Globe and Mail* a appelé « l'hommage rendu par un homme de hockey à la plus belle équipe dans l'histoire de la Ligue Nationale ».

Il y avait plus que ça : chez le vétéran Smythe, qui voulait bien ravaler son orgueil, il y avait un brin de sentiment chevaleresque. On ne peut expliquer autrement cette remarque pleine de respect pour l'adversaire : « Ils en ont gagné 7 en 10 ans, non ? » L'erreur était compréhensible – il vivait là un moment atroce – mais les Canadiens avaient remporté six coupes en huit ans, une assez bonne moyenne, merci.

Richard n'a pu s'empêcher de rappeler aux amateurs du Maple Leaf Gardens la vieille rivalité entre les deux villes, et le fait que la courtoise et raffinée Montréal était habituée de gagner : « C'est toujours bon de gagner la Coupe,

Avril 1960. L'œil en feu, Richard pousse la rondelle derrière le gardien Johnny Bower, des Leafs. Son 82e but en série, et le dernier de sa carrière. Grâce à son exploit, Montréal a remporté une autre Coupe Stanley. Richard devait se retirer un peu plus tard la même année, totalisant plus de 544 buts en saison, un nombre jamais atteint dans l'histoire canadienne. *(Photographie : Michael Burns)* déclara-t-il après s'être fait remettre le Trophée, et spécialement bon de la remporter ici même, à Toronto. » On aurait pu croire à une provocation, il s'agissait plutôt d'une humble reconnaissance. Ce joueur, dont Marshall McLuhan disait qu'il communiquait viscéralement avec l'acoustique d'un aréna, sentant « bouger la rondelle sur son bâton au gré des mugissements de la foule », disait maintenant merci à cette même foule. Interrompant les acclamations des amateurs dans les gradins, il ajouta : « Les gens ici sont vraiment bien, ils applaudissent chaque but, ça fait du bien, et pendant les séries, ça nous donne un gros coup de main. Merci beaucoup. »

Au début des années 1960, Toronto et Montréal n'étaient pas en compétition seulement sur la glace – ils étaient les deux cœurs de la nation, et on avait l'impression que celui de Montréal battait plus vite, plus fort. Montréal bougeait tellement, que même l'ennemi se laissait séduire. « C'était comme débarquer sur une autre planète », avouait Bob Haggert, l'entraîneur-chef des Maple Leafs, faisant la comparaison avec la Toronto des années 1950, très collet-monté. « À Montréal, tout est ouvert 24 heures sur 24. Toronto est une ville morte. Le dimanche, il n'y a pas un restaurant ou un cinéma d'ouvert. Montréal est ouverte : tu peux gueuler et faire la fête jour et nuit. Ça vit ! – ils ont ça dans le sang. »

Le goût de s'éclater s'exprimait aussi à d'autres niveaux. Dans tout le Québec de l'époque, avec à leur tête Jean Lesage, les Québécois parlaient de renaissance. Lesage avait été élu en juin 1960 dans ce qui devait être beaucoup plus qu'une simple victoire des Libéraux sur l'Union nationale. C'était un appui populaire à un bouleversement social et politique que l'on appellerait bientôt la Révolution tranquille, pendant laquelle les anciens « Canadiens français » se désigneraient eux-mêmes comme « Québécois ». La colère depuis longtemps dirigée contre la mainmise anglo-saxonne sur le Québec avait trouvé sa caisse de résonance et son inspiration dans le puissant slogan « Maître chez nous » de la campagne électorale de Lesage. Et dans l'autre, « Il faut que ça change ! » – sauf en matière de suprématie sportive.

La domination des Canadiens de Montréal au hockey professionnel était devenue si totale, et si prévisible pour les années à venir, que le pilote des Rangers de New York, Phil Watson, a laissé tomber, fataliste, que la science devrait cesser de perdre son temps à lancer dans l'espace des satellites américains et des spoutniks soviétiques. « Il y a quand même pas mal de choses que la science pourrait réaliser, ici même, sur terre. La science, déclara-t-il à un journaliste de *Sports Illustrated*, doit trouver un remède aux Canadiens de Montréal. »

Parallèlement aux multiples réformes politiques du Québec des années 1960, les Canadiens représentaient un élan de libération tous azimuts, une capacité de définir ses propres règles du jeu et de gagner, et un système de valeurs qui n'était pas étranger aux professions de foi en tous genres, religieuses ou profanes, qui proliféraient en dehors des arénas. Une immigrante récemment débarquée à Montréal, Carolyn Yovic, disait : « Les Canadiens jouent pour leur identité francophone – comme le club de Notre Dame joue pour les catholiques et pour l'Irlande. Nous, on vient de Chicago, et on adore les Canadiens français parce

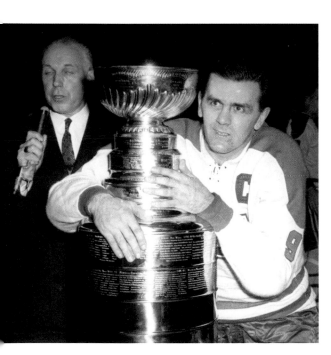

Fatigué, radieux, Richard embrasse la Coupe Stanley, après la victoire des Canadiens de Montréal à Toronto. C'était leur cinquième Coupe d'affilée. Pour Richard, ce fut la huitième – et la dernière. *(Imperial Oil – Turofsky/Temple de la Renommée)*

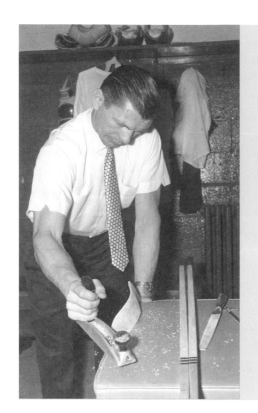

La palette recourbée

Un jour, au début des années 1960, Stan Mikita, joueur étoile des Black Hawks, a brisé son bâton durant une pratique qui se tenait au stade de Chicago. « J'étais tanné, crevé, et ça ne me tentait pas de faire 21 marches aller-retour pour aller chercher un bâton au vestiaire. » Mikita a raconté plus tard à *Hockey News* : « Fâché, j'ai lancé la rondelle sur la bande mais elle a rebondi différemment. Par la suite, moi et Bobby [Hull], on a commencé à plier les bâtons. » Les bâtons recourbés ont fait leur apparition : la courbe était faible ou marquée, avec la palette en forme de banane, et ces courbes rendaient la trajectoire des tirs hautement imprévisible pour les gardiens. D'abord tolérante, la LNH a par la suite réglementé la courbure. Même si avec sa lame recourbée, il a quatre fois remporté le Trophée Art Ross du meilleur compteur, Mikita a dit plus tard regretter son invention. « C'est une des pires inventions du hockey, déclara-t-il, parce qu'ensuite, personne n'a plus jamais utilisé le lancer du revers. » *(Graphic Artists/Temple de la Renommée)*

qu'on est Américains, pas des Canadiens anglais. Aller au Forum voir jouer la célèbre équipe de Montréal, c'est participer à l'Histoire en train de se faire. »

Sur la glace et bien au-delà, en tant que symbole d'une ville et d'une culture, les Canadiens déclenchaient partout un tel engouement, que même les nouveaux immigrants se laissaient fasciner. Un cousin éloigné de Newsy Lalonde, Eric, remarquait : « Les Canadiens sont l'image de tout un peuple ; ils sont liés non seulement à Montréal mais à toute la province. Ce qui nous emballe dans notre équipe, c'est la culture française, une envie de bouger – on est rapides, impulsifs. C'est du hockey, et aussi une grande fierté. Ça a toujours été comme ça. Ils sont vraiment les meilleurs. »

En 1960, ça faisait 10 ans que les Canadiens participaient aux finales de la Coupe Stanley. Désespoir de *Sports Illustrated* devant une aussi outrageante supériorité, qui supplia les augures du monde du hockey en ces termes : « Lors de la prochaine saison, ne serait-il pas rafraîchissant de voir, par je ne sais quel coup de baguette magique, les Canadiens s'effondrer, et la Coupe Stanley prendre la direction d'une autre ville, peut-être ! Mais là, au jour d'aujourd'hui, ça fait combien d'années que les gens (dés)espèrent ? »

Dans le camp des « renégats », les amateurs qui n'étaient pas partisans des Canadiens, l'espoir commença à renaître le 15 septembre 1960. Maurice Richard s'était présenté au camp d'entraînement, mais il avait réalisé qu'il était temps de partir. La flamme était éteinte. Ce jour-là, il prit sa retraite, mais avant de quitter la glace, il voulut offrir aux amateurs un cadeau d'adieu en mettant quatre fois la rondelle dans les filets de Jacques Plante. Le clin d'œil valait de

Le flambeau a changé de main en 1962, quand Conn Smythe, le bâtisseur des Maple Leafs de Toronto, a vendu ses actions dans l'équipe à son fils Stafford (au centre), et à ses partenaires, John Bassett (à gauche), un magnat de la presse, et Harold Ballard (à droite) ; ce dernier œuvrait dans la fabrication de patins, et fut longtemps la tête dirigeante du hockey amateur canadien. Au début, les Leafs ont remporté plusieurs championnats sous la houlette du trio en question, mais une politique systématique de coupures budgétaires et le rachat des avoirs de ses collègues par le très excentrique Ballard devaient conduire la franchise au bord de la faillite *(Graphic Artists/Temple de la Renommée)*

l'or : l'homme qui avait été si souvent chassé de la partie par des blessures et qui n'avait compté qu'une fois lors des dernières éliminatoires, était toujours capable de battre celui-là même qui les avait emmenés à la victoire la saison précédente.

Le matin du 23 novembre 1961, les Maple Leafs de Toronto ont aussi assisté à la fin d'une époque. Conn Smythe, l'homme qui les avait mis au monde 30 ans auparavant, vendit toutes les actions qu'il détenait de l'équipe et du Gardens à son fils Stafford. Maintenant âgé de 66 ans, Smythe espérait voir son aîné relever le défi de la tradition qu'il avait lui-même instituée, mais il dut vite déchanter. Avant même la conclusion de l'entente, il s'entendit dire par son fils qu'il vendait toutes ses actions à John Bassett, l'éditeur du *Toronto Telegram*, et au fanfaron Harold Ballard, un vieux de la vieille du hockey amateur qui s'était fait remarquer au pays quand il avait emmené les National Sea Fleas de Toronto jusqu'au Championnat du monde, mais qui passèrent à l'Histoire en s'inclinant en finale face aux États-Unis, leur concédant du même coup la médaille d'or.

Quand John Basset publia les termes de l'entente à la Une de son journal – c'était le matin où Conn Smythe allait apposer sa signature au transfert de son héritage – ce dernier entra dans une violente colère. C'était son fils, encore : « Voilà le genre de gars que tu aimerais considérer comme un partenaire, et qui n'est même pas capable de la boucler avant que le contrat soit signé en bonne et due forme ! » Smythe a tout de même fini par signer, et les notes prises au cours de la réunion du nouveau bureau de direction, dont Smythe demeurait un membre actif, témoignent bien de ce qu'était le véritable enjeu : « Monsieur Conn Smythe a alors pris la parole pour déclarer qu'il avait toujours souhaité remettre la Compagnie dans des mains dignes du prestige de l'équipe, de son sens de l'honneur, et de la force de caractère qu'elle avait manifestée au cours des précédentes décennies. »

À chaque nouveau printemps, le poids de l'histoire se faisait un peu plus lourd sur les épaules des Leafs de Toronto. Ils n'avaient pas goûté au champagne depuis la Coupe de 1951, lorsque leur jeune et fringant défenseur, Bill Barilko, quittant sa position à la ligne bleue de Montréal pour intercepter une rondelle déviée sur le bâton de Butch Bouchard des Canadiens, décocha un tir qui toucha le fond du filet de Gerry McNeil, brisant le score de 2 à 2 en période supplémentaire, donnant ainsi aux Leafs leur septième Coupe Stanley. Le but fut immortalisé par un pionnier de la photo de hockey, Nate Turofsky, dont l'instantané montre Barilko volant littéralement sur la glace, telle une Victoire Ailée. Barilko fut porté en triomphe sur les épaules de ses coéquipiers pendant que le Gardens laissait exploser sa joie. Le capitaine Ted Kennedy reçut la Coupe au Centre de la glace au son d'« Auld Lang Syne », joué par l'orchestre. Ce devait être là un chant d'adieu.

Quatre mois plus tard, le vendredi 24 août, sa mère le suppliait de ne pas aller à son voyage de pêche avec un pilote amateur. Faye Barilko avait une prémonition : le père, Bill, était mort un vendredi. Son fils ignora ses lamentations,

et s'envola en compagnie de son ami Henry Hudson, dentiste à Timmins, en Ontario, ainsi nommé en souvenir de l'autre Henry Hudson, l'explorateur, qui en 1611, fut envoyé par dessus bord par son équipage et disparut sans laisser de trace.

Vers la fin de la semaine suivante, l'absence de Barilko faisait toutes les manchettes du pays, déclenchant la plus vaste opération de recherche jamais vue au Canada. La police provinciale de l'Ontario, la RCAF, et les chasseurs Cris partirent en quête du Fairchild 24, un avion jaune à deux places. Conn Smythe a même collecté et offert une récompense de 10 000 dollars, offre déclarée valide jusqu'au 1er janvier 1952, comme si le tic-tac lié à de l'argent allait inspirer aux équipes sur le terrain de s'activer plus vite qu'elles ne le faisaient déjà. Les recherches furent vaines. Dix ans plus tard, au printemps de 1962, des partisans des Maple Leafs croyaient toujours que la disparition de Barilko avait jeté un sort à l'équipe, les Canadiens de Montréal récoltant de leur côté, et presque à chaque année, les honneurs de la Coupe Stanley.

Depuis le dernier triomphe des Maple Leafs en 1951, Montréal avait remporté six coupes, et dominé la LNH sur presque tous les tableaux : vitesse, talent, assurance. Bob Haggert, l'entraîneur des Leafs qui assistait depuis le banc de ses joueurs aux exploits des Canadiens, disait : « On les appelait "les Flying Frenchmen". Tout ce qu'ils faisaient sur la glace était de l'or. Rapides, inventifs. Les gars patinaient comme s'ils avaient le feu aux fesses. On ne comptait plus les compteurs dans cette équipe. Il arrivait que la partie soit finie au milieu de la première période. »

21 avril 1951, cinquième rencontre de la finale de la Coupe Stanley. Les Leafs pressaient Montréal dans sa zone. Bill Barilko, le jeune défenseur de Toronto, vient de s'étirer pour empêcher la passe d'Howie Meeker de quitter la zone. À deux minutes et 53 secondes en période supplémentaire, en déséquilibre et à un cheveu de la chute, il décoche un tir dans le filet des Canadiens, donnant aux Leafs leur quatrième Coupe Stanley en cinq ans. Cet été-là, lors d'un voyage de pêche dans le nord de l'Ontario, Barilko fut tué dans un accident d'avion : il avait 24 ans. Il a fallu 11 ans pour retrouver ses restes – et pour que les Leafs remportent une autre Coupe Stanley.

(Imperial Oil – Turofsky/Temple de la Renommée)

Frank Mahovlich impressionnait tellement comme joueur junior, qu'en 1953, plusieurs maraudeurs de la LNH firent le voyage à Timmins, en Ontario, pour mettre sous contrat ce gamin de 15 ans, fils d'un mineur originaire de Croatie. Les Red Wings de Détroit ont offert au père, Peter, plus de 20 kilomètres carrés de culture fruitière dans la Péninsule du Niagara si le jeune Frank signait un contrat, mais le père était d'avis qu'ayant durement gagné sa vie dans les mines depuis son arrivée au Canada en 1929, il n'allait pas commencer à faire de l'argent sur le dos de ses enfants. Non : Frank allait d'abord obtenir une bourse du Collège St. Michael, et si tout se passait bien, il serait un jour un... Leaf. Ce jour-là est arrivé en 1957 : Frank Mahovlich venait d'avoir 19 ans, et il fit directement le saut de la Ligue junior A au gros club de Toronto. Ses parents le suivirent, car maintenant que le fils avait son propre salaire, le père avait quitté les mines de Timmins pour s'installer dans Leaside, une des banlieues cossues de Toronto. Au cours de sa première saison, Frank a compté 20 buts. Il faisait preuve d'un tel brio, que ses admirateurs, pourtant habitués, se mettaient debout quand il s'élançait avec la rondelle, offrant le spectacle d'un véritable ballet sur glace. Le reporter sportif Stan Houston l'a surnommé « Le Grand M ». *(Imperial Oil – Turofsky/Temple de la Renommée)*

Les Leafs venaient quand même un peu gâcher le plaisir. Partis de 53 points, et de la cave de la Ligue en 1957-1958, ils obtenaient 90 points trois ans plus tard, un de moins que le club de tête. En compagnie de Red Kelly et de Bob Nevin, Frank Mahovlich, leur joueur étoile, termina troisième meilleur pointeur, avec seulement deux points de moins que le champion de la Ligue Boum Boum Geoffrion, lequel égalisa le record du « Rocket » de 50 buts en une saison. La recrue Dave Keon remporta le trophée Calder ; le vétéran Red Kelly le Trophée Lady Byng, et le gardien Johnny Bower chipa le Trophée Vézina à Jacques Plante. Puis le ciel leur tomba sur la tête. Leurs joueurs étoiles furent décimés, et l'équipe au complet n'amassa pas plus de huit buts en cinq rencontres, le bouillonnant Frank Mahovlich se contentant d'un seul. Les Red Wings, pourtant au quatrième rang de la Ligue, les éliminèrent d'un coup.

Les Leafs avaient aussi sous contrat un défenseur appelé « Grim » Tim, une gueule de fer sur un corps de granit, dont le vrai nom était Miles Gilbert Horton, mais que tout le monde appelait Tim, pour ne pas se voir écrabouiller comme il le faisait avec ses adversaires longeant les bandes ou patinant plus au large. L'entraîneur Bob Haggert se rappelle « le joueur le plus fort que j'ai jamais rencontré. De l'énergie brute. Un géant qui dort, le genre que tu n'as pas intérêt à réveiller. Il se contente de te soulever et de te lancer plus loin. » C'était aussi l'avis de Gordie Howe, considéré dans ses premières années comme le joueur le plus fort de la LNH. Horton avait été son plus puissant adversaire.

Horton avait deux grands-pères qui s'appelaient Tim ; son père continua la tradition. La maman ce jour-là était trop faible pour aller inscrire son bébé au registre des naissances, et elle l'appela Tim. C'était le nom qu'elle préférait après tout. Le nom allait bien avec le style de jeu pratiqué par les Leafs dans les années 1960 : propre, viril et simple. Comme la moitié de l'équipe, Tim venait d'une ville minière du nord de l'Ontario. Cochrane avait beaucoup souffert de la Crise, et comme la famille Horton avait su s'attirer les bonnes grâces des voisins, une église locale fit déposer à leur porte un panier de friandises à l'occasion de Noël. La maman fondit en larmes, refusant les provisions. Les accepter, c'était reconnaître leur défaite. Horton avait hérité de la fierté et de la détermination de sa mère, et les longs et froids hivers de Cochrane lui insufflèrent le désir de ce qui allait être son avenir. Haggert raconte : « Les gars jouaient souvent au hockey sur les étangs. Tim, lui, c'était huit heures par jour. Il n'y avait rien d'autre à faire, là-bas dans le nord, et les gens savaient que c'était leur seule façon de s'en sortir. »

Les Costello et les « Flying Fathers »

Les Costello, un talentueux et rapide ailier gauche, avait remporté deux Coupes Memorial au sein de l'équipe junior de St. Michaels, à Toronto, et aussi la Coupe Stanley de 1948 avec les Leafs. Il eut un jour un appel d'un tout autre ordre : « J'aimerais mieux, déclara-t-il, enseigner aux gens comment vivre avec Dieu que de les exciter à l'occasion le samedi soir ». Costello annonçait son intention de quitter le hockey et de devenir prêtre catholique. Mais en 1962, le hockey devait se rappeler à ses bons souvenirs. Ce jour-là, l'abbé Brian McKee lui offrit de jouer dans une équipe de prêtres pour rassembler des fonds destinés à faire soigner un enfant malade de sa paroisse. Les hilarantes bouffonneries sur glace des « Pères volants », comme ils se faisaient appeler, ont bientôt attiré les foules et l'attention de millions d'amateurs qui s'amusaient du jeu peu orthodoxe de Messieurs les Abbés. Ils étaient encouragés par une mascotte du nom de Pénitente, Sœur Mary Shooter (!), qui distribuait des punitions aux « Protestants ». On voyait même une mère angoissée venir se promener le long des bandes en brandissant un bébé, pendant qu'un abbé Costello, embarrassé, jouant bien sûr le jeu, courait se cacher derrière un joueur. Hors de la patinoire, Costello faisait aussi preuve de beaucoup d'humour : un jour, durant une audience accordée par le Pape Paul VI au Vatican, Costello a remarqué que le Pape tenait le bâton de hockey [qu'on lui avait offert] à l'envers... Costello s'est avancé pour montrer au Pape comment tenir son bâton de hockey, « autrement, dit-il, on va croire que vous voulez "remuer les spaghettis"». Quarante ans et quatre millions de dollars plus tard, les « Pères volants » constituaient une véritable dynastie du hockey au service des plus défavorisés – et ils se vantent de n'avoir connu que six défaites en plus de mille parties. Lors d'une rencontre, en 2002, Costello a chuté et sa tête a heurté la glace ; quelques jours plus tard, il s'enfonça dans le coma. Il mourut le 10 décembre de la même année, à l'âge de 74 ans. Dans ces mises en scène comiques, Costello voyait un puissant moyen de donner au sport, et au hockey en particulier, une mission plus globale. « Le rire est un remède pour le corps et pour l'âme, disait-il. Sauvez la famille, et vous sauvez le monde. » *(Imperial Oil – Turofsky/Temple de la Renommée)*

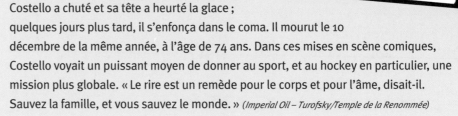

Âgé de 17 ans, en 1947, Tim se présenta dans les Majors du Collège St. Michael de Toronto, une académie catholique pour garçons qui se trouvait être l'une des équipes alignant les jeunes recrues des Leafs (comme les Marlies). Pour Tim, c'était un pas de géant dans sa carrière de hockeyeur de la LNH. Explication de Haggert : « Les Leafs passaient beaucoup de temps à faire du dépistage dans le nord de l'Ontario, et leur boniment à l'endroit des catholiques disait en gros : venez jouer pour St. Mike's. » Les parents avaient la garantie que

Tim Horton est considéré comme l'homme le plus fort de toute la Ligue Nationale. Son enfance spartiate dans la dure ville minière du nord de l'Ontario a fait de lui un défenseur costaud et fiable. Son lancer frappé était dévastateur – et aussi sa « prise de l'ours », quand il voulait, non pas déclencher, mais empêcher une bagarre. Horton s'est fait un nom avec les Maple Leafs, remportant quatre Coupes Stanley au cours de ses 18 saisons. En 1970, il a été échangé aux Rangers de New York, puis aux Sabres de Buffalo. Horton est mort dans un accident de voiture en 1974 : il rentrait chez lui, à Buffalo, après une rencontre disputée contre les Leafs. La chaîne d'établissements offrant beignes et cafés, fondée par lui à l'époque où il défendait les couleurs des Leafs, porte toujours son nom. *(Imperial Oil – Turofsky/Temple de la Renommée)*

leur fils irait à l'école, et qu'il vivrait en résidence. Comme pour les Marlies, on leur trouvait un lieu de vie – toute une chance pour ces jeunes. »

Après avoir joué pour Pittsburgh dans la LAH, Horton fut sélectionné par les Leafs pour la saison 1952-1953. Deux ans plus tard, son redoutable jeu défensif l'avait hissé sur l'équipe du Match des Étoiles de la LNH, et avait propulsé son salaire à des sommets à l'époque inimaginables. « Les gars se faisaient entre 5000 et 8000 dollars, c'était beaucoup, quand la moyenne des salaires tournait autour de 60 ou 70 dollars par semaine. C'était la vie. Tu signais ton contrat, tu jouais au hockey, et tu te cherchais un autre boulot l'été. »

La plupart des joueurs des Leafs travaillaient pendant la saison creuse pour le compte de la compagnie de gravier de Conn Smythe, et quand Horton s'est brisé une jambe en 1955, interrompant du coup sa saison régulière, c'est là qu'il a pu retrouver sa forme. C'était dur : lever à six heures, travaux manuels épuisants. À cause de sa blessure, Horton fut confiné dans un bureau (...) Si le pauvre gars de Cochrane se voyait ainsi rappeler qu'une seule blessure pouvait ruiner sa carrière, son exil dans un bureau a amplement suffi à lui faire vouloir davantage, et vite !

Horton s'est lancé en affaires pour se ménager une sécurité en dehors du monde du hockey. Après plusieurs tentatives qui ont toutes tourné court, Horton s'est allié à Ron Joyce, un ancien policier. Succès immédiat : Tim Horton n'allait pas seulement devenir la chaîne de restauration la plus connue au pays – sa spécialité était les beignes et le café – il devint une autre signature typiquement canadienne, un peu dans le style de ce qu'avait inventé Conn Smythe avec ses Maple Leafs, en 1927, quand il avait imaginé à leur intention la formule « L'équipe du Canada ». Trente-cinq ans plus tard, en ce printemps de 1962, les Leafs et toute la ville se sentaient en confiance, ils avaient envie de se battre. Ils étaient convaincus qu'ils avaient droit, à leur tour, de clamer haut et fort leurs talents – mais ce droit, il allait falloir l'arracher à Montréal.

Même s'il se vendait moins de billets dans le temple du hockey de Toronto qu'au Forum de Montréal, la rivalité avec les Canadiens trouvait quand même à s'exprimer dans toutes sortes de déclarations de foi, du genre « Les Maple Leafs de Toronto sont les bons de l'histoire », affirmait le partisan Leroy Peach, dont la famille avait quitté le Cap Breton pour s'installer au cœur du pays. « Les joueurs sont des dieux, ou presque : ils ont fait du hockey leur religion. Je me fiche de ce qu'ils disent à Montréal, l'équipe qui représente le mieux le cœur de cette nation, ce sont les Leafs. On ne parle plus de Toronto – oubliez les propriétaires des Maple Leafs : les vrais propriétaires des Maple Leafs de Toronto, c'est la nation toute entière. Ils *sont* le Canada ! »

En 1961, les Black Hawks de Chicago avaient interrompu la série gagnante de Montréal en emportant chez eux la Coupe Stanley. En 1962, ils affrontaient de nouveau les Canadiens en demi-finale. Quelque part dans les gradins, un jeune homme de 25 ans, Ken Kilander, pianiste d'occasion dans les grands hôtels et qui s'affublait du titre de « Kid de Montréal », se rongeait les ongles, très inquiet de ce que la Coupe de Lord Stanley, qui appartenait d'office aux

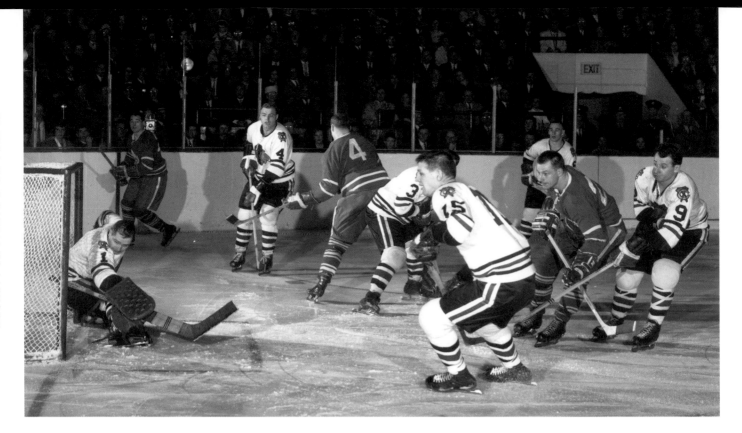

Canadiens, leur échappe de nouveau ; il était là, assis, à regarder son club à deux doigts d'être éliminé – et il prit une décision extrême. « Les Habs se faisaient démolir, je n'en pouvais plus. J'ai quitté mon siège en vitesse et je me suis retrouvé au lobby pour voir la Coupe Stanley. Je n'ai pas pu m'empêcher d'étendre la main et de l'emporter : les Hawks allaient gagner, et qui sait si je la reverrais jamais ? J'ai alors traversé le lobby avec la Coupe, mais un placeur m'a aperçu. Il m'a demandé ce que je faisais là. Je lui ai répondu : je la ramène à Montréal, c'est là-bas, sa vraie place. »

Kilander a été arrêté, relâché, et renvoyé à Montréal par le premier train. Entre-temps, les Hawks ont défait les Canadiens. Ils rêvaient déjà d'une autre victoire sur les Leafs, qui avaient envoyé valser les Rangers de New York. Mais comme les Canadiens ne faisaient plus partie du paysage, les partisans de Toronto étaient sûrs que la Coupe leur reviendrait.

Toronto eut en Chicago un adversaire féroce. Leur joueur étoile, Bobby Hull, avait compté 50 buts durant la saison de 1962 ; le défenseur Pierre Pilote et le gardien Glenn Hall avaient fait partie du deuxième alignement du Match des Étoiles ; Hull et Stan Mikita du premier.

En finale, Toronto a pris les devants 2-0, mais les Hawks ont égalisé les chances sur leur patinoire. Deux buts de Frank Mahovlich et le tour du chapeau de Bob Pulford menèrent les Leafs à une brillante victoire de 8 à 4 dans la cinquième rencontre, mais dans la sixième... Le compte fut de 0 à 0 jusqu'à la huitième minute de jeu de la troisième période : un but de Bobby Hull pour Chicago. Les exubérants amateurs des Hawks explosèrent : la patinoire fut bientôt jonchée d'objets les plus hétéroclites, comme c'était la coutume dans une ville habituée aux défilés festifs avec serpentins et tout et tout. Problème : ces festivités quelque peu prématurées ont retardé la joute de 10 bonnes minutes, et le temps que les services de nettoyage procèdent à l'enlèvement des ordures,

Longtemps défenseur étoile des Red Wings, Leonard « Red » Kelly s'est joint aux Leafs en 1960, devenant alors joueur de centre. Dans ses trois premières saisons avec l'équipe, il a compté au moins 20 buts. En 1962, les Black Hawks de Chicago, conduits par Bobby Hull (baptisé le Golden Jet), constituaient le seul obstacle des Leafs dans leur course vers la Coupe Stanley, qui depuis 11 ans échappait à Toronto. Ils ont défait les Black Hawks en six rencontres, remportant du même coup leur huitième Trophée. *(Imperial Oil – Turofsky/Temple de la Renommée)*

En octobre 1962, peu après le Match des Étoiles, le propriétaire multimillionnaire des Black Hawks de Chicago et des Red Wings de Détroit, Jim Norris, a donné une petite fête dans sa suite de l'Hôtel Royal York à Toronto. À l'époque, Ballard menait une négociation difficile avec son attaquant étoile, Frank Mahovlich, qui avait compté 48 buts pendant la saison 1960-1961, mais qui s'était vu refuser les bonus promis sous prétexte qu'ils ne figuraient pas au contrat. Pendant la petite fête, Ballard a eu l'idée de vider le problème tout en empochant beaucoup d'argent. Il a décidé, comme ça, de mettre les services de Mahovlich aux enchères. Quelques minutes plus tard, Norris offrait un chèque d'un million de dollars. Le lendemain matin, un peu refroidis, les Leafs ont tenté de prendre l'affaire en riant, mais Norris, lui, ne riait pas du tout : il avait signé le chèque. À la fin, le président de la LNH Clarence Campbell a dû trancher, déclarant qu'aucun représentant « responsable » des Leafs n'avait accepté l'offre, au grand soulagement des autres propriétaires de la LNH, inquiets des conséquences qu'aurait pu avoir cet extravagant précédent, et Mahovlich est resté à Toronto. *(Temple de la Renommée)*

l'avantage momentané des Hawks s'était évanoui. À la reprise, Bob Nevin de Toronto enfila le but égalisateur, et Tim Horton prépara le jeu qui permit à Dick Duff de compter le but gagnant. Dans le vestiaire, Frank Mahovlich embrassa la Coupe Stanley au nom de toute la ville de Toronto.

Le 26 juin 1962, juste deux mois après le premier championnat de la Coupe Stanley des Leafs depuis 1951, l'année où Bill Barilko avait compté le but gagnant en prolongation, un pilote aperçut l'avion monomoteur qui avait emmené ce dernier ainsi que Henry Hudson dans la forêt très dense située à 100 kilomètres au nord-ouest de Cochrane, en Ontario, la dure petite ville ferroviaire où était né Tim Horton. Aucune explication officielle de l'écrasement ne fut jamais donnée, bien que les spéculations aient donné lieu aux explications les plus banales comme aux rumeurs les plus folles : l'avion avait manqué de carburant, la cargaison de poissons ramenés était trop lourde, Barilko avait fait défection en Russie, le pays de ses ancêtres, pour montrer aux Russes comment jouer au hockey. Rien, depuis, n'est venu éclaircir le mystère.

En octobre de cette même année, signe de la nouvelle ère annoncée de « prestige, de sens de l'honneur et de force de caractère » sous la houlette de Stafford Smythe et de ses partenaires, Harold Ballard, qui aimait se la couler douce, prit la direction du Royal York Hotel – il allait prendre un verre dans la suite de Jim Norris, propriétaire des Black Hawks de Chicago et des Red Wings de Détroit. Il s'agissait d'acquérir les services de Frank Mahovlich, toujours sans contrat. Norris a commencé à faire monter les enchères, ouvertes à 250 000 dollars. Quand le chiffre a atteint un million, Ballard laissa tomber : « On signe ! » Norris fit un premier dépôt en étalant 10 billets de 100 dollars sur la table. Le lendemain matin, la direction des Leafs parlait de cette affaire comme d'un gros vacarme suscité par un ramassis de grosses vedettes bien imbibées et d'un individu valant un quart de milliard de dollars. La gueule de bois s'est quand même pointée en la personne du directeur-gérant de Chicago, Tommy Ivan, débarqué au Maple Leaf Gardens avec en poche un chèque d'un million de dollars. Stafford Smythe fit savoir que Ballard n'était en rien habilité à décider d'une transaction impliquant le « grand M », mais qu'il ne pouvait rien décider avant de convoquer une

réunion des directeurs. Tommy Ivan donna tout de suite un coup de fil à Norris installé au Royal York, pour lui apprendre la nouvelle que les Leafs étaient revenus sur leur parole. Le pilote des Maple Leafs, Punch Imlach, raconta plus tard que toute la ville entre Front Street et le Gardens a entendu un Norris déchaîné hurler sa rage : « On ne négocie pas comme ça ! »

Publiquement, Stafford Smythe se moqua des prétentions de Norris comme d'un coup publicitaire. « Personne ne vaut un million de dollars – ni à l'achat ni à la vente », déclara-t-il ; Harold Ballard dut toutefois reconnaître qu'il avait « 1000 dollars dans [sa] poche comme confirmation de l'entente ». Des amateurs vinrent manifester devant le Gardens de Toronto, et Conn Smythe, puis Clarence Campbell vinrent par la suite calmer le jeu. Si la transaction s'effectuait, le pire était à prévoir pour les finances de la LNH.

Tout le temps que dura la dispute, le pilote et directeur-gérant George « Punch » Imlach, superstitieux, plutôt morose, et qui n'avait pas la langue dans sa poche, tint à faire savoir que c'est à lui que revenait tout le crédit d'avoir annulé l'échange – et d'avoir sous la main un club aussi talentueux que les Leafs. « Personne, ici, ne me met les mots dans la bouche. Je prends moi-même mes décisions, et j'endosse les conséquences. Les propriétaires du club savent déjà que s'ils veulent prendre les décisions, ils n'ont qu'à me mettre à la porte. Je me rappellerai toujours ce mot de Conn Smythe : "Vérifie bien que c'est toi, et toi seul, qui commets tes erreurs." »

Même s'il soumettait ses gars à des pratiques particulièrement éprouvantes, ne manquant jamais de les ridiculiser quand ils s'imaginaient pouvoir faire autre chose dans la vie – et ne ratant donc pas l'occasion de fustiger Tim Horton pour

George « Punch » Imlach s'est vu affubler de ce surnom le jour où, ayant été mis KO par un joueur adverse, laissé sans connaissance sur la glace, il s'est soudain attaqué à coups de poing à l'entraîneur qui essayait de le ranimer. À l'été de 1958, Imlach est devenu directeur-adjoint des Leafs, et lors de l'éprouvante saison 1958-1959, il a exigé pleine autorité sur son club, se retrouvant du coup derrière le banc. Entêté, superstitieux, l'invective toujours prête, parfois cruel, et exigeant la plus totale loyauté, Imlach a mené les Leafs à quatre Coupes Stanley avant d'être congédié par Stafford Smythe en 1969, après quatre défaites d'affilée en éliminatoires. *(Imperial Oil – Turofsky/Temple de la Renommée)*

Gardien attitré des Canadiens de Montréal, de 1954-1955 jusqu'à son échange à New York en 1963, Jacques Plante salue la foule lors d'un défilé de la victoire de la Coupe Stanley en 1956. Avec les Canadiens, Plante a remporté cinq Coupes Stanley et cinq Trophées Vézina comme meilleur gardien de la Ligue. Il s'est vite fait remarquer : premier gardien à sortir loin de ses filets pour jouer avec la rondelle, et premier gardien à porter le masque. Pour se détendre, il tricotait, et la tuque qu'il porte sur la photo est vraisemblablement de ses mains.

(Robert Dubuc/Temple de la Renommée)

sa chaîne de restos beigne-et-café – Imlach n'était pas du genre à se dorer la pilule. « Il n'y a rien de si étonnant dans le succès des Leafs, dit-il. On travaille plus fort, et on fait plus de pratiques que les autres clubs. Même plus qu'à Montréal. Mais les Canadiens sont *l'équipe* à battre. Ils sont *toujours* l'équipe à battre. »

Et quand les Leafs ont de fait éliminé Montréal dans les demi-finales de 1963, bien convaincus qu'ils allaient s'offrir une deuxième Coupe Stanley de suite, la verve habituelle des Canadiens a fait place à l'autocritique et à une grande nervosité, et pas seulement pour ce qui se passait sur la glace. Dans la nuit du 7 mars, un groupe d'activistes séparatistes se faisant appeler le Front de Libération du Québec avait fait exploser trois bombes dans des boîtes aux lettres situées devant des dépôts de munition du gouvernement fédéral. Le lendemain matin circulait un manifeste annonçant qu'ils étaient prêts à mourir, et prêts à tuer, pour réaliser l'indépendance du Québec. Dans l'affrontement culturel impliquant Français et Anglais, les exploits des patineurs ne suffisaient plus.

Le gardien Jacques Plante, considéré comme l'un des plus talentueux joueurs de la LNH, fut la première victime de la défaite des Canadiens aux mains de Toronto. Sur glace, c'était un extraverti : il courait loin de son filet pour aller chercher la rondelle, commandait ses défenseurs aussi bien en anglais qu'en français, osait de longues et dangereuses passes à ses avants. En déplacement, il exigeait un hôtel à part, et pour se détendre, il tricotait des tuques, des chandails et même ses propres sous-vêtements. Ses coéquipiers rigolaient : si Plante tricote, c'est parce qu'il est radin.

Cette frugalité venait de loin. Élevé dans une famille de 11 enfants à Shawinigan, il n'y avait jamais eu d'argent dans la famille pour des produits de luxe, et certainement pas pour la radio que le gamin Jacques écoutait pour connaître les exploits de ses Canadiens chéris. Mais les cloisons étaient minces. « Je me réveillais la nuit, et j'écoutais les parties de hockey à travers le plafond : au-dessus de nous, les gens avaient la radio. »

Son style téméraire, il avait dû l'inventer à l'époque où il jouait pour les Citadelles de la Ligue Junior du Québec. La ligue comptait quatre mauvais défenseurs, deux étaient trop lents, un était incapable de patiner de reculons, et un autre ne pouvait pas se retourner sur sa gauche. « C'est simple : c'est moi qui était obligé d'aller chercher la rondelle quand elle arrivait dans notre zone ; aucun de nos défenseurs n'était assez rapide pour le faire », raconta Plante.

Il a commencé avec les Canadiens en 1952-1953 : trois parties. Deux ans plus tard, il était leur gardien d'office. Sa maestria sur la patinoire était telle, qu'on l'a comparé à un pianiste virtuose canadien, les gens disaient « Le Glenn Gould du hockey », ou plus familièrement « Jacques le serpent », pour sa souplesse, son intelligence de la situation, sa réactivité. Mais c'était sa peur d'être défiguré qui devait le lier indissolublement à l'histoire des Canadiens de Montréal.

En 1955, le lancer de Bert Olmstead, un de ses coéquipiers, lui a fracassé l'os de la joue droite, et il dut s'absenter du jeu pendant cinq semaines. En 1956, un autre lancer lui a dévié en plein visage, et il a fait part au cours d'une interview

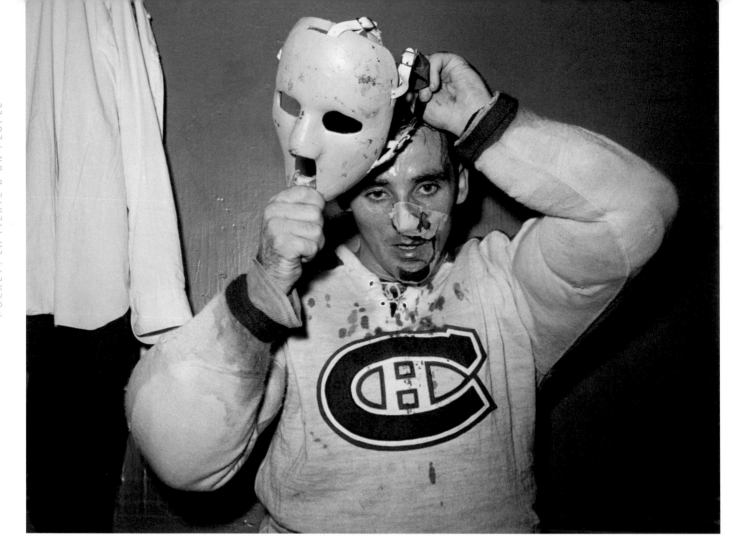

télévisée qu'il aimerait tester sur son visage un masque qui pourrait être utile à tous les gardiens de but de la Ligue. Un Québécois de Granby l'a entendu et lui a envoyé un modèle de masque fait de plastique ; pendant trois ans, Plante l'a utilisé au cours des pratiques. Puis, en 1957, Bill Burchmore lui a écrit une lettre parlant d'un masque en fibre de verre qui pourrait se mouler à son visage. Les deux se sont mis en contact et ont travaillé à en améliorer le design. Il restait un problème : Toe Blake. Comme beaucoup d'hommes de hockey de l'époque, Blake pensait qu'un protecteur facial allait restreindre le champ de vision du gardien et le rendre moins alerte, vu son sentiment de sécurité.

Puis a eu lieu la joute décisive. C'était le 1ᵉʳ novembre 1959, face aux Rangers de New York, au Madison Square Gardens. Plante a reçu en plein visage un lancer frappé d'Andy Bathgate. Plante refusa de retourner au jeu sans protection, et Toe Blake lui a finalement permis de porter un masque. Montréal a alors enchaîné une brillante séquence de 11 victoires. Une fois guérie sa blessure au nez, Plante a retiré son masque suite aux demandes insistantes de Toe Blake – et Montréal a perdu. Plante s'est rappelé : « Blake est venu me voir et m'a dit que j'avais une chance de remporter le Trophée Vézina pour une cinquième année consécutive, et que si je croyais que le masque pouvait m'aider, je pouvais faire ce que je voulais. J'ai donc remis le masque. » Plante a remporté le Trophée Vézina, et les Canadiens ont remporté la Coupe. « Avant, expliqua-t-il, on

Plante n'a pas été le premier gardien de la LNH à porter le masque. En 1930, le gardien des Maroons de Montréal, Clint Benedict, avait tenté de porter un protecteur facial un peu grossier, fait de cuir, mais il l'a bientôt retiré, son champ de vision étant réduit. Plante avait fait l'expérience du masque lors de pratiques, mais le 1ᵉʳ novembre 1959, victime d'une mauvaise coupure au visage à la suite d'un lancer d'Andy Bathgate, le franc-tireur des Rangers, il a exigé de le porter durant les rencontres. Au début, les Canadiens redoutaient qu'un Plante portant le masque soit moins alerte. Mais après que l'équipe eut connu une séquence de 11 victoires d'affilée, le masque est devenu un accessoire permanent.

(Corbis/Bettmann)

Partout où il a évolué, Johnny Bower a été le doyen. Après juste une saison dans la Ligue Nationale, en 1953-1954, il a quitté définitivement les ligues mineures pour se joindre aux Leafs, en 1958. Cette année-là, il avait 34 ans. Un jour, traversant la frontière américaine, un officier des douanes a refusé de croire qu'il était gardien de but. « Trop vieux... » Il n'était peut-être pas tout jeune, mais sur la glace, il était bon. En 1961, à l'âge de 41 ans, il a partagé avec son coéquipier, Terry Sawchuk, le Trophée Vézina. *(Imperial Oil – Turofsky/Temple de la Renommée)*

contrôlait mieux [la rondelle], et les gardiens pouvaient se passer de masque. Puis, beaucoup de gars se sont retrouvés à l'hôpital. Ça a changé totalement le jeu. » Mais dans les trois années qui ont suivi, les Canadiens n'ont plus remporté la Coupe, Plante portait toujours son masque ; fatigué d'entendre Plante toujours en train de se plaindre, Blake l'a envoyé à New York.

D'autres gardiens ont alors commencé à porter le masque. Comme l'a bien résumé Bathgate : « Tout le monde est devenu un artiste du lancer frappé, et la rondelle vole dans tous les sens. Les gardiens ont besoin du masque. » À Toronto, Johnny Bower subissait au niveau des yeux – un strabisme devenu permanent – les séquelles d'un sport où il voyait à tout moment des rondelles lui sauter au visage, et ce, sans aucune protection. Il a refusé le masque : même si ce dernier n'empêchait rien, Bower n'avait pas envie de petits sourires de condescendance...

Il avait signé un contrat avec les Leafs en 1958. C'était alors un vétéran de 34 ans ayant évolué dans les ligues mineures. Bien qu'il adorât la compétition, Bower était un réaliste : il savait que la sécurité d'emploi des gardiens de but dans une Ligue professionnelle comptant six équipes et six gardiens tenait à un fil. Après avoir joué une pleine saison et deux portions de saison avec les Rangers de New York, il en avait passé quatre dans les mineures : il savait qu'il suffit de quelques mauvaises parties dans la LNH pour détruire toute une carrière, alors que les ligues mineures offraient plus de sécurité. Et maintenant qu'il avait remporté le Trophée Vézina et qu'il gardait le filet des Leafs, il n'allait pas perdre son gagne-pain à cause d'un masque qui l'empêcherait de voir venir les rondelles. « Je me suis juste fait à l'idée que j'allais perdre des dents et que je me retrouverais le visage en morceaux », fit-il, résigné. Et puis, pour le moment, protégé par Andy Bathgate, il voyait augmenter ses chances de ne pas être défiguré. En 1964, lors des demi-finales, tous deux ont envoyé Montréal dans les fleurs, et ils ont rapporté à Toronto une troisième Coupe Stanley d'affilée, après un dur affrontement de sept rencontres avec les Red Wings de Détroit.

Le défilé de la victoire se fit au son de la cornemuse des 48e Highlanders, flamboyante démonstration de la reconnaissance de toute une ville à son équipe, qui raviva l'espoir d'une Coupe annuelle. Mais l'élan que l'équipe avait apporté à la ville et à tous les amateurs du pays qui les considéraient comme les vrais représentants du Canada eut bientôt du plomb dans l'aile : la nouvelle direction du club, avec Stafford Smythe et Harold Ballard, allait faire prendre un coup de vieux à l'ère Conn Smythe, décidément très prude.

Le chroniqueur sportif de Toronto, Dick Beddoes, avait couvert le triomphe des Leafs de 1964, une série dans laquelle le défenseur Bob Baun, blessé à la cheville, avait compté sur la glace de Détroit en période supplémentaire ; la radiographie qui avait suivi le match avait révélé une cheville cassée. Peu après la rencontre, le 23 avril, Beddoes et le reporter radiophonique de CKFH sont allés faire un tour dans la suite exécutive que les Leafs se payaient au Book-Cadillac Hotel, trouvant Ballard et Stafford Smythe au milieu des bouteilles et de femmes venues célébrer le but égalisateur de Baun...

Pendant que la haute direction de « *l'équipe* » canadienne s'enivrait et batifolait, un homme vertueux préparait la suite : lui aussi rêvait de championnats, de victoires nourries à même les plus hautes valeurs de la psyché canadienne, harmonieusement combinées à la religion d'État non-officielle du pays. Grâce à l'abbé David Bauer, le hockey canadien allait se voir estampiller un label unique, non seulement dans une ville, mais à l'échelle du monde.

Entre la première et la deuxième période du dernier match de hockey masculin tenu à Innsbruck, en Autriche, à l'occasion des Jeux d'hiver de 1964, eut lieu une réunion extraordinaire des membres de la Fédération internationale de Hockey sur glace et de son très autocratique président, John Francis « Bunny » Ahearne. Les Tchèques étaient en train de perdre face aux Suédois, et à la suite de la défaite canadienne aux mains des Soviétiques plus tôt le même soir, tout était en place pour que le Canada, la Suède et la Tchécoslovaquie soient à égalité dans le classement des équipes.

Suivant le système traditionnel, s'il arrivait que plusieurs équipes se retrouvent ex-aequo au classement, on appliquait la règle du total des buts comptés – dans les filets adverses et dans les siens. La règle s'appliquait aux quatre équipes de tête. Or, Ahearne s'était lancé dans la carrière avec des Canadiens détenant la citoyenneté britannique, sa façon de faire remporter l'or au Royaume-Uni lors des Jeux d'hiver de 1936, et il avait l'air décidé à contrarier le Canada à chaque détour. Au moment où le chronomètre égrenait les dernières minutes de la rencontre finale, il a proposé de changer un des règlements de l'attribution des médailles : dorénavant, le total des buts comptés permettant de désigner le vainqueur allait s'appliquer à chacune des huit équipes. Au moment où la Suède remportait l'or, la FIHG donnait son accord.

Quittant la fête donnée dans un hôtel d'Innsbruck pour célébrer sa victoire, l'équipe canadienne s'achemina vers l'endroit où se tenait la cérémonie de distribution des médailles, convaincue d'avoir décroché le bronze. Choc : les machinations d'Ahearne avaient fait que les Canadiens se retrouvaient quatrième, donc exclus de la cérémonie. Le pilote de l'équipe, l'abbé Bauer, a juste dit : « Si c'est comme ça, on s'en va. » Et les Canadiens sont partis. Ils ne sont pas allés bien loin : ils se sont massés au Village olympique, devant la chambre de Bauer. Brian

L'abbé David Bauer, frère cadet du joueur étoile des Bruins de Boston, Bobby Bauer, avait joué comme ailier gauche des Generals d'Oshawa, l'année de leur Coupe Memorial, en 1944. Athlète du calibre de la LNH, il a surpris tout le monde en annonçant son intention de se faire prêtre, et de quitter le hockey professionnel. Après son ordination en 1953, il obtint un poste d'enseignant au Collège St. Michael de Toronto, port d'attache des Majors. En tant que membre de l'ordre des prêtres Basiliens, Bauer a rejoint une équipe de prêtres enseignants dont l'objectif était de faire des « hommes complets » : « Sachez vous servir de techniques, mais laissez-vous dominer par l'esprit » résume bien sa philosophie de base. Brian Conacher affirme qu'elle avait un profond impact sur l'entourage : « C'était pas le genre de pilote qui disait "Allez, aujourd'hui on fait des montées en aller-retour", non, mais "on va prendre quelques minutes pour des exercices un peu fous, allez-y ! Lâchez-vous !". Il a été le premier à enseigner le hockey en dehors des cadres du hockey collégial. Avec lui, on suait, et on pensait. » Après avoir piloté l'équipe du Collège St. Michael jusqu'à la Coupe Memorial en 1961, il a élaboré le projet d'une équipe nationale dont les joueurs, combinant hockey et études universitaires, défendraient l'honneur de leur pays. L'idée s'est imposée, et l'équipe nationale de Bauer a remporté la médaille de bronze aux Jeux olympiques d'hiver de Grenoble, en 1968. *(Graphic Artists/Temple de la Renommée)*

Conacher, joueur de centre qui devait poursuivre sa carrière dans la LNH, raconte : « Marshall Johnson, un joueur originaire de Birch Hills, en Saskatchewan, fit son entrée dans la chambre en disant : « Le berger et son troupeau se sont fait tondre. »

Tout le monde a bien ri, mais pas tout le monde n'était d'accord. Le lundi suivant la déqualification de l'équipe, dans le *Globe and Mail*, Dick Beddoes a mis en mots une impression fortement incrustée dans l'esprit de ceux qui avaient vu évoluer l'équipe nationale canadienne au cours des ans, disant que l'équipe n'avait pas bien joué : « Notre déclin comme puissance du hockey est une toute petite pièce du puzzle athlétique occidental. On peut continuer à envoyer des compétiteurs qui sont des semi-amateurs, comme nous l'avons fait cette année, ou envoyer nos meilleurs joueurs, qui sont, il faut le dire, nos professionnels de la Ligue Nationale. On est le seul pays au monde qui n'envoie pas dans les tournois les meilleurs athlètes de son sport national. Au rythme où les Russes progressent, même nos meilleurs ne suffiront pas à la tâche. » L'ironie derrière les propos amers de Beddoes, c'est que l'Équipe nationale canadienne avait été formée en 1963 pour établir les principes de base de l'excellence en matière de hockey, et précisément parce que la Fédération canadienne de Hockey s'entêtait à ne pas faire représenter le Canada par ses meilleurs éléments, et à déléguer à l'étranger des escouades de joueurs semi-professionnels. Et finir deuxième n'intéressait pas le prêtre catholique David Bauer, tout à la fois un idéaliste, un philosophe et un athlète.

Bauer enseignait au Collège St. Michael de Toronto, et sous sa houlette, son équipe des Majors avait décroché la Coupe Memorial en 1961. Barrie McKenzie, qui a joué pour lui à St. Michael pour ensuite se retrouver dans l'équipe nationale, se rappelle comment un jour, après que son équipe eut gaspillé une avance de trois parties à zéro suite à une double défaite, son expérience a fait la différence : il sentait, parmi les petites choses bien concrètes et toutes simples de la vie, celles qui pouvaient influer sur le comportement de ses joueurs sur la glace. « On a changé d'hôtel, on a fait du pédalo, et après le deuxième revers, il a donné une interview. Les journalistes lui ont dit : « Vous devez être inquiet. » Et lui de rétorquer : « Je m'inquiète à propos de Cuba, oui, et de la faim dans le monde. » Il voulait dire : il faudrait quand même mettre les choses en perspective. On est donc allé jouer dehors, on a pris du bon temps – et on a remporté la série.

En 1962, après le triomphe de la Coupe Memorial, Bauer a déménagé au Collège Saint-Marc de l'Université de Colombie-Britannique, où il a piloté l'équipe des UBC Thunderbirds, emmenée jusque dans les finales universitaires canadiennes avant de s'incliner devant McMaster.

Lorsque les éminences grises du hockey amateur canadien ont réfléchi à ce que pourrait être une nouvelle façon de jouer au niveau international, ils ont voulu connaître l'avis de Bauer, et ce dernier eut une idée audacieuse : mettre sur pied à l'échelle nationale un système défrayant le logement et les frais de scolarité de 100 joueurs de hockey prêts à faire des études universitaires : ils pourraient choisir leur université et y apprendre le hockey tout en poursuivant leurs études. Les équipes étudiantes devraient jouer entre elles au niveau régional, puis au niveau national, la meilleure étant sélectionnée pour représenter le Canada. Même Bauer semblait intimidé par le nombre des défis à relever, et il s'est dit inquiet pour sa santé mentale d'avoir fait un rêve aussi fou. « Je pense qu'on peut parler d'un acte de foi complètement dément, et pour ajouter à l'horreur de la situation, la Fédération canadienne de Hockey amateur a trouvé l'idée bonne. On commencerait à l'automne 1963. On n'avait ni uniformes, ni patinoires, ni calendrier, ni camp de base, ni argent. Rien ! »

L'ancien joueur de l'équipe nationale Terry O'Malley se souvient que lorsque Conn Smythe a appris la nouvelle du programme de promotion du hockey à l'échelle nationale, il a téléphoné à Bauer pour lui dire : « Si vous réussissez à partir une affaire pareille, je me présente comme premier ministre, et je vous fais élire pape. » Bauer ne rêvait pas d'autant d'honneurs. Il voulait donner davantage de débouchés aux jeunes joueurs de hockey, dont les droits qui les liaient au hockey professionnel, détenus par des équipes de la LNH, les confinaient dans un rayon de 80 kilomètres autour du foyer familial, ou qui se voyaient pris au piège d'une organisation du hockey junior décrite par Brian Conacher comme rigide et bornée : « L'abbé Bauer était convaincu qu'on pouvait être à la fois un bon étudiant et un bon joueur de hockey, et qu'on pouvait mener de front les deux activités. Les préjugés de la vieille époque étaient : si tu es à l'école, tu ne seras jamais un bon joueur de hockey. Et d'autres gars, ceux originaires du nord de l'Ontario, n'avaient jamais rêvé de rien d'autre que de hockey. »

L'Irlandais John Francis « Bunny » Ahearne fut au début de sa carrière un agent de voyage vivant à Londres. Par la suite, de 1957 à 1975, il est devenu le très autocratique président de la Fédération internationale de Hockey sur glace. Il avait été auparavant le gérant de l'équipe de hockey britannique qui, en 1936, avait été la première dans l'histoire à remporter le triple championnat d'Europe, du monde, et olympique – avec une équipe pleine à craquer de joueurs canadiens, y compris le pilote... *(Frank Prazac/Temple de la Renommée)*

Soupçonnant que le programme national de Bauer pourrait égratigner ses propres intérêts, la LNH a refusé de lui louer les services des jeunes espoirs du hockey junior. Mais le principal ennemi de la formation nationale fut Bunny Ahearne, un agent de voyage irlandais qui avait assisté à ses premières parties de hockey en 1931 à la patinoire Golders Green de Londres, et qui a vite pris en main les déplacements des équipes de hockey en Europe. En rusé politicien qu'il était, Ahearne était devenu président de la FIHG, en 1954, et il s'y était bâti un confortable réseau de relations douteuses, votant par procuration dans certaines sous-officines du hockey – en Corée, par exemple – pour garder la mainmise sur la présidence en échange d'un partage des bénéfices.

Ahearne détenait la totalité du pouvoir, comme devait le découvrir Derek Holmes, ex-patron de Hockey Canada et lui-même joueur dans l'équipe nationale canadienne ayant évolué en Europe dans les années 1960. Lorsque la Ligue nationale britannique est apparue affaiblie, Holmes a signé un contrat l'envoyant jouer en Italie. Il est allé à l'agence de voyage d'Ahearne à Piccadilly pour faire ses adieux. « Il me dit : "J'ai un bon ami en Finlande qui a besoin de quelqu'un qui prenne en main le hockey finlandais. – Mais mon contrat en Italie ? – C'est arrangé". Le lendemain il me dit : "Tu pars en Finlande." »

Aux championnats du monde de 1966 à Lubiana, en Yougoslavie, l'équipe canadienne a été victime d'un arbitrage qui frôlait la farce. « On était puni pour n'importe quoi, se rappelle Barry Mackenzie. Quand le gardien Seth Martin s'est élancé pour stopper l'échappée du joueur tchèque Stanislas Pryl, il a dû sortir vite son gant pour arrêter la rondelle. Pryl a touché Seth à la main avec son patin, c'était accidentel, pas de blessure. Mais Pryl est tombé – et Seth s'est pris deux minutes pour avoir fait trébucher. » Les joueurs canadiens ont menacé de quitter le tournoi, et Bauer a fait appel aux journalistes George Gross et Jim Proudfoot pour étouffer la rébellion, « mais ils ont juste rajouté de l'huile sur le feu », raconte Mackenzie. Il a fallu l'intervention du médecin de l'équipe, Jack Waugh, pour rappeler aux joueurs leurs obligations envers leur pays – et les dures conséquences de leur geste s'ils osaient déshonorer un sport qui était une religion nationale. Le joueur Morris Mott raconte : « Il leur a dit : "Les gars, vous jouez avec le feu. Vous avez été envoyé par le peuple canadien pour représenter le Canada, et vous pourriez avoir une grosse surprise une fois que vous serez de retour à la maison. Vous pourriez être suspendu à vie". Et c'était vrai. »

Lors du banquet clôturant le tournoi, Terry O'Malley s'est trouvé assis juste à côté de Ahearne. Il a carrément abordé la question de l'arbitrage, pour le moins affligeant. La réplique de Ahearne en dit long sur sa position vis-à-vis du hockey canadien. « Vous autres, les Canadiens... Vous n'avez pas le droit de vous plaindre, votre avez à peine une histoire », lança-t-il, fielleux, à l'intention d'O'Malley. La réponse d'O'Malley illustre bien le mélange de rudesse et d'agilité mentale aussi prisée par Bauer que le jeu très physique qu'il exigeait sur la glace : « Notre histoire est assez longue pour qu'on sache ce qui est juste et ce qui ne l'est pas, et les cadavres des soldats canadiens partout en Europe le prouvent assez bien ! »

Ahearne a vite changé de table. L'année suivante, le Canada a obtenu la permission d'ajouter un peu de puissance de feu à son escouade nationale en la personne de Carl Brewer, ancien défenseur des Leafs de Toronto ayant retrouvé le statut de joueur amateur à la suite de l'intervention en cours de négociation du premier ministre Lester B. Pearson. Mais en ce qui concernait les capacités de l'équipe de hockey de l'abbé Bauer, beaucoup de Canadiens demeuraient sceptiques, et Bauer le savait. « Depuis le début, les gens de la LNH regardent avec mépris nos efforts d'organisation, ils nous soupçonnent du pire. Soupçon qu'on puisse nuire gravement à leurs ambitions, et sarcasmes méprisants à l'idée que d'autres puissent jouer du hockey de première classe. »

Bien que les Canadiens aient remporté le titre du Tournoi de Bienvenue à l'occasion du Centenaire [de la Confédération], en 1967, à Winnipeg, battant même les Soviétiques lors de la dernière rencontre, le rêve de Bauer de remporter un titre mondial fut détruit par Bunny Ahearne. Il avait eu les mots les plus durs sur ce qui attendait le Canada lors d'une interview télévisée : « Tant que le hockey international canadien ne pourra compter que sur une seule équipe, celle de Bauer, jamais ils ne vont remporter le titre, jamais, jamais, jamais. »

En 1970, après s'être engagé à permettre à chaque équipe d'emmener chacune neuf joueurs professionnels de la Ligue mineure au Championnat du monde qui devait se tenir à Winnipeg et à Montréal, Ahearne est revenu sur sa parole, et Hockey Canada, la nouvelle direction du sport national amateur, s'est retirée de la compétition. Bauer était K.O. « On aurait pu gagner en 1970, confia-t-il. Je le savais à l'époque, mais là-haut, au niveau des décideurs, on s'est ingénié à m'ignorer. Une fois l'équipe nationale disparue du paysage, la LNH a de nouveau eu tout le champ libre. Mais la jeunesse canadienne a été trompée, et le Canada comme entité nationale a perdu une chance unique de s'illustrer comme leader de la FIHG. Moi, là-dedans ? Comment voulez-vous que ça me fasse plaisir d'assister à un spectacle aussi désolant ? »

Le 15 février 1965, après des mois d'un orageux débat, le Canada s'est doté d'un nouveau drapeau, et l'Honorable Maurice Bourget, orateur au Sénat, s'est adressé aux milliers de spectateurs venus assister à son premier déploiement sur la Colline parlementaire : « Le drapeau est le symbole de l'unité du pays. Il représente indubitablement tous les citoyens du Canada sans distinction de race, de langue, de croyance ou d'opinion. » Oubli très révélateur, l'Orateur avait omis de parler de sexe, au moment même où les femmes de ce pays commençaient un peu partout à exiger l'égalité des sexes.

À l'époque, Katherine « Cookie » Cartwright, étudiante en droit à l'Université Queen's, se démenait comme un diable pour dénicher des uniformes de hockey : elle avait décidé de former une ligue universitaire féminine. Les sommes consacrées au sport féminin à Queen's s'élevaient à 4000 dollars – exactement la somme prévue pour payer les factures de nettoyage des uniformes de l'équipe masculine de football, et ce, dans une université qui, déjà en 1894, se vantait d'avoir mis sur pied la toute première équipe féminine de hockey, les Love-Me-Littles.

CHUM

CHUM WITCH
MABEL LEAF
HATES
HAWKS

CHUM WITCH still UNBEATEN

CHART

La sorcière de CHUM

Pendant la saison 1963-1964, les Leafs de Toronto ont commencé à jouer un jeu hésitant. Après une nouvelle défaite de l'équipe, un annonceur de la station radiophonique CHUM, de Toronto, a lancé l'idée que l'équipe avait peut-être besoin d'une « sorcière pour lancer des sorts aux joueurs adverses ». Les patrons de la station ont adoré l'idée, et le 15 février 1964, une animatrice de Toronto, Phyllis Shea, a fait ses débuts en tant que sorcière de la station CHUM : elle a pris le nom de Mabel Leaf, s'armant de tous les accessoires tradition- nels de la sorcière, le chapeau pointu, une cape noire, et surtout, la baguette magique. Elle a lancé un sort à l'équipe adverse, et les Leafs l'ont emporté 4 à 1. À CHUM, on s'est dit : ça a marché une fois, c'est assez ! Mais sans leur sorcière, les Leafs ont perdu la rencontre suivante, la station fut bombardée d'appels où les auditeurs disaient souhaiter un retour aux pratiques magiciennes, et personne plus que le notoirement superstitieux « Punch » Imlach, patron des Leafs, ne le souhaita plus vivement. Avec Mabel Leaf dans les gradins, les Leafs connurent une séquence de 11 victoires, 2 défaites et 1 nulle. Pour la septième joute des demi-finales de la Coupe Stanley mettant aux prises les Leafs et leur ennemie jurée Montréal, Mabel s'est vue offrir un coup de main en la personne de Shirley Hart, secrétaire aux ventes de la station CHUM. Cette dernière a joué le rôle de la sœur de la sorcière, Flo de Leaf : son boulot consistait à lancer des sorts aux Canadiens pendant que Mabel maintenait les Leafs sous le charme. Ça a marché, et Toronto est allé affronter les Red Wings de Détroit en finale de la Coupe Stanley. Les Wings avaient leur propre sorcière, mais les deux comparses de Toronto étaient trop fortes. Les Leafs ont remporté la première rencontre mais ils avaient besoin d'aide. La bibliothécaire de CHUM, Mary McInness est devenue Aile de Poulet, maman de Mabel et Flo, dont la mission consistait à ensorceler les doyens des Wings, dont Gordie Howe. Et ça a encore marché : lors de la sixième rencontre, et même avec un os brisé à la jambe, Bob Baun a compté le but gagnant en période supplé- mentaire, et les Leafs ont bouclé la boucle en remportant la septième partie 4 – 0, et la Coupe Stanley. Lors d'une interview accordée à la télévision peu de temps après, le gardien des Leafs, Johnny Bauer n'a pas oublié de mentionner que leur victoire tenait aussi à l'action de forces occultes : « Je tiens à remercier, déclara-t-il, la sorcière de CHUM, Mabel Leaf. » *(Une courtoisie du groupe CHUM)*

Ayant passé son enfance à jouer au hockey à Deadman Bay, tout près de Kingston, Cartwright s'éleva contre le fait qu'il existait 15 activités sportives mas- culines inter-collégiales, et seulement 6 féminines – et que le hockey n'en faisait pas partie. En 1961, elle a abordé la question en compagnie de Marion Ross, directrice, à Queen's, de l'athlétisme féminin. « Elle connaissait bien le problème, et elle s'était battue pendant des années pour défendre les droits des femmes, raconte Cartwright. Mademoiselle Ross n'a pas tout de suite dit oui. Elle voulait d'abord avoir une idée des coûts de l'équipement, et savoir où on trouverait l'ar- gent. Je ne savais pas, bien sûr, mais je l'ai laissé mijoter l'idée un moment, le temps que je règle le problème. »

L'inscription des étudiantes au niveau universitaire augmentait à vue d'œil : pour l'ensemble du pays, on parlait de 25 % des effectifs étudiants en 1960, et de 33 % en 1965. Les femmes sentaient qu'elles avaient le vent en poupe et

Terry Sawchuk

Certes l'un des plus grands gardiens de l'histoire, Terry Sawchuk fut aussi l'une des figures les plus contrastées du monde du hockey. Sa vie s'est déroulée telle une tragédie grecque. Au début, dans la maison familiale, une paire de jambières qui ne servaient à rien – celles qui avaient appartenu à son frère aîné décédé à 17 ans des suite de problèmes cardiaques. C'est avec les Knights d'Omaha que Sawchuk est devenu joueur professionnel en 1947 ; un jour, à Houston, il a reçu un coup de bâton dans l'œil droit. Ce soir-là, plutôt que de célébrer son dix-huitième anniversaire, il s'est retrouvé sur une table d'opération. Le médecin a d'abord songé à lui enlever l'œil, puis il a changé d'idée. Il voulait revoir tout ça le lendemain matin. Le report de l'opération a sauvé l'œil de Sawchuk et sa carrière. Il est devenu le premier joueur à remporter trois fois le prix de la recrue de l'année dans les trois ligues professionnelles, et il a remporté quatre fois le Trophée Vézina comme meilleur gardien de la LNH, partageant les honneurs de son dernier trophée avec son coéquipier, Johnny Bower, de Toronto. Il se penchait tellement vers l'avant dans son filet que ses épaules touchaient presque ses genoux – d'où sans doute le surnom donné à son style, « l'accroupissement du gorille ». Cette façon de faire décuplait sa mobilité, annonçant déjà le célèbre « style papillon » bientôt populaire chez les gardiens. Durant les éliminatoires de la Coupe Stanley sous les couleurs des Red Wings, Sawchuk a affiché une moyenne historique de 0,63 but compté dans ses filets au cours des huit victoires d'affilée de son équipe, et ensemble, ils ont remporté la Coupe Stanley. Sawchuk a remporté sa quatrième et ultime Coupe Stanley en 1967, avec les Leafs de Toronto, et cette même saison, il a enregistré le centième de ses 103 blanchissages, un record toujours inégalé. En dehors de la patinoire, Sawchuk était d'humeur changeante, parfois dépressive, il entrait souvent en conflit avec son entourage. Un jour, en 1970, pour une banale histoire de logement à nettoyer, il eut une empoignade avec son coéquipier Ron Stewart des Rangers de New York : Sawchuk s'est retrouvé avec des blessures internes qui l'ont emporté un mois plus tard. Il avait 40 ans. Le Temple de la Renommée fit une exception en son honneur, accueillant Terry Sawchuk l'année suivant son décès. La coutume prévoyait une attente de trois années. (*Graphic Artists/Temple de la Renommée*)

développaient un nouveau sentiment de leur puissance. Mais les femmes qui voulaient jouer au hockey se voyaient alors soumises à la vieille rengaine des hommes : le hockey, c'est trop dur ! Pour Cartwright, cependant, leur opposition au hockey féminin s'enracinait dans une autre peur plus profonde, à savoir le genre de femme que le hockey pourrait attirer... « Les femmes qui jouent au hockey se fichent bien de ce que les autres peuvent dire à leur sujet. Elles doivent être d'une autre trempe, penser par elles-mêmes, et ne pas suivre le troupeau. »

L'entraîneur d'une équipe masculine ouvert au projet de Cartwright lui montra un jour sa caverne aux trésors : dans la commode d'une pièce délabrée d'un sous-sol perdu de l'aréna de Queen's, des boîtes ; dans la boule à mites, des équipements de hockey datant des années 1930, qui avaient vu s'éteindre les feux du hockey féminin à Queen's. « Un pur plaisir ! », se souvient Cartwright. Et avec l'aréna de Queen's, on n'avait plus à louer du temps de glace – Mademoiselle Ross ne pourrait plus s'opposer. Elle a dit OK. Nous avons offert quelques joutes de démonstration, et on est devenu une vraie équipe de ligue collégiale. » Une ligue de hockey féminin universitaire fut fondée en 1962, et Queen's a ainsi renoué avec la vieille rivalité qui l'opposait à McGill, dont les femmes leur avaient âprement disputé la suprématie sur glace 40 ans plus tôt.

L'envie des jeunes filles de jouer au hockey se heurtait à une multitude d'obstacles. Quelqu'un qui leur voulait du bien, Sam Jacks, responsable aux activités récréatives de North Bay, en Ontario, trouva la solution. Aux dires de sa veuve, Agnès, « son cœur penchait du côté des petits, il était toujours en train d'imaginer des leçons de patinage gratuites, de natation gratuite, tout gratuit ! ». Jack voulait mettre sur pied une équipe féminine qui ne coûterait pas trop cher. Il leur a donc fourni des bâtons de hockey et des patins de fantaisie, il a interdit les contacts corporels – il voulait à la fois répondre aux craintes de ceux qui s'inquiétaient de la rudesse du hockey et d'un possible dommage infligé aux organes reproducteurs des jeunes filles et éviter des dépenses d'équipement excessives – et il a transformé la dangereuse rondelle en inoffensif anneau de caoutchouc. La ringuette était née.

L'invention de Sam Jack constituait à la fois une solution et un problème, car tout en donnant aux jeunes filles le loisir de jouer à quelque chose qui se rapprochait quelque peu du hockey sur glace, elle contribuait à enraciner l'idée que les femmes ne veulent pas jouer le même style de hockey que les hommes. Après qu'on eut fait la démonstration de ce qu'était la ringuette auprès de quelques directeurs des activités récréatives municipales de l'Ontario, l'équipe de hockey féminin du Collège Espanola fut invitée à en faire l'essai. Elle le fit, comme se le rappelle leur pilote, Laurann Van Volkenburg ; ces jeunes femmes « avaient déjà découvert les joies du hockey sur glace [et] elles ne sont pas allées plus loin. Aucune d'elles n'a demandé "est-ce qu'on essaie la ringuette une autre fois ?". » Quoi qu'il en soit, les écoles du pays ont inscrit la ringuette dans leur curriculum. Mais les femmes, toujours, voulaient jouer au hockey.

À Brampton, en Ontario, Marge Poste a contourné la difficulté en faisant croire qu'elle achetait un équipement pour son frère. Puis, soutenue par d'autres jeunes filles qui voulaient aussi jouer, elle a collaboré à la mise sur pied des Canadettes de Brampton, en 1965. Les filles parlaient de hockey, mais pas seulement ; c'est de changement social qu'il était question. Poste raconta plus tard : « Les femmes disaient "nous avons des droits, et nous avons le droit de jouer au hockey". Il régnait là un sens très aigu de la camaraderie – c'était nous, contre le monde entier. On vivait en plus petit ce qui se passait dans tout le Canada. »

Prenant exemple sur les très nombreuses femmes qui voulaient jouer au hockey entre elles comme des égales, Roy Morris et Jim Tokiwa ont créé la ligue féminine de Brampton, classant par couleurs les casques protecteurs des filles. De cette façon, l'alignement des casques rouges jouerait seulement contre l'alignement des casques rouges de l'équipe adverse, assurant ainsi que les joueurs évoluent avec des équipes de même calibre, et qu'aucune ligne « supérieure » ne vienne en humilier une autre.

Les Leprechaun de Lucan
Les Leprechauns étaient une équipe peewee féminine originaire de Lucan, petite ville de 900 habitants du sud-ouest de l'Ontario. Leur nom était un hommage à l'Irlande de leurs ancêtres – de même que le surnom donné à l'un de leurs trios, les Colleens. Pour mousser la publicité de leur équipe, les Robsons, mari et femme, et aussi co-pilotes de l'équipe, ont fait appel à un autre Irlandais, l'animateur immensément populaire de la télévision américaine, Ed Sullivan. Son spectacle du dimanche soir fut la plus longue série de spectacles de variétés de l'histoire de la télévision, une page d'histoire de la CBS qui devait durer de 1948 à 1971. Comble du bonheur, les Leprechauns furent le clou de la soirée du spectacle d'Ed Sullivan à New York le jour même de la Saint-Patrick de 1958. *(Courtoisie de Steve Oroz et Associés, NY)*

Par la suite, une deuxième équipe de Canadettes fut créée, d'où une floraison d'équipes dans tout le pays annonçant le sexe de leurs joueurs en féminisant la finale de leur appellation : les Spudettes, à l'Île-du-Prince-Édouard, les Buffaloettes de Burlington, et les Kookettes de Kapuskasing.

En février 1967, à Wallaceburg, en Ontario, Harold et Lila Robson, qui avaient un jour emmené leur équipe féminine des Lucan Leprechaun au *Ed Sullivan Show* à New York (davantage pour satisfaire une curiosité que pour faire connaître leurs exploits), organisèrent le Championnat de hockey féminin d'Amérique du Nord, affectueusement connu sous le nom du « Tournoi du rouge à lèvres ». Une équipe de *Hockey Night in Canada* s'est pointée pour la couverture du défilé d'ouverture des 16 équipes féminines, incluant celle de Port Huron, de New York. L'équipe masculine des reporters de la télévision et des techniciens a disputé une rencontre contre les Hornettes de Wallaceburg, subissant une défaite de 6 à 2. Quand le reporter Bill Hewitt a été plaqué par une Hornette, il a voulu protester, mais, rapporte le journaliste et auteur Brian MacFarlane qui jouait dans l'équipe, la Hornette lui a mis un bec sur la joue. L'arbitre lui a donné deux minutes de punition pour avoir eu du rouge à lèvres sur son col. La finale s'est disputée entre les Satans's Angels de Don Mills et les Dairy Queens de

En 1961, Katherine « Cookie » Cartwright, étudiante en droit à l'Université Queen's (recevant ici sa récompense) a relancé le programme de hockey féminin universitaire, depuis longtemps dans la boule à mites, et a magnifiquement contribué à la résurgence du hockey féminin d'élite. En 1967, au Tournoi du Championnat féminin d'Amérique du Nord – aussi appelé le Tournoi du rouge à lèvres... – Cartwright, sous les couleurs des Dairy Queens de Humberside, a compté le but vainqueur.

(Harold Ribson/Wallaceburg Courier Press)

Humberside, ce qui illustre bien l'étendue des débats portant sur le type de femmes qui souhaitaient jouer au hockey. Cookie Cartwright a compté le but vainqueur pour Humberside.

Ce tournoi a constitué un véritable catalyseur pour le développement ultérieur du hockey féminin. Encore novice en 1967, la joueuse de défense Fran Rider, qui allait devenir un cadre dirigeant de l'Association du Hockey féminin de l'Ontario, déclara : « Chacune racontait comment elle avait réussi à jouer, et comment elle en avait entendu parler, et comment on pourrait embrigader encore plus d'équipes et plus de filles. »

Roy Morris et Jim Tokiwa, qui avaient déjà fondé la ligue féminine de Brampton, se mirent à préparer leur propre tournoi. « On connaît au moins une centaine d'équipes, dit Tokiwa. On lance des invitations en Colombie-Britannique, en Alberta, en Saskatchewan, au Manitoba, au Québec, et dans certaines villes américaines. C'est une première ! » Vingt-deux équipes répondirent à l'appel – le premier Tournoi de Hockey pour dames du Dominion était né, et l'âge des participantes allait de 9 ans, pour la petite Lynn Franklin, à la cinquantaine pour Mabel Boyd. Le *Toronto Star* s'est dit impressionné par le niveau élevé de la compétition. « Ce n'était pas du hockey de houpette. Un bon coup de patin, des lancers frappés, des coups d'épaule – et elles laissaient éventuellement tomber les bâtons, prêtes à se battre. »

Le Tournoi de Hockey pour dames du Dominion est bientôt devenu la plus importante compétition féminine au monde. Il serait aussi connu sous le nom de Tournoi du Centenaire, le Canada célébrant son centième anniversaire en 1967. Un deuxième siècle débutait pour le pays, et la nation avait envie de faire la fête.

À l'occasion de la fête du centenaire canadien, la population fut invitée partout au pays à soumettre un projet faisant ressortir les valeurs fondatrices d'un peuple tout entier tourné vers le mieux-être de la collectivité. Des 2301 projets acceptés et financés par la Commission du centenaire du gouvernement fédéral, 520 furent des centres récréatifs, dont plusieurs arénas de hockey dans des communautés n'ayant jamais vu de glace en dehors de l'hiver, et dont les habitants se voyaient forcés de déblayer les patinoires quand ils voulaient jouer au hockey.

En décembre 1965, les 1600 habitants de Three Hills, en Alberta, ont lu dans leur journal local l'annonce d'une réunion publique d'« information… sur le financement de l'aréna projeté dans le cadre du Centenaire ». Le pittoresque village de Three Hills, entouré à perte de vue par les champs de blé ondoyants du sud de l'Alberta, avait son équipe de hockey, les Wheat Kings. Sans patinoire couverte, elle ratait beaucoup d'occasions de jouer. Bruce Sommerville, un des Wheat Kings raconte : « Le hockey, c'est tout ce qu'on a, l'hiver. Je joue beaucoup au hockey, toujours dehors, mais on gèle ! Des agglomérations plus importantes refusent de venir jouer contre nous, ils ne veulent pas jouer dehors. »

Comme le prix d'un aréna s'élevait à plus de 80 000 dollars, la ville donna son accord pour élever une construction sur les vestiaires extérieurs existants, et sans tout le matériel nécessaire à la fabrication de la glace. On a tenu un référendum, et 225 contribuables se sont prononcés à 85 % en faveur de l'aréna ; et plutôt que d'augmenter les taxes foncières, la ville endosserait un prêt de 45 000 dollars. La Commission du centenaire a ajouté 9400 dollars et le Programme canadien des travaux d'hiver a contribué pour une somme de 11 600 dollars. Les Kinsmen et les Elks s'engagèrent pour une somme de 1000 par année pendant cinq ans, et la petite communauté trouva des fonds en organisant des combats de lutte, des bingos, des ventes d'arbres de Noël et des paris sur les équipes gagnantes. Les gens offraient aussi du travail bénévole.

Les bénévoles n'étaient pas experts quand il s'agissait de couler du ciment, et quand ils en ont eu terminé avec la couche de base, les choses n'étaient pas exactement au niveau. « À un certain endroit, on a cinq centimètres de glace et à un autre deux, mais on fait avec », se consolait Shea. Et comme la municipalité ne pouvait se payer un Zamboni, on en improvisa un à l'aide de grands sacs et d'un tonneau. On remplissait d'eau le tonneau, remorqué par un tracteur autour de la patinoire, et les sacs qui traînaient derrière en répartissaient le déversement de manière à égaliser la surface.

Une fois terminé, l'aréna est devenu, à l'année longue, le cœur de la vie communautaire à Three Hills, offrant des joutes de hockey et du patinage l'hiver, et accueillant du rodéo, de la crosse, et certaines manifestations locales l'été. Mais aux dires de Bruce Somerville, les effets les plus bénéfiques de ce projet du

Dick Gamble

En cette dure année de Crise 1932, Donald Munro ne pouvait offrir de cadeaux de Noël à ses enfants. Il a donc inventé le premier jeu de hockey mécanique, utilisant la vieille planche à repasser de sa femme, et des bouts de bois et de métal ramassés ici et là dans sa banlieue de Toronto. En janvier 1953, Munro est allé en montrer une version améliorée au magasin Eaton. Quelques années plus tard, le jeu se vendait par milliers. Dans les années 1950, un photographe a pris des instantanés de tous les joueurs des Canadiens pouvant apparaître sur le jeu de hockey sur table d'Eagle Toys. L'ailier gauche Dick Gamble a été choisi pour représenter les Canadiens. Sa photo fut aussi utilisée pour les joueurs des Maple Leafs, mais Eagle Toys a alors teint ses cheveux blond-roux. *(Courtoisie Rob Raven)*

Centenaire se firent sentir au niveau du hockey. « C'était génial de jouer à l'intérieur. Le hockey, c'était maintenant bien parti. Le calendrier des activités de l'aréna était plein. Le hockey mineur voyait gonfler ses inscriptions ; notre équipe locale faisait de gros progrès parce qu'on allait chercher des jeunes dans les villes environnantes. Plus de gens venaient chez nous. Les choses allaient de mieux en mieux. »

Au printemps 1967, les Canadiens ne se contentaient plus de regarder le hockey, ils jouaient au hockey dans leur sous-sol – merci Donald Munro ! En 1932, Munro avait inventé le premier jeu de hockey sur table, utilisant la planche à repasser de sa femme, et des bouts de bois et de métal ramassés un peu partout dans le voisinage, à Toronto. C'étaient cette année-là les pires moments de la Crise économique, et comme il ne pouvait pas offrir de cadeaux de Noël à ses enfants, l'idée lui était venue. Il a alors songé : et si j'en faisais deux ! Et c'est ainsi qu'en janvier 1933, Munro est allé en porter une réplique chez Eaton, recevant en échange un bon de remboursement de 3,60 dollars. Il rentrait tranquillement à la maison lorsque Eaton téléphona à son épouse pour lui annoncer que son jeu s'était tout de suite vendu. Peu de temps après, c'est par milliers que les jeunes à travers le pays s'arrachaient le jeu de hockey de Munro.

Dans les années 1950, les premiers joueurs en bois à l'effigie des Leafs et du Canadien ont fait place aux joueurs en métal, et le vieux piston d'origine pour mettre la rondelle en jeu a été remplacé par un couloir en plastique transparent ; la partie est aussitôt devenue plus palpitante, les joueurs des Canadiens ou des Leafs pouvaient entendre l'arrivée de la rondelle qui dégringolait vers la « glace », et choisir le meilleur moment pour décocher leur lancer. L'invention suédoise du joueur pivotant sur une tige de métal fut introduite par la compagnie Eagle Toys de Montréal, approuvée par les Canadiens. C'était la première fois qu'un sport canadien utilisait des silhouettes de métal colorécs, à l'image de vrais joueurs de hockey évoluant sur une surface ressemblant à de la glace. Bientôt, Munro et Eagle Toys se sont retrouvés avec le même jeu : pas seulement des joueurs pivotants, mais des glissoires permettant de les faire évoluer sur la « glace » vers l'avant ou vers l'arrière.

À Mont-Joli, au Québec, Pierre Béchard, sept ans, avait vu le sort s'acharner sur sa famille. Le père envolé, une mère à l'usine dont les maigres revenus n'arrivaient pas à nourrir deux bouches, l'orphelinat, le foyer d'accueil... Et pourtant, quand sa mère, Chantal, lui a acheté son jeu de hockey sur table, ce n'est plus au foyer d'accueil que Béchard s'est retrouvé, mais sur la glace.

Montréal versus...
Le coloré maire de Montréal,
Jean Drapeau, sur fond d'Expo 67,
l'étincelante Exposition universelle
intitulée « Terre des Hommes ». Drapeau
s'était lancé en campagne électorale
en promettant que non seulement
Montréal serait la ville choisie pour
l'événement, mais qu'elle deviendrait la
« Métropole du monde ». Seul nuage
dans le ciel de ce conte de fée : cette
année-là, les Canadiens n'ont pas
remporté la Coupe Stanley.

(Roger Varley/La Presse canadienne)

Il raconte : « Ici, au foyer d'accueil, le Père aimait le hockey. Tous les samedis soirs, juste avant la partie télévisée, je déposais mon jeu sur la table de la cuisine et on jouait au hockey. On se réchauffait. Un moment divin : on est joueur, on est pilote, on est dans les gradins, on est tout, on contrôle tout ! Ça m'aidait à oublier le reste. Le hockey sur table était un remède, un peu de paix. » Béchard, joueur de hockey sur table, s'est retrouvé avec l'équipe des Canadiens à Montréal : « C'était très spécial, une vraie religion. Dans la province de Québec, c'était clair que Toronto était le plus dangereux adversaire de Montréal. »

La rivalité entre les deux équipes canadiennes n'était pas seulement un duel romantique enfiévrant le cœur et l'esprit des habitants des deux villes, elle s'étendait bien au-delà des limites urbaines. À Sault-Sainte-Marie, une bande de jeunes italo-canadiens regardaient les parties de Toronto et de Montréal à la télé. Pour eux, Toronto, c'était la classe dominante. Frank Paci et ses copains firent donc de Montréal leur équipe. « On s'identifiait avec les joueurs canadiens-français partout encerclés par les Anglais, raconte Paci. Les Leafs était l'équipe à haïr. »

En tant que fils d'immigrants ouvriers, Paci ne pouvait s'attendre à se voir offrir un équipement de hockey de la part de ses parents, beaucoup plus enthousiasmés par le football. Il les a quand même persuadés de lui acheter une

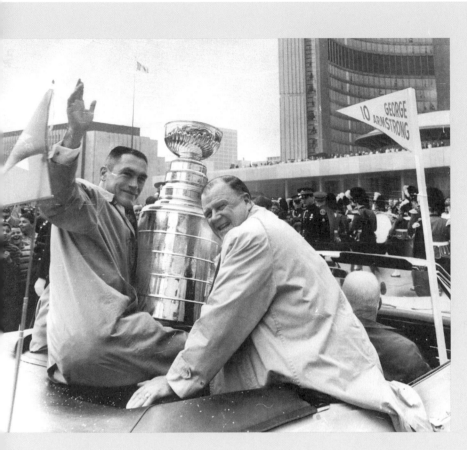

... Toronto

Le capitaine George Armstrong et le copropriétaire des Leafs, Harold Ballard, embrassent la Coupe Stanley. En 1967, l'équipe a célébré sa victoire sur Détroit et la Coupe Stanley avec un défilé dans Bay Street, devenu une tradition depuis 1962. Elle a fait le trajet au son de la cornemuse des 48e Highlanders, qui une génération plus tôt, en 1931, avaient ouvert les festivités de l'inauguration du Maple Leaf Gardens.

Dominant la scène, on aperçoit en arrière-plan le tout nouvel Hôtel de Ville de Toronto, aux lignes futuristes, conçu par l'architecte finlandais Viljo Revell. Cette victoire fut une occasion particulière de réjouissances pour les Leafs, en cette année du Centenaire du Canada : ils avaient battu Montréal, ravivant chez tous les Torontois l'envie brûlante de devenir la Métropole du Canada. *(Courtoisie Billy Harris et la Presse canadienne)*

paire de patins usagés à l'Armée du Salut. Pour des générations de jeunes qui l'avaient précédé, et encore de nos jours, Paci se sentait libre et fort sur la glace, mais il sentait également que le sport en question serait son vrai passeport dans le Nouveau Monde. « Pour nous autres, les immigrants, le hockey est le sport où on veut exceller, c'est le plus canadien des sports, expliquait-il. Le hockey nous permet de nous différencier de nos parents – ça nous met à part. Jouer au hockey nous fait nous sentir vraiment canadiens. »

En ce printemps de 1967, le pays regorgeait de confiance : un nouveau drapeau flottait au-dessus d'Expo 67, l'ambitieuse Exposition universelle qui devait attirer 50 millions de personnes autour du thème « Terre des Hommes ». Mais le printemps ne faisait pas oublier qu'au hockey, il y avait deux peuples au Canada, l'un habillé en bleu et blanc, l'autre bleu, blanc et rouge. Pour la cinquième fois dans l'histoire de la LNH, les Leafs et les Canadiens s'affrontaient dans une finale de la Coupe Stanley. Chaque équipe avait remporté deux fois la Coupe face à l'autre, bien que Montréal ait retrouvé des allures de dynastie en décrochant la suprême récompense de Lord Stanley les deux années précédentes, Toronto l'ayant emporté les trois années d'avant.

Mais il y avait un peu plus qu'une touche de nostalgie flottant dans l'air : cette série était en effet la dernière année où la LNH alignait six équipes. La Ligue doublait le nombre de ses équipes la saison suivante, et David Molson, le brasseur propriétaire des Canadiens, a mis en mots ce que tout le monde pensait : « Avec 12 villes l'an prochain, il se pourrait bien que ce soit la dernière année où deux équipes canadiennes s'affrontent en finale. » Molson n'était pas tout à fait honnête. Même avec six équipes en plus, il aurait pu y avoir une autre finale impliquant deux équipes canadiennes si – mais seulement si l'une d'entre elles avait été Vancouver...

Le président de la LNH, Clarence Campbell, avait prédit que Vancouver – gagnante de la Coupe Stanley un siècle plus tôt avec Cyclone Taylor et les Millionnaires – ne serait de nouveau une candidate sérieuse aux plus grands honneurs que si elle se dotait d'un aréna digne de ce nom. Stafford Smythe, co-propriétaire des Maple Leafs de Toronto, offrit huit millions de dollars pour ériger et gérer les installations sur un site du centre-ville de Vancouver, promettant de mettre en branle ses réseaux, et de convaincre la LNH qu'il lui fallait une équipe sur la côte ouest – là où les frères Patrick avaient imaginé un si grand nombre de règlements, toujours appliqués à ce jour. Les gens de Vancouver virent toutefois d'un mauvais œil que le projet de Smythe prévoie l'achat d'un terrain de deux millions et demi de dollars pour la somme symbolique d'un dollar, et ils rejetèrent son offre lors d'un référendum. La défaite révéla un Smythe peu élégant. Il déclara : « Vancouver a perdu sa chance le jour où elle a voté contre le projet d'aréna par référendum. J'ai maintenant la preuve que les gens de là-bas se fichent d'entrer dans une ligue majeure. »

Clarence Campbell joua les deux cordes du paternalisme et de la sévérité : « ç'aurait été dans l'intérêt de la LNH de compter dans ses rangs une autre franchise canadienne, dit-il. Il est désolant de voir comment Vancouver a pu à ce point, et dans une première tentative, gâcher ses chances. » C'est la télévision qui a déclenché la frénésie expansionniste de la LNH. Le propriétaire des Rangers de New York, William Jennings, avait le premier frappé à la porte, dévoilant aux autres équipes de la LNH à quel point les ententes signées avec les réseaux de télévision américains avaient fait faire fortune aux professionnels du football et du baseball. C'était maintenant leur tour d'engranger les bénéfices. Et c'est ainsi que la LNH s'est tournée vers les plus importants marchés américains à la télé : Los Angeles, Oakland, Minneapolis-Saint-Paul, Philadelphie et Pittsburgh, et joignant l'insulte à l'outrage à l'endroit de Vancouver et du Canada, ils accordèrent une franchise à Saint-Louis sans que cette dernière en ait fait la demande. Saint-Louis s'était vu accorder la franchise parce que le propriétaire des Black Hawks de Chicago, Bill Wirtz, était aussi propriétaire d'un aréna dans la ville. Rassembler une équipe pour y jouer ne fut pas très compliqué : la LNH empochait un contrat de 3 600 000 dollars pour trois ans de droits de télédiffusion sur CBS, somme qui allait théoriquement être redistribuée à parts égales à l'ensemble des équipes, comme ça avait été le cas pour les six équipes fondatrices.

Au Canada, l'indignation fut à son comble. Le député George Hees y a vu une autre preuve de l'impérialisme américain. « Tout ça pue ! lança-t-il. Les Yankees vont se remplir les poches pendant que les Canadiens se voient cantonnés un peu plus au nord, et ce, dans leur sport à eux. » Le premier ministre Pearson a vu dans l'expansion de la LNH un pur déni de l'héritage canadien : « La décision de la LNH de ne s'étendre qu'au sud est une atteinte aux principes canadiens les plus sacrés », déclara-t-il. Le pilote des Maple Leafs de Toronto, Punch Imlach, a bien vu de quoi il retournait : « Vancouver a été rayée de la carte, et la télévision explique pourquoi elle a été écartée de la course. Si elle avait été accueillie, Montréal et Toronto auraient été obligés de partager les droits de télévision. C'est mieux de diviser le butin en deux qu'en trois, j'imagine. »

Et c'est ainsi qu'en avril 1967, au Canada, les séries de la Coupe Stanley s'annoncèrent teintées de nostalgie. Bien qu'ils aient terminé la saison au deuxième rang, avec seulement deux points de plus que les Leafs, les Canadiens étaient très favorisés pour l'emporter. Ils étaient plus jeunes, et avec un John Ferguson toujours prompt à jeter les gants, ils étaient redoutables. Ils venaient en plus de remporter deux Coupes d'affilée, et dans deux cas, ils avaient envoyé balader les Leafs en première période, Fergie apparaissant chaque fois comme un joueur clef dans la victoire de son club. Plus il jouait, plus il haïssait les Leafs, et les autres le lui rendaient bien, ce qui en faisait un peu plus chaque jour le chouchou des amateurs de Montréal, dont il avait gagné les faveurs dès sa première joute dans la LNH.

Comme tous les batailleurs avant et après lui, Ferguson avait hâte de prouver qu'il pouvait aussi patiner et compter des buts, et pas seulement rosser l'adversaire. La direction des Canadiens ayant vu son équipe malmenée par les Leafs

John Ferguson a signé un contrat avec les Canadiens de Montréal en 1963-1964 pour donner du muscle à l'équipe et permettre à Jean Béliveau d'évoluer plus librement sur la glace. Ferguson a souvent taché la patinoire du sang de ses adversaires, au plus grand plaisir des amateurs du Forum, heureux de voir un dur dans leur équipe. Mais en 1966-1967, il a aussi prouvé qu'il savait compter des buts, atteignant le chiffre magique dans la Ligue de 20 buts dans une saison. *(Corbis/Bettmann)*

lors des finales de 1963, elle avait décidé d'ajouter du muscle à sa formation. Les éclaireurs des Canadiens avaient déjà repéré Ferguson alors qu'il jouait pour Cleveland dans la LAH : pendant la période de réchauffement, il avait imposé de façon très nette, brutale, sa loyauté à l'équipe, en lançant une rondelle sur un coéquipier surpris en pleine conversation avec un joueur adverse.

Les Canadiens remportèrent les enchères face à Boston et à New York, et mirent sous contrat l'ailier droit, qui faisait un mètre 90 et 90 kilos. Le 8 octobre 1963, Ferguson portait pour la première fois les couleurs des Canadiens, profitant de l'occasion pour montrer la diversité de ses talents. Après 13 secondes de jeu, il laissa tomber les gants pour s'attaquer au dur des Bruins, Ted Green, lui appliquant trois coups rapides au visage. À la fin de la soirée, il avait récolté deux buts et une mention d'assistance ; il était lancé pour une saison de 18 buts et une place bien méritée au Panthéon des Canadiens pour les années 1960.

Lors de l'année du Centenaire, Ferguson connut la saison la plus productive de sa carrière, avec 20 buts et 22 mentions d'aide – et un record dans la ligue de 177 minutes passées sur le banc des punitions. Les Canadiens n'étaient pas mal en point non plus, affichant une séquence ininterrompue de 15 victoires qui allait les conduire aux honneurs de la série jouée contre les Leafs, lesquels – cruelle ironie du drame en cours – avaient été le dernier club à les battre, le 8 mars de cette année-là.

Les Leafs étaient une équipe vieillissante, certains les appelaient « Les croulants » : Marcel Pronovost, 36 ans, Tim Horton, 37, et Allan Stanley, 41 ans ; le joueur de centre Red Kelly avait 39 ans, et le capitaine, George Armstrong, 36 ; le gardien de buts Terry Sawchuk avait 37 ans, et son substitut, Johnny Bower, en avait 42. Treize joueurs avaient une expérience d'au moins sept années dans la LNH, et six d'entre eux étaient devenus joueurs professionnels dans les années 1940. S'étant fait dire que Johnny Bower avait fait la guerre, Frank Mahovlich, alors âgé de 29 ans, avait demandé : « La guerre des Boers ? » Les vieux Leafs pouvaient toutefois arborer une petite touche de nouveauté en cette année du Centenaire, soit la feuille d'érable à cinq pointes, identique à celle du drapeau, en remplacement de la feuille marbrée à 11 pointes. Et après une victoire de 6 à 2 des Canadiens lors de leur première rencontre, tout annonçait un balayage.

Au Barbier des Sportifs, à Montréal, dont les murs étaient remplis d'images des Canadiens, et dont les partisans constituaient l'essentiel des habitués, le salon ne désemplissait pas – surtout le samedi, où l'on assistait à une espèce d'avant-première de la partie. Le barbier Menick Perazzino se rappelle : « C'était un jour spécial, très spécial : le monde ne travaillait pas, ils débarquaient donc de bonne heure le matin. C'était un lieu de rencontres, un peu comme à la taverne. T'avais le barbier, le coiffeur, la taverne. Les gars se taquinaient, chacun avait ses joueurs préférés, ses équipes préférées. C'est clair que le hockey était une priorité. » La deuxième partie avait été déplacée le samedi après-midi, pour accommoder CBS, qui ne voulait pas voir le hockey envahir les pointes d'écoute du samedi soir. Bien que les Canadiens l'aient facilement emporté 6 à 2 lors de la première rencontre, personne, au salon de barbier, ne sentait venir quelque chose comme

Terry Sawchuk (à gauche) et son coéquipier Johnny Bower fêtent la victoire des Leafs sur Montréal et la Coupe Stanley de 1967, en compagnie de leur pilote Punch Imlach. Le duo de gardiens, âgés respectivement de 37 et 42 ans, a partagé les honneurs de la série, chacun affichant deux victoires et une défaite. Ce devait être leur ultime triomphe sous le chandail des Leafs, Sawchuk se voyant échangé cet été-là aux Kings de Los Angeles, nouvelle venue dans la LNH. *(Graphic Artists/Temple de la Renommée)*

une déroute. Perrazino affirmait : « Toronto n'a jamais été une équipe facile. Ils ont de bons joueurs. Mais pour moi, Montréal est *l'équipe* ! »

Certains des plus chauds partisans des Canadiens se trouvaient au Pavillon tchèque d'Expo 67, où l'on avait prévu, taillé dans le cristal de Bohème, une réplique de la coupe qui allait être offerte aux champions de la Coupe Stanley de cette année-là. Leur commissaire général ne cachait pas son souhait profond : « Le hockey est le lien le plus fort unissant le Canada et la Tchécoslovaquie, confia Miroslav Galsuka, et nous tenons de cette façon à marquer notre plus profond respect au vainqueur de la Coupe Stanley – en espérant que ce sera Montréal. » Rien ne fut plus près de ce que les Tchèques attendaient et adoraient comme style de jeu que ce que les Canadiens offrirent à l'occasion d'Expo 67. « J'ai toujours eu un immense respect pour les Canadiens – pour moi, ils sont la quintessence du hockey, déclara Villem Havelka, directeur des expositions du Pavillon tchèque. Pendant tout le temps des travaux d'édification de notre pavillon à Montréal, nous avons appris à très bien les connaître. Les Canadiens sont de loin les meilleurs joueurs au Canada. Nous avons hâte de leur offrir le Trophée. »

Les capitaines

Syl Apps (à gauche), Ted Kennedy
(au centre) et George Armstrong
(à droite) ont tous été capitaine des
Maple Leafs à un moment de leur
carrière. Armstrong a été le dernier des
neuf capitaines que Conn Smythe a
personnellement choisis. Il considérait
l'ailier droit comme « le meilleur
capitaine de l'histoire des Leafs ».

Mais les séries se prolongeaient : les Leafs ouvrirent les hostilités de la quatrième rencontre sur leur patinoire, de quoi rendre les Tchèques nerveux. Johnny
Bower, qui avait partagé les honneurs du Trophée Vézina avec Terry Sawchuk deux
saisons plus tôt, avait mené les Leafs à une victoire de 3 à 0 lors de la deuxième
rencontre. « Les Croulants » revenaient tout fringants à Toronto, et la troisième
rencontre fut une bataille de gardiens de but, le jeune gardien de Montréal Rogie
Vachon faisant 62 arrêts, et Bower 54 – avant le but vainqueur de Bob Pulford dans
la huitième minute de jeu de la deuxième période supplémentaire.

L'âge a rattrapé les Leafs lors de la quatrième rencontre, Johnny Bower se
voyant blessé à l'aine pendant la période de réchauffement. Il fut remplacé par
Terry Sawchuk, très sujet aux sautes d'humeur, et qui a joué comme s'il s'agissait d'une pratique, toujours irrité d'avoir à bloquer des rondelles quand il n'y
avait rien en jeu. Après s'être fait déjouer six fois, dans une victoire 6 à 2 des
Canadiens, un amateur lui a envoyé un télégramme avec la question : « T'as reçu
combien, ce soir ? » Aussi sensible qu'impitoyable, et profondément blessé par
l'insinuation que n'importe qui pouvait l'acheter, Sawchuk est revenu en force
dans la cinquième partie, faisant une brillante démonstration du génie qui l'animait et l'avait quatre fois propulsé vainqueur du Trophée Vézina, en battant les
Canadiens 4 à 1.

Le chef

George Armstrong fut le dernier d'une liste de neuf capitaines personnellement sélectionnés par Conn Smythe, qui a qualifié son ailier droit de « meilleur capitaine de l'histoire des Leafs ». Tout le monde l'appelait affectueusement « Le Chef », en partie à cause de sa mère iroquoise, en partie parce que la tribu Stoney Indian, d'Alberta, lui avait décerné le titre honorifique de Grand-Chef-Lance-la-rondelle lors d'une tournée offerte par l'équipe de hockey senior d'Armstrong, après sa Coupe Allan de 1950. « Le Chef » était un leader naturel connu pour les encouragements répétés qu'il lançait à ses joueurs depuis le banc. Son directeur-gérant Hap Day l'a un jour comparé à Gordie Howe : il jouait bien sa position, maniait très bien le bâton, et comme l'autre, il traversait la patinoire d'un bout à l'autre et il marquait. Tout jeune encore, il avait souffert d'une méningite spinale qui avait laissé des traces : il patinait gauchement, mais savait toucher le fond du filet, totalisant 713 points au cours des 1187 matchs disputés en saison régulière dans la LNH. Ici, les Maple Leafs font cercle autour d'Armstrong qui, pour la circonstance, prend la pose du chevalier embrassant « Dame' Stanley ». C'était, en 1967, la onzième dans l'histoire de Toronto. *(Frank Prazak/Temple de la Renommée)*

La sixième rencontre fut disputée le 2 mai à Toronto – jamais auparavant une rencontre n'avait eu lieu à une date aussi tardive. Louis Janetta, maître d'hôtel de la suite impériale de l'hôtel Royal York, jonglait avec les horaires de son personnel de manière à pouvoir emmener avec lui trois autres invités sur la rangée située juste derrière le banc des Canadiens. Il amena un ami et ses deux fils à la joute historique. Sa profession de maître d'hôtel dans l'un des restaurants les mieux cotés de la ville l'avait amené à faire la connaissance de plusieurs joueurs de la LNH. « Quand les gars sautaient sur la glace, ils me donnaient un petit coup avec leur bâton en disant « Salut, Lou, Salut, Lou » – Richard, Béliveau, tout le monde ! Bien sûr, je leur envoyais la main et je leur souhaitais bonne chance. Les Leafs, eux, avaient l'air tendu. Ils ne regardaient personne, ils fonçaient sur la glace. »

Le capitaine George Armstrong et le défenseur Allan Stanley croyaient en la bonne étoile des Leafs, se disant qu'ayant survécu aux entraînements d'Imlach pendant la saison régulière, ils pouvaient remporter la Coupe. Pour les plus jeunes, comme Ron Ellis, à peine âgé de 22 ans, l'atmosphère dans le vestiaire était électrique. Punch Imlach est débarqué avec une cagnotte bourrée d'argent qui représentait tous les bonus de l'équipe pendant les séries. « C'est pour ça, que vous jouez », leur lança Imlach suivant ses habitudes d'ours mal léché : c'était vrai, et en même temps, il voulait fouetter leur orgueil. Les Leafs jouaient pour gagner.

Avec moins d'une minute à jouer dans la partie, les Leafs menaient 2 à 1, et les Canadiens ont alors retiré leur gardien, Gump Worsley. Ils envoyaient un joueur en plus dans la mêlée. La mise en jeu allait se faire en territoire de Toronto. Ce fut l'un des moments les plus tendus du hockey, où les séries peuvent basculer en quelques secondes. Mais il fallait que les Canadiens gagnent la mise en jeu et comptent un but, reprenant ainsi leur élan et retrouvant l'espoir d'une autre Coupe.

Sur le banc de Toronto, Allan Stanley écoutait Imlach, tel un lion dans sa cage, désigner le nom des joueurs qui allaient se lancer à l'assaut final. « Kelly, Armstrong, Pulford, Horton », cria Imlach. Puis, « Stanley ». « J'avais à peine mis le pied en dehors du banc qu'il ajoutait "Tu fais la mise en jeu". Imlach, fin renard qu'il était, avait rassemblé une équipe dont les âges combinés donnaient un total de 143 ans, 180 si on y ajoutait Sawchuk. Et à la profondeur que lui conférait cet alignement, il a ajouté un vieux truc : à cause d'un règlement interdisant l'interférence – utiliser sa taille supérieure pour bousculer l'adversaire et l'éloigner de la rondelle plutôt que d'aller la chercher avec le bâton – les joueurs de défense avaient été obligés de revoir leur stratégie lors de la mise en jeu. Bon. Mais le renard Imlach savait que Stanley trouverait le moyen de récupérer la rondelle, légalement ou autrement. Stanley déclara par la suite : « J'avais toujours été bon à prévoir la seconde où la rondelle était lancée sur la glace, et je tentais alors aussitôt une passe arrière. Si ça marchait, c'était OK. Sinon, je mettais mon bâton entre les jambes de l'adversaire pour le sortir du cercle. Je me suis dit : c'est la seule façon que ça marche. »

Stanley a gagné la mise en jeu, déblayé la rondelle vers l'arrière en direction de Red Kelly, et là, à sa plus grande stupéfaction – et l'infraction était nette – Béliveau vit Stanley lui bloquer le passage. Passe de Kelly à Pulford, à George Armstrong, qui décocha un beau tir dans le filet désert. « Et pendant cette séquence, raconte Stanley, Jean hurlait à l'arbitre "Interférence à la mise en jeu, interférence à la mise en jeu !". Il beuglait après l'officiel. Mais bien sûr que pas un arbitre au monde ne sifflera jamais un arrêt de jeu à un moment pareil. S'il l'avait fait et que les Canadiens avaient égaliser, tout le Gardens serait descendu sur la glace. »

Les partisans des Leafs n'avaient plus de voix : les Leafs avaient remporté leur onzième Coupe, et en la circonstance – l'année du Centenaire, aussi la dernière avant l'expansion de la Ligue – leur plus magnifique. Stafford Smythe a invité Louis Janetta, son ami et ses deux fils à traverser dans le vestiaire des Leafs pour goûter un peu des bulles de la victoire. Janetta, dont la mère avait souvent reçu Sawchuk à déjeuner, se dirigea main tendue vers lui pour le féliciter. Mais l'irritable Sawchuk avait maintenant sous les yeux un traître. « Brusquement, rapporte Janetta, il me lance au visage "oublie la farce ! Je t'ai vu leur souhaiter bonne chance avant la partie. Tu as perdu un ami." J'ai senti un affreux malaise, j'ai félicité Armstrong et Mahovlich, et je suis sorti. Je l'ai revu plus tard. Il m'a juste dit "Va te faire voir !". »

Un génie : le directeur-gérant des Canadiens de Montréal

Au cours des quatorze années passées comme directeur-gérant des Canadiens de Montréal, Sam Pollock est apparu comme un astucieux homme de hockey, trouvant les talents et la chimie gagnante au sein d'une équipe qui allait remporter neuf Coupes Stanley, et valoir à l'auteur de cet exploit une place au Temple de la Renommée. Le génie de Pollock a puisé dans celui de son guide, Frank Selke, débarqué chez les Canadiens en 1946, après avoir démissionné de son poste à Toronto. Selke fut le premier à utiliser le système des clubs-écoles pour les joueurs recrues, et Pollock fut engagé par Selke l'année suivante pour prendre en main la direction de plusieurs clubs-écoles de l'écurie des Canadiens, avant de devenir lui-même directeur-gérant des Canadiens en 1964. D'après la légende, les Canadiens avaient obtenu le pouvoir de « geler » le bassin des meilleurs talents québécois à cause de « l'option culturelle » accordée à Montréal, le jour de l'inauguration de l'encan amateur de 1963.

Avant que toute autre équipe puisse faire son premier choix, Montréal pouvait retenir deux noms de Canadiens français. Le coût à payer pour cette opération était qu'alors, Montréal devait passer son tour lors des premiers et deuxièmes choix prévus lors de l'encan – avec le résultat que dans les faits, les Canadiens n'ont utilisé leur droit d'« option culturelle » qu'une fois, en 1969. Sam Pollock s'est rappelé : « Les deux seuls joueurs qu'on est allé chercher avec cette affaire-là, c'est Réjean Houle et Marc Tardif, et puis après ça, il s'est écrit tout un tas de conneries dans la presse. » Son génie particulier : il avait l'œil pour dénicher les vrais talents, et les développer ensuite ; c'était aussi un artiste des échanges – chaque fois, les Canadiens se retrouvaient plus forts. L'option culturelle est disparue après l'encan amateur de 1969, l'année où Montréal remporta sa quatrième Coupe Stanley de la décennie. *(Frank Prazak/Temple de la Renommée)*

À Montréal, le maire Jean Drapeau a pris la défaite d'une manière quelque peu philosophique, déclarant : « Les Canadiens ont bien travaillé – ils se sont juste absentés de la salle du trône pour aller prendre un peu d'air. » Béliveau et ses comparses étaient atterrés : « On avait une équipe au moins aussi bonne que la leur, disait-il. Mais ils avaient Terry Sawchuk, et je me souviens d'un des arrêts qu'il a fait à la première période d'une des rencontres à Toronto. Un arrêt comme celui-là, ça se pouvait tout simplement pas... 1967 m'a blessé, mes joueurs sont blessés. On avait une bonne équipe, et on n'avait aucune raison de perdre. »

Le défilé de la Coupe Stanley, une fois encore précédé des joueurs de corne-muse des 48es Highlanders, fit cette fois le trajet depuis le Maple Leafs Gardens jusqu'au nouveau et rutilant Hôtel de ville. Pour Punch Imlach, les regards de tout le pays devaient désormais se détourner de Montréal et du tape-à-l'œil de son expo universelle pour contempler les Leafs et leur ville portée au pinacle. « On a totalement bousillé les prévisions des Canadiens d'amener la Coupe à l'Expo », triompha-t-il. "Pour le reste, il me semble qu'on a réalisé un assez bon projet du Centenaire..." » Sur le site d'Expo 67, en ce mois de juillet, les Tchèques, qui avaient préparé un banquet pour célébrer la victoire et fêter l'équipe de Montréal, assistèrent, anéantis, au transfert de la Coupe jusque dans le Pavillon de l'Ontario et à la remise de leur trophée en cristal de Bohème au capitaine des Leafs, Bob Pulford.

Le 1er juillet, jour anniversaire du Canada, Pamela Anderson, née le même jour et future vedette de la télévision américaine, est devenue le Bébé du Centenaire. C'était l'été de l'Amour, et les amateurs de hockey canadiens pouvaient déjà entrevoir l'arrivée d'un autre prodige sur qui porter tous les espoirs du hockey.

Bobby Orr portait les couleurs des Bruins de Boston, mais son jeu était toujours du pur Parry Sound[1]. Il allait plus tard bouleverser le cours des choses, obliger à revoir la position de défenseur, avec son art de se faufiler, de s'élancer en zone adverse en se retournant sur lui-même, d'inventer des jeux, de lancer et de toucher le fond du filet — et de se battre s'il le fallait. En compagnie de l'avocat Alan Eagleson, qui allait faire de lui un millionnaire et de lui-même un multi-millionnaire, il a complètement changé pour les joueurs la façon de faire des affaires.

Avec l'expansion prévue cet automne-là vers six villes américaines, le hockey allait devenir une affaire alléchante, et l'arrivée de six nouvelles équipes dans la LNH renforça chez les Canadiens l'idée que « notre sport » s'échappait un peu plus au sud. Mais pour les éminences grises du hockey canadien, il ne s'agissait pas d'aller voir au sud qui était le meilleur au hockey, mais de préparer un retour derrière le Rideau de Fer. Cinq ans à peine après Expo 67, Montréal allait inaugurer la rivalité internationale qui a dressé tout le Canada et l'Occident capitaliste contre les communistes soviétiques, pour départager les vrais patrons de ce sport. Cette compétition allait changer le hockey — et tout le pays.

Bobby Orr, pour tout le monde celui qui a sauvé la franchise des Bruins de Boston quand il les a rejoints en 1966, prend ici la voie des airs – mais il vient de compter le but gagnant des finales de la Coupe Stanley de 1970, et de donner à son équipe sa première Coupe depuis 1941. Il a aussi remporté cette année-là le Trophée Art Ross du meilleur compteur de la Ligue, le Trophée Norris du meilleur défenseur, le Trophée Hart du joueur le plus utile à son équipe, et le Trophée Conn Smythe du meilleur compteur des séries finales de la Coupe Stanley. (*Fred Keenan/Temple de la Renommée*)

---

1. Sa ville natale. NDT

CHAPITRE 7

L'ÂME D'UNE NATION

À Moscou, en janvier 1972, un petit groupe d'amateurs de hockey s'étaient réunis autour d'un verre de vodka, question de se réchauffer et de bavarder de leur sport préféré. L'un d'eux, un Canadien, Gary Smith, qui dans ses temps libres jouait pour les Maple Leafs de Moscou (une équipe bourrée de gens des Ambassades occidentales qui avaient pour tout uniforme des surplus de guerre de l'équipe de Toronto), avait apporté avec lui le film très convoité des finales de la Coupe Stanley, disputées l'année précédente entre Montréal et Chicago. Bien que la vodka et l'amour partagé du sport aient contribué à dégeler le sentiment de méfiance qui régnait alors entre capitalistes et communistes, les préjugés de la Guerre froide n'étaient nullement entamés. Smith se rappelle : « Quand ils ont vu Bobby Hull patiner, ils ont cru qu'on avait truqué le film en l'accélérant. »

Smith n'était pas seulement joueur substitut dans une équipe d'ambassade à Moscou, chargé de défendre la réputation du sport national contre les copains de l'équipe de l'Agence Tass, ou de ceux de la Fabrique d'accordéons numéro 7 ! Parlant bien le russe, Smith avait joint les rangs du ministère des Affaires extérieures après ses études universitaires, et il avait suivi un stage intensif de formation diplomatique à la vie derrière le Rideau de fer. Il fut alors envoyé à Moscou avec son épouse, au titre de deuxième secrétaire de l'Ambassade canadienne. Ce jour-là, Smith était en service commandé pour une mission de la plus haute importance.

« Il a été question de rencontres qui opposeraient les meilleurs des deux camps dans une série de joutes amicales, certains matchs devant se disputer dans des villes canadiennes et d'autres en Union soviétique. Il n'y aurait ni Trophée ni championnat officiel. On est tombé d'accord que le Canada pourrait faire jouer ses meilleurs joueurs professionnels. »

Trois mois plus tôt, lors d'une visite officielle, le premier ministre soviétique Alexei Kosygin avait eu l'occasion de voir évoluer les professionnels canadiens à Vancouver (finalement accueillie dans la LNH depuis 1970). Sous un ciel nuageux de la fin d'octobre, les Canucks, qui en étaient à leur deuxième saison, furent non seulement écrasés 6 à 0 par les Canadiens de Montréal, mais ils battirent en plus deux honteux records de leur courte existence : se faire blanchir sur leur propre patinoire et jouer deux parties sans compter un but.

Profitant de sa première visite officielle en URSS plus tôt cette année-là, le premier ministre canadien, Pierre Trudeau, avait soulevé en présence de Kosygin l'idée que le hockey pourrait faciliter les échanges diplomatiques. Ayant officiellement inscrit le hockey à son ordre du jour culturel, il avait déclaré à Moscou : « Les Canadiens, comme les Soviétiques, souhaitent renouer avec la compétition », ajoutant : « Ce processus prendra quelque temps, mais donnons-lui une chance. » Trudeau voyait le hockey comme une façon de pratiquer de nouvelles ouvertures dans le Rideau de fer, de manière à ce que l'Est et l'Ouest, jetant un œil de l'autre côté, aient davantage envie de se parler, et ainsi d'éloigner la perspective d'une destruction mutuelle dans laquelle s'engageait la Guerre froide. « On prend nos meilleurs joueurs, vous prenez les vôtres », avait-il proposé. « Et sans autres conditions. »

Il n'est pas exclu que ce faisant, Trudeau ait souhaité par-dessus tout qu'une compétition Canada-URSS rapproche les antagonistes sur la scène domestique canadienne : l'année précédente, le pays avait été secoué par l'enlèvement du Commissaire britannique aux échanges commerciaux, James Cross, et par l'assassinat du ministre du Travail, Pierre Laporte, par le groupe séparatiste radical le Front de libération du Québec, et ce, au nom de l'indépendance du Québec.

L'idée de faire s'affronter dans un tournoi les élites soviétique et canadienne du hockey ne venait pas de Trudeau lui-même, mais il avait la détermination et la poigne politique nécessaires pour y arriver, hanté qu'il était par la douloureuse division interne de son pays. En faisant évoluer les meilleurs joueurs du pays – ceux de la LNH – dans un tournoi international, il pourrait faire oublier le pro-

Roger Doucet

Pendant toute une décennie qui avait débuté en 1971, la voix de Roger Doucet fut, sinon la plus réputée, au moins la plus mélodieuse de toutes les voix entendues à *La Soirée du Hockey*, quand il entonnait de sa puissante voix de ténor le « O Canada » dans les deux langues officielles, au Forum de Montréal. Chanteur de formation, le polyvalent Doucet est resté dans la mémoire des amateurs comme partie intégrante de la magie du Forum. Les historiens, quant à eux, veulent se rappeler l'homme qui a changé le texte de l'hymne national pendant la période menant au premier référendum québécois sur la souveraineté-association en 1980. Doucet a pour l'occasion demandé à son ami, le premier ministre Trudeau, s'il pouvait changer quelques mots de l'hymne national lors de sa prestation du Forum. Trudeau lui a dit : « Allez-y ! », et Doucet a envoyé un double message au Canada et aux francophones, en changeant l'avant-dernière ligne de l'hymne, « Ô Canada We stand on guard for Thee » en « Protégera nos droits et libertés »[1]. Sa version figure encore dans certaines interprétations de l'« Ô Canada », officiellement proclamé hymne national du Canada le 1er juillet 1980 – 100 ans après avoir été entonné pour la première fois. (*La Gazette de Montréal/Peter Brosseau*)

---

1. « Ô Canada We stand on guard », adapté en « Ô Canada nous sommes prêts à tout », ne peut ici être répété, comme le fait l'auteur, le texte d'origine « Protégera nos foyers et nos droits », étant le seul qui permette l'adjonction « nos droits et nos libertés », clin d'œil évident à la Charte canadienne. Notre version colle donc au texte français originel – et à l'intention de Doucet...

fond sentiment d'injustice ressenti par les Canadiens depuis les années 1950, lorsque John Ahearne, président de la FIHG, avait interdit au Canada d'envoyer des professionnels au championnat mondial de hockey amateur. En conséquence de quoi, et en dépit des nobles efforts de l'abbé David Bauer et de son équipe nationale, le Canada n'avait pas battu les Soviétiques ni obtenu l'or depuis que les Trail Smoke Eaters avaient défendu l'honneur de leur pays, en 1961. Cette longue période de vaches maigres, au niveau international, alimentait le sentiment d'humiliation ressenti dans tout le pays.

Bien qu'ayant été la grosse cylindrée du hockey international pendant au moins deux décennies, les Soviétiques étaient venus tard à ce sport. Depuis les années 1890, les Russes jouaient du hockey sur gazon, un sport exigeant beaucoup de précision et un art consommé du jeu de passes, les deux domaines où ils jouiraient plus tard d'une grande réputation. Aux yeux des Soviétiques, le hockey canadien était « bourgeois », favorisant le jeu individuel plutôt que le jeu d'équipe. En 1939, cependant, les autorités soviétiques ont décidé d'inscrire le hockey comme cours obligatoire à l'Institut d'éducation physique de Moscou, chargé de recruter et d'entraîner les jeunes espoirs du sport, chacun dans leur secteur, de manière à récolter un maximum de médailles et de récompenses pour l'Union soviétique. En 1954, 22 ans à peine après avoir vu évoluer les joueurs canadiens, les Soviétiques faisaient leur première apparition au Championnat mondial de Hockey sur glace, et battaient le Canada 7 à 2, remportant la médaille d'or.

L'instructeur-chef de l'équipe nationale soviétique s'appelait Anatoly Tarasov. Ancien joueur, Tarasov avait conduit l'équipe soviétique à trois titres olympiques en 1964, 1968 et 1972, neuf titres consécutifs de champions du monde, de 1963 à 1971, et à huit championnats d'Europe consécutifs. Personnage complexe, Tarasov s'était forgé une équipe en combinant les techniques théâtrales d'un Stanislavski et la poigne de fer d'un Staline, poussant d'une part ses joueurs à se montrer inventifs et, d'autre part, à se dénoncer mutuellement s'ils remarquaient un relâchement ou un manque d'entrain. Il a été jusqu'à expulser le capitaine de l'équipe surpris en train de fumer une cigarette.

Tarasov disait avoir une grande admiration pour la façon de jouer des Canadiens, et, en une formule digne de la rhétorique idéologique de la Guerre froide, il donna sa vision d'une rencontre des deux superpuissances du hockey : « Nous avons en présence deux écoles de hockey d'avant-garde : les Soviétiques et les professionnels canadiens. Nous avons toujours rêvé d'affronter les joueurs professionnels – et de montrer au monde que notre système à nous atteint le plus haut niveau de perfection. »

Le diplomate Gary Smith fut le premier à aborder avec les Soviétiques les conditions bien concrètes de réalisation d'un tel tournoi. C'est Smith qui avait organisé dans tous ses détails la visite de Trudeau en URSS, et maintenant, c'était lui qui avait la tâche, au nom de l'ambassade, de lire les journaux soviétiques pour y trouver des signaux, clairs ou moins clairs, de leurs intentions en matière de compétition internationale. Un article signé d'un nom d'emprunt (Le Bonhomme de neige) a attiré les regards de Smith : « Les Soviétiques ont fini par se fatiguer de battre tous les autres pays année après année au Tournoi des Izvestia, au Championnat du monde et aux Jeux olympiques, écrivait le correspondant. Ils aspirent à un nouveau défi et souhaitent une compétition d'un niveau supérieur. » Le Bonhomme de neige s'appelait Boris Fedosov, directeur sportif aux *Izvestias*, et il était bien placé pour annoncer la stratégie officielle des Soviétiques. « J'ai su tout de suite qu'il y avait là un message, déclara Smith. C'était là une grande nouvelle, considérant que rien de ce qui paraissait dans la presse n'était dénué d'une orientation politique dûment sanctionnée. J'ai donc téléphoné à Boris Fedosov, qui m'a juste dit "Passez me voir, on va parler autour d'une vodka". »

En avril 1972, trois mois après que Smith ait bu sa vodka et que les Soviétiques aient visionné, stupéfaits, dans les bureaux des *Izvestias*, un montage filmé des meilleurs moments de la Coupe Stanley, les autorités canadiennes compétentes en matière de hockey se sont retrouvées avec leurs homologues soviétiques à Prague, afin de finaliser les conditions de ce qu'on allait appeler la Série du Siècle, la démonstration de force entre joueurs soviétiques et canadiens devant débuter en septembre.

Il y eut quelques surprises dans les débuts. Tarasov, qui clamait d'un côté « Nous voulons apprendre du hockey canadien... le hockey mondial va en profiter », est apparu imprévisible aux autorités soviétiques quand il s'est mis à dévier de la politique officielle pour dire ce qu'il pensait : « J'ai étudié les Canadiens de près. Nous avons revu nos méthodes d'entraînement pour apprendre à nos équipes à être également capables de se battre, déclara-t-il. Hier encore, je m'opposais au jeu brutal et vicieux, mais ces rencontres disputées par les joueurs amateurs et professionnels les plus forts au monde devraient indiquer ce que les deux écoles ont de bon et de moins bon. »

Les responsables du sport soviétique avaient violemment dénoncé par le passé le comportement égocentrique de Tarasov, et surtout son impardonnable indulgence envers les pratiques capitalistes. En 1972, après avoir remporté la médaille d'or à Sapporo, au Japon, il avait permis à ses joueurs d'empocher chacun 200 dollars pour une série de 2 joutes d'exhibition. Là, il dépassait les bornes. L'homme qui avait mené son pays à l'obtention de neuf titres amateurs d'affilée et à trois médailles d'or olympiques consécutives se vit donc offrir des vacances, remplacé derrière le banc par un ex-joueur très talentueux, Vsevolod Bobrov.

Le Canada eut lui aussi à souffrir d'un conflit politique interne : l'amère ironie voulut que Bobby Hull, le « Golden Jet », celui-là même qui avait électrisé les Soviétiques quand ils l'avaient vu patiner dans le film sur la Coupe Stanley, se soit vu interdire de rejoindre l'escouade canadienne — aussi pour des raisons d'ordre capitaliste. La faute de Hull avait été de quitter la LNH pour s'aligner avec la toute nouvelle Association mondiale de Hockey, une ligue professionnelle rivale qui ne pensait qu'aux affaires, et qui avait soutiré le joueur de 33 ans aux Black Hawks de Chicago pour l'emmener chez les Jets de Winnipeg, en lui faisant miroiter 2 700 000 dollars pour un contrat de 10 ans. Le « Golden Jet » joignit les rangs de l'AMH le 27 juin 1972, empochant une avance d'un million de dollars, ce qui constituait à l'époque une somme faramineuse pour un seul joueur. À l'instar d'autres ligues professionnelles, l'AMH avait décidé d'utiliser le plus court chemin pour se faire respecter : arroser les joueurs étoiles de sommes astronomiques pour les attacher à sa cause.

Les responsables de la LNH ont répliqué à la défection de Hull en lui interdisant de jouer pour Équipe Canada. Le public canadien est passé en mode attaque. Avec le clin d'œil de circonstance au film de James Bond *Bon baisers de Russie*, sorti en 1963, le *Toronto Star* a lancé une campagne d'affichage publicitaire portée par le slogan « En Russie avec Hull[1] ». Dans ses pages, on trouvait un message que le lecteur était invité à découper et à envoyer au seul homme qui puisse mettre un peu de bon sens dans cette stupide affaire : le président Clarence Campbell. Le message se lisait comme suit : « Cher Monsieur Campbell. Je veux que Bobby Hull joue pour le Canada. S'il-vous-plaît, faites tout ce qui est en votre pouvoir pour que l'événement ait lieu. Nous avons attendu pendant des années une série Canada-Russie, et ce serait une disgrâce si nous n'avions pas sur la patinoire la meilleure de toutes nos équipes. Un règlement prévoit déjà que la LNH doit faire jouer ses meilleurs joueurs. Pourquoi le même règlement ne s'appliquerait-il pas au Canada ? »

Anatoly Tarasov, souvent appelé le Père du hockey soviétique, connaissait à fond le hockey canadien, assez en tout cas pour écrire plusieurs ouvrages sur ses tactiques et stratégies. Bon attaquant, il a joué avec des équipes moscovites entre 1946 et 1953. À la fois joueur et instructeur, il s'est finalement consacré exclusivement à une carrière d'instructeur. En tant que copilote de l'équipe nationale de hockey masculin, il a remporté trois années de suite la médaille d'or olympique, neuf championnats du monde d'affilée, et huit titres européens. Dirigeant ses joueurs d'une main de fer, mais très rebelle vis-à-vis ses patrons politiques quand il jugeait qu'il y allait du mieux-être de son équipe, Tarasov a été éjecté de son poste d'instructeur de l'équipe nationale soviétique, juste avant la Série du Siècle de 1972. *(John Wilson/Temple de la Renommée)*

---

1. Un jeu de mots — et de son — ici intraduisible : l'anglais écrit « From Russia with Love » et « To Russia with Hull », redoublant, outre l'homophonie, le nombre exact de « pieds », ou syllabes.

Trudeau, qui n'avait pas envie de voir saboter son projet de rapprochement diplomatique par le hockey, a lui-même envoyé un télégramme rappelant « le très vif intérêt que je partage avec des millions de Canadiens... à ce que le Canada soit représenté par ses meilleurs athlètes, y compris Bobby Hull ». Arrogant, Campbell a répondu au premier ministre qu'il avait été « mal informé ». La vérité était que les patrons de Campbell, les propriétaires de la LNH, ne pouvaient se permettre de laisser Bobby Hull jouer pour le Canada sans voir éclater leur monopole *de facto* sur les plus beaux talents du monde du hockey. « On est en plein délire, déclara Hull au nom de tout le pays. Je suis Canadien, je veux jouer pour mon pays. Je ne comprends pas pourquoi la LNH y voit un problème. Je pense au Canada. »

Le souhait de Hull n'a rien changé, et il a dû assister aux matchs dans les gradins. Mais les dieux du hockey allaient répliquer en la personne d'un autre Bobby, nom de famille : Orr, qui à l'âge de 24 ans, évoluant comme défenseur pour les Bruins de Boston, avait obligé à revoir tout le système du hockey. C'est depuis son enfance, sur la glace et hors de la patinoire, qu'il le réinventait. En 1960, le directeur-gérant des Bruins de Boston, Lynn Patrick, et l'instructeur de leur club affilié de la ligue mineure, Wren Blair, observaient de jeunes joueurs de 14 ans en train de disputer le tournoi Bantam de l'Ontario. Soudain, ils ont aperçu un gamin de 12 ans, 1 mètre 20, 50 kilos, un Peewee qui normalement n'aurait pas dû figurer dans l'alignement des joueurs plus âgés, mais qui était de loin le meilleur. Blair a quitté les gradins en hâte pour savoir qui il était et vérifier qu'aucune équipe de la LNH n'avait déclaré de droits sur lui.

Robert Gordon Orr était libre, mais pas pour longtemps. Les Bruins sont tout de suite allés à Parry Sound, en Ontario, présenter leurs amitiés à la famille, assurant jusqu'en 1962 sa « protection » contre les visées des autres équipes. Cette année-là, il signa un formulaire de type « C », lui garantissant un contrat à vie avec les Bruins. Une entente de ce genre valait normalement au joueur un bonus de 100 dollars, mais pour lui les Bruins furent prodigues : 2800 dollars, un revêtement de stucco d'une valeur de 900 dollars pour la maison familiale, et la promesse d'une voiture usagée quand Bobby serait en âge de conduire.

En 1963, Alan Eagleson était alors un jeune avocat de Toronto qui s'était fait élire député conservateur. Il prit la parole à l'occasion d'un banquet auquel le père de Bobby Orr avait été invité. Eagleson était connu à l'époque pour ses activités d'agent de certains joueurs des Maple Leafs, intéressés à tâter de ce monde-là. Le père de Bobby demanda à l'avocat de dire quelques mots sur l'avenir de son exceptionnelle progéniture. Et ce fut là le début d'une relation qui allait bouleverser le hockey professionnel et, Orr précise, qui se présentait sous des dehors innocents mais trompeurs. « Ma mère voulait savoir combien Eagleson allait demander ; je revois Al regardant au loin comme s'il additionnait des chiffres dans sa tête ; puis, se tournant vers ma mère, il a juste dit : "Chère Madame, vous savez quoi ? Si Bobby fait de l'argent, je vais faire de l'argent !". »

À l'été 1972, pendant que tout le Canada se préparait à jouer sur la glace sa propre Guerre froide contre les Soviétiques, tomba la mauvaise nouvelle : Orr,

En 1966, quand Alan Eagleson a fait signer un contrat de 80 000 dollars sur deux ans à Bobby Orr avec les Bruins de Boston, plus un bonus de 25 000 dollars à la signature, ce fut le plus généreux contrat jamais offert à une recrue dans l'histoire de la LNH. Il a du coup totalement bouleversé le paysage financier du sport professionnel. Orr fut le gagne-pain d'Eagleson, et ladite transaction a renforcé sa réputation d'agent sportif par excellence. *(Graphic Artists/Temple de la Renommée)*

l'homme qui avait remporté le Trophée Calder de la meilleure recrue de 1967, trois Trophées Hart en tant que joueur le plus utile de la ligue, le premier de ses deux Trophées Ross comme meilleur compteur de la LNH, et cinq de ses huit Trophée Norris consécutifs, serait lui aussi dans les gradins pour l'affrontement à venir. Il avait subi une blessure au genou à l'époque où il était recrue, et cette blessure devait inaugurer une série d'interventions chirurgicales suivies de convalescences littéralement boiteuses, qui ont inspiré la comparaison avec Achille, ce guerrier grec invisible, donc invulnérable, sauf en un tout petit point de son corps. Bien qu'il se soit présenté au camp d'entraînement du Canada et qu'il ait patiné avec ses coéquipiers, il était clair que le genou de Orr, toujours abîmé, excluait toute envolée vers la zone des Soviétiques.

Les deux Bobby, Hull et Orr, furent donc exclus de l'équipe canadienne, mais cette dernière affichait tout de même des talents exceptionnels : Ken Dryden dans les buts et Tony Esposito ; les défenseurs étoiles Brad Park, Guy Lapointe et Serge Savard ; et des avants courageux autant que talentueux, en la personne de Bobby Clarke, Yvan Cournoyer, Rod Gilbert, Vic Hadfiels, Phil Esposito, Jean Ratelle, Ron Ellis, Gilbert Perreault, Paul Henderson et Frank Mahovlich.

Les médias canadiens confortaient le pays tout entier dans l'idée que la domination soviétique du hockey constituait une aberration – pire : une injustice qui

Tommy Nayler

En tant que responsable de l'équipement des Maple Leafs de Toronto pendant plus d'un demi-siècle, Tommy Nayler fut l'une des personnalités les plus influentes du monde du hockey. Il a inventé l'aiguisoir à patins portatif, et les protecteurs de chevilles et de tendons ; s'inspirant du gant de baseball, il a dessiné le gant et les jambières du gardien, redessiné la bottine du patin pour que le pied s'y moule, il a modifié la lame du patin pour améliorer la vitesse et la mobilité de l'athlète, et il a inventé les protecteurs corporels. Tout le monde voulait profiter des conseils et du savoir-faire de Nayler, depuis les équipes soviétiques jusqu'aux équipementiers, qui ne se gênaient pas de copier ses inventions et de les faire produire en usine. Nayler explique : « Je ne me suis jamais occupé de demander des droits sur ce que je fais. Les manufacturiers apportaient un petit changement, et ils lançaient la production. Je n'ai jamais touché un sou de tout ça. » La contribution de Nayler au monde du hockey fut éminente, et plusieurs experts souhaitent que son nom soit inscrit à titre posthume au Temple de la Renommée. *(Temple de la Renommée)*

serait bientôt corrigée grâce aux plus éblouissants joueurs professionnels du Canada, et bien sûr du monde capitaliste : les meilleurs des meilleurs, tous dans la même équipe. Dick Beddoes, chroniqueur sportif du *Globe and Mail* y est allé d'une prophétie : « Contre nos gars, les Soviétiques vont se faire écraser. » Il n'était pas le seul à le penser, les chroniqueurs sportifs partout au pays entonnant en chœur le même refrain. « Si on échappe une seule victoire, promit-il, je m'engage à bouffer cet article, que j'aurai au préalable déchiqueté, fourré dans un bol de bortsch[2], et ce, en plein midi, sur les marches de l'ambassade russe ! »

Cette arrogance était partagée par Équipe Canada, dont les dépisteurs étaient allés à Moscou en 1972 pour assister à l'entraînement des Soviétiques : une fois rentrés au pays, ils n'eurent que mépris pour le jeune gardien de 22 ans, Vladislav Tretiak – ils disaient : « une vraie passoire ! ». Les dépisteurs canadiens ne se sont pas rendus compte qu'on les avait leurrés. L'équipe soviétique avait été divisée en deux groupes, et Tretiak gardait le filet pour le plus faible des deux ; et comme il se mariait le lendemain, il traînait une terrible gueule de bois – son enterrement de vie de garçon avait eu lieu la veille... Il n'avait pas vraiment la tête au hockey.

Les Soviétiques de leur côté la jouaient modeste ; ils semblaient nerveux. Gary Smith avait la mission de faire la traversée en leur compagnie. Quand l'ap-

---

2. Plat russe. Soupe faite de choux et de betteraves.

pareil de l'Aeroflot entama son approche vers l'aéroport de Dorval, quelques joueurs s'approchèrent de lui avec les grands yeux curieux des touristes. Smith raconta que « la plupart de ces jeunes voulaient qu'on leur parle de Bobby Orr, de Bobby Hull et du bâton recourbé. Tout ce que je peux vous dire, c'est qu'ils sont terrorisés, et ils ne savent pas trop à quoi s'attendre. » Une fois à Montréal, les joueurs soviétiques furent renversés par l'énorme foule venue les accueillir à l'aéroport et, véritable révélation, ils pouvaient prendre leurs aises dans ce système capitaliste décadent si décrié dans leur pays. Smith encore : « Ils étaient plus que satisfaits de leurs chambres au Reine Elizabeth et de l'accueil chaleureux dont ils étaient l'objet. Leur plus grand choc : les merveilles offertes au petit-déjeuner, fruits frais, tout frais ! »

Les Soviétiques étaient aussi au courant des racontars qui couraient sur leur compte – normal : on les en abreuvait ouvertement ! L'énorme ailier, Alexandre Yakushev, surnommé « le Gros Yak », confia : « C'était clair, juste à regarder leurs mimiques, leur comportement, leurs remarques pendant nos pratiques, qu'ils ne nous trouvaient pas à la hauteur. On les entendait s'esclaffer. On le sentait – quelle arrogance ! »

À cette hostilité vinrent s'ajouter les réalités les plus détestables de la Guerre froide, dont certains incidents de la plus haute trivialité. Un Canadien vivant maintenant à Montréal, mais qui était de passage en Tchécoslovaquie quand les Soviétiques avaient envahi le pays en 1968 afin de mettre un terme aux réformes engagées durant le Printemps de Prague, exigeait qu'on lui rende justice. Sa voiture avait été détruite durant l'invasion, et s'étant vu refuser tout dédommagement de la part de l'envahisseur, il déposa l'affaire devant la cour, qui ordonna de saisir l'équipement de l'équipe soviétique jusqu'à ce que lui soit remboursée la somme de 1889 dollars. Après des années d'espoir et de prudente planification, la Série du Siècle se voyait rattrapée par l'Histoire, et les Soviétiques se sont montrés très irrités de cette irruption de la politique dans le sport. Hockey Canada et le gouvernement Trudeau se voyaient aux prises avec un double problème : un problème juridique sans précédent, et la forte pression des Soviétiques. Alan Eagleson ne broncha pas.

Eagleson était un personnage clef du Bureau de direction de Hockey Canada, et il avait tout fait pour y renforcer son emprise en organisant l'événement sportif en cours. Ce n'était pas une histoire de bagnole rouillée qui allait l'arrêter dans sa course. Il fit donc ce qu'il avait toujours fait auparavant : suivre ses propres règles. Le 2 septembre au matin, jour 1 de la Série, à l'hôtel Reine Elizabeth, il signa un chèque sur son compte personnel qu'il fit remettre en mains propres à l'avocat du plaignant.

Il était prévu que la série commencerait à 20 heures, sous l'œil des caméras de télévision qui feraient assister au massacre de l'équipe soviétique des dizaines de millions de téléspectateurs au Canada, aux États-Unis, en Europe, au Japon et en URSS. Foster Hewitt, le reporter légendaire, alors âgé de 70 ans, qui avait couvert dans son intégralité le premier match des Soviétiques au Maple Leaf Gardens, le 22 novembre 1957, allait offrir son ultime et prestigieuse prestation, conférant à l'événement une touche historique supplémentaire. Même John Robertson, chroniqueur au *Star* de Montréal, qui avec quelques autres au Canada, avait joué les Cassandres, en exprimant ses doutes quant au triomphe automatique des joueurs canadiens, s'est laissé emporter par l'extraordinaire portée historique de l'événement. « Nous vivons aujourd'hui le moment le plus dramatique de l'histoire du hockey, écrivit-il. Dès la mise en jeu, même les finales de la LNH, la Coupe Stanley, et tous les autres championnats imaginables vont pâlir en comparaison de ce qui va se passer aujourd'hui. L'amateur qui en a toujours rêvé touche aujourd'hui du doigt quelque chose de bien concret, de tout à fait normal, et qui peut soulever l'enthousiasme : le hockey international. Il peut dorénavant s'identifier à un pays, plutôt qu'à une corporation de petits individus insatiables. »

Quand il a procédé à la mise en jeu officielle prévue lors de la cérémonie d'ouverture, sa rose rouge apparemment peu affectée par l'intense chaleur du Forum, Pierre Trudeau a sans doute espéré que son équipe l'emporte mais sans un écart trop important au pointage, une humiliation des Russes ne pouvant que mener à un refroidissement des relations Canada-URSS qu'il avait travaillé si fort à réchauffer. Trudeau était si sûr d'une victoire canadienne, que la veille il avait déclenché une élection générale. Dans son esprit, en partie reconnaissants pour le beau cadeau qu'il leur avait fait sur la patinoire, les Canadiens, au terme de son mandat prévu en novembre, reporteraient ses Libéraux au pouvoir.

Cet optimisme ne fut pas partagé par tous, surtout après avoir vu patiner les Russes une première fois. Un entrepreneur de Nouvelle-Écosse, Creelman McArthur, avait réussi à se trouver des billets pour la joute d'ouverture et la totalité des rencontres devant être disputées à Moscou. Lors des pratiques tenues juste avant la première partie, il disait à ses voisins : « Leurs exercices de réchauffement, leurs passes croisées impeccables sont tout simplement incroyables », à quoi il s'entendait répondre : « Ouais mais… – écoute : tout ça c'est correct pendant la période de réchauffement, c'est correct parce que t'es pas encore dans une vraie partie, mais quand t'es d'dans, c'est pas comme ça que ça se passe. »

Harry Sinden était de ceux qui s'inquiétaient. Il avait déjà joué contre les Russes lors d'une rencontre Canada-URSS, et de nouveau en 1958, au Championnat du monde, défendant les couleurs des Dunlops de Whitby. Il savait tout des Russes, leur habileté, leur discipline, mais le problème était de se faire entendre par ses joueurs, tous débordants de confiance. Cette série était pour Sinden l'aboutissement de hauts et de bas vertigineux ; après une dispute salariale avec les Bruins de Boston, il avait démissionné de son poste d'instructeur, puis s'était lancé dans un lobbying agressif pour obtenir un poste avec Équipe Canada, question de redorer son blason d'expert en hockey. Quand, décidés à mettre sur pied la série de rencontres, lui et son assistant, John Ferguson, ont eu leurs premières conversations amicales autour d'un verre avec les instructeurs russes, ils furent renversés de découvrir à quel point « l'ennemi » savait tout sur eux. En août, l'assistant-entraîneur des Soviétiques, Boris Kulagin, avait passé deux semaines au Maple Leaf Gardens à observer chaque pratique du camp d'entraînement

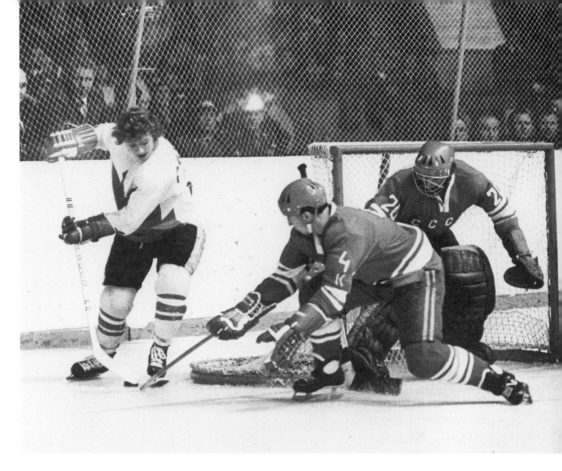

Bobby Clarke fut l'un des cinq joueurs d'Équipe Canada à participer aux huit rencontres de la série de 1972. *(Denis Brodeur)*

Valeri Kharlamov, un étincelant ailier gauche, maniait le bâton et faisait des passes avec une précision chirurgicale. Si rapide, qu'il est arrivé à battre deux défenseurs canadiens en les contournant. *(Denis Brodeur)*

Peter Mahovlich, le frère cadet de Frank, prend en chasse Alexandre Yakushev (« Le gros Yak »). Très rapide tacticien, Yakushev traversait à volonté la ligne bleue des Canadiens. *(Denis Brodeur)*

Phil Esposito, premier compteur de la série, fut l'inspiration d'Équipe Canada. On le voit ici passer un savon au défenseur soviétique, Alexander Ragulin. *(Denis Brodeur)*

Souhaitant être réélu, le premier ministre Pierre Trudeau entretenait de grands espoirs pour Équipe Canada dans la Série du Siècle contre les Soviétiques. Trudeau avait été l'élément clef de cette série historique, croyant que l'inévitable victoire canadienne pourrait rassembler un pays divisé entre le terrorisme au Québec et d'évidents malaises dans l'ouest. En dépit de son appui indéfectible au hockey canadien, il a remporté l'élection, mais par une faible marge. Il a alors dirigé un gouvernement minoritaire.

(Peter Bregg/Presse canadienne)

d'Équipe Canada, ainsi que les matchs intra-équipe. Pendant ce temps, l'entraîneur Vsevolod Bobrov avait visionné les films des éliminatoires de la Coupe Stanley de 1971 et 1972, question d'avoir en poche une fiche décrivant chaque joueur canadien.

Ce qui préoccupait Sinden n'était pas les informations recueillies par les Soviétiques sur les Canadiens, c'était leur conditionnement physique de haut niveau, résultat d'un entraînement échelonné sur toute l'année, inspiré du programme de condition physique du gourou du hockey canadien, Lloyd Percival. Huit ans plus tard, évaluant le hockey soviétique, Percival découvrait qu'il avait atteint un sommet 10 fois plus élevé que le niveau canadien. « Aujourd'hui, les joueurs russes patinent en moyenne sept kilomètres à l'heure plus vite que les joueurs de la LNH, et maintiennent cette vitesse deux fois plus longtemps que nous, déclara-t-il. Les Russes ne sont pas seulement en meilleure forme physique, et de loin, que les joueurs de la LNH, ils ont plus de cours théoriques, et apprennent plus que nous les techniques du hockey. »

Harry Sinden n'aurait pas été tout à fait d'accord sur la question de l'entraînement et de la technique, mais le niveau de préparation physique des Soviétiques l'inquiétait. « Je suis nerveux comme c'est pas possible, confia-t-il au journaliste John Robertson. Ma principale source d'inquiétude vient du rythme qu'ils sont capables de maintenir. » Trente secondes après la première mise en jeu, il a dû être soulagé : Phil Esposito comptait un premier but pour Équipe Canada. Quand Paul Henderson, des Maple Leafs de Toronto, a compté une deuxième fois six minutes plus tard, on a commencé à croire à la prédiction des éclaireurs d'Équipe Canada : restons quand même modestes, disaient-ils, mais une victoire de 15 à 0 n'est pas impossible...

Les Soviétiques pensaient le contraire. Avant la première rencontre, Bobrov avait averti ses joueurs déjà très nerveux de ne pas s'inquiéter si jamais les Canadiens ouvraient la marque dès le début. Son équipe patinait mieux, faisait de meilleures passes, et s'ils s'en tenaient au plan de match, ils gagneraient. Le grand gardien, Jacques Plante, avait même été vu au vestiaire des Russes, avant

la mise en jeu, indiquant à Tretiak quelques trucs pouvant l'aider à stopper les tirs des joueurs canadiens. Faisant un paquet de tous ces beaux conseils et oubliant le reste, les Soviétiques ont alors décidé de se détendre – ils n'avaient rien à perdre. Et c'est alors que les Canadiens virent leur adversaire infliger une claque magistrale à leur orgueil démesuré.

Les Soviétiques ont enfilé quatre buts de suite, et les amateurs de Montréal, assommés, qui connaissaient bien leur sport national, se sont mis à huer les Canadiens et à applaudir les Soviétiques, en particulier la ligne fringante et créative des Yakushev, Evgeny Zimin et Vladimir Shadrin, qui s'en donnaient à cœur joie, s'entrecroisant de part et d'autre de la ligne bleue adverse et laissant loin derrière les défenseurs canadiens emportés dans le tourbillon. Ils furent les auteurs de deux des sept buts des Soviétiques.

D'anciens joueurs de l'équipe nationale canadienne assistaient à la rencontre, dont Derek Holmes, qui avait joué pour le Canada dans les années 1960, et qui deviendrait le patron de Hockey Canada. Ils connaissaient les talents des joueurs soviétiques. Ils racontèrent plus tard qu'à mesure que la rencontre tournait à l'avantage des Russes, leurs craintes se concrétisaient : Équipe Canada était supposée réussir sans trop de problèmes là où leur équipe nationale avait failli... « On était tout près du banc, se rappelle Holmes. En quittant la glace, le Russe Valeri Vasiliev m'a envoyé un clin d'œil et donné un petit coup de tête en direction des joueurs canadiens à bout de souffle, complètement vidés. »

Même si Bobby Clark a enfilé un autre but pour le Canada, la défaite annoncée s'est bien réalisée, mais le rossé n'a pas été celui qu'on avait imaginé : Canada 3, URSS 7. Le gros titre de la Une du *Globe and Mail* du 4 septembre évoquait moins la rencontre elle-même que la crise vécue par tout un peuple : « Le Canada pleure la fin d'un mythe. » En moins de trois heures, la domination canadienne en hockey avait été humiliée au-delà de toute mesure.

À l'approche de la deuxième rencontre au Maple Leaf Gardens, la réaction canadienne fut impitoyable, et au plus haut niveau : Harry Sinden a fait réchauf-

Peter Mahovlich n'a compté qu'un but dans la Série du Siècle, mais son étincelante performance individuelle durant la troisième période, au cours d'un désavantage numérique, a ranimé l'ardeur des Canadiens. Ces derniers venaient de voir les Soviétiques compter un but, mais moins d'une minute plus tard, Mahovlich battait le rappel de ses troupes, qui ont remporté une importante victoire à l'occasion de la deuxième rencontre de la série.

(Graphic Artists/Temple de la Renommée)

fer le banc à la ligne Gilbert-Ratelle-Hatfield des Rangers de New York qui, la saison précédente, avait cumulé l'incroyable total de 312 points – mais qui avait aussi été sur la glace lors de 3 des 7 buts soviétiques, y compris pendant un de leur désavantage numérique... Le message était clair : les blessés allaient recevoir une balle dans la nuque. On ne les a plus revus pour le reste de la série.

Au Maple Leaf Gardens, pavoisé de drapeaux canadiens comme autant de talismans, un stade plein à craquer attendait, inquiet, qu'Équipe Canada fasse la démonstration aux yeux du monde entier que la victoire soviétique était un hasard. Après sa désastreuse prestation, Ken Dryden fut remplacé par Tony Esposito. Deux superbes arrêts en tout début de partie ont redonné espoir aux amateurs, et ranimé la confiance de l'équipe. Les Canadiens renouaient avec l'échec avant, de bons replis, et des bonnes passes. Ils se sont aussi rappelés comment « aller chercher leur homme », et ils y sont allés avec une violente désinvolture. « Beaucoup de bâtons élevés au visage des Soviétiques, rappelle Ken Dryden, qui depuis son banc, vibrait au spectacle des tactiques utilisées par son équipe. Il y eut aussi des abus flagrants... Si j'avais été un joueur russe, j'aurais pensé : "Ces Canadiens doivent être de sacrées brutes pour endurer un pareil régime...". »

Les joueurs étoiles des Canadiens ont finalement percé la forteresse russe, Cournoyer, les frères Mahovlich, Frank et Peter, et le capitaine de l'équipe donnant aux Canadiens une victoire de 4 à 1. Le but de Peter Mahovlich, surtout, a contribué à remonter le moral des Canadiens : non seulement il avait réussi à déjouer un joueur soviétique à un contre un, ce qui n'était pas encore arrivé, mais il avait compté lors d'un désavantage numérique, donnant aux siens une avance de 2 à 0. Les critiques n'ont toutefois pas manqué de souligner que le Canada avait vaincu la finesse et l'élégance soviétiques en jouant de brutalité. La rudesse de l'équipe a divisé le pays en deux : ceux claironnant que le Canada devait gagner à n'importe quel prix, et les autres, qui avaient vu – ou s'en souvenaient – comment le hockey pouvait se jouer, courtoisie des Soviétiques.

Pour l'assistant-entraîneur John Ferguson, ceux qui se montraient critiques envers Équipe Canada n'étaient qu'une bande d'esthètes ignorants. « Merde ! Ces gars-là connaissent rien au jeu ! lança-t-il. C'est comme ça qu'on joue depuis 50 ans, pis dans 50 ans ça va être pareil ! Le hockey a toujours été un combat de rue. Après un siècle d'existence, est-ce qu'on va changer tout ça pour faire plaisir à une bande d'artistes ? »

Au moment où l'on se préparait à la troisième rencontre, prévue pour le 6 septembre à Winnipeg, s'inquiéter de la violence au hockey allait faire figure d'un apitoiement sur soi quelque peu déplacé : la veille, des militants de Septembre Noir, un groupe terroriste relié à l'Organisation pour la Libération de la Palestine avaient pris des athlètes israéliens en otage aux Jeux olympiques de Munich. Avant la tombée du jour, les 11 Israéliens avaient trouvé la mort, assassinés par les terroristes durant un échange de coups de feu avec la police allemande. Peu avant le départ de la troisième joute, amateurs et joueurs firent une pause à la mémoire des victimes, mais elle n'a pas duré plus de 30 secondes, et les organisateurs de la Série du Siècle furent vivement critiqués pour cette parcimonieuse demi-minute de silence : ce n'était pas seulement le monde du sport qui se voyait sali par le sang des victimes, c'était la planète toute entière.

Pour ceux qu'obsédait la troisième rencontre, le monde était comme une planète éloignée : la partie à venir serait déterminante, et la « grosse machine russe » détruite à jamais. Dans la presse populaire, on mettait dans la tête des gens que les Russes étaient des robots, et que lorsque le Canada serait de nouveau en position de force, leur filage allait se court-circuiter, et la série serait finie. Mais c'est au jeu canadien qu'on aurait pu appliquer les stéréotypes courants sur les communistes : je déblaie, je cours, je frappe, qui faisait pâle figure en comparaison du style soviétique, très rapide, innovant, basé sur des passes de précision, l'échec avant et le rapide repli dans sa zone pour créer l'échappée ou provoquer la faute qui allait être convertie en but.

Ce soir-là quand même, le style canadien mis en cause a rapporté des dividendes. Quand Paul Henderson a marqué à 13 minutes 47 secondes de la deuxième période, il donnait une avance aux siens de 4 à 2, comme si les Canadiens avaient retrouvé leur instinct de tueur, et se voyaient déjà partis pour la prochaine ronde de Vancouver, relancés, gonflés à bloc. Les Soviétiques n'envisageaient pas l'avenir de la même façon. En moins de cinq minutes, leurs juniors Lebedev, Bodunov et Anisin, tous trois âgés de 21 ans (la ligne « casse-tête » des Canadiens, dans tous les sens) enfilaient deux buts et portaient la rencontre à égalité, et on en resta là. Harry Sinden a jugé que les Canadiens s'en étaient finalement bien tirés : « Une nulle, c'est comme embrasser sa sœur, c'est pas super-excitant », a-t-il déclaré peu après, ajoutant : « Mais dans les 10 dernières minutes de jeu, je me suis senti en compagnie de Raquel Welch. »

Quand les deux équipes sont arrivées à Vancouver, elles avaient en poche une victoire chacune et une nulle. Même si les amateurs de Vancouver s'étaient montrés indulgents et plutôt bienveillants à l'égard de leurs Canucks, qui avaient intégré la LNH deux ans auparavant, ils furent impitoyables avec Équipe Canada, et durant la période de réchauffement, on a même entendu certains sceptiques les huer. Sur la patinoire, les joueurs ont craqué : ils voulaient trop, et absolument ! arriver en URSS avec une partie d'avance. Bill Goldsworthy avait été chargé de garder les Russes loin des buts sans prendre de punitions stupides – et il en a pris deux. Le Pacific Coliseum s'est levé pour le huer. Et là, l'attaque meurtrière des Soviétiques s'est mise en branle : deux buts presque identiques de Boris Mikhailov – une rondelle déviée – ont donné aux siens une avance de 2 à 0. Le stade de Vancouver, debout, huait à tout rompre !

Le jeune joueur des Sabres, Gilbert Perreault, a fait une spectaculaire montée d'un bout à l'autre de la patinoire, et Rod Gilbert, de nouveau dans l'alignement, a un moment fait croire que son équipe pourrait égaliser le compte, mais le but lui a été refusé : il avait poussé la rondelle dans le filet avec le pied. Les Soviétiques ont compté deux autres buts. Là, pour se moquer, la foule s'est mise à applaudir chaque fois que Ken Dryden, de retour dans les filets d'Équipe Canada, faisait un arrêt, même facile. Le sarcasme a fait place au mépris quand les Soviétiques ont porté leur avance 4 à 1, et pour le plus grand plaisir des

Le masque de Tretiak

Si plusieurs amateurs ont été impressionnés par le talent du gardien soviétique, d'autres, qui regardaient son masque en forme de cage d'oiseau, ne voulaient y voir que l'illustration parfaite et grossière de la grisaille des pays de l'est. On pouvait aussi détester ce masque pour des raisons très pratiques : il ne restait pas en place sur le visage, et il n'était pas conçu pour absorber le choc d'une rondelle. Vers la fin de la décennie toutefois, c'est le beau masque moulé en fibre de verre de la LNH qui devait être déclaré dangereux par l'Association canadienne de normalisation. En 1979 – il venait de remporter le Trophée Vézina – le gardien des Flyers, Bernie Parent, a dû mettre un terme à sa carrière après un coup de bâton qui avait fendu le masque et qui l'a gravement blessé à l'œil. Plusieurs gardiens ont alors opté pour la cage d'oiseau. Dave Dryden, le frère de Ken, et lui aussi gardien dans la LNH, a alors découpé la partie avant du masque standard, celui conçu par Greg Harrison, et il y a mis la cage en fil de fer. Cette combinaison allait devenir la nouvelle génération de masques de la LNH. *(Temple de la Renommée)*

Soviétiques, les gens dans les gradins y ont ajouté la gamme complète des protestations de circonstance. Le joueur de centre Vladimir Shadrin raconte : « Les partisans ont commencé à lancer des projectiles sur la glace pour montrer qu'ils n'aimaient pas la façon de jouer des Canadiens. J'aime les Canadiens pour ça : ils connaissent le hockey. Ce sont des experts, ils remarquent tous les petits détails. C'est ce qui les distingue des amateurs soviétiques, qui ne connaissent rien au hockey. »

Il n'était pas nécessaire d'être un expert pour voir dans cette défaite de 5 à 2 un inquiétant signe avant-coureur des événements à venir, et les partisans de Vancouver, comme en écho à l'immense déception nationale, ont hué Équipe Canada en riant quand les joueurs ont quitté la glace. Équipe Canada a répliqué par la bouche de son capitaine, Phil Esposito, exténué, en sueurs, et déclarant au journaliste Johnny Esaw, de CTV, que les partisans des Canadiens n'aidaient pas leur cause, et que les joueurs, eux, y croyaient toujours. « Je tiens à dire ceci à l'ensemble de la population canadienne : on a essayé, on a donné tout ce qu'on avait. Quant à ceux qui nous ont hués... je... – tous les joueurs sont découragés, désillusionnés, tellement déçus... On n'arrive pas à croire ce qu'on lit dans les journaux : se faire huer sur sa propre patinoire ! Tous les gars ici, y'a ici 35 gars qui sont venus jouer pour le Canada, et on est tous ici parce qu'on aime notre pays. » Esposito a alors glissé une remarque laissant croire que pour Équipe Canada, huer, c'était presque trahir son pays : « Écoutez. Si les partisans russes huent leurs propres joueurs comme certains Canadiens l'ont fait – j'ai bien dit certains partisans – je reviendrai en personne m'excuser auprès de chaque Canadien. »

Dans sa longue marche vers Moscou, Équipe Canada se trouvait dans un piètre état. Quelques joutes avaient été prévues en Suède pour célébrer le cinquantième anniversaire du hockey suédois. Pour ces derniers, le hockey canadien, c'était le Far West, violent, sans loi ; sur glace, une triste parodie du jeu européen tout en finesse, et hors de la glace, après le bain de sang, un spectacle de foire où des joueurs et leurs partisans, tels de nouveaux barbares, célébraient leur victoire dans l'alcool et les bagarres. Au mieux, les Canadiens voyaient les Suédois comme des hypocrites maniant leur bâton comme des champions d'escrime et s'élançant sur la glace comme des plongeurs olympiques, mais qui toujours fermaient les yeux sur leurs propres infractions – et puis tout ce mauvais théâtre ! Finalement, les Canadiens préféraient leur manière plus franche de se battre, c'est-à-dire avec les poings. Au cours de la deuxième rencontre, le Suédois Ulf Sterner a infligé une si mauvaise coupure à la langue à Wayne Cashman, que ce dernier n'a pu revêtir l'uniforme quand la série a repris en Union soviétique.

Il avait été prévu que les deux matchs de Stockhom aideraient les Canadiens à rattraper le décalage horaire et surtout, à faire connaissance avec la patinoire européenne, beaucoup plus imposante. La patinoire a semblé si longue au joueur de défense Pat Stapleton, qu'il l'appelait « le Lac Érié avec un toit dessus ». Le Canada l'a emporté lors de la première rencontre, et péniblement obtenu une nulle dans la dernière minute de jeu de la seconde. Au moins, Équipe Canada pouvait dire : « On n'a pas encore été battu en Europe », mais l'équipe n'avait pas joué proprement. Même l'ambassadeur canadien en Suède avait traité les joueurs de « hooligans », autant pour leur jeu rude sur la glace qu'en dehors de la glace. Équipe Canada a bien entendu le message, surtout que certains de ses partisans rentrés au Canada encourageaient maintenant les Russes. Ils ont serré les rangs. Comme plusieurs équipes avant elle l'avaient appris, un voyage sur la route peut aider à arranger bien des petits problèmes. Et le voyage commençait à peine.

Quand les Canadiens sont débarqués à Moscou, ils ont découvert une société dont l'identité culturelle tenait à quelques gros monolithes comme les Ballets du Bolshoi et la Place Rouge, et dont la vie économique n'offrait aucun des biens de consommation d'usage courant chez le Canadien moyen, comme le bon vieux poulet, tout un luxe, là-bas, et qui représentait 20 % du salaire mensuel d'un enseignant.

Les 3000 partisans qui avaient fait le déplacement avec Équipe Canada, dont la légende du hockey, Cyclone Taylor, avaient quitté leur pays avec fierté, convaincus qu'ils étaient la plus grande nation du monde libre. Ils étaient soudain plongés dans un tout autre monde, froid, effrayant. Les rues – et même la patinoire ! – étaient patrouillées par des militaires se promenant la mitraillette au poing. Et les Canadiens se sont fait intimer d'oublier leurs bruyantes manifestations de patriotisme. Mais sous des dehors froids, les Soviétiques étaient des passionnés de hockey, aussi leur sport national. On estimait à plus de 50 millions le nombre d'amateurs qui regarderaient la série à la télévision, un nombre qui même réparti à travers les 15 républiques de l'URSS, donnait 20 % de la population totale. Aucun citoyen soviétique ordinaire ne pouvait avoir de billets s'il n'avait pas un bon ami au bon endroit. Âgé de seulement 10 ans le jour où il a assisté à la première série disputée en sol soviétique – et à sa première joute de hockey – Andrei Petrov déclare : « Il n'y avait pas un billet à vendre ; tous étaient distribués par des organisations aux partisans canadiens et aux gens importants du pays comme les cosmonautes, qui se voyaient offrir l'entrée libre

Lors de la cérémonie de présentation de la cinquième joute, à Moscou, Phil Esposito a trébuché sur l'une des fleurs offertes aux joueurs. Il est tombé sur le derrière. Le très charismatique Phil, improvisant une présentation de son cru, a alors transformé les rires de l'assistance en applaudissements, en faisant un grand salut à la foule et en soufflant un baiser à la ronde. Plus tard, il a insisté pour dire qu'il avait voulu par ce geste dérider le sinistre leader soviétique, Leonid Brejnev. *(Denis Brodeur)*

et gratuite à tous les événements sportifs. Mon père a eu la chance de gagner deux billets lors d'un tirage. »

La tâche qui attendait Équipe Canada en cette cinquième rencontre était lourde. Pour remporter la série, et non seulement redorer son blason à l'étranger mais aussi gagner à nouveau le respect de leurs concitoyens, les Canadiens devaient remporter trois des quatre matchs à venir. À l'aréna Luzhniki de Moscou, l'atmosphère était tendue, avec des policiers armés partout dans les allées et des Canadiens menacés d'expulsion s'ils faisaient preuve d'enthousiasme trop bruyant.

Le début de la partie a donné envie d'aller se cacher. Introduit, le capitaine Phil Esposito a fait un pas vers l'avant mais ce faisant, la lame de son patin a coupé net la tige de la fleur offerte à chaque joueur. Esposito s'est étendu de tout son long sur la glace. Les partisans des Canadiens ont fait quelque chose d'extraordinaire : ils l'ont applaudi. C'était un beau geste, plein d'affection, à l'égard d'une équipe critiquée de partout. Esposito rendit la politesse : s'étant remis sur un genou, il s'inclina très bas en balayant du geste la patinoire. Les Bravo ! redoublèrent. Vladislav Tretiak déclara plus tard que la réaction d'Esposito, mêlant élégance et autodérision, fut la réponse d'un « artiste ».

Pendant les deux premières périodes, les Canadiens se sont amusés comme des gamins sur leur étang gelé : ils s'en fichaient, ils inventaient des jeux. Ils menaient déjà 3 à 0, et sans le jeu du superbe Tretiak, le score aurait pu être 6 à 0. Mais alors, même avec une confortable avance de 4 à 1 au milieu de la troisième période, Équipe Canada a laissé les Soviétiques remonter la pente. Avec moins de cinq minutes à jouer, ces derniers ont pris l'avance 5 à 4, et l'ont finalement emporté.

Ayant subi deux défaites de suite aux mains des Soviétiques (si on tenait compte de l'expédition en Suède), le Canada n'avait plus le choix : il fallait gagner trois matchs d'affilée. La tâche semblait insurmontable. On remarqua toutefois qu'à cette occasion, les partisans canadiens n'avaient pas hué leur équipe quand elle avait quitté la glace. Ils les ont même salués debout. Brian Gallery avait fait

Avec son jeu intense et imaginatif, Phil Esposito a enregistré les points déterminants de la huitième rencontre : deux buts et deux mentions d'aide qui devaient donner la victoire au Canada.

(Denis Brodeur)

le voyage à Moscou ; il se rappelle : « On s'est tous mis debout pour chanter le « O Canada », on voulait faire tout notre possible pour ébranler les Russes. » Combiné aux milliers de télégrammes qui arrivaient à tout moment pour souhaiter bonne chance aux joueurs, ce sentiment a eu pour effet de fouetter le moral d'Équipe Canada. Harry Sinden se rappelle : « On savait qu'on ne pouvait plus reculer », mais l'ovation et l'appui de tous ces amateurs à Moscou et au Canada « nous ont convaincus qu'on ne pouvait tout simplement pas abandonner nos compatriotes ».

Équipe Canada répondit à l'appel, remportant deux victoires d'affilée. Ébahis par la nouvelle vigueur et l'entrain dont faisaient preuve leurs favoris, les supporteurs canadiens ont inventé un slogan qu'ils ont scandé de plus en plus fort : « Da, Da Canada ! Nyet Nyet, Soviet ! » (Oui Oui Canada ! Non Non Soviétiques !). La victoire avait ranimé la Guerre froide – sur la glace.

Pendant la sixième rencontre, le fougueux ailier gauche soviétique Valeri Kharlamov, qui avait déjà compté six buts dans le filet des Canadiens, fut agressé de façon tellement vicieuse, que les Soviétiques s'en souviennent encore comme du « crime » de la Série. John Ferguson avait confié à Bobby Clarke, des Flyers de Philadelphie, de s'occuper du cas Kharlamov. Il a couru après le joueur étoile soviétique, et des deux mains, il lui a donné un violent coup de hockey sur la cheville gauche. Le médecin a diagnostiqué une fracture. La férocité de Clarke s'est avérée payante : le clopinant Kharlamov ne devait plus obtenir qu'une mention d'aide lors de la dernière rencontre.

Les Canadiens soupçonnaient les Soviétiques de vouloir transformer à leur avantage la glace bosselée, mal entretenue, de l'aréna Luzhniki. Et c'est là que la Guerre froide a connu un nouveau refroidissement. Accompagné des autres responsables d'Équipe Canada, Gary Smith fut invité à une drôle de réunion. « On nous a convoqués dans la cave de l'aréna. Apparemment, celui des arbitres qui avait notre faveur pour la huitième rencontre ne pourrait pas officier, et il faudrait donc voir à le remplacer. Nos pilotes et toute la direction avaient été invités. Pas la leur. J'ai su, expliqua Smith, qu'ils nous préparaient quelque chose. »

Le 28 septembre, des millions de téléspectateurs canadiens étaient accrochés à leur petit écran. Chaque gymnase avait son téléviseur, les bureaux ont été fermés, les voyageurs ont interrompu leur déplacement pour tâcher de se trouver une télé quelque part. On en était là : la mise en jeu de la toute dernière partie de la Série du Siècle. C'était trois partout, et une nulle.

La première période s'est terminée sur un compte égal 2 à 2, mais le changement d'arbitre avait laissé des traces. La crise a éclaté lorsque le gros travailleur et ailier gauche, Jean-Paul Parisé, a écopé d'une pénalité pour interférence. Ce dernier a protesté vigoureusement. « Comment peut-on parler d'interférence quand le gars d'en face est en possession de la rondelle ? » Il a brisé son bâton sur la glace.

Les Canadiens haïssaient l'arbitre d'Allemagne de l'Ouest, Josef Kompalla, et tout autant son collègue et compatriote, Franz Baader, surnommés « De mal en Pis[3] ». Lors des rencontres organisées en Suède, le duo en question avait donné 19 pénalités aux Canadiens contre 6 aux Suédois, récidivant lors de la sixième joute contre les Russes, en leur infligeant 3 pénalités contre 8 aux Canadiens. Équipe Canada s'était fait promettre qu'elle ne reverrait plus Kompalla, mais voilà qu'il surgissait à nouveau – une machination des Russes – imposant à Parisé 10 minutes pour mauvaise conduite. Parisé est devenu fou furieux, s'élançant vers Kompalla comme s'il voulait décapiter l'arbitre avec son bâton – et il refit le geste. Kompalla l'a chassé de la partie. Sur le banc des Canadiens, on a commencé à lancer des chaises sur la glace. La partie fut interrompue.

Horrifié, Gary Smith voyait s'effondrer sous ses yeux des années d'efforts diplomatiques au plus haut niveau, et la suite faisait frissonner. « Après toute la sueur qu'on y a mis, et l'engagement personnel du premier ministre qui a voulu à tout prix cette série, je pense maintenant qu'on va droit dans le mur. Tout s'effondre. Finissons-en ! » Pendant ce temps, les partisans du Canada scandaient « On s'en va ! On s'en va ! » Alan Eagleson a tenté la carte diplomatique, courant vers le banc des Canadiens pour essayer de calmer les choses. Plus haut dans les gradins, Gary Smith, assis à côté du défenseur Bobby Orr, blessé, n'avait plus beaucoup d'espoir. Orr disait : « Tu vois bien qu'on est en train de se faire avoir ! »

Avec une période à jouer dans la huitième rencontre, et les Canadiens tirant de l'arrière 5 à 3, même obtenir une nulle semblait optimiste. Et ce ne serait pas bien non plus. Pendant l'entracte, Alan Eagleson avait appris la terrible nouvelle : en cas de nulle, les Soviétiques joueraient la carte du total des points, et se proclameraient vainqueurs. Le temps qu'Équipe Canada arrive sur la glace pour le début de la troisième période, les joueurs s'étaient tous dit : pas de nulle, on gagne ! Phil Esposito – devenu une star à Moscou pour son jeu inspiré – a amorcé la remontée. À 2 minutes et 27 secondes, il a balayé dans le filet son propre retour de tir. Le Canada a alors repris le jeu en main, calmement, de façon déterminée ; 10 minutes

Il restait à peine sept minutes à jouer lors de l'ultime rencontre avec les Soviétiques, et tout le monde a cru que le but égalisateur du Canada avait été refusé. Alan Eagleson a explosé. Il a sauté par-dessus la bande pour aller s'expliquer avec les officiels, mais des agents de la milice soviétique l'ont empoigné. Les membres d'Équipe Canada sont partis à sa rescousse en jouant du bâton : Eagleson fut libéré, et le but alloué.

3. Autre jeu de mots intraduisible. L'anglais dit Baader, pour le nom de l'arbitre, et « badder and worse » comme surnom, littéralement : plus mauvais et pire.

La famille Chin

Paul Henderson a reçu son premier équipement de hockey de la famille Chin, de Lucknow, en Ontario. Elle était propriétaire du seul restaurant chinois de l'endroit. Trois des frères aînés Chin, Albert, George et Bill, qui s'alignaient avec l'équipe Junior B de Lucknow, furent invités à un camp d'entraînement des Maple Leafs de Toronto dans le milieu des années 1940. Albert est devenu plus tard l'instructeur du Pee Wee Paul Henderson, qui à l'époque utilisait comme jambières des catalogues Eaton. Le peu d'argent qui restait à son père allait à l'équipement de baseball des jeunes joueurs dont il avait la charge. La famille Chin a vu une noble cause dans cette aide apportée à Henderson, jeune espoir du hockey. Sans le savoir, elle faisait un gros cadeau au Canada tout entier : lors de la Série du Siècle, c'est Henderson qui a compté le but gagnant. *(Imperial Oil – Turofsky/Temple de la Renommée)*

plus tard, après s'être débarrassé de 2 joueurs soviétiques, Esposito a réussi un dur lancer en direction de Tretiak – et le retour s'est fait sur le bâton de Cournoyer : avec sept minutes à jouer, le compte était égal.

Assis au beau milieu de la première rangée, Alan Eagleson n'a pas vu l'arbitre signaler le but ni la lumière rouge derrière le filet s'allumer, même si la reprise télévisée a clairement montré l'arbitre signalant le but presque aussitôt. Eagleson n'a pu visionner la reprise, mais il se rappelait un événement récent : la même lumière rouge ne s'était pas allumée quand Paul Henderson avait compté le but gagnant lors de la joute précédente. Eagleson a flairé que les Soviétiques trichaient peut-être. Sautant de son siège par-dessus un mur d'un mètre 50, il se retrouva au beau milieu d'un groupe de policiers soviétiques effrayés. Après quelques coups et un début de bousculade, il fut emmené par une demi-douzaine de militaires soviétiques. Les Canadiens continuaient à se congratuler pour le but compté, mais Pete Mahovlich, de même que Gary Bergman, ont vu ce qui venait de se passer. Fonçant vers Eagleson pour lui venir en aide, ils virent s'élancer à leur côté Wayne Cashman et Bill Goldsworthy, qui n'avaient pas revêtu l'uniforme ce jour-là. Avec le pilote Harry Sinden dans la mêlée, ils ont échangé des coups avec la police effrayée qui a laissé Eagleson partir.

Les joueurs ont ramené en hâte leur agent à travers la patinoire et en sécurité jusqu'au banc des Canadiens. En chemin, Eagleson a tendu vers le juge des buts un troisième doigt bien senti, pendant que l'imitait l'autre responsable canadien en costume cravate. Quelques secondes plus tard, un flot de renfort de police se répandait dans l'aréna. L'ailier droit soviétique, Boris Mikhailov, déclara : « Sur la glace, je me disais : c'est comme une vraie guerre. Mais comme

C'est le plus fameux but de l'histoire du hockey canadien. À 19 minutes et 26 secondes de la troisième période de l'ultime rencontre de la Série, l'attaquant des Maple Leafs, Paul Henderson, a compté son troisième but gagnant d'affilée – mais celui-là était le plus précieux : il donnait la victoire au Canada, qui battait les Soviétiques. Ce but vainqueur fut pour tout le pays un immense soulagement, en plus de marquer toute une génération. *(Frank Lennon/Presse canadienne)*

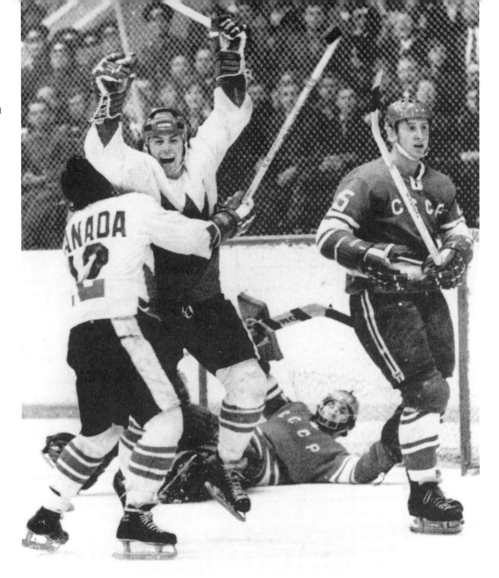

je vois maintenant les choses, c'en était une vraie : deux pays, deux systèmes veulent prouver au monde entier qu'ils sont les meilleurs. On s'était fait dire qu'il fallait gagner à tout prix. »

Avec moins d'une minute à jouer, Creelman MacArthur se rappelle. Il était venu depuis la Nouvelle-Écosse, et il se préparait à quitter l'aréna, certain que le tournoi était foutu. On s'en allait vers une nulle, je me répétais : on va avoir une nulle, on retourne à l'hôtel se noyer dans le champagne roumain ! »

Entre-temps, Sinden voulait envoyer le trio Clarke-Ellis-Anderson, mais l'alignement d'Esposito ne voulait pas quitter la glace. Henderson a crié trois fois, et finalement Pete Mahovlich est revenu et Henderson est allé le remplacer mais Cournoyer était de l'autre côté de la patinoire ; Esposito était parti dans un autre monde : il n'y aurait que la police pour le forcer lui aussi à quitter la glace.

Cournoyer fit une longue passe en diagonale juste derrière Henderson. Avec une rondelle libre dans un coin de la zone soviétique, Phil Esposito a franchi le mur de trois joueurs soviétiques et a décoché un tir en direction de Tretiak à une distance d'environ trois mètres. Il y eut un retour. Et voilà que Paul Henderson se retrouve par miracle tout fin seul devant Tretiak, en position de remporter le grand prix pour le Canada. Il décoche un tir sur Tretiak qui abaisse sa jambière et fait l'arrêt. Retour à Henderson, qui lance à nouveau.

Un cri s'éleva à travers tout le Canada, porté par une immense vague d'orgueil, de soulagement et d'exaltation. Équipe Canada n'avait pas balayé les Soviétiques, comme l'avaient si arrogamment prédit les experts, mais elle avait fait mieux. Acculée à « c'est ça ou tu crèves ! », elle avait choisi « ça » !

Pour Alexander Yakolev, ancien ambassadeur soviétique au Canada, qui s'est exprimé plus tard sur le sujet, les Soviétiques avaient aussi gagné quelque chose : la série de 1972 avait été la graine d'où allaient jaillir la *glasnost* et la *perestroika* – la transparence et la restructuration de la société soviétique mise en branle sous Mikhail Gorbatchev dans les années 1980, qui a culminé dans la chute du Mur de Berlin, en 1989. Cette série avait constitué le premier vrai contact des Soviétiques avec un grand nombre d'étrangers, venus non pas pour leur faire du mal, mais pour partager une passion commune : leur sport national.

Les Canadiens voulurent montrer toute l'affection qu'ils avaient pour Équipe Canada, réservant un accueil de héros à ces joueurs qu'ils avaient hués en chœur. À Montréal, l'aéroport de Dorval fut envahi, et à Toronto, au Carré Nathan Phillips, on fit la queue sous la pluie pour au moins les apercevoir. Et Phil Esposito a tenu la promesse faite à Vancouver de s'excuser auprès des Canadiens. « Vous avez prouvé que j'avais tort, lança-t-il à la foule. Vous nous avez prouvé à tous qu'on avait tort. » Même si la série avait été entachée de violence, la feuille d'érable flottait à nouveau au sommet du monde du hockey.

À Winnipeg, quand il était gamin, Ben Hatskin adorait dessiner des billets d'un dollar, pour la plus grande déconvenue de son père Louis, émigré russe, qui nourrissait l'espoir que son fils utilise ses leçons de dessin à de meilleures fins – et plus artistiques ! À l'été de 1972, Ben Hatskin, 44 ans et multimillionnaire, en

Le 27 juin 1972, la super-vedette Bobby Hull, des Black Hawks de Chicago, a stupéfié la LNH, et mis un grand sourire sur le visage de la population de Winnipeg, en recevant un chèque d'un million de dollars à l'intersection maintenant célèbre des rues Main et Portage. Ce faisant, Hull joignait les rangs de la toute nouvelle Association mondiale du Hockey. Son juteux contrat prévoyait une somme de 2 750 000 dollars répartis sur 10 ans, du jamais vu dans l'histoire du hockey. Redoutant les conséquences pour elle d'une telle entente, la LNH a répliqué en interdisant à Hull de s'aligner avec Équipe Canada lors de la Série du Siècle. *(Temple de la Renommée et Musée du Sport du Manitoba)*

partie grâce à l'usine de carton et de bois de construction fondée par son père, en partie aussi à ses nombreuses activités dans les domaine de l'immobilier, de la course de chevaux, du bois de construction et des placements, a enfin accompli son éminent dessein. Ce jour-là, en plein cœur de Winnipeg, par une chaude journée de juin, il n'a pas dessiné un billet d'un dollar, mais signé un chèque d'un million de vrais beaux dollars au très éminent joueur de la LNH, Bobby Hull, convié dans la toute nouvelle équipe d'une toute nouvelle ligue.

Des milliers de partisans de Winnipeg ont créé un bouchon monstre sur les trois artères menant à l'intersection la plus fréquentée de la ville. Quand ils n'arrivaient pas à bien voir ce qui se passait, ils montaient sur le toit de leur voiture. Encore sous le choc du rejet de la candidature de sa ville par la LNH, un amateur de Winnipeg, Larry Sekuler, a vu dans l'ampleur de cet événement le présage d'une authentique renaissance. « La cérémonie de signature dc Bobby Hull à l'intersection de Portage et de Main était le plus beau cadeau offert à Winnipeg depuis les Jeux panaméricains de 1967, se souvient-il. L'atmosphère était électrisante, tout le monde dans la foule était content, souriant, les gens trépignaient à l'idée de voir bientôt du hockey de ligue majeure. Winnipeg était maintenant sur la carte. Où que je sois dorénavant en Amérique du Nord, en disant que je viens de Winnipeg, les gens penseraient Bobby Hull. »

À Winnipeg, Bobby Hull devenait une prestigieuse signature pour une autre raison, soit l'arrivée de l'Association mondiale du Hockey, pari audacieux de deux Californiens, l'avocat Gary Davidson et l'entrepreneur Dennis Murphy, qui avaient déjà à leur actif la fondation de la Fédération américaine de Basketball en 1968. En 1971, sentant que le moment était propice, ils avaient soustrait des talents professionnels à la main de fer de la LNH, jamais contestée depuis 1926. Murphy explique : « On avait senti que le point faible de la LNH, c'était son arrogance, son égoïsme. Ils détenaient un monopole, et ils s'en mettaient plein les poches sur le dos des joueurs qu'ils exploitaient. Les gens de la LNH pensaient "tout va bien", croyant qu'en nous ignorant, ils nous feraient partir. »

L'AMH a offert à plusieurs villes d'Amérique du Nord ce que la LNH avait ignoré ou refusé, soit la possibilité de joindre les rangs des ligues majeures. Ben Hatskin avait le profil parfait pour l'AMH, car c'était à la fois un sportif accompli et un magnat de la finance. Propriétaire de la Ferme Hatskin, son écurie, il avait obtenu une bourse d'études à l'Université d'Oklahoma, et avait remporté deux Coupes Grey comme joueur de centre pour les Blue Bombers de Winnipeg, en 1939 et 1941. Gamin encore, il était tombé amoureux du hockey, jouant comme défenseur dans des équipes juvéniles et juniors. En 1967, il avait emmené une équipe junior de Winnipeg, les Jets, dans la toute nouvelle Ligue de Hockey Western du Canada. La LHWC est entrée en conflit avec la Fédération de Hockey amateur pour les mêmes raisons que des ligues rivales s'étaient affrontées au cours des décennies antérieures, soit l'argent et le pouvoir, mais le tenace Hatskin voulait que la Ligue Western soit un succès, et tout en allant son bonhomme de chemin, il a mis sur pied trois autres équipes pour donner du poids à la Ligue.

Il avait bien espéré faire partie de la vague lors de la deuxième expansion de la LNH, mais après un coup de fil à Clarence Campbell pour savoir ce qu'il en était d'une possibilité de franchise – à l'instar d'autres aspirants propriétaires de ce que la LNH considérait comme de tout petits marchés – il s'est senti regardé comme quelqu'un qui fait du lèche-vitrine. Les conditions étaient : un stade de 16 000 places, et un droit d'entrée de 7 millions de dollars...

Winnipeg était automatiquement exclue, et la LNH le savait. Mais la rebuffade n'a fait qu'attiser le désir de Hatskin d'offrir du hockey professionnel à sa ville d'origine. « Quand il s'agit pour moi de mener une affaire à son terme, je la mène, confia-t-il. S'il faut que je pousse, je pousse. » Il eut alors une conversation avec le propriétaire des Oil Kings d'Edmonton, de la LHWC, "Wild" Bill Hunter. Hunter avait tenté de faire de la LHWC une ligue professionnelle rivale de la LNH dans les années 1960, mais quand est apparue l'AMH, Hunter a invité Hatskin en Californie pour discuter de l'avenir du hockey nord-américain. « Quand a été lancée l'idée d'une deuxième ligue majeure, j'ai tout de suite été partant, raconte Hatskin. Et j'ai pensé que c'était peut-être la seule façon pour ma ville d'accueillir un sport professionnel, quel qu'il soit. »

Des droits d'entrée de 25 000 dollars dans l'AMH, c'était une occasion unique (comparés aux 6 millions de la LNH), pour les villes désireuses d'obtenir leur propre franchise. Davidson et Murphy ont quand même prévenu les aspirants propriétaires : même dans de très gros marchés comme Los Angeles ou New York, il fallait s'attendre à ce qu'au cours de leurs cinq premières années d'opération, ils perdent jusqu'à deux millions de dollars. « Je n'ai pas mis longtemps à réaliser que ces gars-là ne connaissaient absolument rien au hockey, affirme Hunter. Absolument rien ! C'est fou ce qu'ils étaient ignorants ! »

Lors d'une conférence de presse donnée à New York le 1er novembre 1971, l'AMH a annoncé l'attribution de franchises à 10 villes, dont Winnipeg, Edmonton et Calgary. Peu après, Ottawa et la Nouvelle-Angleterre joignaient les rangs de l'AMH. L'entrée en vigueur était prévue en octobre 1972. Mais avant même que ne débute la saison, la franchise de Miami était transférée à Philadelphie, celle de Dayton à Houston, et celle de San Francisco à la ville de Québec. Le Canada aurait cinq équipes dans la nouvelle ligue, mais Hatskin se doutait que cette dernière avait besoin de beaucoup plus qu'une bonne représentation régionale, il lui fallait une superstar.

Bobby Hull était le candidat idéal. Le « Golden Jet » était l'une des plus brillantes étoiles dans le ciel de la LNH, un joueur d'une foudroyante rapidité doté d'un lancer imprévisible, arborant un éternel sourire en coin qui désarmait tout le monde. Après avoir été l'épine dorsale des Black Hawks de Chicago pendant plus de 10 ans, ayant totalisé plus de 600 buts et offert à son équipe une Coupe Stanley, il venait de terminer une saison de 50 buts. Le joueur de 33 ans était sorti amer de ses négociations salariales avec des Hawks qui s'étaient montré particulièrement radins.

Ben Hatskin a vu l'ouverture ; il a fait son lobby auprès de l'agent de Hull, Harvey Wineberg, sachant que l'argent nécessaire au contrat de Hull faisait partie

En 1973, Gordie Howe, âgé de 45 ans, quittait son statut financièrement précaire de retraité, et rejoignait ses fils, Mark et Marty, chez les Aeros de Houston, de l'AMH. Une première « familiale » dans l'histoire du hockey, et qui devait s'avérer beaucoup plus qu'un coup publicitaire : 20 secondes après sa première apparition sur la glace, Gordie comptait un but. Cette saison-là, Howe a totalisé 100 points, menant du coup son équipe au championnat de l'AMH, et se voyant attribuer le titre du joueur le plus utile.

(O-pee-chee/Temple de la Renommée)

du butin de guerre de l'AMH, auquel avaient contribué l'ensemble des villes franchisées. Hull allait être un atout pas seulement pour Winnipeg, mais pour chaque membre de l'AMH. Hatskin explique : « Dans l'esprit du public comme dans celui des médias, mettre la main sur une superstar comme Hull voulait dire « La ligue, on l'a ! », sans compter qu'à partir de ce jour, les autres joueurs prendraient l'AMH au sérieux. Il n'y avait que trois ou quatre très gros joueurs dans la LNH. Tous étaient liés à la LNH, sauf Hull. On est allé le chercher, et on l'a eu ! »

À une époque où les joueurs vedettes de la LNH gagnaient un salaire moyen de 50 000 dollars par année, et la moitié moins pour les joueurs d'un calibre inférieur, l'entrée de Bobby Hull dans l'AMH ne signifiait pas seulement un autre type de ligue, mais un autre type d'arrangements financiers. En tant que joueur le mieux payé de la LNH, Hull recevait 100 000 dollars par année ; avec l'AMH, c'était, en plus d'un contrat d'un million de dollars, des bonus pouvant s'élever à 1 750 000 dollars sur 10 ans, plus une maison à Winnipeg, plus une ferme. « À l'époque, disait Hull, un million, c'était comme un milliard. Jamais personne n'avait entendu parler d'un joueur de hockey valant un million de dollars. »

D'autres joueurs de la LNH ont entendu parler des gros sous offerts par l'AMH. Le gardien étoile Gerry Cheevers, des Bruins de Boston, a signé un contrat de 1 400 000 dollars pour sept ans avec les Crusaders de Cleveland, pendant que l'extraordinaire défenseur de Montréal, J.-C. Tremblay, empochait un bonus de 125 000 dollars à la signature et 600 000 dollars pour 5 ans avec les Nordiques de Québec. En 1973, Monsieur Hockey en personne, Gordie Howe, alors âgé de 45 ans, s'est aligné avec les Aeros de Houston – avec ses 2 fils, Mark et Marty. Même sa femme, Colleen, s'est vue offrir un poste à la direction du club.

La LNH a eu recours aux tribunaux pour stopper la saignée, utilisant le cas de Gerry Cheevers et de son coéquipier Derek Sanderson, lui-même transfuge, pour invoquer la clause de réserve de la LNH : cette clause moyenâgeuse, remontant à 1917, l'année de fondation de la LNH, stipulait que les joueurs appartenaient à vie à la LNH. Le 28 septembre 1972, le jour du triomphe canadien sur les Soviétiques, un juge a déclaré la clause restrictive, vu qu'elle n'avait pas fait l'objet d'une négociation collective.

D'autres signatures de contrats ont suivi cette décision de la cour, la plus inattendue étant celle de Maurice Richard, engagé comme pilote de la franchise de Québec, achetée par l'homme d'affaires Marius Fortier et cinq entrepreneurs de San Francisco. L'équipe fut rebaptisée Les Nordiques, et Richard a reçu 215 000 dollars. Fortier a confié : « On s'était fait dire cent fois que Québec n'était pas prête, que Québec était une ville de deuxième catégorie. On était tellement tanné de se faire répéter la même chose, qu'on a décidé d'aller voir ailleurs – et Québec a maintenant sa place dans le monde du hockey professionnel. »

Québec n'avait pas vu de hockey professionnel dans ses murs depuis Joe Malone, 50 ans plus tôt, mais avec le grand Richard à la barre, la ville de Québec pouvait sérieusement ambitionner d'entrer en compétition avec Montréal et se gagner la préférence des amateurs de toute la province. Luc Dupont avait acheté un billet de saison mais il disait : « Tu peux pas y échapper : y'a Coke, et y'a Pepsi. Dans le hockey professionnel, y'a la Ligue Nationale, et y'a les autres. »

Richard n'a pas fait long feu comme instructeur – deux rencontres – et les Nordiques se sont alors tournés vers une autre légende du hockey, le gardien Jacques Plante, nommé instructeur-gérant de l'équipe. L'uniforme a été changé pour ressembler au drapeau de la province : de couleur bleue, avec la fleur de lys blanche sur l'épaule du chandail. Avec la montée du sentiment nationaliste, les Nordiques sont devenus ce qu'avaient été les Canadiens dans leurs débuts : une équipe de francophones pour les francophones. Dupont précisait : « Les Nordiques sont l'équipe du peuple. C'est devenu une histoire d'amour. Les joueurs parlent français, ils ont la fleur de lys sur leur chandail, et ils se font insulter par les foules anglophones qui les traitent de *frogs*. »

En 1974, s'enfilant dans la brèche ouverte par la Série du Siècle de 1972, l'AMH avait mis sous contrat quelques joueurs étrangers. Les choses ne furent pas un long fleuve tranquille. Quand Winnipeg a mis sous contrat les vedettes suédoises Anders Hedberg, Lars-Erik Sjoberg et Ulf Nilsson, tout le monde connaissait la suite. Anders Hedberg : « C'était l'époque où les équipes pensaient pouvoir gagner en intimidant l'adversaire. Par ailleurs, ce n'était pas dans mon caractère de me laisser effrayer. Personne ne réussirait à nous déconcentrer, et croyez-moi, y'en a un paquet qui ont essayé. » Les Suédois firent équipe avec

C'est en 1974-1975 qu'Anders Hedberg et Ulf Nillson ont joint les rangs des Jets de Winnipeg, suite au coup de génie de l'AMH qui avait eu l'idée de recruter des joueurs européens, à un moment où la LNH ne regardait nulle part ailleurs qu'en Amérique du Nord pour se dénicher de nouveaux talents. Le duo a joué avec Bobby Hull, qui a reconnu que son jeu s'était amélioré aux côtés des deux sublimes hockeyeurs suédois. Les Suédois l'ont aidé à compter son millième but, en plus de devenir les deux meilleurs compteurs de l'AMH.

(Mecca/Temple de la Renommée)

Bobby Hull, qu'ils alimentaient en belles passes, et Hull s'est offert plusieurs saisons de 50 buts, mais le prix à payer fut lourd. Hull a tout vu : « C'est pas croyable tous les coups qu'ils ont reçus la première année. Ces deux gars-là [Hedberg et Nilsson] sont les coéquipiers les plus coriaces que j'ai jamais eus. »

Les Jets et les Nordiques ont tous deux remporté la Coupe Avco et le championnat de l'AMH, qui petit à petit a bouleversé le paysage du hockey, en incitant de plus en plus de joueurs européens à prendre le chemin de l'Amérique du Nord, et aussi en mettant sous contrat des joueurs plus remarqués pour leurs capacités de frapper l'adversaire que pour leur talent à toucher le fond du filet. La Ligue a mis la main sur des joueurs qui allaient un jour éblouir la LNH : Mike Gartner, Ken Linseman, Rick Vaive, Michel Goulet, Rob Ramage, ainsi que deux futures légendes du hockey, Mark Messier et Wayne Gretsky.

En dépit de ses succès au recrutement, l'AMH vivait des jours difficiles sur le plan financier. En 1978, Bobby Hull s'était fait le promoteur d'une idée de fusion de l'AMH et la LNH. Le problème venait de ce que les largesses de l'AMH ne déclenchaient pas d'émeutes aux guichets, et avant même la fin de la deuxième saison, certaines franchises avaient dû déménager ou carrément plier bagages. Cerise sur le gâteau pour l'AMH : les villes de Toronto et de Montréal, de la LNH, s'acoquinèrent avec Vancouver-la-pauvre pour bloquer tout partage des revenus de la télévision venant de *Hockey Night in Canada* avec les franchises canadiennes de l'AMH, Winnipeg, Edmonton et Québec.

Comme ils l'avaient fait à l'époque, quand Vancouver s'était vu fermer la porte lors de la première expansion de la LNH, en 1967, les amateurs ont protesté en boycottant la brasserie Molson, propriétaire des Canadiens de Montréal. La controverse devint coûteuse pour la LNH et l'AMH, régulièrement convoquées par les juges. La LNH a finalement ouvert les yeux le jour où elle a consulté la facture de ses poursuites en justice. Le 22 mars 1979, lors d'une réunion extraordinaire du Bureau des gouverneurs, la Ligue a voté, 14 voix en faveur, 3 contre, pour l'inclusion dans ses rangs des franchises de Québec, Winnipeg et Hartford. Les trois villes joindraient la LNH pour la saison 1979-1980, portant à 21 le nombre des équipes de la LNH.

La LNH ne s'est pas montré magnanime dans la victoire : elle a décidé que les clubs de l'AMH ne pourraient exiger l'exclusivité que sur deux gardiens et deux joueurs, permettant par ailleurs aux équipes de la LNH, et sans droits de compensation, de réclamer des joueurs ayant fait partie de l'AMH au cours de ses sept années d'existence, de 1972 à 1979. Les clubs de l'AMH se voyaient aussi relégués au dernier rang des sélections de 1979, devant se contenter à chaque tour des 18e, 19e, 20e et 21e choix. La LNH avait tout prévu pour ses clubs, y compris la haute main sur les plus beaux espoirs du hockey junior. Les nouvelles équipes devaient en outre payer un droit d'entrée de 125 000 dollars par joueur sélectionné. Le message était on ne peut plus clair : la LNH était seule maître à bord dans le hockey nord-américain, et aucun prétendant ne viendrait jouer sur ses terres.

En dépit de l'afflux de joueurs européens ayant signé des contrats à la fois avec l'AMH et la LNH, le hockey professionnel ne gagnait pas en raffinement, il devenait de plus en plus violent. Dans le film à succès *Slapshot*, en 1977, les joueurs de l'AMH, Jeff et Steve Carlson, ainsi que Dave Hanson, ont prêté leur nom aux personnages des « frères Hanson ». Le film était une critique virulente, vue par certains comme une satire du monde du hockey semi-professionnel, où la violence, promue en spectacle de foire, éclipsait totalement le talent. Quant aux frères Hanson, ils étaient dépeints comme des brutes lobotomisées se faisant craquer les jointures (d'ailleurs recouvertes de papier aluminium pour donner plus de punch aux coups de poing) et, d'une partie à l'autre, semant partout les cadavres sur leur passage.

Le film, un des plus populaires jamais mis à l'affiche, est devenu un film-culte qui, de nos jours encore, fait rire les spectateurs pour le regard amusé, parfois décapant, qu'il jette sur le phénomène de la violence dans le hockey professionnel. L'affaire semblait toutefois moins drôle pour ceux qui en étaient les victimes sur les patinoires de la LNH. Bruce Hood, un arbitre de la LNH, a déploré un jour : « La ligue touche à nouveau les bas-fonds. Les pilotes n'ont plus seulement à concocter de brillantes attaques pour leurs joueurs étoiles, ils doivent aussi imaginer comment leurs propres gorilles pourront tenir tête aux gorilles de l'équipe adverse. » À Philadelphie, c'est devenu une philosophie. Emmenés par Bobby Clarke, celui qui avait délibérément envoyé à l'hôpital le joueur étoile Valeri Kharlamov en lui cassant la cheville lors de la Série du Siècle, les Flyers de Philadelphie furent surnommés les Brutes de Broad Street, une équipe à la fois talentueuse et brutale qui allait changer en profondeur les règles du jeu.

Peu après avoir assisté à la dégelée des Canucks aux mains des Flyers en 1973, Jim Taylor, chroniqueur sportif au *Vancouver Sun*, a écrit : « Si la LNH se plaît à laisser jouer des escadrons de brutes comme les Flyers, si les Canucks sont assez stupides pour faire comme si de rien n'était, et si les spectateurs sont assez cons pour continuer à s'acheter des billets, qui suis-je, moi, pour oser m'opposer ? » Et d'ajouter : « Il y a quand même une chose qui me chicote : les Flyers jouent comme des bouchers et ça marche. Ils gagnent. Gagner, ça donne envie aux autres de faire pareil. Imaginez que les Flyers se rendent en finale de la Coupe Stanley, on va avoir combien de gorilles de plus sur la glace l'an prochain ? » Voulant résumer la stratégie des Flyers, le fanatique Bobby Clarke, prêt à tous les coups bas pour gagner, a déclaré : « Ça prend pas un génie pour voir ce qu'on essaie de faire sur la glace ; on prend le plus court chemin vers la rondelle, et quand on est là, on est de mauvaise humeur. » Le peu loquace pilote de l'équipe, Fred Shero, a tenu à préciser que les assoiffés de sang de son équipe avaient toute latitude d'agir à leur guise.

Propulsés par de bons compteurs, comme Bill Barber et Rick MacLeish, le génie du filet Bernard Parent, les poings de Dave Schultz, dit « Le Marteau » et ceux de Bob Kelly, appelé « Chien de Chasse », et le toujours féroce Bobby Clarke, les Flyers sont allés quatre fois en finale et ont remporté deux Coupes Stanley entre 1974 et 1980. Certains en ont payé le prix. Pendant les joutes éliminatoires

Les dépisteurs des Maple Leafs souhaitaient faire l'acquisition d'un autre joueur suédois (Inge Hammarstrom, qui devait joindre plus tard les rangs de la LNH), quand ils ont aperçu le joueur de défense, Borje Salming. Ils l'ont tout de suite mis sous contrat, et ce dernier a connu sa première saison avec les Leafs en 1973-1974. Salming fut l'un des tout premiers joueurs européens à joindre les rangs de la LNH. Il s'est vite rendu célèbre, mais pas seulement pour ses talents de hockeyeur : doté d'une résistance exceptionnelle – il passait régulièrement plus de 30 minutes sur la glace – il encaissait sans broncher les plus violents lancers. *(Toronto Star)*

de 1976 opposant les Leafs aux Flyers, le procureur de l'Ontario, Roy McMurtry a porté une accusation de port d'arme dangereuse – le bâton de hockey – à l'encontre des joueurs de Philadelphie, Mel Bridgman et Don Saleski, et une autre pour complicité de voies de faits à l'endroit de Joe Watson et de Bob Kelly. Les deux premiers virent leur procès ajourné, et les deux autres, ayant plaidé coupable, ont été mis à l'amende.

Le frère du juge McMurtry, William, lui-même avocat et enquêteur pour le compte de la province de l'Ontario, et à la demande du gouvernement provincial, s'est vu confier une étude sur la violence au hockey de niveau amateur. Ses conclusions furent on ne peut plus cinglantes : « Plus que la langue, plus que la race, les coutumes, le drapeau ou l'hymne national, le hockey constitue le dénominateur commun des mentalités canadiennes, écrit l'auteur de l'enquête.

Surnommé « Le Marteau » pour son style rude et ses dons de pugilat, Dave Schultz a grandi au sein d'une communauté mennonite de Saskatchewan, où ses activités se partageaient entre, l'hiver le hockey, et l'été, des lectures de la Bible. En 1973-1974, il a battu le record absolu de la LNH avec 348 minutes passées au cachot – l'équivalent de six pleins matchs dans une saison de 78 rencontres. (*Presse canadienne*)

Des comportements de psychopathes enfreignant toutes les règles ne méritent pas d'être récompensés. Si nous n'agissons pas maintenant, la situation va continuer à se détériorer. »

McMurtry se rappelait sans doute le déchaînement de violence lors du championnat de la Coupe Memorial du hockey junior de 1971, opposant les Black Hawks de St. Catharines et les Remparts de Québec. Partout les promoteurs de l'événement parlaient d'un choc entre deux cultures, même si les deux joueurs vedettes se trouvaient être des francophones. Les Remparts étaient menés au feu par leur capitaine, Guy Lafleur, auquel les Black Hawks opposaient Marcel Dionne, qualifié de « traître » par des Québécois qui ne lui pardonnaient pas d'avoir choisi la ligue de l'Ontario. La série est vite devenue une foire d'empoigne.

Pendant toute la saison, St. Catharines s'était imposée avec ses poings, et la série a pris d'emblée un ton inquiétant lorsqu'à l'ouverture, un amateur a fait un lâcher de grenouilles vivantes sur la glace. Après avoir égalisé le score 1 à 1 au cours de rencontres violemment disputées, les équipes se sont déplacées vers la ville de Québec, où s'étaient entassés 14 000 partisans dans un Colisée n'en pouvant contenir que 10 240. La partie fut très souvent interrompue par des bagarres, et 102 minutes de punition furent distribuées, la plupart aux Hawks de St. Catharines. Marcel Dionne disait : « On ne pouvait pas se concentrer sur le jeu, il y avait trop d'objets lancés sur la glace. On a décidé de répliquer. »

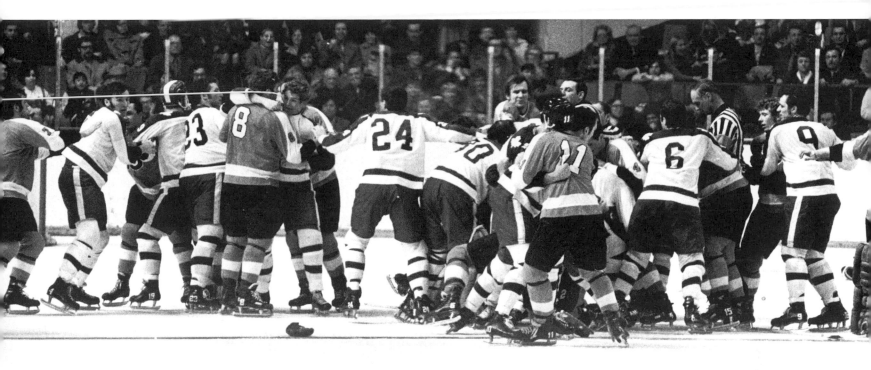

Surnommés les « Brutes de Broad Street » en raison de la violence qu'ils déployaient sur la patinoire, les Flyers de Philadelphie se sont vu donner carte blanche par leur instructeur, Fred Shero, ancien champion de boxe avant de passer au hockey. Pendant les pratiques, il forçait ses attaquants à s'échapper pendant que les coéquipiers leur tapaient dessus à coups de bâton dans le dos. Il se justifiait en disant : « Dans une joute, il n'y a pas de but facile, et personne ne va vous laisser faire. Pourquoi pas pratiquer en ce sens ? » Et les Flyers ont déclenché des bagarres, donné des coups de bâton, et ils ont aussi compté des buts... Ils ont décroché deux Coupes Stanley d'affilée en 1974 et 1975.

(Toronto Star)

Des bagarres ont éclaté dans les gradins, et après la victoire des Remparts, les Hawks durent quitter la patinoire sous escorte policière. Brian McKenzie des Hawks raconte : « Débordée, la police a décidé de faire garer l'autobus juste à l'entrée du Colisée, et on est passés directement du stade à l'autobus. Là c'est devenu laid : des pierres, des bouteilles, des vitres fracassées. » Les joueurs de St. Catharines ont dû se coucher face contre terre dans l'autobus pour éviter d'être atteints par les projectiles de la foule enragée. Il a fallu cinq voitures de police pour escorter leur sortie hors du site. De retour chez elle, la direction de l'équipe a décidé par un vote de 15 contre 5 de se retirer de la série. « Ça fait mal de voir comment les gens peuvent devenir mesquins et violents », se rappelle Bob Peppler, de St. Catharines. En finale de la Coupe Memorial, les Remparts ont affronté les Oil Kings d'Edmonton, puis remporté le trophée du hockey junior.

Au début, le président Clarence Campbell a balayé les critiques dirigées contre la violence dans le sport professionnel, disant « On est dans l'industrie du loisir, et je ne vais pas me sentir moralement responsable de quoi que ce soit ». Mais l'indignation du public d'une part, effaré par une violence qui ternissait le sport à tous ses échelons, et l'intérêt d'autre part que trouvait le gouvernement à punir les brutes ont fini par constituer un message clair envoyé à la LNH : ou bien elle intervenait, ou d'autres se chargeraient de le faire. Campbell a introduit un nouveau règlement autorisant à punir le troisième intervenant, à chasser du match quiconque s'en prendrait physiquement à un spectateur, à imposer une mineure double, des amendes et la partie, à tout joueur quittant son banc lors d'une altercation, et une amende de 50 dollars pour toute mise en échec causant une blessure au visage ou à la tête d'un joueur. Campbell a aussi prévu que le caucus du président de la LNH pourrait revoir un dossier et réviser les peines à la hausse, s'il les considérait justifiées.

La rumeur a couru que l'Association des joueurs voulait aller plus loin dans l'élimination de la violence qui entachait tout le sport. L'association, qui représentait les gars chargés du sale boulot sur la glace, proposait l'expulsion immédiate du match pour tout joueur impliqué dans une échauffourée – même s'il n'y avait eu qu'un coup porté de chaque côté, et une punition de match pour ceux qui avaient utilisé leur bâton. Sachant bien que la NBC faisait la publicité de ses « Matchs de la semaine » en montrant des extraits de bagarres, les propriétaires de la LNH ont battu la proposition 13 à 4.

Dans la conclusion de son rapport d'enquête, William a indiqué la voie royale à emprunter dans la résolution de ce problème. « [Le hockey] peut et devrait être un lien entre joueurs certes en compétition, mais partageant un même amour du sport, et collectivement impliqués sur la voie de l'excellence. Plus que tout autre sport, le hockey peut procurer au joueur un bien-être physique intense, et une joie toute simple, celle de la participation. » Un match propre pouvait certes s'avérer lui aussi passionnant, mais il faudrait pour cela aller voir du côté du hockey féminin, et attendre l'arrivée d'une jeune joueuse remarquable.

La Série du Siècle de 1972, puis celle de 1974, remportée par les Soviétiques, et pour laquelle Équipe Canada avait recruté des joueurs de l'AMH ; la nouvelle Coupe du Canada, créée en 1976, et le Championnat mondial annuel ont, chacun à leur façon, contribué à mettre en valeur le hockey masculin dans les compétitions internationales, même si la qualité d'ensemble du spectacle offert au pays avait souffert d'une expansion trop rapide – c'était l'avis de plusieurs – et du comportement violent mais efficace des Brutes de Broad Street. Entre-temps, au gré des aléas de la reconnaissance officielle et de la faveur du public, fluctuantes au cours des décennies, le hockey féminin se préparait à une percée : fort de ses toutes nouvelles et brillantes performances, il allait se mériter le respect sur la scène internationale.

En mars 1978, Nancy Dragan était une étudiante de 18 ans à l'Université de la Saskatchewan. Un jour, son équipe de hockey a reçu une invitation extraordinaire : participer au premier tournoi de hockey intercollégial féminin en Amérique du Nord, qui devait avoir lieu à l'Université du Minnesota. Dragan raconte : « Ma mère m'a montré à patiner à l'âge de trois ans. J'ai passé des heures et des heures sur la patinoire que mon père avait improvisée dans la cour ; j'avais des vieux patins de fantaisie, et je lançais des rondelles sur la grange. » Les parents de la petite n'ont donc pas été surpris quand elle leur a annoncé son intention de jouer au hockey. Marg Dragan, la mère, se rappelle : « Pour ce genre d'activité, il y avait un peu partout des filles intéressées à jouer. Nancy a commencé très tôt. On s'est promené dans la campagne environnante pour voir ce qu'il y avait en fait de patinoires. »

Et c'est ainsi que Dragan a commencé sa carrière d'ailier gauche : avec des patins de fantaisie sur une patinoire extérieure érigée dans le parc municipal.

La Coupe du Canada est née en 1976, dans le sillage du succès remporté par la Série du Siècle, même si ce tournoi de poule incluait également les États-Unis, la Tchécoslovaquie, la Suède et la Finlande. Lors de la première tenue du tournoi en question, le Canada n'avait perdu qu'une seule rencontre aux mains des Tchèques et de leur brillant gardien, Vladimir Dzurilla. Dans l'ultime rencontre disputée par les mêmes équipes, le compte était égal, 4 à 4. En prolongation, le joueur de centre, Darryl Sittler, s'est retrouvé seul devant Dzurilla ; il a feint un lancer frappé pour lui faire quitter sa position, et il a alors poussé la rondelle dans le filet, donnant aux siens la première Coupe du Canada. Sur la photo, Sittler (à gauche) serre la main de Dzurilla sous le regard de Maurice Richard. *(Frank Prazak/Temple de la Renommée)*

En huitième année, elle est entrée dans une ligue exclusivement féminine qui jouait dans les petites villes de Saskatchewan. L'année où elle a terminé son secondaire, elle jouait pour le Western Canadian Shield, et elle a participé à un tournoi féminin qui se tenait cette année-là à Régina. Elle raconte : « Le Western Shield alignait des joueurs représentant toutes les provinces de l'ouest. C'était une très, très grosse affaire. » Elle fut sélectionnée par les Odessa Cal Gals. « Toutes des nouvelles coéquipières. L'équipe d'Odessa était d'un plus gros calibre, et j'étais fière qu'ils m'aient choisie. La meilleure de toutes était les Missilettes de Melfort. »

L'année suivante, Dragan s'alignait avec les Huskies de l'Université de Saskatchewan qui, pendant la saison 1976-1977, avait réactivé son projet de hockey féminin. Comme c'était le cas dans d'autres universités canadiennes s'intéressant au développement du hockey féminin universitaire, le fait d'avoir une équipe n'impliquait pas qu'il y avait de l'argent pour financer ses activités. « Chaque fois qu'on allait dans un tournoi, il fallait prévoir une levée de fonds. C'est fou tout ce qu'on devait faire pour réussir à jouer au hockey. La journée même où l'Université du Minnesota nous a fait signe, on s'est mis à la collecte des bouteilles vides d'eau gazeuse – et c'est comme ça qu'on a payé notre voyage ; pour vendre nos billets, on s'est installé chez Louie, le bar de l'Université. »

L'équipe a fait le déplacement à bord d'un camion-remorque sans chauffage. Au Minnesota, ça s'annonçait glacial. Tout le Dakota du Nord était sous la tempête, avec des températures bien en dessous de zéro. « On a conduit toute la nuit en s'arrêtant à tous les restaurants pour prendre un café et des petits pains à la cannelle. » Quand elles sont arrivées, elles et leurs copines canadiennes de l'Université du Manitoba et de l'Université de Winnipeg ont eu le choc de leur vie : les équipes américaines tombaient sous le coup de la législation « Titlc IX », un texte de loi voté au Congrès en 1972, et qui dans les programmes éducatifs financés par de l'argent fédéral, interdisait toute discrimination sexuelle – une avancée législative accompagnant la résurgence des mouvements de femmes à la fin des années 1960. Title IX prévoyait que les joueuses de hockey féminin recevraient autant d'argent, de temps de glace et d'entraînement supervisé que les joueurs masculins – et c'est ainsi que le hockey féminin américain avait démarré. Dragan et ses coéquipières ont été étonnées par la qualité de jeu des Américaines. « On a joué contre les réputés collèges et universités de l'Ivy League, se rappelle Dragan, et leurs équipes nous ont facilement battues. L'Université de Chicago, l'Université Brown et l'Université du New Hampshire étaient réellement excellentes. À elles trois, elles ont compté une vingtaine de buts. Trop fortes – et tellement plus talentueuses que nous ! »...

C'est quand elle était devenue étudiante de troisième cycle en 1974, que Sue Ring avait rejoint l'alignement de l'équipe féminine de l'Université du Minnesota. En vertu du Title IX, un soir par semaine et trois fois, tôt le matin, les filles bénéficiaient d'un temps de glace. Ring : « On ne faisait que ça : étudier et jouer au hockey. » Sue a alors fait campagne pour obtenir plus de pratiques, un meilleur financement, des tournois, et elle s'est aussi faite l'avocate du style européen au hockey. Elle explique : « Quand on interdit les mises en échec, on diminue le nombre d'occasions de se battre inutilement ; sans compter que les joueurs optent alors pour la finesse du jeu – on s'occupe de la rondelle, pas d'enfoncer l'adversaire. On ne veut pas l'emporter aux poings, on veut, proprement, faire plus de points. »

L'équipe du Minnesota bénéficiait de plus d'argent, avait beaucoup de temps de pratique et, surtout, un bassin de joueuses impressionnant. Elles ont donc sans surprise remporté le premier tournoi disputé contre la Saskatchewan. Dragan avoue : « Je crois bien qu'on était un peu intimidée par les équipes américaines. L'Université de Chicago alignait des joueuses noires dans son équipe... c'était la première fois que je jouais contre des athlètes noires au hockey. Chicago et Minnesota avaient toutes deux une grosse équipe, mieux organisée, plus disciplinée. » Les Américaines ont tout de même appris quelque chose de leurs rivales canadiennes. Sue a confié : « Les joueuses canadiennes excellaient le long des bandes, et à un contre un, elles savaient mieux que nous compter des buts. La mise en jeu variait. Aux États-Unis, on laisse tomber la rondelle. Les Canadiens lancent la rondelle sur la glace. »

Nancy Dragan a elle aussi tiré grand profit de son expérience américaine : « On était tellement loin derrière elles à l'époque, particulièrement dans l'ouest canadien. Sur la route du retour, j'ai pris conscience de ce dont le hockey féminin avait besoin : une reconnaissance et une implication financière de la part des provinces et des associations nationales. C'est à cette seule condition que l'on pourrait développer des programmes de hockey mineur en commençant par la base. Les universités canadiennes devaient aussi se rendre à l'évidence : le hockey féminin faisait maintenant partie du paysage, et elles devaient s'engager à mettre sur pied, développer et financer des projets. »

En octobre 1978, une autre équipe de hockey de l'ouest canadien créa l'événement en participant à une compétition internationale prodigalement

Nancy Dragan a été l'inspiratrice du renouveau du hockey féminin à l'Université de la Saskatchewan. En 1978, la jeune ailier-gauche et ses Huskies furent invitées à participer au premier tournoi de hockey féminin inter-collégial d'Amérique du Nord, qui s'est tenu à l'Université du Minnesota. Le hockey féminin était tellement sans le sou, que pour payer leur voyage, les Huskies se sont vues obligées de vendre des bouteilles vides d'eau gazeuse. Elles ont fait le voyage dans une Volkswagen sans chauffage.

(Nancy Dragan)

L'équipe féminine de l'Université du Minnesota n'a pas seulement accueilli le premier tournoi de hockey féminin inter-collégial, elle en a aussi remporté le titre. En 1972, les États-Unis avaient décrété la Title IX, une législation qui imposait aux équipes féminines et masculines de niveau universitaire de se diviser à parts égales les sommes allouées et le temps de glace. Effets bénéfiques pour les unes, désastreux pour l'équipe des Huskies, qui sont restées la bouche ouverte devant le très haut calibre des équipes universitaires américaines. *(Nancy Dragan)*

financée par leurs hôtes, le magasin Isetan de Tokyo, dont le propriétaire se trouvait être le président de la fédération de hockey japonaise. Le magasin invitait l'équipe féminine de l'Université de Colombie-Britannique à venir au Japon pour montrer à trois de leurs équipes féminines de Tokyo comment on jouait au hockey dans le pays qui avait inventé ce sport.

L'année précédente, l'équipe masculine de l'Université était allée jouer en Chine, ce qui, aux dires de Marilyn Pomfret, directrice de l'athlétisme féminin de l'UCB, conférait à l'invitation japonaise une aura toute particulière : « Imaginez ! Après autant d'échanges et d'événements sportifs impliquant seulement des hommes, voilà qu'une équipe nord-américaine féminine était invitée. Une première ! C'était fabuleux cet appui donné aux femmes ! » Les Japonais furent extrêmement généreux : ils offrirent les billets d'avion, le logement, les loisirs, prévoyant même des petits-déjeuners américains. Ils ont aussi répondu à l'un de leurs plus urgents besoins : de nouveaux uniformes, gants inclus, offerts par Isetan à l'équipe de l'UCB. La gardienne de but Kathleen Corbett ajoute : « Les chandails avaient nos couleurs, bleu et or. »

Corbett était devenue gardienne de but à l'âge de 14 ans, en 1968, après avoir découvert qu'elle était incapable de patiner de reculons. Avec ses patins de fantaisie, elle s'est retrouvée le bout des orteils bleu-noir, tant elle recevait de lancers. Son père a alors imaginé de fixer des morceaux de boîtes de conserve au bout des patins pour amortir le choc. Pendant deux ans, elle a joué au hockey dans son établissement, puis l'Université a décidé de hausser le niveau de l'équipe pour la faire participer au hockey [inter-]universitaire proprement dit. Corbett raconte : « Ils nous ont d'abord mises à l'essai. Ils n'avaient pas l'air convaincu qu'on y arriverait. Et ils attendaient le retour de leur argent : 1200 pauvres dollars – quelle générosité ! Les hommes en recevaient 10 000 ! ».

À l'époque, sur les 10 dollars par étudiant retenus par l'UCB pour ses activités sportives, 50 cents allaient aux filles, le reste allait aux garçons. Avec la misérable somme récoltée, l'équipe de hockey féminin payait à peine son temps de glace, et la première joute prévue au calendrier arrivait sans que l'équipe ait eu une seule pratique. Corbett déplore : « Nous n'avions encore jamais joué ensemble. Certaines avaient pratiqué avec des étudiantes de l'établissement, d'autres avaient joué dans une ligue de l'est, d'autres encore n'avaient que des patins de fantaisie. En fait de talents, on avait un bel assortiment de produits Heinz. »

Au Japon, les Thunderettes de l'UCB, qui avaient dû se contenter du septième rang (sur 10) lors de leur première saison, ont été reçues comme des célébrités. Corbett se souvient : « On était des vedettes au Japon. La télévision et les photographes nous suivaient dans tous nos déplacements. On entrait quelque part et tout le monde se mettait à applaudir, on nous regardait... Oh ! là ! Quelle sensation ! »

Logées à l'hôtel Prince Shinagawa de Tokyo, qui abritait deux patinoires olympiques, les Thunderettes endossaient l'uniforme dans leur chambre d'hôtel, puis se dirigeaient vers les patinoires où elles donnaient des leçons aux joueuses japonaises. « Les filles étaient tout sourire, elles voulaient tellement apprendre. Elles étaient pleines de respect, presque terrifiées par le fait de travailler avec des Canadiennes », déclare Corbett. Ces dernières avaient une tâche délicate : jouer contre chacune des trois équipes japonaises, mais sans les massacrer. Marilyn Pomfret précise : « Il ne s'agissait pas d'arranger la partie, mais il ne fallait pas non plus se retenir sous prétexte qu'on pourrait les insulter. »

Les participantes japonaises y sont allées d'une manière tout à fait inattendue, physique, face aux Canadiennes, et ces dernières évoluaient dans une ligue interdisant les mises en échec. Corbett nuance : « Tout se faisait très poliment. Elles vous emmenaient contre la bande, donnaient un petit coup de hanche, riaient parfois, s'excusaient, puis s'éloignaient. On n'a pas trop su comment réagir, on n'avait jamais reçu de mises en échec ! On s'en est sorties avec quelques blessures : on ignorait tout des mises en échec. » Et les joueuses s'en sont retournées à l'UCB avec la Coupe Isetan, un énorme trophée de verre commémorant une série remportée haut la main par les Canadiennes. Les femmes ont connu la joie unique de représenter leur pays, et d'être le *nec plus ultra* du hockey féminin.

Mais dans les années 1970, c'est un homme, plutôt un gamin, qui se préparait à devenir l'ambassadeur et le symbole même de l'excellence au hockey. Au cours du Tournoi de hockey Pee Wee de Québec, une fête remontant à 1960 et qui clôturait le fameux Carnaval de Québec, l'adolescent âgé de 13 ans a vu d'un coup tous les projecteurs du pays braqués sur lui. Chaque année, le Tournoi attirait un nombre plus élevé de spectateurs. Depuis les années 1970, on parlait de 150 000 amateurs qui, bon an mal an, envahissaient le Colisée de la ville. Mais en 1974, les 13 000 spectateurs entassés dans un aréna de 10 000 sièges s'étaient

Déjà à 13 ans, gamin timide et frêle, Gretzky était une célébrité. En 1974, à l'occasion du Tournoi Pee Wee, 13 000 spectateurs se sont donné rendez-vous dans un Colisée de Québec de 10 000 sièges... Ils étaient venus là pour une seule chose : voir évoluer la jeune et géniale merveille. *(Presse canadienne)*

déplacés pour voir la petite merveille de Brantford, en Ontario. Vice-président du Tournoi Pee Wee, Gilles Tremblay rapporte que ce jour-là, la manchette d'un quotidien local s'exclamait « Le tornade Gretzky est en ville ! »

Gretzky était déjà une célébrité : il avait donné des interviews sur la chaîne de télévision nationale, dans les journaux et régulièrement à la station CKBC de Brantford, qui diffusait les joutes. À chaque rencontre, le jeune joueur comptait plusieurs buts. Pendant la saison 1971-1972, il en avait compté 378. Suivant une dépêche de la Presse canadienne de la même année, l'éblouissante performance du jeune Gretzky « avait quelque chose de cocasse pour les organisateurs du tournoi. Le joueur du Dynamo, qui faisait 1 mètre 42 et pesait 33 kilos, les avait refoulés vers la sortie. Mais une fois encore, il n'a pas manqué d'éblouir la galerie, comptant neuf buts et obtenant une mention d'aide sur deux autres. »

Quand Gretzky a fait ses débuts à Québec, sa famille d'accueil n'arrivait pas à croire qu'ils avaient devant eux le joueur qui avait accumulé autant de trophées, et pour lesquels ses parents, incapables de circuler dans leur salon, avaient dû construire une pièce spécialement aménagée pour les ranger. Louis Lortie raconte : « J'ai pensé : ça peut pas être lui. On dirait une plume, avec des poings gros comme mon petit doigt. »

Souhaitant qu'on oublie sa célébrité et qu'on regarde un peu ailleurs, Gretzky est allé jusqu'à échanger son chandail avec un autre joueur. Mais quand son équipe a battu celle du Texas 25 à 0, Gretzky égalisant le record de Guy Lafleur avec 11 buts, le jeune joueur est devenu, aux dires de Gilles Tremblay, « le seul sujet de conversation en ville ». Une étoile était née.

Avec la nouvelle décennie qui pointait le nez, le Canada allait se voir battre de façon honteuse par les Soviétiques, mais le pays avait maintenant un Gretzky pour prendre sa revanche et mener ses batailles sur la patinoire – pas avec les poings, cette fois, juste avec l'aide d'un joueur extraordinairement talentueux. Connu dans le monde entier sous le nom de « La Merveille », il allait pendant plusieurs années être l'aune à laquelle seraient jugés tous les joueurs de hockey.

CHAPITRE 8
ESPOIRS ET TRAHISONS

En avril 1980, un jeune homme mince aux cheveux frisés, au sourire facile, et qui s'était donné une mission extraordinaire, a entrepris le périple qui allait faire de lui un héros de l'histoire canadienne. Ayant fait trempette dans l'océan Atlantique, mais du pied gauche – le droit ayant été emporté par un cancer – par une froide et brumeuse matinée de Saint-Jean, à Terre-Neuve, Terry Fox, 21 ans, partout reconnu à sa démarche boitillante, a entrepris sa longue traversée du Canada, appelée par lui « Marathon de l'Espoir ». Il espérait collecter un dollar de chacun des 26 000 000 citoyens canadiens, et verser la somme dans un fonds de recherche sur le cancer. Fox a traversé les provinces atlantiques au rythme de 42 kilomètres par jour, mais le 24 mai, il a fait une pause à Borden, à l'Île-du-Prince-Édouard.

Il voulait voir un peu de hockey. Il a noté dans son journal du jour : « Après une bonne douche, j'ai écouté un peu de télé : la sixième rencontre de la Coupe Stanley entre Philadelphie et les Islanders de New York. Puis en route pour Summerside en voiture. Un beau pays. Enfin je me repose. »

Le temps qu'il atteigne Toronto en juillet, Fox était devenu une célébrité dans toute l'Amérique du Nord. Quand le directeur de la filiale ontarienne de la Société du cancer lui a demandé s'il avait une requête particulière à formuler, Terry a répondu oui : faire la connaissance de Bobby Orr et de Darryl Sittler. Sittler, le capitaine des Leafs, souhaitait tout autant lui serrer la main. Il a fait le détour par Mississauga, son lieu de résidence, pour en rapporter un cadeau déposé dans un sac en papier brun – il l'a offert au coureur à l'occasion d'un gigantesque rassemblement tenu au Carré Nathan Phillips, à Toronto. Quand Fox a vu le cadeau, le chandail que Sittler portait lors du Match des Étoiles de la LNH en 1980, il a fièrement endossé son numéro 27, et il a levé les bras au ciel en signe de victoire. Sittler a lancé à la foule : « Des athlètes, j'en ai vu des paquets ! Mais pas comme lui ! Pas d'aussi courageux ! Pas d'aussi résistants ! »

L'autre idole de Fox, Bobby Orr, lui a offert un chèque de 25 000 dollars au nom de son commanditaire, Planter's Peanut, et Fox a noté dans son journal que ce fut là le point culminant de son voyage. C'était sans compter la suite. Quand Fox est arrivé à Parry Sound, lieu de naissance de Bobby Orr, le père de ce dernier lui a offert le chandail que son fils portait lors de Coupe Canada – Fox fut transporté au septième ciel : il était presque à mi-chemin de son périple pan-canadien, il avait amassé 11 400 000 dollars, et il avait fait la connaissance de ses deux idoles du hockey. Puis d'un coup, le 1er septembre, l'aventure prit fin. Le cancer avait atteint les reins, et peu avant Thunder Bay, Fox a dû mettre un terme à son Marathon. Darryl Sittler et les Maple Leafs ont offert de continuer à sa place, et lui ont donné rendez-vous dans son village natal de Port Coquitlam, en Colombie-Britannique, mais Fox a refusé : après de nouvelles séances de thérapie, il reprendrait le Marathon là où il l'avait laissé. Mais le Marathon fut vite oublié, et avec lui les espoirs de guérison. En 1981, lors de l'ouverture du Championnat de Coupe Canada opposant le Canada et l'URSS, le gouverneur général, Ed Schreyer, se vit offrir une aquarelle représentant Terry Fox, une œuvre du peintre Ken Danby. La Coupe du Canada de cette année-là fut dédiée à Fox, et l'assistance a observé une minute de silence avant le début des cérémonies d'ouverture. Terry Fox était mort en juin, à l'âge de 22 ans.

À Winnipeg, bien installé dans le bureau de son entreprise de camionnage, George Smith regardait à la télévision la dernière partie opposant le Canada et les Soviétiques. Il trouvait que ça s'annonçait bien pour les Canadiens. Les deux grands pays étaient les finalistes de Coupe Canada, repoussée d'un an après l'invasion de l'Afghanistan par l'URSS. Comme les Canadiens avaient inscrit à leur palmarès une belle victoire de 7 à 1 contre la grosse machine rouge lors de leur dernier affrontement, le pays se préparait à sabrer le champagne une fois de plus en 1981.

L'esprit n'était pas à la fête, cette année-là, au Canada. Le pays se remettait péniblement de la profonde déchirure du premier référendum québécois tenu

En juillet 1980, le Marathon de l'espoir de Terry Fox fit halte au Carré Nathan Phillips, à Toronto. Le coureur unijambiste, dont le cancer avait emporté la jambe droite, s'est dit ravi de se voir offrir le chandail que le capitaine des Maple Leafs, Darryl Sittler, avait porté lors du Match des Étoiles de 1980.

(Bill Becker/Presse canadienne)

La LNH fait un détour par la Saskatchewan

Au début des années 1980, l'entrepreneur Bill Hunter, propriétaire de quelques équipes junior de l'ouest canadien qui avait emmené les Oilers d'Edmonton dans l'AMH, avait offert d'acheter les Blues de Saint-Louis, de la LNH, au bord de l'asphyxie financière, et de les déménager à Saskatoon. Il avait soulevé l'enthousiasme d'au moins 80 000 amateurs prêts à tout pour redonner vigueur au hockey canadien ; ils avaient en poche leur billet de saison et Hunter leur avait promis un aréna. Sur toutes les radios de la province, on a entendu jusqu'à satiété le refrain d'une chanson qui disait : « Aïe ! Vous savez la nouvelle ? On va avoir les Blues ! » C'était aller un peu vite en affaire. Comme une bombe, la terrible nouvelle est tombée : la LNH avait rejeté la candidature de Bill Hunter. Saskatoon, prévoyait-on, constituait un tout petit marché qui ne pourrait financièrement supporter les coûts d'une franchise. La vérité était que les marchés américains offraient un butin autrement plus alléchant, notamment en droits de télédiffusion. *(Graphic Artists/Temple de la Renommée)*

l'année précédente, où les fédéralistes n'avaient obtenu que 60 % des voix. Par ailleurs, la politique de l'énergie nationale défendue par Ottawa avait déclenché la fureur de l'Alberta, riche en pétrole, et dans les officines de Calgary, les « sheiks aux yeux bleus » laissaient courir des rumeurs de séparatisme. Entre-temps, les taux d'intérêt avaient atteint des sommets – 21 % – paralysant toute l'économie. Les Canadiens éprouvaient un terrible besoin de s'éclater, et Coupe Canada redonnait espoir de remporter un prix où chacun mettait un peu de son âme. La Coupe Stanley avait l'air d'appartenir aux Islanders de New York, qui l'avaient remportée deux années de suite. Plus insoutenable encore pour la fierté canadienne : la médaille d'or olympique, que le Canada n'avait pas été capable d'arracher aux Soviétiques depuis 1952, était tombée l'année précédente dans l'escarcelle américaine. Team USA et son « Miracle sur glace » avaient remporté le gros lot.

En dépit d'un fougueux départ des joueurs canadiens en première période – il s'agissait d'une rencontre unique déterminant le gagnant de la Coupe du Canada – ces derniers tiraient de l'arrière 3 à 1 à la fin du deuxième engagement, et ils subirent l'humiliation suprême, un compte final de 8 à 1. Quand la sirène a marqué la fin de la rencontre au Forum de Montréal, on a parlé, bien innocemment à l'époque, du « Massacre de Montréal ». George Smith a vu à la télévision le premier ministre Pierre Trudeau et Alan Eagleson, le fondateur de Coupe Canada, remettre le trophée à Valeri Vasiliev, premier capitaine d'une équipe étrangère à remporter les honneurs. C'était la plus humiliante défaite du Canada lors d'une compétition internationale sur glace. Smith : « On s'est dit "Bon. Ce qui est fait est fait". » Mais tout n'était pas encore terminé. « Le lendemain matin, je me suis réveillé vers 5 h 30 du matin, et là, juste avant de partir travailler, qu'est-ce que je vois aux nouvelles de CTV ? La Police de Montréal en train de se battre avec les gars de l'équipe russe pour leur enlever la Coupe. Et je me suis dit : Là, on touche le fond du tonneau. »

Les Soviétiques étaient sûrs que la Coupe du Canada, qui ressemblait à une moitié de feuille d'érable, leur appartenait, et qu'ils pouvaient l'emporter chez eux – ils l'avaient donc bien enveloppée avec tout leur équipement, et ils se préparaient à aller prendre leur avion pour Moscou. Maurice « Lefty » Reid, chargé de la protection de la Coupe, a décelé un excédent de bagages, et l'a signalé à Alan Eagleson, qui a décidé qu'une équipe devait gagner trois fois la Coupe avant de la conserver chez elle. Avec le renfort de quelques policiers de Montréal, il est allé arracher la Coupe des mains des Soviétiques effrayés.

Smith s'est senti personnellement insulté. « Si vous remportez un prix de manière propre et légale, vous devez le garder », déclara-t-il. Ce n'était pas la première fois qu'il voyait Eagleson dépasser les bornes. Il ressentait toujours vivement son insulte à l'endroit des gens de Winnipeg : « Il nous avait qualifiés de bande de radins parce qu'on n'était pas prêts à payer 30 dollars pour aller voir la Finlande jouer contre la Suède ou la Tchécoslovaquie affronter la Finlande. » Mais là, la coupe était pleine : ayant entendu dire que les Soviétiques avaient décidé de ne plus jamais jouer contre le Canada, Smith a décidé d'agir.

Après une rebuffade de la part du *Winnipeg Free Press*, Smith a téléphoné à Peter Warren, qui animait une émission très populaire à CJOB : il avait trouvé une façon de laver l'honneur de la nation. « Je lui ai dit "J'ai une idée géniale ! Et si les citoyens de Winnipeg s'offraient une Coupe du Canada pour montrer à Mister Eagleson qu'ils n'étaient pas si radins après tout !" Et puis là, d'un coup, le sujet de l'émission est devenu la Coupe du Canada, et 17 des 18 auditeurs qui ont téléphoné ont dit "Wow ! C'est une idée géniale, on embarque !" » Cet après-midi-là, Smith s'est fait prendre en photo par le tout nouveau quotidien *Winnipeg Sun*, qui l'a présenté comme le leader d'un mouvement pour la restitution de la Coupe du Canada aux Soviétiques. Son bureau est devenu le quartier général d'une campagne nationale. Smith a dit au journaliste : « Si on trouve suffisamment de gens prêts à nous donner un dollar, on va être capable de s'offrir une Coupe du Canada. » L'histoire a fait le tour des journaux de la chaîne *Sun*, et en moins de trois ou quatre jours, Smith a commencé à recevoir des billets d'un dollar. En trois semaines, il avait collecté 32 000 dollars de Canadiens qui se disaient d'accord avec son projet. « On en a reçu de Nouvelle-Écosse, du Nouveau-Brunswick, de Terre-Neuve, de Colombie-Britannique, de partout au Canada. On a même reçu une lettre de New York, avec un billet de 10 dollars américain, et un petit mot qui disait : « Fuck Eagleson. »

Une fonderie implantée à Winkler, au Manitoba, a offert de construire gratuitement une réplique de la Coupe du Canada, mais il restait un problème : Alan Eagleson en personne. Smith a commencé à recevoir des lettres de menace de son avocat, et il a eu la visite de la GRC, qui voulait parler d'infraction à la loi des brevets. Inflexible, Smith a téléphoné à un ami d'enfance, Eddie, aussi connu comme gouverneur général du Canada, et gardien de la Coupe du

Canada. Ed Schreyer a rassuré Smith : la Coupe qu'Eagleson tentait d'empêcher de quitter le pays était elle-même une réplique, et la Coupe originelle, un trophée en nickel massif pesant 65 kilos, trônait en sécurité à Rideau Hall. « Du jour au lendemain, constata Smith, la police montée a reculé, tout le monde a reculé, et plus personne ne nous a ennuyés. »

Quand la réplique de la Coupe du Canada fut terminée, quelque part dans une foule de trois à quatre mille personnes chantant le « O Canada » à l'intersection de Portage et Main, George Smith a vu le lieutenant gouverneur du Manitoba, Francis Jobin, offrir le Trophée tant convoité au conseiller de l'Ambassade soviétique, Vladimir Mechulayev. Souhaitant se faire le porte-parole des Canadiens d'origine ukrainienne, et de leur grande hostilité à l'égard de l'Union soviétique, Jobin a tenu à préciser : « Nous ne voulons pas par ce geste reconnaître toutes les politiques de l'État russe. » Tous les Soviétiques n'étaient pas non plus des admirateurs du Canada. Quand Vladislav Tretiak est rentré victorieux à Moscou, une dame l'a embrassé sur la joue pour lui dire combien elle était fière que son équipe ait « battu ces enculés de Canadiens ».

Mais à l'intersection de Main et Portage, c'est en fin diplomate, capable de transcender les turbulences géopolitiques et les antagonismes historiques, que Mechulayev s'est présenté. Il a remercié le peuple canadien pour son geste à la fois « étonnant » et marqué au coin de « la plus pure noblesse » : les Canadiens, déclara-t-il, avaient fait preuve de compréhension et d'un véritable esprit sportif. Quant aux Soviétiques, ajouta-t-il, ils donneraient au trophée le rang qui lui revenait en l'exposant au Temple de la Renommée des Sports du Stade Lénine, à Moscou. Il a alors offert en cadeau à Gary Smith un immense toutou blanc représentant un hibou, mascotte de la Coupe des Izvestia. Smith a modestement refusé de prendre tout le crédit d'une opération qui ne visait qu'à racheter la mesquinerie d'un petit tyran, Alan Eagleson : « C'est le peuple canadien qu'il faut remercier... tous ces gens qui ont envoyé un dollar, deux dollars... »

La réplique de la Coupe avait été offerte gratuitement, sauf pour le concepteur, qui n'a cessé de hausser son prix au fur et à mesure que l'argent rentrait dans la caisse de Smith – ce dernier a stoppé les enchères à 900 dollars. Et là, Smith a eu un beau geste à l'égard du monde du sport : il a offert un peu plus de 30 000 dollars aux associations de hockey mineur de Winnipeg Nord et de Winkler. Le renvoi de la Coupe du Canada à son détenteur légitime témoignait d'un cœur généreux, et il fit l'effet d'un baume sur les blessures de ce pays. Une nouvelle saison de hockey allait s'ouvrir, et les yeux de tous les Canadiens se portaient déjà vers un nouveau héros : Wayne Gretzky, qui venait de signer un contrat avec les Oilers d'Edmonton. Il fut accueilli comme un messie trop longtemps espéré. Jamais auparavant on n'avait connu un joueur de cette trempe. Et ce n'était qu'un début.

Le journaliste Peter Gzowski avait grandi dans une petite ville industrielle du sud-ouest de l'Ontario. Tout jeune encore, il jouait au hockey sur une patinoire extérieure du parc Dickson, la tête remplie de rêves de gloire. Sur cette passion précoce pour le hockey, il a confié quelques années plus tard : « Il m'arrivait d'imaginer une immense patinoire extérieure, s'étendant depuis le cœur des Rocheuses jusqu'aux rives atlantiques, avec un petit détour quand même pour éviter le climat un peu trop tempéré des grandes villes. Ou alors, 100 000 parties de hockey disputées simultanément, se chevauchant plus ou moins, comme c'était le cas au parc Dickson. »

Gzowski parlait du hockey comme de « notre sport à nous » ; c'est d'ailleurs le titre qu'il a donné à sa chronique des faits marquants de la dynastie des Oilers d'Edmonton, et de son monarque absolu, Gretzky. Pendant que Gzowski s'affairait à suivre l'équipe des Oilers dans ses déplacements – c'était pendant la saison 1980-1981 – Gretzky, 20 ans à peine, devenait une célébrité nationale.

Dix ans plus tôt, le *Toronto Telegram* le décrivait déjà comme une « machine à compter des buts ». À 13 ans, il était invité à l'émission radiophonique de Gzowski à la radio de Radio-Canada, *This Country in the Morning*. Il voulait lui parler de son record époustouflant de 988 buts et du millième qui se profilait à l'horizon (chiffre atteint durant la saison 1973-1974, sept ans après avoir intégré les rangs d'une organisation). Il s'attendait à voir débarquer un jeune arrogant, jouant la diva bouffie d'hormones, mais il a découvert un adolescent bien élevé, modeste, qui avec son mètre 60, lui a laissé l'image d'un « solennel écureuil ».

En novembre 1977, Gretzky venait d'avoir 16 ans, et à l'occasion d'un bref détour dans le monde capricieux de la télévision, Gzowski invita le jeune joueur étoile à son émission de variétés (diffusée puis retirée de l'horaire) *90 Minutes Live*. Gzowski le fit parler de ses débuts avec les Greyhounds de Sault-Sainte-Marie en ligue Junior A, puis 17 rencontres plus tard, de sa fulgurante ascension au tableau des compteurs de la ligue : 20 buts et 35 mentions d'aide. La jeune merveille raconta aux auditeurs que, vu son physique, ses coéquipiers l'appelaient « pretzel ». Il a semblé pleinement conscient de ses points forts et de ses points faibles. Sous le charme, le journaliste a senti derrière cette juste appréciation de soi le génie particulier de Gretzky, qui disait, pour le reste, s'en remettre à son instinct.

« Quand je suis sur la glace, j'essaie de tout prévoir, raconte Gretzky. Avant même qu'un jeu se dessine, j'essaie d'imaginer où va aller la rondelle et où il faut que je me place. Quand je fonce pour compter un but, je ne pense à rien d'autre. » Désarmant, il a aussi avoué qu'en dépit de tous ses calculs mentaux, il lui arrivait de ne plus rien se rappeler, comme lors d'une partie disputée un peu plus tôt à Ottawa : il fonçait droit sur le gardien, mais ce dernier a décidé que son seul moyen de s'en sortir était de foncer lui-même sur Gretzky pour le déstabiliser – Gretzky a juste fait le tour du gardien et touché le fond du filet.

C'est à l'âge de deux ans qu'il avait commencé à patiner sur la rivière Nith, derrière la ferme de ses grands-parents, située à une vingtaine de minutes de Brantford. Chaque hiver, son père, Walter, arrosait la cour pour Wayne ; pour obtenir une glace bien égale, il utilisait l'arroseur rotatif des pelouses. Un jour, l'arroseur a rendu l'âme, sans doute peu habitué au rude climat hivernal. Walter a alors demandé à son épouse, Phyllis, d'en trouver un autre. Quand elle est rentrée avec le neuf, elle lui a dit quelque chose comme « la prochaine fois, tu t'en

Il est hors de doute que Wayne Gretzky portait en lui les gènes du génie. Mais il ne faudrait pas oublier les milliers d'heures de pratique sur la patinoire que son père, Walter, avait prévues pour son gamin de six ans. Le papa a avoué ne pas avoir été tout à fait désintéressé : « J'étais écœuré, confia-t-il, de l'emmener au parc et de me les geler pendant des heures. » *(La famille Gretzky/Temple de la Renommée)*

occupes » : elle n'avait pas supporté de passer pour une folle en achetant un arroseur en plein mois de février ! Walter Gretzky était loin d'être fou. Il voulait juste que son fils soit le meilleur, et il veillait assidûment au développement de son talent : le destin du petit allait se jouer sur la glace ! Wayne adorait l'éclairage de la patinoire, qui permettait de faire des exercices avant et après le souper, et jusque tard le soir. Il apprenait à sauter par-dessus des bâtons de hockey pendant que son père lui faisait des passes ; ou à lancer dans le coin des buts, son père ayant prévu de bloquer toute la surface restante du filet avec une table à pique-nique couchée en travers. Gretzky raconte : « Quand les Russes sont venus en 1972 et en 1973, tout le monde s'est exclamé "Wow ! c'est incroyable ce qu'ils font comme exercices !" Moi ça m'a semblé normal. Je les faisais depuis l'âge de trois ans. Mon père était vraiment malin. »

Bien qu'ayant annoncé à Gzowski, lors de l'émission télévisée de 1977, qu'il souhaitait finir sa treizième année et aller à l'Université, Gretzky a commencé sa carrière professionnelle l'année suivante. En juin 1978, en compagnie de ses parents et de son agent, Gus Badali, il a pris un vol pour Vancouver, où l'attendait l'entrepreneur Nelson Skalbania, qui avait besoin d'un grand nom pour donner du poids à la candidature d'Indianapolis pour l'obtention d'une franchise dans l'AMH. Après avoir tenté sans succès de subtiliser l'une des toiles accrochées dans la luxueuse résidence de Skalbania – un Utrillo, ou peut-être un A. Y. Jackson – Badali fit signer à Wayne Gretzky, pour une somme de 1 750 000 dollars répartis sur sept ans, plus un bonus à la signature de 250 000 dollars, un contrat le liant à l'ambitieux personnage de Vancouver. Gretzky avait à peine 17 ans.

L'année suivante, la franchise d'Indianapolis était un désastre financier. Dans un premier temps, Skalbania offrit Gretzky au propriétaire des Jets de Winnipeg, Michael Gobuty, mais le marché était le suivant : on joue une partie de backgammon, et le gagnant fait son prix. Incertain quant à ses talents de joueur de backgammon, Gobuty rejeta l'offre. Skalbania téléphona tout de suite à son ami Peter Pocklington, propriétaire des Oilers d'Edmonton, à l'époque affiliés à l'AMH. Pocklington savait reconnaître un chef-d'œuvre quand il en voyait un. Il a acheté le contrat le jour même du dix-huitième anniversaire de naissance de

Gretzky, en janvier 1979, pour 5 millions répartis sur 21 ans. À l'époque, c'était le contrat le plus juteux de l'histoire du sport.

La manne a continué à se faire généreuse. Quand l'AMH a fermé les livres, les Oilers sont devenus une équipe de la LNH, et lors de sa première saison, en 1979-1980, Gretzky a égalisé le record de 137 points de Marcel Dionne, ce qui l'a propulsé en tête des compteurs de la ligue. Mais avec plus de buts, Dionne a remporté le titre. Gretzky a eu son premier Trophée Hart, qui récompensait le joueur le plus utile de la LNH (il en aura neuf, dont huit d'affilée) ; également le premier de ses cinq Trophées Lady Byng, soulignant le fair-play d'un athlète. La LNH l'a privé du Trophée Calder de la meilleure recrue parce qu'il avait joué dans l'AMH l'année précédente, et s'était alors mérité le titre de meilleure recrue de l'année, le Trophée Lou Kaplan.

Sur la patinoire, Gretzky a continué sans efforts apparents à fracasser les records jugés imbattables. En mars 1981, lors d'une rencontre où il a obtenu trois mentions d'assistance dans une victoire de 5 à 2 d'Edmonton sur Pittsburgh, il a battu le record de 152 points de Phil Esposito. Deux jours plus tard, il a fait tomber le record de 102 mentions d'aide détenu par Bobby Orr, dans une saison qui devait le voir engranger 164 points, dont 109 mentions d'assistance et 55 buts. La saison d'après, il a encore augmenté la cadence. Le 30 décembre 1981, il a enregistré cinq buts contre Philadelphie, atteignant le chiffre jamais vu de 50 buts en 39 rencontres, le plus rapide cumul de buts dans toute l'histoire de la LNH. Certains ont tenté de relativiser ses exploits, en expliquant que la ligue était beaucoup moins forte qu'auparavant, mais un autre virtuose sur glace, Maurice « Rocket » Richard, a dit son désaccord : « J'ai vu aller Gretzky pendant un bon moment, affirma-t-il, et croyez-moi : à n'importe quelle époque, il aurait été un champion parmi tous les champions. » Deux mois plus tard, lors d'une joute contre Buffalo, Gretzky a compté ses 77e, 78e et 79e buts de la saison, battant le record de 76 buts détenu par Phil Esposito, et poursuivant sur une lancée qui a époustouflé tout le monde, il a compté cette saison-là 92 buts, et obtenu 120 mentions d'aide, devenant le premier joueur de la LNH à franchir la barre des 200 points à l'intérieur d'une même saison.

Les chroniqueurs sportifs et les amateurs, y inclus les nouveaux admirateurs qu'il a attirés dans les arénas, ont dû apprendre à l'observer pour comprendre son génie particulier. Fort de milliers d'heures d'entraînement intensif, Gretzky savait prévoir la position des joueurs ou de la rondelle, et l'envoyer à un endroit précis, ou alors courir lui-même se mettre en position en interceptant une rondelle au vol. Ce savant mélange de technique et de talent naturel l'amenait aussi à se placer juste derrière le filet adverse, que les chroniqueurs sportifs ont fini par appeler son « bureau ». De là, il concevait les jeux à venir, sans bouger, déplaçant la rondelle, balayant toute la scène du regard. Si un joueur adverse se déplaçait dans sa direction pour le mettre en échec en venant de la gauche, il se déplaçait vers la droite ; si deux joueurs adverses venant de directions différentes tâchaient de le coincer, la manœuvre laissait le champ libre à deux de ses coéquipiers. Gretzky était une menace même quand il avait l'air de ne rien faire.

Dès sa deuxième saison dans la LNH, en 1980-1981, Gretzky a montré qu'il était à la hauteur de son surnom : « La Merveille ». Cette année-là, il a obtenu le premier de sept Trophées Art Ross, comme premier compteur de la Ligue, battant du même coup le record de Bobby Orr, avec 109 mentions d'aide, et celui de Phil Esposito, avec 164 points. Ses 92 buts de la saison suivante ont fracassé le record jugé imbattable des 76 buts de Phil Esposito. *(LA Media)*

Le contrat de Gretzky avec les Oilers dut être revu considérablement à la hausse, et en janvier 1982, le jeune attaquant s'en est vu offrir un autre d'une durée de 21 ans, et 20 millions de dollars répartis sur 15 ans, plus un certain nombre d'actions dans un centre commercial. L'entente a suscité un frémissement dans toute la presse internationale, comme si Gretzky venait de s'acheter l'El Dorado. Sur CBC, la présentatrice du journal télévisé *The Journal*, Barbara Frum, a organisé un débat entre Gzowski et Dick Beddoes sur le fameux contrat – et sur les mérites du joueur vedette. Beddoes disait plutôt : son peu de mérite. Il s'est montré scandalisé : « Personne ne vaut ça, et surtout pas un joueur de hockey de Brantford avec du poil aux jambes. » L'année précédente, il avait affirmé que Gretzky, « oui, aurait pu être un bon joueur de centre sur le troisième alignement d'une ou l'autre des bonnes équipes des Leafs d'antan ». Irrité par un Beddoes qui jouait l'avocat du diable, Gzowski a laissé tomber : « Dick, il a pas tant de poils que ça aux pattes, et il est actuellement, et de loin, le meilleur joueur de hockey sur le marché, ce que même toi, tu as reconnu. »

Deux ans plus tard, en mai 1984, Gretzky menait les Oilers à leur première Coupe Stanley, et en juin, il se voyait accorder la médaille de l'Ordre du Canada pour sa contribution exceptionnelle au monde du hockey. Mais c'est au mois de septembre de cette année que tous les yeux et les espoirs se sont braqués sur le joueur prodige : Équipe Canada abordait le défi de Coupe Canada 1984, bien déterminé à venger l'humiliation de 8 à 1 infligée aux Canadiens par les joueurs soviétiques trois ans auparavant. Cinq joueurs seulement avaient fait partie de l'aventure de 1981, et c'était principalement les Oilers, Gretzky en tête, qui composaient l'alignement d'Équipe Canada. L'escouade des Oilers était composée de Gretzky, un vétéran du Tournoi de 1981, ainsi que de ses coéquipiers et nouveaux venus Mark Messier, Glenn Anderson, Kevin Lowe, Charlie Huddy, Randy Gregg et Grant Furh.

Au sein d'Équipe Canada, on a cru pendant un moment à une répétition de sinistres événements : à la fin de la première ronde, les puissants Soviétiques

Roger Neilson

Roger Neilson est incontestablement la personnalité la plus originale du monde du hockey. Il a été l'instructeur de huit équipes de la LNH. Son dernier contrat l'a amené chez les Sénateurs d'Ottawa, où il est passé d'assistant à instructeur – mais pour deux rencontres seulement. Ce qui lui a tout de même permis d'être le neuvième instructeur de la ligue à atteindre la chiffre magique de 1000 joutes, dont 460 victoires, 381 défaites et 159 nulles. Mais avec Neilson, ce ne sont pas les statistiques qui comptent, c'est l'inventivité : Neilson est reconnu comme l'un des instructeurs les plus imaginatifs du monde du hockey. Il fut le premier à utiliser des micros et des écouteurs pour communiquer avec ses assistants, aussi le premier à utiliser régulièrement la vidéo pour mieux étudier le déroulement des parties et le comportement des joueurs. Neilson a aussi joué à fond le règlement, trouvant toujours la virgule qui justifie l'échappatoire – amenant du coup la LNH à clarifier et resserrer le règlement. Il a découvert qu'aucun règlement ne l'empêchait de remplacer un gardien par un joueur de défense dans des situations de lancer de punition – le défenseur pouvant s'élancer à toute vitesse sur l'attaquant ; ou qu'aucun règlement n'empêchait d'envoyer trop d'hommes sur la patinoire.

En 1982, lors d'un match de semi-finale de la Coupe Stanley, Neilson fit les frais d'une expulsion devenue célèbre. Les Canucks jouaient contre Chicago, et ils étaient mécontents d'une décision négociée entre officiels. Quand les Canucks ont écopé d'une autre pénalité, ce qui a permis aux Hawks de compter un nouveau but et de s'assurer la victoire, le rude Tiger Williams, des Canucks, a demandé : « Et si on lançait tous nos bâtons sur la glace ? » Neilson, du tac au tac : « Pas question ! J'ai déjà fait ça. Sortons plutôt le drapeau blanc. » Il saisit alors une serviette blanche qu'il enroula autour d'un bâton de hockey, et il fit de grands signes en direction de l'arbitre, qui fit mine de n'avoir rien vu. D'autres joueurs des Canucks se joignirent à lui. L'arbitre, n'aimant pas la blague, a chassé Neilson du match. Lors de la joute qui a suivi, à Vancouver, des milliers de supporteurs sont venus avec leur serviette, qu'ils ont secouée tous en chœur – pas pour protester, juste pour encourager leurs Canucks, qui cette année-là ont fait les séries de la Coupe Stanley. Roger Neilson est passé dans les annales du hockey comme le fondateur du « Towel Power » (le pouvoir de la serviette), que l'on voit agiter dans d'autres villes de la LHN pendant les éliminatoires. *(Presse canadienne/UPI)*

menaient 5 à 0, alors que le Canada battait de l'aile avec deux victoires, deux défaites et une nulle. Toute aussi de mauvaise augure, leur gênante quatrième place au tournoi de poule leur avait valu une participation à la demi-finale contre les Soviétiques (!). L'équipée devait toutefois s'avérer moins désastreuse : brisant une attaque soviétique à deux contre un en période supplémentaire, Paul Coffey a fait une montée d'un bout à l'autre de la patinoire, et il a déclenché un tir dévié dans la cage du gardien soviétique par Mike Bossy. Après 12 minutes et

Sur la glace, Wayne Gretzky et Jari Kurri étaient le plus dangereux duo d'at-taquants de la LNH. Le versatile Kurri pouvait jouer aussi bien à l'avant qu'en défense, et son truc préféré pour marquer était le tir sur réception, qui lui a valu le surnom de « Master of the One-Timer ». En 1983-1984, Kurri est devenu le premier joueur finlandais à compter 50 buts, et la saison suivante, il a compté 71 buts (un record de saison pour un ailier droit) et 135 points, finissant deuxième juste derrière Gretzky. *(Paul Bereswill/Temple de la Renommée)*

29 secondes de prolongation, le Canada venait d'échapper à une autre crise nationale. Il visait maintenant la finale, et préparait les deux joutes suivantes contre la Suède.

Emmenés par Gretzky, Coffey et John Tonelli, des Islanders de New York, les Canadiens ont défait les Suédois 5-2 et 6-5. Ils étaient les nouveaux vainqueurs du Tournoi Coupe Canada – et des vieux démons qui les avaient hantés au cours des trois années précédentes. Gretzky fut choisi pour évoluer dans l'équipe étoile du Tournoi, et il a terminé premier compteur, avec cinq buts et sept mentions d'aide en huit rencontres. Le Canada pouvait se remettre à croire en une longue et sereine domination du hockey international. Gretzky avait 23 ans.

Il était devenu un actif qu'il fallait absolument protéger. Pour Pocklington, « la grandeur n'avait pas de prix. Si jamais je le vendais, je me faisais lyncher ! ». Mais il y avait pire, en l'occurrence que Gretzky soit envoyé à l'hôpital par un adversaire vicieux. Walter, son père, restait confiant : le fils savait encaisser les mises en échec. Lors d'une entrevue avec Peter Gzowski, le jeune Gretzky avait déjà confié que beaucoup de joueurs se lançaient sur lui de tout leur poids pour l'écraser sur la bande, mais sa réaction était alors de « les mettre en échec, mais proprement ». Pocklington refusait qu'on touche à Gretzky. Ces préoccupations sécuritaires eurent des effets : l'attaquant qui avait obligé à récrire le livre des

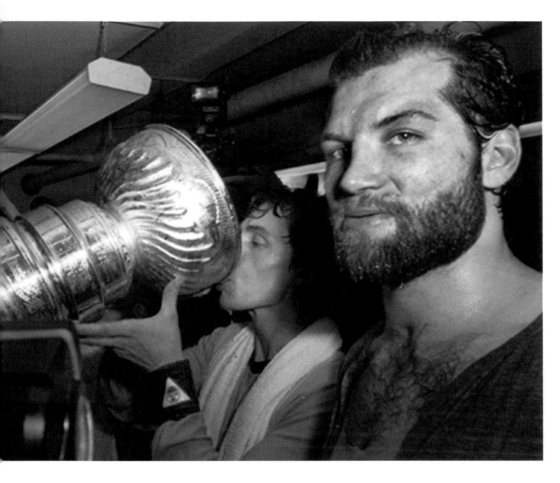

Quand, au printemps de 1979, les Oilers de l'AMH se sont fusionnés à l'ancienne Ligue, Dave Semenko a suivi Wayne Gretzky dans la LNH, puis sur le même alignement. Jusqu'à ce qu'il soit échangé à Hartford en 1986, Semenko fut le garde-du-corps de Gretzky sur la patinoire. Sa mission était simple : « donner du poids » à la règle non écrite de la LNH stipulant que personne ne devait toucher à Gretzky – sous peine de faire connaissance avec un pugiliste faisant ses deux mètres. Grâce à Semenko, le génial Gretzky a eu tout l'espace nécessaire pour manœuvrer.
(*LA Media*)

records allait décider des nouvelles contraintes imposées à qui veut accéder au statut de mégastar planétaire : un garde-du-corps...

Le hockey avait depuis longtemps des chiens de garde, des joueurs comme John Ferguson, chargé de faire le coup de poing pour les Canadiens de Montréal dans les années 1960, ou 40 ans plus tôt, le féroce Sprague Cleghorn. Le garde-du-corps de Wayne Gretzky et homme fort des Oilers d'Edmonton s'appelait Dave Semenko : à lui seul, avec ses 2 mètres et ses 90 kilos, il faisait le vide autour de Gretzky.

Les joueurs les plus brillants de l'époque précédente, « Rocket » Richard, Gordie Howe et Bobby Orr, menaient leurs propres batailles aux poings, mais ils y mettaient tant de férocité, que seules les plus téméraires osaient les affronter. Pour Gretzky, les escarmouches les plus redoutables avaient lieu durant les mêlées qui éclataient aussitôt après le coup de sifflet – en général il s'esquivait. Ses adversaires ont appris à le laisser aller, tant Semenko était prompt à leur sauter dessus et leur offrir dans une volée de coups de poing une retraite anticipée. Pour Gretzky, la présence d'un garde-du-corps avait une signification supplémentaire : elle disait son refus que des joueurs étoiles soient obligés de se battre, alors qu'ils étaient venus jouer au hockey.

Comme beaucoup de chiens de garde avant lui, Dave Semenko adorait jouer, plus encore que se battre, et le fait de patiner en compagnie de Gretzky et de

En 1984, Mark Messier célèbre la première Coupe Stanley des Oilers d'Edmonton – et aussi la sienne. Bien qu'évoluant dans l'ombre de Wayne Gretzky comme joueur de centre du deuxième trio de son équipe, Messier est aujourd'hui reconnu comme l'un des plus grands joueurs de l'histoire du hockey, et certainement l'un de ses meilleurs leaders. Quand Gretzky a été échangé à Los Angeles, en 1988, Messier est devenu le capitaine de son équipe. En 1990, il l'a emmenée jusqu'à la Coupe Stanley. *(Paul Bereswill/Temple de la Renommée)*

Jarri Kurri était certainement de nature à améliorer son jeu offensif. Durant les éliminatoires de 1984, il a compté 10 points en 19 joutes, ce qui aurait été considéré comme une excellente fiche pour n'importe qui, à plus forte raison pour un joueur chargé de la protection d'un autre. Un jour, l'oncle de son coéquipier Mark Messier, qui s'occupait de relations publiques pour le compte de Muhammed Ali, a proposé un combat entre Semenko et « Le grand des grands »; Semenko s'est soumis à un entraînement tellement dur, qu'il s'est fait conseiller par un membre de l'entourage d'Ali « d'éviter les conneries du genre faire exploser la tête du champion… » Semenko a pris le message : le 12 juin 1983, jour du combat d'exhibition de trois rondes, ni lui ni Ali ne se sont portés de coups bien sérieux… Les adversaires de Gretzky, eux aussi, avaient compris le message – tellement, que lorsque Semenko a insisté pour jouer au hockey et moins se battre, les Oilers n'ont plus voulu de lui, et l'ont échangé à Hartford durant la saison 1986-1987.

Le temps que les Oilers obtiennent leur première Coupe Stanley, Wayne Gretzky avait envoyé aux oubliettes les vieux livres des records et rempli ses étagères de trophées ; il avait aussi accumulé un joli magot avec l'appui d'un nombre étonnant de commanditaires : 7-UP, Neilson, les barres de chocolat Mister Big, les rasoirs Bic, les casques protecteurs Joffa, les lames de patins Perfecta, les bâtons Titan, les jeans GWG (la liste allait s'allonger avec des annonces de pizzas, d'agences de location de voitures et de boissons gazeuses ; il s'est acheté un restaurant à Toronto, et a signé une marque de vêtements). Dans un tout autre registre, il s'est fait le porte-parole de la Fondation pour les maladies du cœur, de la Croix Rouge, de l'École des aveugles de l'Ontario, plus tard de l'Association canadienne de lutte contre l'arriération mentale (aujourd'hui appelée «Pour la vie en société»). Pour boucler la boucle, on vit régulièrement la photo de Gretzky dans les magazines, les revues consacrées au hockey et dans la section sport des quotidiens des localités où il se produisait. Il était partout – et on aurait dit que c'était ce qu'il souhaitait.

Quand, en 1981, Jack Harrington est allé enseigner dans une école primaire de Milltown, sur la côte sud de Terre-Neuve, il a vite découvert qui était le vrai « prof » des gamins, soit le jeune et paisible numéro 99 des Oilers d'Edmonton, une équipe certes installée à l'autre bout du continent mais tout de même très présente, là même, sur l'île. Harrington raconte : « Les gamins avaient une vénération pour Gretzky. Nous, des années 1950 et 1960, on voulait tous un chandail des Canadiens, mais dans les années 1980, c'était Gretzky, Gretzky, Gretzky. Ils essayaient d'imiter son coup de patin. Et pas seulement chez nous – partout à Terre-Neuve, au Canada, dans toute l'Amérique du Nord ! »

Pour les jeunes de Milltown, la patinoire la plus proche était située non loin de là, à Baie d'Espoir, où des générations avaient patiné depuis le 19e siècle. Quand Harrington a décidé de créer une ligue de hockey mineur dans sa localité, ce n'était pas une baie gelée dont il avait besoin, c'était un aréna. La vieille scierie offrait la structure de base d'une bonne patinoire : des murs en acier ondulé, un plancher bétonné et un toit. Il fallait juste la retaper. La population de Milltown a relevé le défi en y mettant du muscle, de l'argent et de l'imagination. Les gens ont fait le tour du voisinage pour obtenir soit un engagement financier soit du temps de travail, et ils se sont attelés à transformer la vieille scierie en palais du hockey. Pour y arriver, ils ont coupé 6000 arbres, qu'ils ont ensuite remorqués hors de la forêt à l'aide de motoneiges. Ils eurent bientôt assez de billots transformés en bois de construction pour ériger quatre vestiaires, une cantine et des gradins. Puis l'éclairage. Mais ils ne pouvaient s'offrir de la glace artificielle. Harrington et d'autres se sont alors rafistolé une manière de pompe, qui permettait d'aller chercher l'eau d'un étang, tout près, afin d'arroser la glace chaque soir. Leur Zamboni consistait en une paire de tonneaux traînant derrière de grosses serviettes, et ils répandaient de l'eau froide un peu partout sur la glace pour maximiser la congélation – ce qui n'était pas vraiment nécessaire lorsque le vent faisait chuter le mercure à moins 50 degrés Celsius. Harrington confirme : « Quand ça gelait, mon t'chum, tu peux me croire, ça gelait ! »

En deux ans, Milltown s'est offert une patinoire couverte de 50 mètres par 12, baptisée le Garden de Greenwood, et la figure légendaire du folklore du Cap Breton, John Allen Cameron, a officiellement inauguré le bâtiment. Quand la municipalité a ouvert les inscriptions en vue d'une ligue de hockey mineur, 200 jeunes, garçons et filles, ont signé le registre, sans compter 130 jeunes filles désireuses de faire du patin de fantaisie. Harrington explique : « Inspirés par de grandes figures du hockey comme Wayne Gretzky et Mark Messier, les parents avaient voulu offrir ce qu'il y avait de mieux à leurs enfants – ils purent vite en constater les effets bénéfiques. Non pas qu'ils aient rêvé de les envoyer tous dans la LNH, mais ils voulaient au moins que leur progéniture puisse rêver de le faire, et vivre leur rêve. Quiconque chaussait des patins, maniait un bâton de hockey, se sentait en quelque sorte devenir cette rondelle et la poussait dans le but, méritait de faire partie d'une équipe, et de vivre dans toutes ses fibres son sport national, le plus canadien de tous. »

À Edmonton aussi, les gamins étaient fous de Wayne Gretzky. Giselle Lavalley, une jeune amérindienne, était un jour en train d'échanger des cartes de *L'Empire contre-attaque* dans la cour d'école. Tout à coup, un élève arrive en courant pour dire que Gretzky et Kevin Lowe étaient à la boutique du sport, juste à côté. Lavalley raconte : « On a couru vers la boutique bientôt remplie à craquer. Je n'en croyais pas mes yeux : mon idole était là, devant moi. Je vivais tout près de chez lui. Il est aussitôt devenu mon joueur préféré. »

En dépit de son statut de super-vedette, Gretzky n'avait pas le profil du joueur classique, et il se l'est souvent faire dire : pendant des années, les critiques avaient montré du doigt son coup de patin, trop sec, son ossature, trop fine, son lancer frappé trop faible. Mais ce sont justement ces « défauts », qui, de toute évidence, n'avaient empêché aucun de ses exploits, qui ont inspiré les autres gamins : eux aussi étaient « trop » quelque chose ou « pas assez » autre chose. Avec Gretzky, le mot « impossible » n'existait pas... Giselle Lavalley a supplié ses parents de lui acheter un hockey ; elle aussi voulait être l'héroïne de quelqu'un.

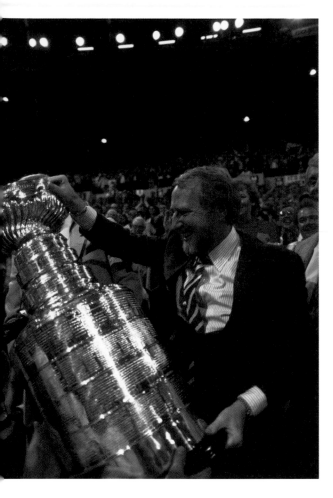

En 1977, les Oilers d'Edmonton jouaient dans l'AMH, et ils étaient en situation de quasi-faillite. La magnat Peter Pocklington les a rachetés pour 1 400 000 dollars. Expert en fanfaronnades, il a payé son million et quelques dollars avec une bague en diamant de 150 000 dollars appartenant à sa femme, une Rolls Royce de 1928, deux toiles d'A. Y. Jacksons, un Renoir et quelques immeubles. L'année suivante, il a acheté Wayne Gretzky et deux autres joueurs des Racers d'Indianapolis pour 760 000 dollars, et comme prime, il a offert à Gretzky une Ferrari noire de 57 000 dollars. En 1984, il obtint un fabuleux retour sur investissements : la Coupe Stanley. *(Paul Bereswill/Temple de la Renommée)*

« Aussitôt que les équipes ont été sélectionnées, la foire a pris : qui jouerait dans l'équipe des Oilers, qui serait Gretzky – il y en avait toujours deux ou trois qui gueulaient pour avoir son nom. J'ai dit : Moi, je vais être Gretzky. J'étais la seule fille qui jouait du hockey dans les ruelles des environs. J'ai essayé d'imiter son style vif, sou souci du jeu d'équipe. On avait une vraie équipe, une éthique professionnelle, et beaucoup de passion ! »

Quand une amie lui a emprunté son autographe de Gretzky, Gisèle le lui a prêté volontiers, mais après une semaine, l'amie ne répondait plus : Gisèle a su qu'elle ne reverrait plus jamais son autographe. Mais Gretzky, lui, était toujours là. Il était devenu l'essence même du hockey, et il appartenait à tout le pays.

Un jour, au beau milieu du dîner qu'ils prenaient à la cafétéria du personnel, Jay Peacock et Dave Gridzak ont cru avoir une vision : deux joueurs des Oilers débarquaient dans la cafétéria avec la Coupe Stanley. Dave et Jay partageaient une résidence qui appartenait au Colisée Northlands d'Edmonton, juste en face. Ils avaient entendu dire que les champions faisaient le tour des bars de la ville, et remplissaient la coupe d'alcool pour que les habitués trempent leurs lèvres dans ce suprême trophée. Et voilà que tout d'un coup, comme ça, chez Gainers Meats où ils étaient en train de casser la croûte, la Coupe de Lord Stanley était plantée là, sous leurs yeux. Comme ils ne l'avaient jamais vue d'aussi près, il n'y avait qu'une seule chose à faire. Peacock raconte : « Dave, sa vareuse d'abattage sur le dos, s'est avancé, et a soulevé la Coupe à bout de bras comme le faisait Gretzky. C'était fou ! Tout le monde criait et riait. Personne, jamais, n'avait rêvé de voir la vraie Coupe, en vrai ! »

Dans les années 1980, la population d'Edmonton allait souvent revivre la scène. Gretzky et les Oilers avaient apparemment obtenu le contrat : chaque printemps, ils soulevaient la Coupe et la brandissaient au-dessus de leur tête, promenant le fabuleux trophée dans les rues d'une ville en délire. « Ce jour-là, raconte Peacock, [Edmonton] devenait comme folle. Autant le fait de gagner était considéré comme normal, autant chaque victoire était vue comme une grande surprise – comme quand tu vois ton fils compter son premier but, t'es tellement content ! Tu savais que ça allait venir, et puis là, ça y est, tu cries ! »

Quand les Oilers ont remporté leur première Coupe Stanley en 1984, Peter Pocklington était tellement heureux, qu'il y a fait graver une bague en argent au nom de son père, allongeant un peu plus la liste des heureux inscrits. Ce fut la première fois que figurait sur la Coupe, au Panthéon des Immortels, le nom de quelqu'un n'appartenant pas au monde du hockey. Dans ce monde-là, on était superstitieux : les dieux seraient offensés, murmura-t-on, et le malheur s'abattrait sur la somptueuse résidence des Pocklington.

Vendeur chez un concessionnaire automobile de l'Ontario, Peter Pocklington avait su combiner sa passion du risque et son sens aigu des affaires dans une entreprise valant cette année-là des millions de dollars – et la rumeur mauvaise n'allait pas l'atteindre, en cette fastueuse année 1984. Fervent disciple d'Ayn Rand[1], grande prêtresse d'une vision égocentrique du monde, lui-même convaincu que l'altruisme allait mener le monde à sa perte, le magnat de 41 ans était en train d'écrire le scénario de sa propre ascension vers la gloire, et les Oilers d'Edmonton en étaient les héroïques protagonistes. Il disait : « Le hockey, c'est comme la maternité et les cigares avec un anneau doré : ça ouvre toutes les portes, et dans les lieux les plus inimaginables. Avec le hockey, je peux me promener un peu partout incognito et converser sur les sujets qui me font plaisir. » Il était aussi celui qui signait les chèques, encore que de façon générale – et c'était ça, le Pocklington flamboyant – il préférait payer en nature, comme lorsqu'il a racheté l'équipe des Oilers à l'AMH, en 1977, alors en pleine déroute financière : il a payé la moitié du gâteau avec la bague en diamants de sept carats de son épouse, d'une valeur de 150 000 dollars, quatre toiles, incluant deux A. Y. Jacksons et un Renoir, un demi-million de dollars en valeurs immobilières, et un cabriolet de 1928 signé Rolls Royce, qui avait eu son heure de gloire dans un film mettant en vedette un autre magnat de l'époque, *Gatsby le magnifique*.

Pocklington portait des lunettes signées Yves Saint-Laurent, et des chaussures ouvertes arborant les boucles de métal dorées de Gucci. Il avait son avion privé (un Lear Jet), qui, disait-il, filait dans le bleu du ciel comme « un ange pressé de rentrer à la maison », et des toiles d'Emily Carr représentant la rude forêt pluviale de la côte ouest ornaient les murs de sa suite luxueuse de la Sun Life. Il allait à la pêche au Yukon en compagnie de l'homme qui allait devenir le président Bush, et de Ted Taylor, l'ex-ambassadeur canadien en Iran qui avait facilité la fuite des otages américains lors de la révolution iranienne de 1979 – il y emmenait aussi Gretzky, son joueur étoile. Coéquipier d'un tandem canado-américain, il a participé avec l'acteur Paul Newman à une course de bolides. Il était aussi propriétaire d'un bateau de course qu'il a lancé un jour sur un rocher, dont les modèles subséquents ont tous été baptisés, apparemment sans ironie, *Free enterprise* !

En 1978, dévoilant sans excès de pudeur son immense ego, il a fait état de rêves plus grandioses encore : « Je me verrais bien à la tête d'un gigantesque conglomérat. Oui, c'est ça, rebâtir le Canada, mais pas sur la Colline parlementaire, dans des bureaux de direction. »

Jay Peacock et Dave Gridzak ont tous deux travaillé pour Pocklington, qui a acquis Gainers Meats en 1978, lors d'une méga-transaction. Ils ont joué pour l'équipe de la compagnie, baptisée les Rascals, et une fois par année, Pocklington invitait les employés de ses abattoirs à venir s'ébattre sur la patinoire inoccupée des Oilers. Peacock raconte : « Tant que t'as pas mis les pieds sur cette patinoire-là, tu sais pas ce que c'est que de la glace. C'est une glace lisse, elle est même pas froide, elle est lisse. Tout ce que tu sais, c'est que ça glisse, tu bouges à peine, et ça glisse... » À sa façon, Pocklington était généreux : il offrait une participation aux bénéfices, ou des billets pour assister aux premières joutes éliminatoires. Il a même demandé aux Oilers d'aller serrer la main de ses employés de la Gainers,

---

1. Écrivaine et philosophe américaine, originaire de Russie (1905-1982). A développé l'idée d'un « égocentrisme équilibré ».

le jour de leur party de Noël – après tout, ils travaillaient tous pour lui. Tout le monde fraternisait : coups d'épaule des athlètes professionnels, grognements heureux des abatteurs, bisou-bisou avec les secrétaires et les comptables. On était très loin des joueurs des Leafs obligés de travailler l'été dans les carrières de gravier de Conn Smythe, mais l'attitude paternaliste affichée par Pocklington témoignait aussi d'une époque révolue.

Peacock raconte : « Il tâchait de nous rapprocher, faire que les deux compagnies fassent partie de la même famille. Ça marchait, c'était comme ça : y'avait pas d'un côté ton party de Noël et à côté le party de Noël des Oilers. On se disait : Aie ! Wayne va être là ! Pis là tu te fais un peu plus beau, t'essayes d'être un peu plus poli, pis t'as peut-être une chance de dire un mot à Marty McSorley ou de parler avec Kevin McClelland de son célèbre coup de poing ! »

Les années 1980 ont été des années fastes, à Edmonton. Tous les championnats ont atterri là : quatre des cinq Coupes Stanley des Oilers, cinq Coupes Grey d'affilée entre 1978 et 1983, et une autre en 1987, remportées par les Esquimaux d'Edmonton de la Ligue Canadienne de Football. Pour ne pas être en reste avec leurs collègues masculins, les Chimos d'Edmonton ont remporté le championnat de hockey féminin en 1982. Après une enfance passée sur une ferme située près de Bonnyville, où elle a affiné ses talents de patineuse, leur jeune capitaine de 29 ans, Shirley Cameron, joueuse de centre, est devenue l'une des meilleures athlètes du hockey féminin au pays.

En 1972, un groupe de femmes d'Edmonton s'est formé. Un point en commun : elles voulaient voir du monde, et jouer au hockey. Certaines étaient inca-

En 1982, emmenées par Shirley Cameron, les Chimos d'Edmonton enregistrent le premier but du premier championnat national de hockey féminin canadien, pour l'obtention de la Coupe Abby Hoffman. Le trophée rend hommage à la jeune fille devenue une célébrité mondiale du hockey pour avoir joué dans une équipe masculine. Le Tournoi a marqué et inspiré la renaissance du hockey d'élite féminin au Canada. *(Shirley Cameron)*

pables de patiner, d'autres connaissaient à peine les règlements, mais elles étaient le noyau dur de ce qui allait devenir les Chimos. Cameron raconte : « On nous appelait tout simplement l'équipe des filles du mardi soir. Quand une fille de l'équipe voulait dire "on va au bar", elle disait "on va faire 'chimo' et prendre un verre". Chimo en langue inuit veut dire "salut ! En forme ?" Et c'est comme ça que l'année d'après, notre équipe a décidé de s'appeler Chimo. »

La Ligue a grandi : une équipe a épelé à l'envers le mot « women » et s'est appelée Nemow l'autre « Bon Accord ». Les Chimos avaient les meilleures joueuses, et elles ont remporté le premier championnat de la ligue. Elles ont alors suivi une voie déjà empruntée par d'autres : jouer contre les garçons. D'abord s'attaquer aux équipes Bantam et Midget, ensuite faire la tournée des bonnes vieilles équipes masculines de la province. Les Chimos ont joué dans des arénas pleins à craquer : tout le monde voulait enfin voir des filles taper sur des gars. Cameron explique : « Les gens adoraient qu'on arrive là en tant que femmes, et qu'on mette les gars en échec. On s'est beaucoup amusé, mais disons qu'à la longue, quand on joue du hockey féminin, on a envie de jouer avec d'autres filles. »

En 1981-1982, les Chimos ont joint les rangs de la Ligue de Hockey pour dames du nord de l'Alberta. Après 19 victoires sur une possibilité de 20, les Chimos ont remporté les éliminatoires de la ligue provinciale, puis ont appareillé pour Brantford, en Ontario, pour disputer la Coupe Abby Hoffman. Hoffman avait été recrutée en compagnie de Maureen McTeer, avocate et épouse de l'ex-premier ministre Joe Clark, pour mettre sur pied le premier championnat national de hockey féminin. Elles avaient comme tâche supplémentaire de donner de la crédibilité à l'événement, car pour certains membres de la presse sportive, le hockey féminin demeurait toujours une nouveauté quelque peu fantaisiste. Comme pour répondre, Hoffman a convoqué une conférence de presse juste avant l'inauguration du tournoi : « La preuve, a-t-elle déclaré, que le hockey féminin connaît un essor fantastique, c'est justement le nom du Trophée. » Et elle a ajouté en plaisantant : « J'ai toujours pensé qu'il fallait être mort pour voir son nom gravé sur un Trophée. »

Pour les Chimos, le voyage à Brantford en vue de décrocher un titre national fut une expérience absolument grisante – et pas seulement à cause de la compétition elle-même, aussi à cause des petits à-côtés agréables de leur périple. Cameron raconte qu'un hôtel avait été réservé pour les équipes prenant part au Tournoi : « C'était sensationnel ! Incroyable ! Un jour vous n'êtes rien et de nulle part, et le lendemain vous vous retrouvez dans un championnat à l'échelle nationale. » Pensée délicate : une célèbre maman, Phyllis Gretzky, fut invitée à la mise en jeu inaugurale. « C'était tellement émouvant pour nous toutes, raconte Cameron. Nous étions d'Edmonton, Wayne Gretzky jouait pour défendre les couleurs de notre ville, et voilà que sa mère venait faire la mise en jeu de la première rencontre. »

Était-ce l'émotion accumulée ? Toujours est-il que les Chimos ont ouvert le pointage du premier championnat féminin, qui devint vite le point de mire de toute la presse. La CBC a même télédiffusé les faits marquants des matchs, sans

Les Broncos de Swift Current

Les équipes de hockey junior de l'ouest du Canada se sont longtemps plaintes de leur éprouvant calendrier impliquant de longs déplacements, en plein hiver, dans des autobus sans chauffage. Le 30 décembre 1986, l'équipe Junior A des Broncos de Swift Current se dirigeait vers Régina pour y disputer une rencontre. Il neigeait ce jour-là. Le chauffeur a soudain perdu le contrôle de l'autobus, qui est allé percuter un pont ferroviaire. Joe Sakic faisait partie de l'équipe des Broncos. Il était assis à l'avant de l'autobus à côté de son coéquipier Sheldon Kennedy. Il a raconté plus tard à *Hockey News* : « Quand tout a eu l'air OK, on a commencé à sortir de l'autobus l'un derrière l'autre à travers le pare-brise. On ne savait toujours pas ce qui s'était passé derrière... » Derrière, justement, quatre joueurs, dont Trent Kresse, 20 ans, Scott Kruger, 19 ans, Chris Mantyka, 19 ans, et Brent Ruff, 16 ans, étaient en train de jouer aux cartes au moment de l'accident. Deux d'entre eux furent projetés hors de l'autobus puis écrasés sous son poids. Une fois à l'hôpital, les autres membres de l'équipe ont appris que quatre de leurs camarades étaient morts.

Kresse et Kruger faisaient partie des 10 meilleurs pointeurs de l'AMH, le très populaire Mantyka jouait le rôle de garde-du-corps, et Ruff était l'un des jeunes juniors les plus prometteurs au pays. Pendant tout le reste de la saison, et dans tous les arénas où ils ont par la suite évolué, les Broncos ont eu droit à une ovation debout, en signe de respect pour leurs camarades décédés. Joe Sakic a pris 10 ans d'un coup, et s'est vite imposé comme leader de l'équipe. Il a confié : « C'est clair qu'après un pareil événement, tu vieillis drôlement vite ! Ça change ta façon de voir la vie. » *(Le Leader-Post de Régina)*

oublier de parler du championnat durant les entractes de *Hockey Night in Canada.* Lorsque les Chimos ont rencontré l'Ontario en finale, les médias se sont montrés empressés d'interviewer leur capitaine, originaire d'Edmonton ; Cameron était tellement enthousiasmée par l'idée d'être en vedette sur la scène nationale, qu'elle a tout de suite voulu retourner la politesse et a accepté l'invitation – mal lui en prit. Employée comme facteur à la Poste canadienne, Cameron n'avait pu obtenir le congé nécessaire pour assister à l'événement historique, et prétextant une blessure, elle avait donc obtenu un congé de maladie de son médecin. Son patron la croyait donc bien installée chez elle en train de récupérer. Elle a demandé au journaliste : « Je vais vous dire tout ce que vous voulez sur mon équipe, mais de grâce, ne mentionnez pas mon nom. Il a alors demandé pourquoi – je lui ai tout dit, et le lendemain, mon aventure faisait la manchette de son journal. Ce fut ma première expérience des médias, et je m'en serais bien passée. » Les Chimos ont perdu 3 à 2 en prolongation devant les

Agincourts d'Ontario, et quand Cameron est rentrée à Edmonton, son patron l'a suspendue pour une semaine, sans traitement. Deux ans plus tard, quand les Chimos ont disputé le titre à Spruce Grove, en Alberta, le patron de Cameron a enfin allumé, et après leur victoire, il lui a donné deux jours de congé.

Pour Shirley Cameron, il n'y aurait pas de vrai triomphe si ce qu'elle et les Chimos avaient accompli devait rester sans suite pour les jeunes filles assises dans les gradins. « Nous avons vécu une expérience incroyable, et chez nous, dans notre province : on a remporté le Championnat, et les arénas sont maintenant pleins à craquer. Je pense que tout cela a rallumé la flamme dans le cœur de nos jeunes filles, et les a convaincues qu'il y avait une place pour elles dans notre sport national. »

Au milieu des années 1980, les amateurs canadiens se sont retrouvés avec sept équipes de la LNH, un chiffre sans précédent. On peut parler pour l'époque d'une sorte de retour de flamme pour la religion nationale, car vu les rivalités entre divisions, les équipes canadiennes pouvaient de nouveau s'affronter en finale de la Coupe Stanley.

Dans leur course au championnat d'Alberta, Wayne Gretzky et les Oilers d'Edmonton jouaient souvent contre leur ennemi juré, les Flames de Calgary,

Connue sous le nom de Bataille de l'Alberta, la compétition permanente entre les Oilers et les Flames pour la suprématie provinciale a débuté dans les années 1980. En 1984, les Flames ont obligé les Oilers à jouer 7 matchs en finale de division, et jamais les Oilers n'étaient venus aussi près d'être éliminés. Emmenés par Wayne Gretzky, habitué à préparer les buts des Oilers derrière le filet adverse (baptisé « le Bureau de Wayne »), les Oilers ont défait les Flames, puis remporté leur première Coupe Stanley. *(Paul Bereswill/Temple de la Renommée)*

Au début des années 1980, Marian, Peter et Anton Stastny (de gauche à droite) ont fui leur pays et entrepris une carrière avec les Nordiques de Québec. La défection [organisée par Marcel Aubut] fut considérée comme un véritable affront par leur pays d'origine, la Tchécoslovaquie, surtout lorsque Peter, devenu citoyen canadien, a joué pour son pays d'adoption contre les Tchèques, lors du Tournoi Coupe Canada de 1984. *(Paul Bereswill/Temple de la Renommée)*

et il en était de même au Québec entre les révérés bleu blanc rouge, les Canadiens de Montréal, et une autre équipe arborant l'emblème provincial, la fleur de lys, et qui avait baptisé son temple le Colisée. C'est en 1979 que les Nordiques avaient quitté l'AMH pour la LNH, et 60 ans après que les Bulldogs eurent quitté Québec pour Hamilton, la capitale provinciale obtenait enfin une nouvelle franchise professionnelle.

La première saison des Nordiques fut un parcours du combattant, l'équipe terminant avec à peine 25 victoires dans un calendrier de 80 rencontres. La saison suivante, le joueur tchécoslovaque Peter Stastny vint à la rescousse, remportant le Trophée Calder de la recrue de l'année, et emmenant son équipe dans les éliminatoires grâce à ses 109 points. Lors d'une opération rocambolesque digne des romans de John Le Carré et concoctée par le propriétaire de l'équipe, Marcel Aubut, Stastny a été discrètement « subtilisé » à son équipe, se voyant du coup promu pour la gloire. Du jour au lendemain, une équipe que tout le monde voyait comme une équipe de deuxième catégorie à cause de son appartenance, la veille encore, à une ligue professionnelle de parvenus, a été reconnue comme

ayant toute sa place dans la LNH. À partir de ce jour, les amateurs du Québec eurent à choisir entre « les glorieux » Canadiens, et une nouvelle venue, les Nordiques.

Les McNeils, qui vivaient en banlieue de Québec, étaient une famille divisée par son identification à des équipes différentes. Pour Karl, le fils, il y avait les Canadiens, point final. Depuis 75 ans, une longue tradition de victoires et de championnats en avait fait l'équipe numéro Un. Pour son père, Robert, les Nordiques étaient l'équipe du peuple, arborant l'emblème de la nation, et luttant farouchement contre l'arrogance d'un club appartenant aux Anglais, et applaudi par des amateurs membres de l'establishment – sans compter le fait qu'ils avaient « volé » Jean Béliveau, qui jouait à Québec dans les années 1950, un souvenir toujours mal digéré. Les deux camps se détestaient tellement dans la famille McNeil, que le hockey avait été banni des sujets de conversation lors des réunions familiales. Karl McNeil précise : « Mon père était bleu-blanc-rouge de bord en bord – jusqu'à ce que les Nordiques débarquent en ville. Il est devenu un chaud partisan de la nouvelle équipe. La rivalité Canadiens-Nordiques était vraiment exacerbée, et avec mon père, on avait convenu de ne pas aborder le sujet pour ne pas mettre le feu aux poudres. »

Au printemps de 1984, le sujet était incontournable : pour la deuxième fois, les Canadiens et les Nordiques s'affrontaient dans les éliminatoires de la Coupe

En 1979, les Nordiques de Québec, autrefois de l'AMH, joignent les rangs de la LNH. Rivalité instantanée avec les Canadiens de Montréal, les amateurs de la province se divisant instantanément en partisans fanatiques de l'une ou l'autre équipe. Les joueurs ont porté la rivalité sur la patinoire – jusqu'au sang. En 1984, à l'occasion d'une rencontre de la Coupe Stanley, une bagarre a vidé le banc des deux équipes à la fin de la deuxième période, et une autre fois avant le début de la troisième. Le temps que le match recommence, plusieurs joueurs se sont vus chassés de la partie. Montréal l'a emporté, éliminant les Nordiques des séries. *(Presse canadienne)*

Stanley, et l'air était lourd de désirs de vengeance. Deux ans plus tôt, en 1982, les Nordiques avaient laissé les Canadiens sous le choc en les éliminant dans une série quatre de cinq, et ils revendiquaient alors d'être l'équipe francophone de la province, même s'ils alignaient des joueurs comme Stastny, son frère Anton, et un dur et talentueux travailleur agricole de l'Ontario, appelé Dale Hunter.

À la sixième rencontre de la série, et comme pour bien faire, en pleine Semaine sainte[2], les Canadiens avaient toutes les chances de l'emporter. La tension était vive. La rencontre décisive est tombée le vendredi saint – jour où normalement, dans le Québec catholique d'antan, les gens se seraient retrouvés à l'église plutôt que dans un aréna hurlant « Tue-le! ». Ce qui est précisément ce qui s'est passé à la fin de la deuxième période, où la rencontre a tourné à la foire d'empoigne. Le gardien suppléant des Nordiques, Clint Malarchuk, s'est lancé sur la patinoire. Il se rappelle : « Et puis là, le gardien suppléant des Canadiens, Richard Sévigny et moi-même, on s'est tapé dessus, et c'était sérieux, je te garantis. » À un moment donné, Sévigny s'est mis à courir après Dale Hunter, l'ennemi public numéro 1 des Canadiens, même si le frère de Dale, Mark Hunter, jouait pour sa formation. « J'ai dit à Sévigny : Hunter va le tuer ; il s'est alors tourné vers moi et il a répondu : "C'est pas ça, le problème." Il était exactement comme tous les joueurs des Canadiens, qui voulaient faire la peau à Hunter. Même son frère ! – et il a commencé à lui taper dessus. Tu imagines ! Deux frères en train de se tabasser ! Je ne sais pas si une chose pareille est jamais arrivée avant. C'était la folie ! »

Quand les officiels ont finalement repris le contrôle de la partie, ils ont renvoyé les deux équipes à leur vestiaire, mais la bataille a repris aussitôt que les joueurs ont mis le pied sur la glace pour l'exercice de réchauffement de la troisième période. Malarchuk : « C'était le bordel, mais les officiels ont repris le contrôle. Il y a eu beaucoup d'expulsions. Une bonne dizaine en tout. Peter Stastny s'en est tiré avec un nez cassé, et il a écoulé une punition de match infligée à l'équipe. Ça a été un coup dur, Stastny était notre force de frappe. Dale et moi-même, et Alain Côté aussi, je crois, on a été exclus du match. »

La férocité de cette bataille, dont l'enjeu québécois était la suprématie d'une ville québécoise sur une autre, est passée dans le monde de la fiction avec la populaire série télévisée *Lance et compte*, du journaliste Réjean Tremblay, dont le club imaginaire, le National, s'inspirait largement de la nouvelle équipe québécoise de la LNH. Tremblay a même filmé certains épisodes au Colisée, pour le plus grand plaisir des milliers de partisans des Nordiques ; tous voulaient figurer dans la série, et clamer bien haut leur appui à leurs gars, une équipe en or ! Des gars de Québec et du Québec, capables de lancer, de compter, de gagner !

La série racontait la carrière d'un jeune joueur de hockey québécois, Pierre Lambert, engagé dans une grosse ligue, et qui avait grandi sans trop d'illusion dans le monde bouillonnant du hockey québécois. Elle est devenue l'une des émissions les plus suivies de l'histoire du Québec. Des millions de téléspectateurs voulaient voir, chaque semaine, de beaux et jeunes athlètes circuler dans

2. Autre jeu de mots raté, l'anglais disant, pour Semaine Sainte, Passion Week.

le monde violent, raciste, déloyal, à l'occasion formidable du hockey professionnel, peut-être décrit de manière excessivement réaliste, déplorait Tremblay
à certains moments. « *Lance et compte* est probablement le plus important
reportage jamais filmé sur le hockey, déclara-t-il. Mais quand j'ai vu qu'à partir du septième, du huitième et du neuvième épisode, ils ont commencé à vouloir
faire des coupures un peu partout, je me suis dit : Attention ! Là, c'est un monstre,
que je suis en train de mettre au monde. »

Le Canada anglais avait aussi sa série télévisée, mais ce n'était pas de la fiction. Chaque semaine, des millions de téléspectateurs se branchaient sur l'émission *Coach's Corner*, juste pour voir et entendre un phraseur volubile livrer ses
états d'âme sur notre sport national. Don Cherry arborait des vestes à carreaux
vulgaires, aux couleurs criardes, ouvrant sur des chemises à haut col empesé et
des cravates à l'avenant, c'est-à-dire de très mauvais goût. Une espèce d'hybride
du commis-voyageur du 19ᵉ siècle et du bouledogue à l'ancienne, chargé de faire
le *tough* dans une équipe de ligue mineure. En parole ou avec ses poings, un « personnage » tout fier de claironner ses opinions. Il a résumé tout le hockey européen
en deux lignes : « Les Européens seraient pas capables de se sortir d'un sac en
papier mouillé. Les seules batailles qu'ils connaissent, c'est avec leurs femmes. »

Perte de mémoire ou insulte délibérée, les Canadiens français se sentaient
régulièrement injuriés. Pour Cherry, le choix était simple : il y avait les grands
joueurs, bien sûr tous anglo-saxons, et de vicieux petits froussards, bien sûr
encore, tous européens. « Ceux qui m'intéressent, c'est les gars qui se tiennent
dans les brasseries de la Saskatchewan ou de n'importe où. Moi aussi, chus un
gars de brasserie, et ce que je sais, c'est que ces gars-là me regardent. » Les mots
de Cherry illustraient bien sa conception du hockey, essentiellement une affaire
de Canadiens anglais, un sport rapide, où tu prenais des coups, mais finalement
honnête, et où se battre pour défendre l'honneur de son équipe contre des adversaires sournois était une tâche essentielle.

Il a eu l'occasion d'appliquer son credo dans les années 1950, époque où
jeune ouvrier encore, il avait joué dans une équipe de ligue mineure, puis un
(seul) match sous le chandail des Bruins de Boston, le 31 mars 1955. Il se rappelle
avoir été « un dur ; comme joueur de défenseur, je bougeais pas d'un pouce. Je
savais me battre, je pouvais t'en crisser un en pleine gueule. Un jour – j'avais
19 ans à l'époque, je jouais pour Hershey, et je regardais deux joueurs en train
de se battre. Bobby Baun m'en a crissé un au passage. Tout ce que je peux te dire,
c'est que personne est pu jamais venu m'écœurer. Tu m'écœures, je sors l'artillerie lourde. Si je voyais un joueur courir aux fesses de Bronco Horvath, je
l'envoyais faire un tour à l'hôpital. » En 1954, la première fois qu'il a rencontré
Rose Martini, sa future femme, il l'a amenée à une partie de hockey : il jouait ce
soir-là comme recrue dans l'équipe de Hershey, en Pennsylvanie – sans doute
sa vision d'une idylle romantique. Rose Cherry a confié que c'était la première
fois qu'elle assistait à une partie de hockey. « Deux minutes après la mise en jeu,
Don était impliqué dans une bagarre. Et j'ai pensé "mais c'est incroyable comme
ils sont barbares, ces Canadiens !" »

Le personnage de Don Cherry, bien
connu des téléspectateurs, a fait oublier
qu'il fut aussi instructeur, et qu'il avait
disputé une rencontre sous le chandail
des Bruins de Boston, lors des
éliminatoires de 1955. Toute sa carrière
s'est déroulée dans les ligues mineures.
Comme défenseur dans l'AMH, il a
remporté le Trophée Calder, en 1960,
avec les Indiens de Springfield.
(Billy Harris)

Lors du Championnat mondial de hockey junior de 1987, le Canada menait les Soviétiques 4 à 2, et il était assuré de remporter la médaille d'or si son équipe obtenait un écart de cinq buts avec les Russes. Mais une bataille aux poings entre Theoren Fleury et Pavel Kostichkin a vidé le banc des deux équipes. Les joueurs, dont le futur joueur étoile, Brendan Shanahan, ont continué la bagarre même après qu'on eut ordonné d'éteindre les lumières de l'aréna. La joute a été annulée, et la FIHG a chassé les deux équipes du Tournoi, accordant la médaille convoitée à la Finlande. *(Associated Press)*

C'est un peu par hasard que *Coach's Corner* est venu au monde. Cherry venait de se faire congédier comme instructeur des Bruins de Boston, et il sentait la soupe chaude comme instructeur des Rockies du Colorado, qui avaient cumulé 19 victoires, presque 50 défaites et 13 nulles – et la rumeur voulait qu'il se fasse virer encore une fois. Mais il fut invité par la télévision de la CBC pour dispenser un peu de sa sagesse aux téléspectateurs pendant les interruptions des éliminatoires de la Coupe Stanley. Pour Cherry, habitué, à l'époque des ligues mineures, à arrondir ses fins de mois en faisant un peu de peinture, ou de la vente – ou mévente – de voitures (« j'étais, c'est sûr, disait-il, le plus mauvais vendeur de Cadillac au monde ») ou à se lever à cinq heures et demie du matin par un froid glacial pour faire du marteau-piqueur pour le compte d'une entreprise de construction, l'invitation de la CBC était une occasion en or de faire ce qu'il aimait : parler.

Les médias étaient depuis longtemps tombés sous le charme de Cherry. Ça remontait à l'époque où il avait mené les talentueux Bruins à quatre championnats d'affilée, arborant déjà une tenue vestimentaire impossible, mais capable de citer aussi bien Popeye que Lord Nelson, affichant une candeur toute tribale, et réputé pour dire tout haut ce que les gens pensaient tout bas.

La popularité de Cherry a bondi, et *Coach's Corner*, télédiffusé chaque samedi soir pendant la saison de hockey après la première période de *Hockey Night in Canada*, est devenu un incontournable spectacle pour tous les adorateurs de Cherry – et aussi pour tous ceux qui adoraient le haïr. Avec son style tantôt violent tantôt sentimental, toujours drapé dans l'unifolié, fait de certitudes incontestables et des mots qu'il faut pour toucher la fibre sensible, Cherry est devenu le guide moral de toute une génération de joueurs de hockey, de leurs parents et de leurs instructeurs.

En janvier 1987, Cherry est devenu le héros de millions de Canadiens. Les équipes de hockey junior canadienne et soviétique s'affrontaient dans une partie décisive à Piestany, en Tchécoslovaquie, et le Canada menait contre les Soviétiques 4 à 2. Le Canada était assuré de l'or s'il remportait la victoire par au moins cinq buts, l'argent s'il obtenait cinq buts de différence, et le bronze s'il perdait la joute. Un combat a éclaté, et il s'en est suivi une bagarre de 20 minutes, les deux équipes ayant vidé leur banc. L'arbitre norvégien Hans Ronning et ses juges de ligne ont été impuissants à stopper la bagarre, et ils ont même quitté la glace. Les organisateurs du tournoi ont décidé d'éteindre les lumières de l'aréna, et tout s'est arrêté faute de combattants d'ailleurs épuisés.

Au studio de la CBC à Toronto, invité comme commentateur, Cherry a pris la défense des joueurs canadiens face à un animateur plus critique. « Les Russes ont talonné nos gars tout le temps, fulminait Cherry, on n'accepte pas les bâtons trop élevés, on... Pis le harponnage... c'est dans nos gènes, nous, les Canadiens,

Tous les samedis soirs, pendant le premier entracte de la première des deux parties diffusées par la CBC, Don Cherry dispense son savoir en compagnie de l'aimable et perspicace Ron MacLean. Flamboyant, direct et patriote ultra-conservateur, Cherry a fait de sa prestation télévisuelle une institution canadienne. On le haïssait ou on l'adorait, mais on ne voulait pas rater le spectacle... *(CBC Television Sports)*

on tolère pas ça... vous autres, vous êtes assis dans votre salon avec une liqueur, peut-être deux, ou vous êtes en train de manger un sandwich, mettez-vous ça dans le crâne, et demandez-vous donc, une bonne fois, si ça se peut qu'un de nos gars fasse ça. Vous savez pas à travers quoi ils sont passés, tout ce qu'ils doivent endurer. Et puis cessez de dire que c'est une tache sur notre équipe, OK ? » Williams n'a pas lâché prise, émettant l'opinion que les deux équipes devraient être chassées de la compétition. Ce fut aussi l'avis de la Fédération Internationale de Hockey sur glace, qui a exclu les deux équipes fautives de la compétition, et qui a donné la médaille d'or à la Finlande. « On savait ce qu'on avait à faire, insistait Cherry. Je regrette tout ça, mais on devait le faire. Mais on n'accepte pas de se faire taper sur la gueule. »

Deux semaines après la bagarre générale, Cherry faisait encore la manchette du *Globe and Mail*. Il a choisi de jouer la carte du drapeau, du sol, du vrai mâle canadien. « Y'a beaucoup de mères de famille et de femmes qui nous désapprouvent, et beaucoup de professeurs d'université, mais moi, je m'adresse aux gars dans les brasseries », insista-t-il. Son attachement aux valeurs des cols bleus lui a fait faire fortune. Il était propriétaire de deux bars, présentateur de produits à la télé, et son émission de variétés radiophoniques *Grapeline* était diffusée par 19 stations, et *Grapevine* par 26 stations à travers le pays. Il pouvait aussi être ému : « Chaque fois que j'aperçois de ma voiture un gars en train de manier le marteau-piqueur, confessa-t-il, j'ai un petit pincement de culpabilité, je me dis que je devrais être là, avec eux. »

En 1989, Cherry a mis en vente la première d'une série de bandes vidéo intitulées *Le hockey selon Cherry : brassez-les, tapez-les*[3], où l'ancien pilote montrait une compilation de ce qu'il considérait comme les hauts faits du hockey, un sport intelligent, intrépide, sachant manier la hache, le tout entrecoupé d'une ou deux bonnes bagarres. Pour l'écrivain et journaliste Roy McGregor : « Sa philosophie, combinée à un extraordinaire talent de communicateur, constitue sans aucun doute la pire des leçons de hockey jamais offerte aux Canadiens. » Mais le capitaine des Blues de Saint-Louis, Chris Pronger, résume sans doute de meilleure façon la fascination que les gens avaient pour Cherry, quand ce dernier a déclaré : « Je connais des gens qui ne regardent jamais les joutes le samedi soir, mais vous savez quoi ? Ils ouvrent leur téléviseur juste pour *Coach's Corner*. »

En juin 1985, quelque part dans les environs de Toronto, une joueuse de hockey âgée d'à peine 12 ans était assise à la table familiale, et avec l'aide de sa mère, Caroline, écrivait une lettre destinée au *Globe and Mail*. Elle voulait dire sa façon de penser sur l'état de notre sport national. « Je vais m'essayer une fois encore, même si j'entends déjà les formules qu'on va me servir : "Oui, t'es bonne ; on aimerait bien utiliser tes services, mais t'es une fille". » Justine Blainey continuait sa lettre : « J'ai beaucoup de bonnes raisons de vouloir jouer dans une ligue de garçons. Chez les filles, il y a seulement deux niveaux de hockey ; chez les gars, il

---

3. *Don Cherry's Rock'em Sock'em Hockey.*

y en a cinq. Je veux jouer plus de rencontres au plus haut niveau des compétitions. Y a-t-il quelqu'un ou un groupe, quelque part, qui pourrait m'aider ? Y a-t-il un avocat ou une avocate qui serait prêt(e) à donner de son temps pour combattre cette injustice ? Je veux être jugée seulement sur mes talents. »

Comme l'avaient souhaité des générations de jeunes filles avant elle, Justine Blainey voulait simplement pratiquer le hockey qu'elle se sentait la capacité de jouer, et cela voulait dire jouer avec des hommes. Elle avait utilisé un truc alors répandu : se déguiser en garçon, et oublier le "e" à la fin de son nom. Mais le trucage n'était pas sans risque, à l'âge de la puberté.

La mère de Justine croyait que des équipes recevant des fonds publics ne devraient pas empêcher les jeunes filles de jouer si elles étaient aussi bonnes que les garçons, et elle était convaincue que la nouvelle Charte des droits et libertés canadienne irait dans le même sens. La section 15 de la Charte se lit comme suit : « Chaque individu est égal en droit et en vertu du droit. Il a droit à une protection égale et jouit des mêmes avantages sans distinction, en particulier sans distinction de race, d'origine nationale ou ethnique, de couleur, de religion, de sexe, d'âge ou de handicap physique ou mental. »

La ville de Toronto a donné son accord et, en avril 1985, elle a menacé d'abroger le permis d'aréna aux ligues de hockey qui refusaient de laisser les femmes jouer dans des équipes masculines. Ce printemps-là, avec son mètre 30 et ses 45 kilos, et après quelques tests d'aptitude auxquels s'étaient soumises une soixantaine de joueuses, Justine Blainey s'est classée sur l'équipe olympique de Toronto. Son pilote, Dan Damario, la considérait comme la sixième ou septième meilleure athlète de sa formation. « Elle a un sens élevé de la compétition, jugeait-il ; elle veut apprendre, elle a un bon coup de patin et un bon lancer. Elle patine de reculons aussi bien ou même mieux que n'importe qui d'autre de son âge de niveau A. On la garde avec nous, très probablement comme défenseur droit. »

En dépit de l'enthousiasme de son pilote, Blainey ne pouvait toujours pas jouer dans une ligue, car la Fédération de Hockey de l'Ontario avait répliqué avec un règlement interdisant aux joueurs de 12 ans et plus de s'aligner dans une formation mixte, règlement entériné par la Commission ontarienne des droits de la personne, qui autorisait, elle, une ségrégation sexuelle dans le domaine du sport. La famille de Blainey et leur avocat sont alors allés jusqu'à ce qu'on appelait à l'époque la Cour suprême de l'Ontario, s'appuyant, pour défendre sa cause, sur la Charte canadienne des droits. Mais la Cour a rendu un jugement négatif, et en un temps record. Blainey confie : « J'étais bouleversée, mais pas seulement pour moi-même, aussi pour mon instructeur, qui doit maintenant se trouver une autre joueuse, et aussi pour toutes les petites filles qui n'auront pas accès à des niveaux de hockey supérieurs. Ce n'est pas juste moi qui suis en cause, c'est chaque petite fille. » Les Blainey et leur avocat ont décidé d'aller jusqu'à la Cour suprême du Canada.

Ironiquement, ce sont les femmes qui ont été les plus farouches opposantes à la demande des Blainey. La présidente de la Fédération féminine de Hockey de l'Ontario, Fran Rider, a dit son inquiétude que les amendements que l'on souhaitait apporter à la Commission ontarienne des droits de la personne, appuyés par le gouvernement provincial, ouvriraient la porte à une invasion du hockey féminin par les hommes. Les responsables du hockey féminin, les joueuses et les parents ont alors lancé contre Blainey une pétition qui avait de forts relents de chasse aux sorcières. Blainey raconte : « Il arrivait qu'une jeune de 10, 12 ou 13 ans avait 4 ou 5 adultes à ses trousses, qui menaçaient "tu ferais mieux de signer, autrement la Blainey va faire disparaître le hockey féminin". Aux mères, on disait "si vous ne signez pas, ni vous ni votre fille ne pourra plus jouer au hockey". Des joueuses sont venues me voir un peu plus tard pour s'excuser d'avoir signé – elles se sentaient forcées de le faire. »

Quand Blainey pénétrait dans le vestiaire de l'équipe féminine de Scarborough pour changer de vêtements, l'équipe au complet se levait et partait. Personne ne voulait plus s'asseoir à côté d'elle. Sur la patinoire, c'était encore pire. « Mes coéquipières ne me parlaient plus. J'étais sur le banc, et les entraîneuses parlaient de moi entre elles, et comment j'allais détruire le hockey féminin – comme si je n'étais pas assise là, juste en dessous. Même les autres joueuses ne voulaient pas s'asseoir à côté de moi. On participait à des tournois – elles allaient toutes jouer aux quilles, mais sans moi. Ça a été l'enfer. J'étais tellement découragée. » Même situation à l'école : ses notes ont vite pâti de ses nombreuses apparitions en cour, ses professeurs menaçant de la suspendre. Puis, de drôles d'accusations ont commencé à circuler, vu sa grande notoriété publique. « Toutes mes amies me voyaient régulièrement à la télé, et tout d'un coup, elles se sont mises à dire "mais pour qui tu te prends ? t'es quelqu'un de très important, peut-être ?" Et puis là ils ont fait courir le bruit que j'étais lesbienne, que je couchais à droite et à gauche pour me faire une carrière, que je ne me marierais jamais, que je n'aurais pas d'enfants... »

Les coéquipiers masculins des Olympiques de Toronto ont appuyé une bataille juridique qui devait s'inscrire dans les annales du hockey, celle de Justine Blainey, qui demandait la permission de jouer dans une équipe masculine. Ils ont voulu manifester publiquement leur appui dans une lettre ouverte adressée au *Toronto Star*, en janvier 1986 : « Nous sommes l'équipe de hockey mineur pee wee des Olympiques de Toronto, disait la lettre. Nous désirons faire savoir à tout le monde que nous considérons Justine comme membre à part entière de l'équipe, et nous espérons que cette fois on lui donnera raison, et qu'elle pourra jouer lors des éliminatoires. » Ont signé : David Gill et 13 autres membres de l'équipe des Olympiques de Toronto. *(Justine Blainey)*

Le 26 juin 1986, un an après le début des affrontements juridiques, la Cour suprême du Canada a renversé la décision ontarienne, décrétant qu'elle jugeait inconstitutionnelle la décision de la Fédération de Hockey de l'Ontario d'empêcher Justine Blainey de s'aligner sur une équipe masculine ; quant à la clause de la Commission ontarienne des droits de la personne autorisant la ségrégation sexuelle dans le domaine du sport, elle s'est vue, elle aussi, condamnée comme anticonstitutionnelle.

Il faudra attendre une autre année et demie avant que la Fédération de Hockey de l'Ontario reconnaisse sa défaite. En janvier 1988, à l'âge de 15 ans, Blainey s'est lancée sur la patinoire avec un grand sourire de fierté : elle jouait dans une équipe masculine, et, clamait-elle, « j'ai réalisé mon rêve ! J'ai hâte que la partie commence ! » Malheureusement, il y a des victoires douloureuses. Blainey n'a jamais vraiment réussi à s'intégrer à sa nouvelle équipe, et moins d'un an après sa victoire historique en cour, elle a abandonné le hockey masculin. Sa performance nationale a tout de même redonné aux jeunes filles l'espoir de pouvoir jouer, elles aussi, le niveau de hockey qu'elles souhaitaient. À l'instar de son héros, Wayne Gretzky, Justine Blainey avait changé la donne de notre sport national.

Le 26 mai 1988, Gretzky avait atteint son sommet, mais il disait viser encore plus haut. Les Oilers étaient dans le vestiaire en train de siffler le champagne de la Coupe Stanley pour une quatrième fois en 10 ans, mais Gretzky a promis à la bande d'amis, de parents et de journalistes sur place : « L'année prochaine, on va faire mieux ! » L'optimisme de Gretzky semblait aussi inspiré par tout ce qui se passait de fabuleux dans sa vie privée. En janvier, il annonça que lui et sa copine, Janet Jones, allaient se marier cet été-là à Edmonton. Il l'avait rencontrée en 1981, où il agissait comme juge d'une compétition de danse. La petite Jones, âgée de 16 ans, était l'une des danseuses. Six ans plus tard, les deux se rencontraient par hasard à l'occasion d'une partie de baseball mettant aux prises les Lakers de Los Angeles et les Celtics de Boston. Ce fut un coup de foudre à retardement.

Le 16 juillet 1988, près de 10 000 personnes ont envahi l'avenue Jasper, à Edmonton, pour voir défiler jusqu'à la basilique Saint-Joseph ce que certains ont appelé « le Mariage Royal du Canada », certainement l'événement mondain le plus couru dans toute l'histoire d'Edmonton. L'orchestre symphonique d'Edmonton a joué « Food of Love » dans une basilique bondée où, parmi les 700 invités figuraient l'idole de Wayne, Gordie Howe, le gardien étoile soviétique, Vladislav Tretiak, le comédien canadien, Alan Thicke, installé à Los Angeles, et le premier ministre albertain, Don Getty, ainsi que plusieurs joueurs des Oilers. Ils avaient tous tenu à assister à l'échange des alliances entre le Roi du Hockey et son épouse enceinte de quelques mois (dont la robe de satin avait coûté, paraît-il, 40 000 dollars).

À l'époque, Gretzky avait le sentiment que sa carrière à Edmonton pourrait bientôt prendre fin. Au lendemain de la quatrième coupe des Oilers, Peter

Pocklington avait confié à Gretzky que les Canucks de Vancouver s'intéressaient à lui. Voyant son poulain assommé par la nouvelle, Pocklington a retraité, mais dans les semaines précédant son mariage, Gretzky avait eu vent qu'on voulait l'envoyer à Vancouver, puis à Détroit ou à Los Angeles. À cause des sommes investies au cours des deux années précédentes, l'attitude de Pocklington avait changé : sa situation financière précaire avait assoupli sa position en ce qui concerne un éventuel échange de sa super-vedette. L'impensable était maintenant bien réfléchi.

En juin 1986, les travailleurs de l'usine Gainers, propriété de Pocklington, s'étaient mis en grève, et le conflit avait duré six mois. C'était le coup de mort donné à un empire déjà fragilisé. Fidelity Trust, aussi propriété de Pocklington, s'était effondrée en 1984 ; Pocklington lui-même avait des arriérés de 50 millions de dollars avec l'Office du Trésor albertain, ses investissements pétroliers étaient dans le rouge, vu la chute brutale des cours du pétrole, et le débrayage de ses employés de la Gainers a pris une pénible tournure, le jour où il a utilisé un renflouement de 229 millions de dollars de sa compagnie pour engager des briseurs de grève. « On m'a arrêté quatre fois », raconte Jay Peacock, le même qui avait un jour patiné sur la glace de Pocklington et bu sa bière avec les Oilers lors du party de Noël. « Deux fois le même jour, une fois le lendemain, puis une autre fois. On m'a mis en tôle pour une heure ou deux et on m'a laissé repartir. Une fois, c'était parce j'avais fait du piquetage : la police a traversé la ligne et a commencé à prendre des gars au hasard. Une autre fois, j'avais lancé un panier à roulettes sur l'autobus des briseurs de grève. Il a rebondi sur le bus et s'est presque retrouvé au-delà des barricades de l'usine. »

Avec pareille accumulation de dettes, Pocklington a passé en revue l'ensemble de ses actifs. Wayne Gretzky était sa propriété, mais les années passant, sa valeur était forcément en baisse. L'idée que Gretzky était une marchandise comme une autre était venue à Pocklington un certain jour de 1986, quand Jerry Buss, propriétaire des Kings de Los Angeles et des Lakers de la NBA, lui avait glissé à l'oreille qu'il avait besoin d'un Gretzky pour vendre le hockey à Los Angeles. Sachant bien que sur une base purement émotionnelle, Pocklington répugnerait à se séparer de Gretzky, Buss a insisté pour dire qu'un échange, c'était juste faire des affaires. Il a précisé : « Gretzky, c'est un actif en baisse. » Les pourparlers ont duré un moment, mais Pocklington a finalement reculé, répétant qu'il se ferait fusiller s'il échangeait un jour son grand joueur.

À l'été de 1988, les Kings avaient été vendus à l'entrepreneur Bruce McNall, qui voyait en Gretzky ce que Buss avait senti : le plus grand nom du hockey déversant des dollars dans son compte en banque. Même chose pour Pocklington, qui a mis dans la balance son besoin urgent de liquidités et sa peur d'être lynché par la foule. Toujours en lune de miel, Gretzky a fini par consentir à l'inévitable. Le 9 août, la rumeur que tout le monde redoutait s'est confirmée, et Gretzky a été échangé aux Kings de Los Angeles, en compagnie de Mike Krushelnyski et Marty McSorley, en échange de Jimmy Carson, Martin Gélinas, et un choix de première ronde aux repêchages des années 1989, 1991, et 1993 – plus 20 millions comptant.

Quand la nouvelle de l'échange de Wayne Gretzky aux Kings est tombée, en août 1988, les amateurs canadiens ont été secoués. On imagine le deuxième choc, quand les amateurs l'ont vu jouer contre l'équipe même qu'il avait portée au pinacle. En dépit des prédictions selon lesquelles sans Gretzky, les Oilers étaient finis, ces derniers ont remporté la Coupe Stanley de 1990. Une fois seulement sous le chandail des Kings, Gretzky est venu près de remporter la Coupe, conduisant les siens en finale, en 1993. Mais les Kings ont été battus par les Canadiens.

(David Klutho/Temple de la Renommée)

Lors d'une conférence de presse, c'est un Gretzky en larmes qui a annoncé que son départ était sa décision à lui. Dans les jours qui ont suivi, quand le choc est devenu colère, les gens ont montré du doigt Pocklington, mais aussi l'épouse américaine de Gretzky, Janet Jones – qui avait une résidence à Los Angeles – la décrivant comme la nouvelle Jézabel, parfois la « Yoko Ono » des Oilers. Blessée par l'accusation, Jones, en pleine lune de miel, a téléphoné à un journaliste du *Edmonton Sun* pour lui dire ce qu'il en était vraiment. Elle a expliqué à Terry Jones : « Wayne m'a assuré que toutes les rumeurs étaient fausses – je parle d'avant le mariage. Je suis venue à Edmonton avec ma voiture, et on se préparait à s'installer ici pour le reste de notre vie, et à aller bien sûr faire un tour à Los Angeles chaque fois qu'on le pourrait en dehors de la saison de hockey... Cinq jours après le mariage, Wayne a reçu un coup de fil de Bruce McNall disant qu'il avait parlé à Pocklington, et que Peter lui avait répondu : " si tu réussis à le convaincre d'aller là-bas, il est à toi ! " »

Jones a rapporté que Gretzky s'était senti blessé de ce que Pocklington, pour qui il avait tant fait, ne lui ait pas téléphoné lui-même, et soit allé se terrer au Yukon pour un voyage de pêche. Mais ce qui lui est resté sur le cœur, ce furent les remarques de Pocklington après la conférence de presse. Il avait dit à un journaliste du *Los Angeles Times* : « Je pense qu'il a donné un bon show quand il a eu l'air si bouleversé, mais en fait, ce qu'il veut, c'est réaliser son rêve de ranimer le hockey aux États-Unis, et d'en faire un sport qui aurait la faveur de millions de téléspectateurs. Wayne a un ego gros comme tout Manhattan. Je peux comprendre ça, c'est sûr. Si ça faisait 10 ans que tout le monde, jour après jour, chante mes louanges, moi aussi j'aurais un ego... disons considérable ! » Insulte plus grave encore, il a pointé du doigt la naïveté des gens d'Edmonton, disant : « S'ils imaginent que le Prince arpentait les rues de sa ville sans avoir jamais pensé aller voir ailleurs, ils sont en plein délire ! »

Mais la population d'Edmonton ne se faisait pas d'illusions sur Peter Pocklington. Jay Peacock explique : « Les gens ont commencé à le voir autrement. Il n'était plus seulement le propriétaire des Oilers, il était aussi un homme d'affaires impitoyable, obsédé par le dieu Dollar. Un traître aussi, qui avait trompé les Oilers, qui les avait détruits, point final. Les gens qui l'avaient admiré hier, maintenant le détestaient. »

Giselle Lavalley, qui avait fait la connaissance de Gretzky 10 ans auparavant, était effondrée. Pendant toutes ces années, elle avait parcouru le pays dans tous les sens en compagnie de sa mère, toujours sans le sou. À Peterborough, en Ontario, où elle avait été la seule joueuse amérindienne de son équipe, en 1984, elle s'était sentie exilée, mais en portant l'équipement signé Gretzky, elle s'était sentie communier avec le grand joueur : cette année-là, elle a été nommée la joueuse la plus utile à son équipe. À 18 ans, elle a confié à son journal intime ce que tout le monde pensait à travers le pays : « Je n'arrive pas à m'y faire. J'ai grandi avec lui, et maintenant il est parti. Quand je pense à sa décision de nous quitter, les larmes me montent aux yeux. Le hockey, c'est comme notre âme. S'il y a un seul domaine où l'on puisse prétendre à une quelconque supériorité sur les États-Unis, c'est là. Et puis tout d'un coup, je me dis : même ça, ils nous l'ont volé. Je ne m'en remets pas. Il est un de mes joueurs préférés, mais il a aussi joué pour mon équipe préférée. Maintenant, qu'est-ce qu'il va advenir des Oilers ? »

Sans les services de Gretzky, les Oilers ne s'en sont pas aussi mal tirés que plusieurs l'avaient craint. Ils ont remporté une autre Coupe Stanley. Aux États-Unis, Gretzky a contribué à faire du hockey « le sport le plus cool au monde ». Des sportifs qui plaçaient autrefois le hockey juste en dessous de la pêche hivernale portaient maintenant le chandail des Kings sur les plages de Californie, avec, dans le dos, le numéro 99 et le nom magique « Gretzky ». Tout le gratin de Los Angeles affluait au Forum de la mégalopole pour voir à l'œuvre, chez un joueur éblouissant, l'heureuse combinaison de talents puisés un peu partout sur le continent. Le hockey faisait maintenant la nouvelle aux États-Unis !

Même après son départ pour le sud, Wayne Gretzky a continué à inspirer Giselle Lavalley, dont toute la carrière est devenue un modèle pour sa famille. Première à faire des études universitaires, elle a obtenu deux maîtrises, dont une en études amérindiennes. Elle a trouvé du travail en Saskatchewan comme enquêteur pour le compte du Bureau de l'Ombudsman provincial, motivée par son engagement d'autrefois dans le monde du hockey, et assoiffée de justice. Elle a noté dans son journal : « J'adore le hockey. J'adore le jouer. J'ai juré que je patinerais jusqu'à ce que je sois grand-mère ou que mes genoux me lâchent. Le hockey, c'est la lutte de l'homme pour survivre : il y a quelqu'un, là, devant toi, et tout ce qu'il veut, c'est t'empêcher d'atteindre ton but : le gardien. C'est ça qui est devenu la mesure exacte de ma mission sur terre : la détermination nécessaire pour chasser ceux qui se mettent en travers de mon chemin. »

En février 2000, en Ontario, à l'occasion des funérailles d'une amie, Giselle a eu la prémonition qu'elle verrait Gretzky de nouveau. Quelques jours plus tard à Toronto, elle a remarqué une file d'amateurs se bousculant dans son restaurant pour obtenir un autographe : « Là, je suis devenue comme folle, c'était l'occasion ou jamais ; juste deux jours avant, j'avais senti que ça arriverait ! Son entourage a essayé deux fois de me bloquer la route, j'avais peur qu'il s'en aille, mais je n'ai pas bougé, pas plus que ceux qui me précédaient. J'ai été en pleine panique tout le temps qui a précédé notre rencontre : j'allais peut-être le rater. » Mais le destin avait frappé à la porte : vite, Gretzky lui a signé un autographe – celui-là allait remplacer l'autre, « emprunté » par une amie 20 ans auparavant. Quand elle lui a dit qu'ils avaient été voisins à Edmonton, et qu'il lui avait inoculé la passion du hockey, il lui a souri. Et il est reparti.

CHAPITRE 9

L'HIVER DE TOUS
LES DÉSENCHANTEMENTS

En janvier 1993, le capitaine des Maple Leafs de Toronto, Doug Gilmour, se trouvait sur le point de quitter la patinoire à la suite d'une pratique de son équipe. Soudain, un journaliste l'a interpellé, le visage grave : « Doug. T'as entendu la dernière ? » Dans le ton, il y avait comme une odeur de transaction… « Quoi ? », demanda Gilmour, l'œil soupçonneux. « Tu vas jouer à Anaheim… », répondit le journaliste, vérifiant l'effet des trois petits points de suspension qu'il avait laissés dans l'air, avant d'ajouter : « …en échange de Goofy et Pluto ! » Tout le monde a ri, Gilmour y compris.

Pour beaucoup de connaisseurs du monde du hockey, les Mighty Ducks d'Anaheim étaient un peu une grosse farce. Propriété de Disney, la nouvelle équipe allait jouer son premier match dans la LNH à l'automne de 1993. Les puristes du hockey ont été choqués de voir débarquer les Mighty Ducks, dont le nom venait d'un film à succès de Disney, en 1992. Pour les puristes, le nom du propriétaire, Disney, combiné à celui du nouveau commissaire de la LNH et patron d'une équipe de basketball, Gary Bettman, jetait le ridicule sur le sport national du Canada.

Une fois de plus, la LNH allait faire de la prospection dans le sud. Il y avait Anaheim, mais aussi Miami, qui voulait une franchise dans la LNH. Wayne Huizinga, propriétaire de Blockbuster Video, avait offert 50 millions de dollars à la LNH pour offrir du hockey dans une ville où la glace ne se trouve que dans un cocktail. Pour le monde de la haute finance toutefois, c'était un grand coup : Disney et Blockbuster Video, c'étaient deux grosses machines de marketing dont la LNH ne pourrait que profiter. Et pour les Canadiens, c'était précisément là le problème, peut-être le signe annonciateur que notre sport national allait se voir noyer dans une déferlante de gros dollars et de mauvais goût américains.

Dès la première conférence de presse des Ducks, les journalistes présents ont échangé des sourires gênés. Bettman et le patron de Disney, Michael Eisner, se sont mis à lancer des « Coin ! Coin ! » à la ronde, Eisner expliquant par la suite : « Voilà ! Ce sont des Coins Coins que vous allez maintenant entendre dans le monde entier ! » Et il en a lancé quelques autres. Il a alors conclu : « Vous voyez ! Ça marche ! Ça va marcher ! »

Bettman avait été engagé par les propriétaires de la LNH précisément pour donner un peu de punch publicitaire à un sport qui faisait figure de mammouth en hibernation, quand on le comparait au tape-à-l'œil des signatures prestigieuses qui s'arrachaient la commandite de la NBA, avec ses fumigènes, la musique disco martelant les abords des pistes et des joueurs pavoisés de grandes marques. Bettman a déclaré au *New York Times :* « Si l'image colle, la partie est gagnée ! » Pour lui, le hockey était « un produit, du loisir ».

La transaction qui avait emmené Gretzky à Los Angeles avait redirigé les regards vers de nouveaux horizons : on quittait le Canada et la « Rust Belt »[1] du nord-est américain pour une zone de soleil – le long ruban de palmiers, de déserts, de marais et de savanes qui court du Pacifique à l'Atlantique et qui, plus au sud, va rejoindre le golfe du Mexique. Vécu comme une tragédie nationale au Canada, le départ de Gretzky pour les Kings de Los Angeles en 1988 a fait d'Hollywood un détour obligé. Alan Thicke, un expatrié canadien, lui aussi vedette d'une série télévisée, *Growing Pains*, nous a confié : « Un frisson a parcouru la ville, tout le monde voulait voir, c'est une ville qui tire toute sa substance des célébrités, même venues du monde du sport. » Connaissant bien le

À l'automne de 1993, la Compagnie Disney a choqué les puristes du hockey en donnant à une nouvelle équipe de la LNH le nom d'un de ses films. Gros succès, en 1992, le film raconte les mésaventures d'un avocat véreux arrêté pour conduite en état d'ébriété, puis condamné à des travaux d'intérêt général en tant qu'instructeur d'une équipe de hockey essentiellement composée de délinquants. Le chandail de l'équipe arborait la tête d'un canard en colère (Mighty Ducks), et l'équipe a joué dans un aréna baptisé L'étang (The Pond). Peu importe. Il se trouve que l'arrivée d'une nouvelle équipe à Anaheim était beaucoup plus qu'un coup publicitaire amusant, c'était un signe que la LNH prenait très au sérieux son intention de développer le hockey aux États-Unis. Les Ducks n'étaient pas les seuls ; on vit de nouvelles équipes s'installer, l'une à San Jose, l'autre à Miami – et une autre à Ottawa, où le hockey avait une longue histoire. En moins de 10 ans, les arénas sont sortis de terre, et dans des endroits tantôt inimaginables, comme Nashville ou la Caroline, tantôt plus familiers de la chose, comme le Minnesota ou Columbus (en Ohio). *(Presse canadienne)*

---

1. La Rust Belt fut longtemps, et notamment de la fin du 19e siècle au début du 20e, une région dont le réseau ferroviaire, très dense, a rendu possible le transport des matières premières, en particulier du charbon. NDT

coin, Thicke avait été le guide de Gretzky le jour de son arrivée à Tinseltown. « Et c'est comme ça que les gens d'ici ont reçu Gretzky – peut-être pas comme un joueur de hockey, pas encore, mais comme une célébrité. »

Gretzky eut vite de nouveaux admirateurs de l'autre côté de la frontière : Goldie Hawn et Kurt Russell, leur petit garçon de quatre ans, Wyatt, et aussi les enfants de Hawn, Kate et Oliver Hudson. Toute la famille est débarquée à *Hockey Night in Canada*, pour venir dire aux Canadiens à quel point le départ de Gretzky avait été pour eux un cadeau du ciel. Hawn : « On s'amuse tellement ! On s'éclate comme c'est pas possible ! C'est vraiment le sport le plus génial au monde ! » Le jeune Russell avait les yeux rivés sur le gardien des Kings, disant à l'animateur, Ron MacLean, que son joueur préféré était Kelly Hrudey. Le gamin voulait être gardien de but, un jour, et pour mieux développer ses talents, ses parents l'amenaient régulièrement passer une partie de l'année à Vancouver, où il pouvait jouer du hockey junior.

Le fils de Michael Eisner aimait beaucoup le hockey, lui aussi. C'est en le ramenant à la maison après une pratique à Anaheim, qu'Eisner avait réalisé que la nouvelle construction au bout de la rue n'était pas un édifice à bureaux, mais un aréna. Eisner s'est informé. Il devait bien y avoir une patinoire dans l'aréna, mais pour l'instant, toujours pas d'occupant de la LNH. Eisner a alors pris contact avec Bruce McNall, qui cumulait les fonctions de propriétaire des Kings et de membre du Bureau des gouverneurs de la LNH. Ce dernier a confié à Eisner que la LNH voyait d'un bon œil l'idée d'une nouvelle franchise dans le sud californien. McNall aussi en profiterait : pour compenser sa perte de droits territoriaux, il empocherait 25 des 50 millions de dollars des frais d'entrée d'Anaheim dans la Ligue.

Pour certains puristes canadiens, il était impossible que des gens vivant dans le sud des États-Unis comprennent quoi que ce soit au hockey – ils ignoraient sans doute que pendant des décennies, on avait joué au hockey en Californie. La ligue mineure professionnelle de la Ligue de Hockey Western avait évolué à San Francisco et à Los Angeles pendant de longues années, et ce, bien avant l'arrivée de la LNH. Pendant la saison 1938-1939, en Floride, cinq équipes constituaient la drolatique Ligue de Hockey tropicale (!), dont faisait partie l'équipe de la Havane, à Cuba, même si cette dernière avait son quartier général à Miami. Et en 1992, la LNH avait accordé deux franchises, l'une aux Sénateurs d'Ottawa, l'autre à Tampa Bay, en Floride. Les Canadiens redoutaient que le fait d'ajouter trois nouvelles équipes du sud des États-Unis en moins de deux ans ne révèle une fâcheuse tendance – prédiction réalisée en 1993, quand ils ont vu déménager à Dallas les North Stars du Minnesota – et le Minnesota, pour les Canadiens, c'était le nord – et la porte d'à côté.

Gary Bettman était payé pour donner du « poids » au hockey, suivant le jargon corporatif de l'époque, qui voyait les affaires en termes de croissance illimitée. Il savait aussi qu'accorder des franchises à des villes américaines populeuses et situées dans différents fuseaux horaires était de nature à allécher la plus grosse entreprise de commandite qui soit : la télévision. Avant la fin de 1993, la LNH signait avec l'insolente chaîne Fox Sports, pour une durée de cinq ans, et la coquette somme de 31 000 000 de dollars, son premier contrat américain de télédiffusion du hockey à l'échelle nationale.

À l'époque, Fox avait la réputation d'un diffuseur hors norme, et sans complexe. Pour ses animateurs – et ça urgeait ! – le hockey avait besoin d'un bon maquillage télé. Ils se sont mis au travail. Dans un premier temps, s'inspirant d'années d'expérimentation menée par *Hockey Night in Canada*, ils ont mis au point de nouvelles caméras pour varier l'angle de vision. Du coup, les amateurs ont vu apparaître sur leur petit écran un jeu de puissance non plus en hauteur, mais depuis une caméra placée derrière le gardien ou dans un des coins de la patinoire. Les angles en question faisaient rater le déploiement architectural qu'est un jeu de puissance, et ils mettaient les téléspectateurs dans la position de l'attaqué. Puis sont venues les plaintes des téléspectateurs américains : il leur était difficile de suivre une rondelle noire glisser sur la glace blanche (comme si une balle de baseball blanche filant à plus de 140 kilomètres à l'heure ne posait aucun problème...). Fox a imaginé une solution, expérimentée lors du Match des Étoiles de 1996, à Boston.

Pour beaucoup de Canadiens, la « rondelle de Fox » constituait une véritable profanation du hockey. On a implanté dans la rondelle de caoutchouc des senseurs à infrarouge permettant à des ordinateurs programmés en conséquence de suivre tous ses déplacements et de faire voir à l'écran un point bleu ou une étoile filante rouge, suivant la vitesse imprimée au bolide. Les amateurs ont détesté. « Au secours ! hurlait Michelle Knight, d'Ottawa, lors d'un sondage télé-

Quand il a joué avec les Voisins de Laval, Lemieux s'est donné une mission quasi impossible : briser le record de 130 buts en une saison, établi par son idole quand il était tout jeune encore, Guy Lafleur, lui aussi de la Ligue Junior majeure du Québec. En 1984, à l'occasion de la dernière rencontre de la saison junior, Lemieux a égalisé l'extraordinaire record de Lafleur avec son deuxième but de la soirée – et en a ajouté trois autres, totalisant 11 points pour cette seule soirée, et un total insurpassé de 282 points en une seule saison. *(Ligue Junior majeure du Québec)*

phonique organisé par *The Ottawa Citizen*. Ma télé est brisée ! » Les joueurs détestaient encore plus le truc en question. « Ce n'est pas une bonne rondelle », jugea Igor Larionov, des Red Wings de Détroit (on le surnommait le « Professeur », en partie pour son approche intellectuelle du hockey, en partie pour sa tête). « C'est incroyable. À la limite, vous pouvez vous arranger d'une mauvaise glace, mais pas d'une mauvaise rondelle ! C'est elle, l'essentiel ! La rondelle de Fox n'est pas gelée. On n'a aucun feeling. On ne peut pas faire de passes. Vous ne pouvez pas vous amuser avec. Je parierais ma chemise qu'elle est plus lourde. C'est pour tout ça, que je n'aime pas les parties télédiffusées par Fox. La rondelle est minable. »

La rondelle de Fox n'était utilisée que pendant la télédiffusion des parties jouées en sol américain, et devait disparaître aussi vite qu'elle était apparue après la première joute éliminatoire pour la Coupe Stanley de 1998. Mais les tentatives enthousiastes de Fox pour faire du hockey un passe-temps agréable pour les télévores ont laissé aux Canadiens l'impression d'un brutal détournement manigancé par le Docteur Faust en personne. Le chroniqueur sportif du *Toronto Sun*, Al Strachan, écrivait à l'époque : « La LNH serait prête à vendre son âme pour décrocher une part supplémentaire d'audience aux États-Unis. » L'âme du hockey canadien était en effet menacée, et il ne se profilait aucun sauveur à l'horizon. Le joueur le plus adulé au Canada depuis le départ de Gretzky s'appelait Mario Lemieux, et il jouait dans une équipe aussi peu inspirante que son appellation : les Pingouins. Il n'en avait pas été de même à ses débuts.

Mario Lemieux fut le premier choix des Pingouins de Pittsburgh lors de l'encan amateur de 1984. Au sein de son équipe junior des Voisins de Laval, il avait atteint l'incroyable total de 133 buts et 282 mentions d'aide. Il s'attendait à être le premier choix des Pingouins. Le numéro de son chandail était une modeste inversion des deux chiffres de son ami et mentor, le célèbre 99. Lemieux avait songé un moment à prendre le 99, mais son agent lui avait laissé entendre que c'était un tantinet présomptueux.

Lemieux avait déjà déclaré qu'il aimerait jouer pour une équipe en difficulté, et il allait à la pêche de ce côté-là. Et Pittsburgh touchait vraiment le fond du baril. Pendant la saison 1983-1984, à peine un tiers des 16 000 sièges du Civic Arena, surnommé l'Igloo, avait trouvé preneurs. Et leur saison avait été terrifiante, s'enfonçant eux-mêmes un peu plus dans la misère en échangeant leur meilleur défenseur, Randy Carlyle, contre un gardien qui laissait passer en moyenne six buts par match. Ils avaient perdu 15 de leurs 18 dernières rencontres – et ils se sont retrouvés avec un premier choix. Mais quand ils ont sélectionné Lemieux, s'attendant sans doute à le voir se diriger fièrement vers le podium et endosser son premier chandail dans une équipe professionnelle, Mario a refusé. Le problème, c'était l'argent.

Lemieux avait une bonne idée de sa juste valeur depuis le jour où son agent, Bob Perno, avait déclaré à la ronde que son poulain valait un million de dollars. Le poulain avait 15 ans... De leur côté, les Pengouins tenaient tellement à Lemieux, qu'ils avaient repoussé l'offre alléchante, faite par Québec, d'une transaction impliquant les trois frères Stastny en échange du jeune joueur de Montréal ; refusé aussi les 12 choix offerts par les North Stars, dont le directeur-gérant avait déclaré : « Lemieux, c'est le genre de gars qui va chercher une franchise à lui tout seul ! » Les Pingouins n'étaient cependant pas capables d'offrir un million à un jeune espoir de 18 ans, quel qu'ait été son dossier dans les ligues mineures. Ils ne pouvaient pas offrir plus de 700 000 dollars.

C'était un signe des temps que dans la LNH, 300 000 dollars fassent la différence dans une dispute salariale, et non pas le salaire lui-même ; également, que l'enjeu soit un joueur de hockey de 18 ans. Quant à Lemieux, il était un habitué des disputes qui faisaient la manchette, comme lorsqu'il avait refusé, plus tôt cette année-là, de s'aligner avec Équipe Canada pour le Championnat du monde du hockey junior.

Il avait déjà joué pour son pays, lors du championnat junior de 1982, mais son talent d'attaquant s'était heurté aux exigences plus traditionnelles de l'instructeur Dave King, qui lui avait fait réchauffer le banc pendant trois matchs. Humilié et en colère, Lemieux avait juré de ne plus jamais se présenter au championnat du hockey junior. Quand il a refusé d'endosser le chandail d'Équipe Canada lors du tournoi de 1984, il a prétexté ne pas vouloir rater quatre rencontres de la Ligue Junior Majeure du Québec, et ainsi voir s'envoler l'occasion pour lui de remporter le championnat de la LJMQ, et de battre le record de Guy Lafleur. Les dirigeants virent dans son refus un manque de respect flagrant, et ils l'ont suspendu pour quatre matchs. Lemieux est allé jusqu'en Cour suprême, qui endossa sa vision des choses : il était sous contrat avec les Voisins de Laval, et pas avec Équipe Canada. Le juge a toutefois assorti son jugement d'une remarque sur laquelle les Canadiens seraient sans doute tombés d'accord, à savoir qu'en tant que joueur junior professionnel, Lemieux devrait également pouvoir faire quelques sacrifices. Lemieux avait donc gagné, et il a battu le record de Lafleur, mais son refus de jouer pour son pays pour des raisons que plusieurs trouvaient égoïstes a aussi terni sa réputation.

Lemieux avait été très clair : c'est de sa carrière qu'il s'agissait, et il allait s'en occuper. Et c'est ainsi qu'en juin 1984, devant 8000 spectateurs enthousiastes venus au Forum de Montréal, filmé en direct par les caméras de la CBC, Lemieux est resté cloué à son banc. Des émissaires des Pingouins envoyés pour l'occasion vinrent lui parler, mais Mario les a repoussés. À la fin, son agent et les Pingouins sont tombés d'accord sur un ensemble bien ficelé de bonus divers qui lui faisait finalement toucher son million de dollars. Ce jour-là, tous les regards se sont braqués sur lui : il lui fallait maintenant prouver au monde qu'il méritait bien son surnom de « Mario le Magnifique ».

Il était habitué aux feux de la rampe, et il avait un sens aigu de la mission qui lui revenait. Il avait été élevé à Ville Émard, une banlieue ouvrière de Montréal. Quand il faisait trop froid l'hiver, et en dépit des regards étonnés des voisins, sa mère, Pierrette, apportait de la neige dans le hall d'entrée de leur résidence familiale ; elle tapait bien le tout, et ainsi, Mario et ses deux frères aînés pouvaient patiner à l'intérieur. Ron Stephenson a été l'instructeur du jeune

Lemieux. Quand il l'a vu jouer pour la première fois – il avait à peu près six ans –, il a été renversé. Il raconte : « Mario était un cran au-dessus des jeunes joueurs de son âge. Chaque année, il s'améliorait, il progressait. Quand ça a été mon tour de le piloter, il avait 10 ans, il jouait pee wee, et déjà, il se faisait remarquer. » Quand le génial instructeur des Canadiens de Montréal, Scotty Bowman, a vu Mario Lemieux évoluer sur la patinoire – il avait à peine 12 ans – il a prophétisé : « Ce gars-là va être un joueur étoile de la LNH, un jour. »

Même tout jeune garçon, sa réputation avait commencé à attirer des foules. Stephenson se rappelle : « À l'époque, on jouait ce qu'on appelait « les trois niveaux » : pee wee, bantam et midget le même soir. Il y avait un prix d'entrée, un dollar, je pense. Et c'était rempli à craquer chaque soir, juste pour voir jouer Mario. Les gens restaient pour les trois matchs, mais celui qu'ils voulaient voir, c'était Mario. Cette popularité précoce du phénomène de Ville Émard a fait des envieux, autant sur la glace qu'en dehors de la patinoire. Stephenson explique : « Le problème du niveau pee wee, ce sont les parents, les adultes qui sont dans les gradins. Mario se présentait sur la patinoire et des femmes crachaient sur lui. Il débarquait dans un aréna et les adultes le bousculaient. Et c'est comme ça qu'on a décidé un jour, quand on allait jouer dans d'autres villes que Ville Émard, de l'accompagner à plusieurs quand il voulait aller se chercher une boisson gazeuse. »

La situation devait durer – puis changer, quand il a atteint son mètre 90, puis 2 mètres, et ses 110 kilos. À partir de ce moment-là, les adultes sont devenus, disons, plus hésitants. Au sein de son équipe, toutefois, Mario était très populaire et, alors que vu de l'extérieur, il avait l'air égoïste et hautain, c'était, sur la patinoire, un vrai joueur d'équipe. « Mario jouait pour gagner, enchaîne Stephenson. Pas pour voir combien de buts et de mentions d'aide il pouvait récolter. Lorsque l'adversaire se lançait à deux ou à trois sur lui, il a vite compris qu'il y avait automatiquement un ou deux de ses hommes qui avaient le champ libre. Il n'était pas égoïste, pas du tout. Quand il sentait qu'il pouvait faire une passe, il la faisait, il voulait juste être en meilleure position pour gagner. Il trouvait aussi du plaisir à voir compter les autres – enfin je crois. »

Lemieux a fait son premier but dans la LNH en mettant les pieds sur la patinoire. C'était en 1985 – l'année qui le vit remporter le Trophée Calder de la recrue de l'année. Il était tellement bon, que même les mauvaises langues qui lui avaient reproché de bouder son pays, en refusant de jouer pour Équipe Canada lors du Championnat mondial du Hockey Junior, ont fini par oublier l'incident.

Après la terrible humiliation de Coupe Canada, en 1981, le pays avait rebondi et remporté la médaille d'or en 1984 et 1987. Lemieux a joué aux côtés de Wayne Gretzky, portant les couleurs des Maple Leafs – et l'espoir de la nation. Après avoir perdu le premier match d'une série de trois contre les Soviétiques, Lemieux fut l'homme de la situation lors du deuxième match, en comptant trois buts, sur trois passes de Gretzky, dont le but gagnant à la dixième minute de la deuxième prolongation. Lors du match pour le Championnat tenu au Copps Coliseum d'Hamilton, le score était 5 à 5, avec moins de deux minutes à jouer en temps régulier ; Lemieux attendait toujours de pouvoir aller se placer derrière le filet

Ayant refusé de figurer sur l'alignement du Canada lors du championnat junior mondial, en 1984, Mario s'est vu partout traiter d'égoïste. Il a rétabli sa réputation lors du Tournoi Coupe Canada de 1987, enfilant le but égalisateur qui mettait les équipes russe et canadienne à égalité, et aussi le but vainqueur. *(Doug MacLellan/Temple de la Renommée)*

adverse. La tension était de plus en plus vive, à mesure qu'approchait la période de prolongation : l'honneur du pays était une nouvelle fois en jeu. Les Soviétiques ont remporté la mise en jeu ; passe arrière au défenseur Igor Kravchuk ; Lemieux s'élance dans sa direction et réussit, avec ses longs bras, à lui faire échapper ; champ libre pour Gretzky ! En compagnie du défenseur Larry Murphy, les deux joueurs étoiles s'élancent : c'est un trois contre deux.

Debout, les amateurs se sont mis à crier : Gretzky venait de franchir la ligne bleue adverse avec la rondelle, frôlant la bande et emmenant un joueur soviétique à ses trousses. Murphy s'est élancé vers le filet, entraînant un autre joueur soviétique. Autrement dit, Lemieux se retrouvait seul ; l'œil de lynx de Gretzky avait tout vu ; il a alors décoché une passe découpée au laser, lame sur lame, que Lemieux a enfilée dans le coin supérieur gauche du filet soviétique. Une fois de plus, le Canada avait gagné dans les dernières et décisives secondes d'un match. Au cas où tout le monde n'aurait pas compris, Lemieux a tenu à dire qu'il avait accompli son exploit, bien sûr pour lui-même, mais aussi pour son pays, rappelant peu après le match : « Quoi de plus passionnant que de compter deux buts gagnants face aux Russes ? Je crois bien avoir ainsi répondu à certaines questions qui ont pu se poser à mon sujet pendant le tournoi... »

Les questions portaient aussi sur la comparaison souvent faite entre ses talents et ceux de Gretzky. Il a répondu à sa façon. La saison suivante, en 1987-1988, il a battu Gretzky au nombre de buts comptés, remportant du même coup le premier de ses cinq Trophées Art Ross, comme meilleur compteur, et le premier de ses trois Trophées Hart, en tant que joueur le plus utile à son équipe. La saison suivante encore, après avoir été exclus des éliminatoires de la Coupe Stanley pendant cinq

années consécutives, les Pingouins, grâce à Lemieux, ont accédé au deuxième rang de la ligue et à une place en finale. En 1991, en dépit d'une hernie discale qui l'a obligé à jouer avec un corset, Lemieux a conduit son équipe à la première de ses deux Coupes Stanley.

L'année de la première Coupe des Pingouins, Ryan Malone avait 13 ans, et le jeune amateur de Pittsburgh vit dans ce triomphe un appel du destin. Il nous a confié : « Quand j'étais petit, il y avait une seule patinoire. Elle était divisée en deux : une moitié pour nous, une moitié pour les joueurs seniors. C'est comme ça qu'on pratiquait. Et c'est la Coupe de 1991-1992 qui a réveillé tout le monde. Les gens ont commencé à dire : « Aïe ! y'a quelque chose à faire avec ça ! » Greg, le père de

Les talents de Mario Lemieux sur la patinoire ont sans cesse été comparés à ceux de Wayne Gretzky. Mais Lemieux n'a pas attendu pour faire la démonstration de sa différence : en 1988, il remportait le premier de ses cinq Trophées Art Ross en tant que meilleur compteur de la Ligue, et le premier de ses trois Trophées Hart, récompensant le joueur le plus utile de la Ligue. En 1991, en dépit d'une hernie discale qui l'a forcé à jouer avec un corset, il a mené les Pingouins à la première de leurs deux Coupes Stanley consécutives, redonnant vie au hockey professionnel à Pittsburgh. *(Paul Bereswill/Temple de la Renommée)*

Malone, avait joué pour les Pingouins dans leurs années de grande noirceur, et bien avant l'arrivée de Mario le Magnifique. En tant que dépisteur pour l'organisation des Pingouins, Malone mérite de figurer dans les annales des Pingouins aux côtés de Lemieux et de la Coupe Stanley. Quant au fils Malone, s'il voulait prouver ses talents de hockeyeur, il lui fallait, lui et ses coéquipiers, faire le voyage au Canada, où, raconte-t-il, « on savait qu'on aurait la vie dure, mais ça faisait partie d'un bon entraînement de base. Juste pour aller jouer une partie, il fallait se taper une bonne heure de déplacement. »

Les gamins comme Malone, fervents admirateurs de Lemieux, allaient plus tard être appelés la Génération Mario. À cause de Lemieux, on construisait partout des patinoires à Pittsburgh, et les joueurs locaux recevaient un entraînement rigoureux. En 2003, Malone a vu ses efforts récompensés en devenant le premier joueur de Pittsburgh à intégrer les rangs de la LNH. « Je jouais à l'aile gauche, explique-t-il. D'une certaine façon, c'est Lemieux qui a fait tout ça, y compris ma carrière dans la LNH, puisque tout le monde autour s'est converti au hockey. »

Les succès de Lemieux aux États-Unis restaient sur l'estomac de beaucoup d'amateurs canadiens, qui voyaient là une autre évidente menace au statut même du hockey canadien, ses meilleurs athlètes prenant la route du sud vers un pays où l'argent avait l'air de pousser dans les arbres. Au milieu des années 1990, la fuite est devenue hémorragie : deux équipes de la LNH installées au cœur du Canada ont été mises en vente, et les acheteurs potentiels étaient tous américains. C'est alors que la ville de Winnipeg, fière de son passé, se rappelant qu'un siècle plus tôt, elle avait porté le hockey de l'ouest canadien sur les fonts bap-

Eric Lindros
Les experts avaient prophétisé que la prochaine super-vedette du hockey qui succéderait au « Grand » Wayne Gretzky s'appellerait Eric Lindros, un grand gaillard faisant 2 mètres et pesant 115 kilos. Il fut accueilli par un concert de protestation, de dénigrement, mais quand même, dans certains milieux, d'encouragements. Premier choix des Nordiques de Québec, en 1991, Lindros a fait savoir par ses parents et porte-parole, Carl et Bonnie, qu'il n'avait aucun intérêt à jouer dans une ville francophone comme Québec, faisant valoir qu'il aurait de plus lucratifs contrats à Toronto ou dans une ville américaine. Lindros se fit bientôt une réputation d'enfant gâté. Une annonce commerciale télévisée de la ville de Québec l'a baptisé « Bébé Lindros ». D'autres toutefois ont salué son refus, affirmant que le système de sélection en cours privait les joueurs de choisir librement leur équipe. Lindros fut échangé à Philadelphie, mais il fit sa première apparition au Colisée de Québec à l'automne de 1991, avec Équipe Canada. Les amateurs se sont rappelé la pub, lançant des couches sur la glace du Colisée. Aux Olympiques d'Albertville, en 1992, et presque à lui seul, Lindros a donné la médaille d'argent à son équipe, remportant le titre de meilleur athlète canadien. *(Presse canadienne)*

tismaux, et que son équipe des Victorias avait remporté deux fois la Coupe Stanley au tournant du 20ᵉ siècle, a décidé de prendre les choses en main.

Le 16 mai 1995, 35 000 personnes se sont massées au centre-ville de Winnipeg, le plus grandiose rassemblement dans l'histoire de la ville, plus important encore que celui de 1914, où l'on avait voulu célébrer, dans une sorte de tragique innocence, le début de la Première Guerre mondiale, ou celui tenu lors de la grève générale de 1919, suscité cette fois-là par le sentiment d'avoir été trahi. Pour la foule rassemblée à Forks, en ce printemps de 1995, Winnipeg était menacé d'un conflit d'une autre nature. Ce n'était plus une grève qui avait rallumé les passions, mais le lock-out de la LNH, qui durait alors depuis 103 jours, c'est-à-dire presque la moitié de la saison 1994-1995. Les Jets de Winnipeg avaient été particulièrement touchés : une perte nette de revenus combinée à l'urgente nécessité d'un nouvel aréna avaient amené les propriétaires de l'équipe, en partie subventionnée par des fonds publics, à se chercher de nouvelles sources de financement, faute de quoi les Jets seraient vendus et, bien sûr, les acheteurs seraient américains.

Les années 1990 furent éprouvantes pour certaines provinces du centre du Canada : deux franchises de la LNH ont pris la route des États-Unis en quête de marchés plus lucratifs. Les protestations enflammées tout comme les rassemblements monstres de la population de Winnipeg n'y ont rien changé. Les Jets se sont retrouvés dans le désert, dont ils devinrent les Coyotes, à Phoenix, Arizona, et la saison d'après, ce sont les Nordiques qui se sont envolés vers Denver, où ils sont devenus l'Avalanche du Colorado. Les amateurs de Québec, toujours sous le choc du départ de leur équipe, ont alors encaissé une épreuve supplémentaire, les ex-Nordiques remportant la Coupe Stanley de 1996, et Joe Sakic le Trophée Conn Smythe du joueur le plus utile des séries éliminatoires. *(Ci-haut : Temple de la Renommée ; à droite : Winnipeg Free Press)*

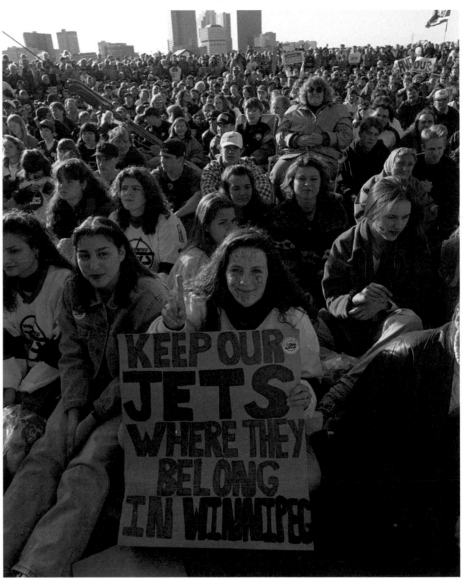

Les efforts déployés par le Complexe des loisirs du Manitoba pour bâtir un montage financier qui permettrait d'acheter l'équipe ont tous été court-circuités par les divers niveaux de gouvernement, qui avaient pourtant soutenu le principal actionnaire des Jets, Barry Shenkarow. La population de Winnipeg considérait Shenkarow comme un homme d'affaires sans cœur qui, après avoir asséché les finances publiques, s'en remettait maintenant à la ville. Les Jets ne s'étant pas classés en éliminatoires, une cérémonie s'est tenue le 6 mai à l'aréna de Winnipeg, pour retirer le numéro 26 de Tomas Steen, et le chandail de l'équipe, bientôt vendue. De véritables obsèques civiques. Jeff Shewaga a écrit dans l'opinion du lecteur du *Winnipeg Free Press* : « Ce n'est pas juste le hockey dont on parle, c'est une expérience communautaire qui nous a rassemblés dans la joie, puis dans la peine. On vit à une époque où... l'on se sent un peu gauche d'avoir à dire juste un petit bonjour à son voisin... et en même temps, ça ne nous gêne pas de signer des chèques à cinq chiffres à un joueur de hockey, ou de pleurer avec lui le jour incroyable où l'aventure prend fin. »

La population de Winnipeg n'a pas baissé les bras. Le 9 mai, l'opération « Retour à la Base » a lancé une campagne visant à garder l'équipe dans la ville. Un rassemblement a rapporté 250 000 dollars. Le lendemain soir, Mark Olson, sa femme Leslie, et un ami à eux, Michael Mackay, ont organisé pour les Jets une soirée du bon vieux temps manitobain. Olson avait participé, le 6 mai, à l'hommage rendu à l'équipe, et il était resté bouleversé. Il raconte : « J'ai trois gamins, de six, huit, et neuf ans. On a fait la vague. Un de mes petits m'a regardé et supplié "Papa, je ne peux pas m'empêcher de pleurer". Le hockey, au Canada, on a ça dans le sang, dans la tête. C'est nous ! Ce n'est pas un droit, c'est un devoir de garder notre équipe, de l'appuyer, de l'aider à se développer ! »

C'est un vendredi soir que Leslie Olson avait eu l'idée d'organiser une fête, et de demander 10 dollars par tête – Olson a plutôt pensé 100 dollars. « C'est mieux. Et puis l'équipe a besoin de millions ! » Le lendemain après-midi, la famille Olson avait mobilisé le Centre des congrès de Winnipeg, et ils ont annoncé la soirée pour le mercredi suivant. Olson explique : « D'un coup, on a vu des milliers de personnes apporter leur contribution. Air Canada a offert un vol gratuit partout au Canada, puis Northwest Airlines en a offert un autre pour n'importe quelle autre destination dans le monde ! On nous a donné un terrain dans le secteur de Clear Lake, le mieux coté dans le coin pour se bâtir un chalet. Puis sont arrivées les étoles de vison et de renard, tout ! »

Sauf que personne n'achetait de billets. Le mardi matin, les organisateurs n'avaient vendu que 40 billets. Mobilisation instantanée des gens de Winnipeg. Vingt-quatre heures plus tard, 800 billets avaient été vendus, et alors qu'il se préparait à servir 800 convives, le supermarché Safeway a reçu un coup de fil annonçant 1500 invités. Plus de 2000 sont venus. Eric Lindros des Flyers de Philadelphie a offert un de ses chandails à la tombola, qui à lui seul a propulsé la levée de fonds de 200 000 à 250 000 dollars.

Les gens de Winnipeg sont montés en vitesse supérieure. Ils ont sollicité les compagnies locales, installé des centres de dons. À la fin, la population de Winnipeg a récolté huit millions de dollars, et en août, 5000 personnes se sont rassemblées à la célèbre intersection de Main et Portage. Là, la nouvelle est tombée : ils avaient respecté la date limite de Barry Shenkarow, et les Jets restaient à Winnipeg – mais pour un an seulement, en attendant que soit finalisée l'entente pour emmener l'équipe à Phoenix, en Arizona.

Mark Olson a entendu à la radio la nouvelle de la vente de l'équipe : « C'est sûr que ça me désappointe, mais c'est bon de savoir qu'on a une année de plus pour leur dire au revoir. Un long au revoir, ça fait plaisir quand même. On les a encore avec nous, et pour une autre année. » Les Jets ont joué devant un public clairsemé, et après s'être faufilés de justesse dans les séries éliminatoires, ils ont été éliminés par Détroit en première ronde. Épilogue d'Olson : « La vie vous donne parfois de sacrés coups, et on retombe sur ses pieds, mais on ne réussit pas toujours à faire marcher les choses comme on le voudrait. »

Ce fatalisme est devenu la norme, au Canada. Avec une moyenne des salaires qui avait augmenté de 50 % après le départ de Gretzky pour Los Angeles, le hockey de la LNH est devenu trop onéreux pour certaines villes. Entendre l'expression «trop petit marché», c'était le baiser de la mort, et pas seulement pour Winnipeg, aussi pour une ville aussi fanatique de hockey que l'était Québec. Marcel Aubut avait déjà déclaré : «Aucune autre ville de la LNH n'est aussi soudée à son équipe. Les Nordiques sont à Québec pour y rester ! »

Aubut et ses associés ont rencontré les mêmes problèmes qu'à Winnipeg : un aréna trop petit et des revenus insuffisants. Ils ont demandé une pause fiscale aux gouvernements municipal, provincial et fédéral, de manière à offrir aux joueurs et aux amateurs un aréna à la hauteur de ses ambitions de Coupe Stanley. En 1994-1995, le nouvel instructeur des Nordiques les avait conduits au championnat de la Division Adams, et tout le monde s'était mis à croire aux plus hauts honneurs pour l'équipe de la Capitale ; peine perdue, les Rangers de New York éliminant les Nordiques en six rencontres. En 1995, le jour de la Fête du Canada, les dirigeants des Nordiques ont annoncé qu'ils avaient signé une entente avec le conglomérat américain COM-SAT, en vertu de laquelle « l'équipe du peuple » et sa fleur de lys déménageaient à Denver, où ils sont devenus l'Avalanche du Colorado. « Imaginez tous ces emplois qu'on va perdre ! C'est un jour très très triste, disait une femme interviewée dans la rue par un journaliste de la télévision. Marcel Aubut, va te faire voir ! On était là, derrière toi, et voilà comment tu nous remercies. Vous savez, quand les Nordiques perdaient, on était là quand même, on allait les voir jouer même s'ils ne finissaient pas champions. Aujourd'hui, l'équipe va très bien... et les Québécois sont tristes à mourir. » Et comme pour tourner le fer dans la plaie, les ex-Nordiques sont allés remporter la Coupe Stanley à Denver. Blessés au plus profond d'eux-mêmes, les amateurs de Québec clamaient à qui voulait l'entendre : « ce sont les Nordiques qui ont gagné la Coupe ! », voulant sans doute rappeler leur victoire dans la « Bataille du Québec ». Les Canadiens de Montréal, l'ennemi juré, connaissaient eux aussi des revers : l'équipe restait à Montréal, mais elle voyait fermer le temple mythique du Forum, et se préparait à emménager dans un nouvel édifice. En mars 1996, Roméo Paré a fait tout le chemin depuis sa ville d'origine, Trois-Rivières, jusqu'au Forum de Montréal, justement. C'est là que, gamin encore, il avait applaudi ses joueurs favoris. Bob Fillion, qui avait joué à l'aile gauche pour les Canadiens de 1943 à 1950, et qui avait travaillé autrefois pour le père de Paré, lui a offert des billets.

Quand Paré était étudiant à l'Université de Montréal, le mardi soir, lui et ses copains étudiants désargentés se mettaient en faction dans le lobby du Forum : ils espéraient acheter des billets à moitié prix aux détenteurs de billets de saison se trouvant dans l'impossibilité d'assister au match du jour. Ils allaient aussi à la Taverne de Toe Blake, un autre haut lieu du hockey entre 1952 et 1983. Là, ils pouvaient jaser avec les joueurs et boire une bière gratis les soirs où Toe, mis de bonne humeur par une victoire de Montréal, offrait une tournée. Paré explique : « Le vieux Forum, c'était un sanctuaire pour moi. C'était là où avaient joué nos héros nationaux, nos vedettes, comme Maurice Richard ; ils nous ont fait nous sentir vivants ! C'était l'époque où ce qui comptait, c'était le hockey, pas l'argent ! »

Le 16 mars 1996, après un match des Canadiens remporté 4 à 1 contre les Stars de Dallas, le Forum a été définitivement fermé. La cérémonie a vu défiler la crème du hockey canadien : l'instructeur Scotty Bowman, le directeur gérant Sam Pollock, les joueurs Bob Gainey, Guy Lafleur, Jean Béliveau, Ken Dryden, Frank et Peter Mahovlich, Yvan Cournoyer, Dickie Moore, Gump Worsley ainsi qu'Henri Richard et son grand frère adoré, le Rocket. Pendant 10 minutes, les amateurs du Forum ont ovationné un Maurice Richard très ému : il s'était dit inquiet qu'après sa retraite, il serait totalement oublié. Par la suite, Émile « Butch » Bouchard, le doyen des ex-capitaines des Canadiens, celui qui, de 1941 à 1956, avait patrouillé la ligne bleue de l'équipe, est entré sur la patinoire avec une torche. Sous les yeux de la foule émue, il est allé la remettre à Maurice Richard, qui l'a tendue à Béliveau, tous la confiant aux Annales de l'Histoire. *(Presse canadienne)*

Le 15 mars, se faisant passer pour un journaliste, Paré a franchi le barrage de sécurité installé derrière le Forum et il est entré dans l'édifice. Là, il a aperçu tout le panthéon des « vieux de la vieille » des Canadiens s'apprêtant à monter à bord des limousines qui allaient les emmener à leur nouvel aréna, le Centre Molson. Adossé à l'un des piliers se tenait Maurice Richard, le héros de Paré. « Il avait l'air un peu rêveur, triste peut-être. Lui aussi, j'imagine, se sentait écœuré par l'époque. Je me suis avancé, je me suis présenté... j'ai dit "Alors, c'est la fin d'une époque !", mais je n'ai pas voulu insister, je savais que c'était un gars sensible. »

Paré lui a demandé un autographe, et voilà que le vieux Rocket âgé de 74 ans, brisé par le cancer, le même gars qui pouvait mettre la rondelle dans le filet d'une seule main pendant que de l'autre il repoussait l'assaillant qui s'accrochait, lui confie : « Ça me ferait plaisir mais... vous voyez mes mains... je ne sais pas si je vais pouvoir écrire mon nom au complet. Elles tremblent trop... » Ému, Paré conclut : « Pour moi, ce n'était pas seulement un adieu au Forum, c'était un au revoir à Maurice Richard. On s'est fait prendre en photo, lui et moi. On a parlé. Je vous raconte ça et j'ai la chair de poule. De nos jours, je ne connais aucun joueur qui pourrait me donner des frissons... »

Moins de 24 heures après la fermeture du Forum, la direction a mis aux enchères les 24 bannières qui avaient décoré l'aréna, promettant qu'elles seraient remplacées par des répliques deux fois plus imposantes pour correspondre aux dimensions du nouveau Centre Molson, pendant que des millionnaires les contempleraient du haut de leurs luxueuses loges corporatives, tout en discutant affaires.

Trois ans plus tard, après plus de 70 ans d'existence, c'était au tour du Gardens de Toronto de fermer ses portes : s'y était joué le destin d'une équipe que Conn Smythe avait rêvée dans les termes d'« Équipe canadienne par excellence ». Elle a emménagé dans le Centre Air Canada, beaucoup plus grand, plus fastueux et

Les joueurs européens arrivent en masse dans la LNH

La chute du mur de Berlin, en 1989, et l'effondrement qui a suivi du communisme en Europe de l'Est ont eu un effet immédiat et majeur pour le hockey professionnel. Les joueurs les plus talentueux des ex-pays communistes ont alors eu la possibilité d'aller exercer leurs talents dans la LNH, plaque tournante du marché mondial, et de s'y voir offrir de très gros salaires. En 1989, Sergei Priakin est devenu le premier Soviétique à joindre les rangs d'un club de la LNH, les Flames de Calgary (Alexander Mogilny l'avait précédé plus tôt la même année, mais il avait fui son pays pour aller signer un contrat avec les Sabres de Buffalo). D'autres joueurs vedettes russes sont arrivés : Sergei Makarov, Igor Larionov, Slava Fetisov, Sergei Fedorov et Pavel Bure ; des Tchèques aussi, comme Dominik Hasek et Jaromir Jagr, sont venus éblouir les amateurs de la LNH, et donner au hockey nord-américain un nouvel élan. Quand les Red Wings de Détroit ont remporté la Coupe Stanley, en 1996, leur première depuis 1955, une de leurs lignes d'attaque était entièrement composée de joueurs russes. Puis est arrivée la deuxième génération de joueurs étoiles des ex-pays de l'Est : Pavel Datsyuk, Marian Hossa, Ilya Kovalchuk et Alexander Ovechkin. Joyeuse ironie du sort : durant le lock-out de la LNH, en 2004-2005, beaucoup de joueurs de la LNH sont allés exercer leurs talents dans des équipes professionnelles de l'ex-Europe de l'Est. *(Temple de la Renommée)*

beaucoup plus cher. On a vanté ses 115 loges de luxe. Quand l'instructeur des Leafs, Pat Quinn, s'est vu demander s'il ne craignait pas de voir s'enfuir la clientèle des cols bleus, sa réponse fut vive et brutale, mais honnête : « Les cols bleus ne sont déjà plus là », confia-t-il. Il voyait bien que les coûts exigés pour une famille voulant assister à un match de la LNH étaient prohibitifs : quatre bons billets coûtaient environ 400 dollars, sans compter les 100 dollars pour la nourriture et les breuvages. « C'est pour les cols blancs que je m'inquiète ! »

Il y avait aussi matière à s'inquiéter pour ce qui se passait sur la patinoire. Les propriétaires de la LNH n'avaient qu'une idée en tête : faire de l'argent et donner des salaires toujours plus exorbitants aux joueurs ; pour ceux-là, la LNH n'était plus seulement la meilleure ligue au monde, elle était aussi une fabuleuse caverne aux trésors. On vit donc les patinoires se vider de leurs amateurs ordinaires et des villes perdre leur équipe.

La chute du mur de Berlin, en 1989, et 20 années de compétitions internationales avaient ouvert la porte à une génération de jeunes joueurs européens, séduits par l'argent et la chance qui leur était offerte de passer du hockey junior canadien à la LNH. L'un d'eux s'appelait Pavel Kubina. Il avait quitté son Ostrava natale (en République tchèque) à l'âge de 19 ans, pour se retrouver le lendemain matin à Moose Jaw, en Saskatchewan, comme joueur de défense des Warriors de la Ligue de Hockey Western. « Je savais que si je voulais jouer dans la LNH, il faudrait, même tout jeune, me donner une nouvelle vie, une nouvelle langue, et surtout un style de hockey différent. J'étais très stressé : je ne parlais pas anglais, et je me retrouverais tout seul sans mes parents, ma famille ou mes amis. Mais j'étais tout excité : j'allais réaliser mon rêve de jouer dans la LNH. Et là, c'était bien parti ! »

Le rêve a débuté durement pour Kubina. Il a débarqué dans sa famille d'accueil par un jour froid d'octobre 1996. « Une petite ville au milieu de nulle part. Partout de la neige... il faisait très froid ; j'ai aperçu la maison et je suis entré pour me présenter. Dans les deux jours qui ont suivi, je retenais mes larmes à force d'essayer de parler, eux me parlaient, ils essayaient sans arrêt de me parler et je ne comprenais pas un traître mot. » Kubina se rappelle toutefois que sa famille d'accueil, Cam et Marie King, et leur petit Zach, « s'est toujours comportée gentiment avec moi ; tout ce que je demandais, je l'avais. S'ils sortaient manger avec leur famille ou avec des amis, ils m'emmenaient. Je me suis senti comme le petit dernier de la famille, et c'est comme ça qu'ils m'ont fait me sentir chez moi. »

Quant à la famille King, elle découvrit qu'il faudrait partir de zéro, avec Kubina. « Le plus drôle, ça a été le premier soir, raconte Cam, qui finissait de construire une autre chambre à coucher quand son visiteur est arrivé. On avait chez nous un autre joueur qui a essayé de dire à Pavel d'enlever ses vêtements, ou de voir s'il n'avait pas un maillot de bain quelque part pour aller dans le bain à remous. Pavel n'a rien compris. On a donc passé, comme ça, plusieurs semaines à s'expliquer constamment et à lui montrer quoi faire. »

Mais pas besoin de lui dire quoi faire sur la patinoire. Kubina, tout en hauteur, avec ses 2 mètres et ses 110 kilos, parlait depuis longtemps, et tout à fait couramment, la langue du hockey. Dans la première des 61 rencontres de la saison, il a compté 1 but et récolté 2 mentions d'aide, donnant la victoire à son équipe et brisant tout de suite la glace avec les amateurs. Il raconte : « La première partie, j'ai bien joué, et c'est vrai que les gens m'ont tout de suite adopté. » Les amateurs ont admiré sa façon de déplacer la rondelle, une technique apprise chez lui, en République tchèque, grâce à de nombreux exercices de contrôle de la rondelle et de déplacements tactiques. King ajoute : « Il essayait toujours de pousser la rondelle vers l'avant, alors que le Canada privilégie un jeu défensif fort. On en a beaucoup parlé, tous les deux. "Vous autres, Canadiens, me disait-il, vous ne pensez qu'à patiner, personne ici ne sait contrôler la rondelle." » Il a par contre beaucoup appris des Canadiens, et surtout l'envie de gagner. Il a confié : « Je regardais les gars, cette intensité, même durant les pratiques. Ils travaillaient fort, et pendant les rencontres, encore plus fort. Et toute cette intensité, ce cœur à l'ouvrage, cette passion – ils jouaient tous comme si c'était leur dernière partie. »

En 1995, plus de 20 % des joueurs de la LNH étaient d'origine européenne, et cette année-là, c'est un Tchèque, Jaromir Jagr, qui est devenu le premier Européen à se hisser au sommet du tableau des compteurs. En 1997, King et Kubina ont

Les amateurs ont vite baptisé Jaromir Jagr "Mario Junior", quand il a fait le saut avec les Pingouins de Pittsburgh depuis sa République tchèque, en octobre 1990. Il n'y avait pas seulement un possible anagramme, il y avait là les talents de Mario. Très rapide avec la rondelle, très fort aussi, il est devenu la meilleure recrue des séries éliminatoires de cette saison-là, et il a remporté sa première Coupe Stanley. En 1995, il fut le premier joueur européen à devenir premier compteur de la Ligue, remportant du coup le premier de ses quatre Trophées Art Ross. *(Temple de la Renommée)*

assisté côte à côte au Match des Étoiles de la LNH. Pour la première fois, le match en direct était diffusé dans 150 pays. Au firmament de la LNH, les étoiles étaient maintenant presque uniquement européennes. Cette année-là, Kubina fut choisi en septième ronde de l'encan amateur, et il a joué 10 parties pour le Lightning de Tampa Bay. En 2004, c'était son tour d'être invité au Match des Étoiles de la LNH, et il fut l'élément clef de la victoire de Tampa Bay en finale de la Coupe Stanley. Le lendemain du triomphe de son équipe, Kubina a téléphoné à King pour lui dire : « Je veux juste vous dire merci, à vous et à Marie. Si ça n'avait pas été de vous, je serais parti après une semaine. J'avais peur de tout... »

Les dépisteurs canadiens ont envahi l'Europe en quête de nouveaux talents, devenus un actif considérable pour le sport nord-américain. Les Européens ont retourné l'ascenseur, tâchant d'adapter leur style très travaillé à celui, plus physique, du hockey canadien. Les muscles sont devenus un critère chez eux aussi, et on a vu des joueurs de 12 ans exclus des ligues pour des raisons d'incompatibilité physique avec le sport. D'autres savoir-faire spécifiquement canadiens sont aussi passés à la trappe, d'autres bons joueurs, et d'autres équipes que tout le monde adorait sont disparus.

Il y avait longtemps de cela, en 1905, la Compagnie Wood Specialty de Hespeler, dans le sud-ouest de l'Ontario, avait commencé à produire ses bâtons bientôt légendaires ; dans la région, tout le monde avait du travail, et en échange, la petite ville fournissait au hockey canadien son instrument capital : le bâton. Elle devint pour presque un siècle un centre manufacturier d'équipement de hockey, et ses articles ont nourri le rêve de générations de joueurs jeunes et moins jeunes, amateurs ou professionnels, qui se voyaient de cette façon participer au moins un tout petit peu à la Légende : ils avaient un bâton Hespeler, ou un autre signé Salyerd and Sons, qui avaient lancé une première version du bâton de hockey en 1887, tout près de Preston. Ou ils avaient aux pieds les célèbres patins Bauer, inventés puis produits à Kitchener, en Ontario.

Leigh Martin était président du syndicat de la manufacture de patins Bauer, quand la nouvelle s'est répandue, en 1994, que le géant américain Nike avait acheté les deux usines Hespeler et Bauer. Pour célébrer l'événement, la compagnie a organisé une petite fête au parc Bingemans, de Kitchener, se voulant rassurante pour l'avenir et les emplois de ses tra-

vailleurs. Martin et ses collègues s'inquiétaient : si les équipes du hockey professionnel pouvaient partir vers des destinations plus rentables, les compagnies d'équipement de hockey pouvaient faire de même. Martin explique : « On était plusieurs à dire Attention ! c'est pas nécessairement une bonne nouvelle ! On les connaît. Nike, en particulier, a une sale réputation. Chez nous, à Kitchener, on était bien. Il y avait là 400 travailleurs bien payés. À Taïwan ou ailleurs, ils sont payés 2 dollars, 2,50 dollars, puis les patins repartent ailleurs où ils se vendent 100 dollars. On a pensé : ils vont pas continuer à nous payer les mêmes salaires, c'est pas possible. »

Trois ans plus tard, en avril 1997, le jour même du début des négociations pour le renouvellement de la convention collective, le directeur régional a donné un coup de sifflet, exactement comme fait l'arbitre, et il a convoqué tout le monde. Martin raconte : « Ça ne sentait pas bon, ils ont pas le style à stopper comme ils l'ont fait toute la production. Le boss n'a pas tourné autour du pot : il a juste déclaré que l'usine fermerait ses portes l'année suivante. J'étais écœuré. Tout le monde l'était. »

L'année suivante, les emplois de Martin et des autres travailleurs partaient pour l'Asie, même si Bauer a continué à fabriquer des patins dans son usine de Québec. Quand Nike a fermé la manufacture de bâtons en 2004, les employés d'Hespeler se sont rassemblés, et ont tous mis la main à la poche afin de racheter, et de garder au pays leur emploi – et leur savoir-faire. Ils ont fondé le Heritage Wood Specialties. Mais ce jour-là, le message était clair pour tout le monde : le Canada n'était plus compétitif à l'échelle mondiale, et ce qui était en cause n'était ni les compétences ni l'envie de travailler, mais l'argent. Bientôt, l'argent, d'une part, les États-Unis, d'autre part, allaient envoyer aux oubliettes

Pavel Kubina n'avait que 18 ans quand il a quitté sa République tchèque natale pour aller vivre son rêve de hockey professionnel au Canada. Éprouvant débarquement pour le jeune espoir du hockey : il ne parle pas l'anglais, et il découvre en arrivant le sinistre hiver de Moose Jaw, en Saskatchewan, où on le fait s'aligner avec l'équipe junior de l'endroit, les Canucks. Il a été à un cheveu de faire ses valises et de retourner chez lui. Mais les attentions de sa famille d'accueil et le chaleureux accueil de la population lui ont redonné le courage non seulement de tenir le coup, mais de vouloir devenir le meilleur. Kubina est devenu plus tard joueur de défense du Lightning de Tampa Bay et, en 2004, il a participé au triomphe de la Coupe Stanley. En 2005, il a remporté la médaille d'or du Championnat du monde pour son pays, la République tchèque, puis une médaille de bronze lors des Jeux olympiques d'hiver de 2006, à Turin.

(Dave Sandford/Temple de la Renommée)

un autre monument de l'histoire canadienne, mais cette fois, pour le bonheur de beaucoup de gens.

Le 16 novembre 1994, à la Chambre des communes, Ian McClelland, député réformiste d'Edmonton sud-ouest, a posé une question pointue sur le hockey ; il l'avait déjà posée à plusieurs membres du gouvernement Chrétien, au premier ministre lui-même, et à répétition, mais sans jamais obtenir de réponse. « Monsieur le Président, en mars de cette année, la Chambre a été informée que la GRC menait une enquête sur les agissements de certains membres de Hockey Canada, dont monsieur Alan Eagleson. Depuis lors, un grand jury des États-Unis a déposé 34 chefs d'accusation, et le Barreau du Haut Canada une plainte en 41 points, contre monsieur Eagleson. Au jour d'aujourd'hui, la GRC n'est même pas entrée en contact avec l'informateur principal du FBI et du Barreau du Haut Canada, monsieur Russ Conway, de Lawrence, au Massachusetts. Ma question s'adresse au Solliciteur général. Pourquoi la GRC n'a-t-elle pas inter-viewé monsieur Conway, et pourquoi la GRC ne poursuit-elle pas l'enquête avec force et détermination ? »

Herb Gray, solliciteur général du Canada, a cherché à rassurer monsieur McClelland avec la formule d'usage voulant qu'il ne pouvait pas, vu sa position, commenter une affaire en cours, disant : « L'enquête continue, et je ne doute pas que la GRC va y mettre tout le professionnalisme qu'on lui connaît. »

Alan Eagleson, l'agent numéro un, le tsar du hockey, et l'intime des grands de ce monde, l'homme qu'un ancien de la LNH, Carl Brewer, avait qualifié d'homme le plus puissant au Canada, avait de gros ennuis. Son problème, ce n'était pas la vigilance de la GRC, ni le gouvernement du Canada, mais une poignée de joueurs mécontents, et l'acharnement d'un journaliste enquêteur du nom de Russ Conway, fumeur invétéré et correspondant du *Eagle-Tribune* de Lawrence, au Massachusetts.

Quelques mois avant que n'éclate cet extraordinaire échange parlementaire concernant les malheurs du monde du hockey, Bruce McNall, celui-là même qui avait emmené Wayne Gretzky à Los Angeles, et qui avait dépensé une for-tune pour faire du hockey en Californie une affaire finalement banale, s'est retrouvé en pleine déroute financière, à la suite du déclenchement de multiples enquêtes policières dans des affaires très particulières impliquant parfois des échanges bancaires. En décembre, McNall a reconnu deux accusations de fraude bancaire, une autre de conspiration et une autre de fraude électronique. Il a été condamné à plusieurs mois de prison. Son empire n'était rien de plus qu'une gigantesque entreprise de trucages et de tromperies diverses.

Les Kings avaient fait les éliminatoires de la Coupe Stanley l'année précé-dente, mais ils avaient finalement été battus par les Canadiens de Montréal. Après la série, Wayne Gretzky a fait allusion à des problèmes de dos et à la fin anticipée de sa brillante carrière, devenue très lucrative grâce aux bons soins du bâtisseur Alan Eagleson.

Avant l'arrivée en scène d'Eagleson, dans les années 1960, comme avocat des joueurs de la LNH et chaud partisan des rémunérations élevées, les joueurs de hockey professionnels avaient été à la merci de propriétaires qui étaient de véritables rapaces, sans compter les avanies endurées sous la férule d'une hiérarchie qui se sentait elle-même menacée. Pendant des décennies, les dirigeants de la LNH avaient traité les joueurs comme du bétail – certes glorieux, mais interchangeable, pratique inaugurée et encouragée par la LNH à l'époque des six grandes équipes, vu la demande élevée et l'offre limitée de postes. Des dieux du calibre de Gordie Howe ou Maurice Richard, se virent accusés de drainer vers le bas les salaires, et de manière artificielle, les autres joueurs n'osant pas demander plus que ce qui était offert aux meilleurs de la Ligue, sans qu'ils aient eu vent par ailleurs des salaires offerts à Howe ou à Richard. La LNH de l'époque était maniaque du secret en cette matière. On était loin de la publication dans les journaux des deux côtés de la frontière du salaire de Cyclone Taylor. Mais pendant cet âge d'or des années 1950 et 1960, les propriétaires savaient bien que leurs joueurs étoiles étaient sous-payés. Ils savaient aussi que si les joueurs s'en rendaient compte, eux-mêmes en mettraient beaucoup moins dans leurs poches, et ils croyaient sincèrement être ceux qui couraient tous les risques.

Et donc, en début de saison, Gordie Howe empochait son augmentation de 1000 dollars, s'imaginant que les autres Red Wings en recevaient quatre fois moins puisque lui était quatre fois meilleur. Le système a contribué à grossir encore l'ego des vedettes et le compte en banque des propriétaires, jusqu'à ce jour de 1968 où Bob Baun, élu président de l'Association des joueurs soit échangé à Détroit. Howe a demandé à Baun : « Combien tu penses que je me fais par année ? » Et Baun de répondre : « 49 500 dollars », ce qui était à peu près ce que Howe gagnait de fait. Baun, certes un excellent défenseur mais pas du tout un joueur étoile de la Ligue, a alors appris à un Howe stupéfait qu'il gagnait 67 000 dollars par année. Il a ajouté qu'à son avis, en tant que meilleur joueur de la Ligue, il devrait tout de suite aller voir Norris, le propriétaire des Wings, et exiger 150 000 dollars. Howe était furieux, mais nerveux : il avait toujours été intimidé par ceux qu'il imaginait être ses supérieurs sur les plans social et intellectuel. Howe a donc exigé 100 000 dollars, et Norris a accepté, à la grande surprise de celui qu'on appelait Monsieur Hockey. Quand Howe lui a demandé pourquoi, après 22 saisons, Norris acceptait enfin une augmentation substantielle, il s'est vu répondre : « Gordie, écoute. Tu m'as jamais demandé plus, et moi, je suis un homme d'affaires. »

Bob Baun, de même que ses coéquipiers des Leafs, Carl Brewer et Bob Pulford, furent les premiers à louer les services de leur ami d'enfance, Alan Eagleson, pour négocier leurs contrats. Hâbleur, pugnace et compétitif, Eagleson pouvait aussi bien parler avec ses poings dans une bagarre de bar qu'utiliser le jargon technique du Bureau des gouverneurs de la LNH. Avocat diplômé de l'Université de Toronto, il portait l'impeccable complet-cravate, et il se fondait avec aisance dans le milieu des propriétaires en vacances. Il disait aussi à qui voulait l'entendre : « Je vais gagner ! », attitude qui devait plus tard lui coûter son gagne-pain et sa réputation.

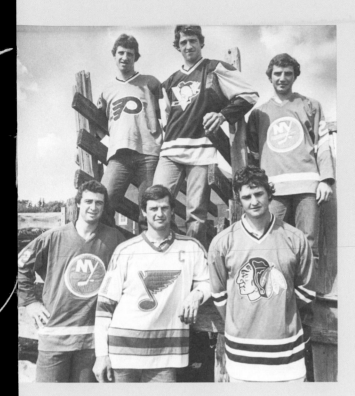

Tous frères...

En matière de hockey-balles, de hockey extérieur sur des patinoires improvisées ou de hockey local, il n'était pas rare que, pour arriver à se bâtir une
équipe, on aille chercher les joueurs dans la parenté. Même le hockey professionnel a vu s'aligner des dizaines de joueurs issus de la même famille, jouant
ou non dans le même camp. Au tournant du siècle dernier, les frères Frank et
Lester Patrick avaient évolué dans des équipes professionnelles de la côte
ouest nord-américaine ; dans les années 1920 et 1930, Charlie Conacher est
devenu le joueur étoile des Maple Leafs de Toronto, pendant que son aîné,
aussi son plus grand copain, jouait pour les Maroons de Montréal, puis pour
Pittsburgh, New York et Chicago. Dans les années 1940, Max et Doug Bentley,
rapides et bas sur pattes, ont formé un duo explosif à Chicago, tout comme
Bobby et Dennis Hull dans les années 1960 ; dans les années 1950, il faut
mentionner Maurice « Rocket » Richard et son cadet Henri, « le petit Rocket »,
qui ont ébloui les amateurs de Montréal. Des frères ont aussi joué dans des
équipes adverses, et les compétitions les plus féroces ont eu lieu dans les
années 1970. Un jour en face à face : le gardien des Black Hawks, Tony
Esposito, voulant empêcher son frère, le tireur d'élite Phil Esposito, de récrire
le livre des records. Au cours de la même décennie, des frères furent réunis,
comme Frank et Peter Mahovlich, d'abord à Détroit, puis avec les Canadiens de
Montréal. Les deux Esposito et les deux Mahovlich ont porté le chandail d'Équipe
Canada lors de l'historique Série du Siècle contre les Soviétiques. Depuis lors,
d'autres frères se sont illustrés, comme Pavel et Valeri Bure, le trio des Stastny,
les frères Hunter, et de façon tout à fait remarquable, six des sept frères Sutter.
Lors de la Coupe Stanley de 2003, Rob Niedermeyer, d'Anaheim, a fait face à son
frère Scott, des Devils du New Jersey, champion de la Coupe Stanley. Chaque fois
que les mamans se faisaient demander : « Alors, vous prenez pour qui ? », la
réponse tombait, imparable : « Pour mes fils. » *(Presse canadienne)*

Au sommet de sa puissance, Eagleson représentait 350 athlètes, presque tous
des joueurs de hockey, mais son premier gros lot, ce fut Bobby Orr. Ce dernier
en fit un jour l'amère expérience. Mis à la retraite en 1978, après de multiples
blessures au genou, il découvrit la minceur de son compte en banque. Eagleson
aimait raconter en plaisantant qu'il empochait 90 % des revenus de son joueur
étoile, et après une pause, il laissait tomber : « Et Orr vit très bien avec les 10 %
qui restent » – dans la vraie vie, ce n'était plus drôle du tout.

Quand Bobby Orr a signé son contrat avec Chicago, le 9 juin 1976, Eagleson a
publiquement accusé les Bruins d'avoir rompu les négociations qui s'étaient tenues
au cours du mois de décembre précédent, Orr s'étant une nouvelle fois blessé au
genou. En réalité, les Bruins voulaient à tout prix faire signer Orr : en janvier 1976,
ils lui avaient offert 18,5 % des actions de l'équipe qu'il avait deux fois conduite au
championnat de la Coupe Stanley. S'il avait accepté l'offre, clamait Eagleson, Orr
serait devenu « millionnaire à l'âge de 30 ans ! » – au même moment, ce dernier
signait avec Chicago un contrat ferme de « 3 000 000 de dollars ».

En 1980, Orr a officiellement rompu ses relations avec Alan Eagleson, dans un document disant que ses affaires avaient été traitées avec compétence. Orr n'avait pas beaucoup le choix de dire autre chose, il était presque ruiné. Ses actifs se montaient à 450 000 dollars, mais ses factures légales et fiscales atteignaient la somme de 469 000 dollars. La vente des Entreprises Bobby Orr (à Eagleson) et son contrat avec Chicago couvraient à peine ses dettes. Il a fallu attendre 1990 pour que Orr se résigne à raconter publiquement sa longue dégringolade financière aux mains d'Eagleson. Ce dernier a répondu, avec tout le sens de la démesure qu'on lui connaissait, que Orr n'avait à s'en prendre qu'à lui-même, et à sa vie de débauche. Les autres joueurs savaient que tout cela était faux. Orr menait une vie simple à faire pleurer : non seulement il ne passait pas son temps dans les boîtes de nuit, mais même au sommet de la gloire, il prenait des après-midi entiers à visiter les salles d'hôpital pour faire la conversation avec ses jeunes et souvent très malades admirateurs. Ces mêmes joueurs savaient aussi que leur chiche fond de pension, auquel Eagleson ne pensait jamais, ne leur permettrait certainement pas de mener la grande vie.

Même l'argument d'Eagleson voulant qu'il avait fait signer à ses joueurs des ententes très avantageuses était faux : ce sont eux qui le faisaient vivre, puis, au tournant des années 1990, on a découvert que le fonds de pension de la LNH était le pire de tous ceux offerts dans le sport professionnel. Après avoir joué 26 ans dans la Ligue et bien qu'ayant été l'une de ses plus brillantes étoiles, Gordie Howe s'est retrouvé avec une retraite de 14 000 dollars par année, Bobby Hull, de 10 500, et Phil Esposito, après 18 années de participation à son fonds de pension, ne touchait que 10 800. Le Rocket, 7200...

En 1990, à l'occasion d'un conventum rassemblant les joueurs des 20 dernières années des Bruins, le journaliste Russ Conway a été très surpris de voir le petits revenus de retraite des joueurs ; aussi comment Eagleson leur avait bien caché les mécanismes du fonds de pension auquel ils avaient contribué à même leurs salaires, les Matchs des Étoiles, et les divers tournois internationaux auxquels ils avaient participé comme celui de Coupe Canada. Par la suite, Conway a convaincu le commentateur sportif de la télé torontoise de la CBC qu'il y avait là un sujet intéressant à traiter, et Bruce Dowbiggin est ainsi devenu l'un des rares journalistes canadiens à mettre son nez dans les affaires ténébreuses d'un Eagleson tout-puissant. Il explique : « Je n'arrivais pas à croire que quelqu'un d'aussi puissant et à la tête d'aussi puissants réseaux en vienne à de telles extrémités, et d'une manière aussi effrontée. J'entendais par ailleurs des histoires impliquant des joueurs qui s'étaient fait prendre par lui leur assurance invalidité, d'autres où Eagleson négociait à la fois pour les joueurs et pour les patrons. Partout où il passait, il y avait la guerre. Et puis je me suis demandé "mais je suis qui, moi, pour m'occuper de ces choses ? Pourquoi personne d'autre ne s'en occupe ? Il y a là un gros, très gros dossier !" »

Défenseur vedette et trois fois gagnant de la Coupe Stanley avec les Maple Leafs de Toronto, Carl Brewer n'en revenait tout simplement pas de voir Eagleson jouer aussi candidement sur les deux tableaux. Lui et sa compagne ont décidé

En 1995, les ex-joueurs de la LNH, Carl Brewer, Bobby Hull et Gordie Howe, qui avaient poursuivi la LNH en justice sur la question du fonds de pension, ont obtenu gain de cause : la Cour déclara qu'ils avaient été « grossièrement trompés », et leur accorda des dommages de plus de 40 000 000 de dollars. L'année précédente, à Boston, un grand jury des États-Unis avait établi la culpabilité d'Alan Eagleson dans 32 cas de trafics divers, fraudes, détournements de fonds, pots-de-vin, et obstruction de la justice. En 1998, un aveu négocié de culpabilité déboucha sur une peine de 18 mois de prison et une amende d'environ 700 000 dollars, pour vol de biens appartenant aux joueurs, dont Bobby Orr, qui avait contribué à en faire un des hommes les plus puissants du monde du hockey. Eagleson n'a fait que six mois de prison. Ci-haut, Milt Schmidt (à gauche), Bobby Orr (au centre) et John Bucyk, tous des Bruins de Boston, se préparent à assister au procès de Eagleson.
À droite, Alan Eagleson *(Presse canadienne)*

de vider l'affaire : ils allaient montrer comment Eagleson trichait avec les hommes qu'il disait représenter. Ils ont aussi vite découvert qu'il avait le bras long. Sue Foster a confié : « Tous les journalistes se sont montrés méfiants. Eagleson avait mouillé tout le monde, les premiers ministres, les anciens premiers ministres, les premiers ministres des provinces, la Cour suprême, les chefs de police, les grands bureaux d'avocats canadiens, tout le monde ! Et il se voyait vraiment comme un intouchable. Il faisait partie de la vieille gang, et jamais il n'a pensé qu'il serait un jour menacé. »

En 1991, David Cruise et Alison Griffiths ont fait publier *Profits nets : les mythes du hockey professionnel*, dans lequel les auteurs prenaient partie pour les joueurs dans leurs démêlés avec certains personnages puissants de la Ligue, autrefois et à l'époque. Dowbiggin a vu dans l'ouvrage « la première véritable révélation des conflits d'intérêt d'Eagleson. Je me rappelle avoir parcouru le manuscrit et m'être demandé "mais où étions-nous pendant toutes ces années ?"

Je me prends pour un journaliste, et j'ai des tas de contacts avec des gens qui ont très bien connu Eagleson, dont Carl Brewer qui, une fois retraité, a tâché d'alerter les gens sur les pratiques d'Eagleson. »

Cette même année, sept vétérans de la LNH, dont Carl Brewer, Bobby Hull et Gordie Howe, ont poursuivi la LNH pour tenter de recouvrer un minimum de 40 000 000 de dollars de fonds de pension qu'ils jugeaient revenir en droit aux joueurs. Eddie Shack était un autre vétéran de la LNH qui avait signé la plainte. Lui, sa femme et Keith McCreary ont donné un coup de fil à tous les retraités de la Ligue pour les inciter à poursuivre cette dernière en justice. Norma Shack a confié : « C'est Carl Brewer et sa compagne, Sue Foster, qui ont lancé toute l'affaire. Ça n'a donc pas été difficile au début d'attirer des joueurs à notre réunion, surtout quand des gros noms comme ceux de Gordie Howe et Bobby Hull disaient leur intention de se présenter. L'appui du public est devenu très fort le jour où la LNH a menacé de poursuivre Howe et Orr, s'ils continuaient à parler des fonds de pension. « C'était quand même effrayant, a confié Shack : sept personnes contre la puissante LNH. »

Au même moment, Russ Conway compilait un catalogue des malversations d'Eagleson, qui devait plus tard servir à l'enquête du FBI sur ses activités comme dirigeant de l'Association des joueurs. Quand la série d'articles de Conway a été publiée en 1994 dans le *Eagle-Tribune*, puis reprise dans le *Globe and Mail*, l'ex-joueur des Bruins, Mike Gillis, a commencé à s'interroger sur ses propres négociations avec Eagleson. Il avait vu sa carrière se terminer brutalement en 1984, après s'être cassé une jambe lors d'un entraînement. Son agent de l'époque, Eagleson en personne, lui avait alors facturé 40 000 dollars pour une aide juridique additionnelle pouvant lui mériter une prime d'invalidité de la part des assureurs. Entre-temps, Gillis était devenu avocat, et en 1994, il avait accepté l'offre d'Eagleson de lui remettre en main son propre dossier, de manière à ce que la GRC, et selon les mots mêmes d'Eagleson, n'aille pas « fourrer son museau » dans les affaires privées des joueurs. Or, dans les dossiers remis à Gillis, figuraient par erreur des documents concernant la prime d'invalidité qu'Eagleson avait chargé Gillis de collecter en son nom. Son épouse a découvert le pot aux roses : un reçu prouvant que les assureurs de Gillis, Lloyds, de Londres, avait accepté de lui verser sa prime sans contestation de leur part. Eagleson avait volé un joueur handicapé de 41 250 dollars. Gillis a par la suite reçu des dommages et intérêts pour une somme de 570 000 dollars de la part d'Eagleson, et l'opération a eu de bons effets, puisque Gillis s'est alors senti encouragé à devenir l'un des agents les plus respectés du hockey professionnel.

En 1995 est venu le jour de la vengeance : les joueurs qui avaient déposé la plainte devant la Cour suprême du Canada obtinrent satisfaction, la Cour confirmant qu'ils avaient été « grossièrement spoliés », et leur accordant des réparations pour une somme de 40 000 000 de dollars. Lors du procès tenu à la cour de justice de Boston, un grand jury américain a condamné Eagleson pour 32 cas de fraudes, rackets, détournements de fonds, pots-de-vin et obstruction à la justice.

Hazel McCallion

Le premier tournoi officiel du hockey féminin mondial s'est tenu à North York, en Ontario, en avril 1987. À cette occasion, les Golden Hawks d'Hamilton, représentantes du Canada, ont remporté la médaille d'or ainsi que la Coupe Hazel McCallion, dans un gain de 6 à 0. Hazel McCallion, mairesse de Mississauga, a tenu à co-organiser le Tournoi, et elle en fut la présidente honoraire. Avant de se consacrer à la politique municipale, McCallion avait elle-même joué au hockey au niveau professionnel : elle gagnait cinq dollars par match, évoluant comme joueuse de centre avec les Kik Cola, l'une des trois équipes de la ligue féminine de Montréal, dans les années 1942-1943. Dans les années qui ont suivi sa brève carrière, elle est demeurée très active comme membre de la Ligue de Hockey féminine de l'Ontario. Sa contribution principale : faire que les équipes féminines aient du temps de glace, et pour cela, convaincre les autorités municipales de Mississauga d'édifier le complexe sportif du Hershey Centre. *(Hazel McCallion)*

L'accusation détaillant les manigances d'Eagleson pour voler les hommes qui avaient fait sa fortune était accablante. Il avait détourné en billets d'avion pour ses déplacements personnels des centaines de milliers de dollars appartenant à l'Association des joueurs de la LNH. Il était aussi présumé avoir puisé dans la caisse de cinq tournois de la Coupe Canada qu'il avait organisés ; détourné des sommes appartenant à l'Association des joueurs de la LNH en déclarant 250 000 dollars de frais d'achats de billets pour des activités culturelles diverses (théâtre, ballet, etc.) et sportives (le Tournoi Wimbledon). Toujours avec l'argent de l'Association, il avait acheté des cadeaux à des agents de la douane et offert de somptueux dîners à des juges et des hommes politiques canadiens. Entre 1988 et 1991, il était présumé avoir puisé dans les fonds de l'Association des joueurs pour faire des cadeaux à des amis et à des associés du monde des affaires, et avoir été rémunéré en retour. Également, la fraude présumée à l'encontre de deux ex-joueurs de la LNH, Glen Sharpley et Bob Dailey, à qui il aurait volé 5000 dollars chacun au cours de la négociation qu'il avait menée pour faire accepter une clause d'invalidité, et des pots-de-vin présumés en retour d'une assurance-invalidité contractée par lui au nom de l'Association des joueurs de la LNH. Il a même été présumé être intervenu auprès de témoins convoqués devant le Grand Jury, demandant à l'un de détruire des documents, et à l'autre de ne pas se présenter. Pour l'accusation, il avait utilisé sa position « dans le but de se procurer des sommes et des biens personnels ». Informés des termes des allégations, Carl Brewer, qui avait attendu ce moment pendant 20 ans, a déclaré : « Ce n'est pas que je voulais le voir derrière les barreaux, c'est juste que je voulais qu'il mette un terme à ses activités. »

C'est en mars 1990, à Ottawa, que s'est tenu le premier tournoi de hockey féminin international. Les équipes participantes venaient de Suède, de la Finlande, de la Norvège, de l'Allemagne de l'Ouest, de la Suisse, du Japon et des États-Unis, et plus de 80 pays déléguèrent des journalistes pour couvrir l'événement. Quand les joueuses de l'équipe du Canada virent le chandail qu'on leur ferait porter, elles furent horrifiées. Un petit brillant avait imaginé que ça leur ferait une bonne publicité de porter des chandails... roses. À la fin du tournoi, tout le monde s'est rendu compte que la meilleure publicité possible était l'excellence : les Pink Ladies ont écrasé leurs adversaires européennes 32 à 1, les Japonaises 18 à 0, et les Américaines 5 à 2, bien sûr remportant la médaille d'or. *(France Saint-Louis)*

En novembre 1994, le Barreau du Haut Canada a donc accusé Eagleson de toute une série de fautes qualifiées de « mauvaise conduite professionnelle », allant de prêts non autorisés de sommes appartenant au Syndicat des joueurs, au détournement de billets d'avion, jusqu'à la collusion avec des dirigeants de la LNH. Et la GRC, après des années d'inaction, a finalement déposé, en décembre 1996, des accusations criminelles contre Eagleson. Un an plus tard, le 7 janvier 1998, Eagleson a négocié un aveu de culpabilité contre la somme d'un million de dollars canadiens et un an et demi de prison. Norma Shack ajoute que le juge américain, frustré de la clémence de la cour, avait déclaré à Eagleson : « Si on n'avait pas affaire ici à une sentence négociée internationalement et au plus haut niveau, je vous enverrais derrière les barreaux d'une prison américaine pour une très longue période. »

En dépit de la légèreté de la peine (Eagleson n'a fait que six mois de prison), Carl Brewer s'est dit satisfait. Bruce Dowbiggin raconte : « Je me rappelle Carl Brewer, debout à la barre – et vous le voyez d'ici, avec son crâne brillant, si intimidant de sa personne, et prenant la parole pour dire au juge : "Votre Honneur, permettez-moi de dire ici 'Que Dieu bénisse l'Amérique', parce que sans le concours efficace des États-Unis d'Amérique, nous n'en serions pas là aujourd'hui." Et il voulait très précisément dire que sans le FBI et le ministère

Lors du match de démonstration du 23 septembre 1992, la gardienne Manon Rhéaume est devenue la première femme à se produire dans la ligue nationale, gardant le filet pour le Lightning de Tampa Bay contre les Blues de Saint-Louis. Elle a joué une pleine période, allouant deux buts sur neuf lancers, et obligeant du coup les observateurs à s'intéresser à la question du hockey féminin. Elle a une nouvelle fois inscrit son nom dans les Annales du Hockey en devenant la première femme à signer un contrat de hockey professionnel avec les Knights d'Atlanta, le club-école du Lightning, où elle a débuté le 3 décembre 1992.

(Courtoisie Manon Rhéaume)

de la Justice des États-Unis, Alan Eagleson ferait toujours partie du Temple de la Renommée du Hockey. Il pavoiserait, décoré de l'Ordre du Canada. Et il aurait toujours son mot à dire dans le monde du Hockey. »

En 1998, pour la toute première fois, les Jeux olympiques de Nagano, au Japon, mirent au programme la discipline du hockey féminin sur glace. On attendait beaucoup de l'équipe féminine canadienne, vu qu'elle venait de remporter quatre championnat mondiaux d'affilée. Et comme, aussi pour la première fois, des professionnels de la LNH figuraient sur l'équipe masculine de hockey, tout était bien parti pour que le hockey canadien mette un terme avec une médaille d'or à une période sombre qui avait duré 10 bonnes années.

Avant les Olympiques, les Canadiennes avaient rencontré 13 fois les joueuses américaines, et ces dernières les avaient battues 5 fois lors des 7 rencontres préolympiques, et une fois au cours des matchs olympiques. Les deux équipes se préparaient à leur dernier match, cette fois pour la médaille d'or.

Rhéaume fut brillante dans le filet, mais dut concéder deux buts. Il a fallu attendre jusqu'à mi-chemin de la troisième période pour que le Canada s'inscrive au pointage, qui était maintenant 2 à 1. Et les Américaines ont fini le boulot dans un filet désert lors de la dernière minute de jeu. Les Canadiennes avaient remporté l'argent, mais quand l'hymne américain a été entonné, confirmant la victoire américaine de 3 à 1, elles n'ont pu se contenir davantage. On apprit au même moment que la joueuse étoile, Hayley Wickenheiser, souffrait de deux blessures, un ligament étiré au genou, et une coupure, peut-être une fracture au coude droit. Mais la vraie blessure était plus profonde pour Équipe Canada : les femmes avaient rêvé de rentrer au pays avec la médaille d'or. France Saint-Louis explique : « Je me rappelle juste une chose : tout le monde autour de moi pleurait. On ne pouvait plus, on n'osait plus se regarder en face, vous comprenez ; on ne comprenait tout simplement pas ce qui était arrivé. On avait perdu la plus importante rencontre de notre vie. »

Pour le reste du pays, il restait un espoir de médaille d'or : la rencontre capitale des joueurs canadiens et tchèques en demi-finale. Depuis 1952, le Canada espérait rien de moins qu'une médaille d'or aux Jeux olympiques, renforcé dans ses attentes par la présence sur son alignement de joueurs de la LNH, et non du moindre : Wayne Gretzky. Un million de Canadiens s'étranglèrent de honte ce jour-là : Équipe Canada a perdu 2 à 1 en prolongation. L'instructeur Marc Crawford avait décidé de ne pas utiliser les services de Wayne Gretzky, qui avait lui-même reconnu n'être pas au sommet de sa forme : il patinait mal, n'était pas à l'aise pour lancer... L'image la plus parlante de la déconfiture du hockey canadien fut précisément celle de Gretzky, à la fin, vissé au banc des joueurs, le teint pâle, incrédule. Même la médaille de bronze a échappé à l'équipe canadienne au profit de l'équipe finlandaise. Ils sont rentrés au pays amers, et bien décidés à se venger. Gretzky explique : « À partir du moment où tu endosses l'uniforme, tu ne veux rien de moins que la médaille d'or. C'est le seul pays au monde où les gens pensent comme ça. »

L'année suivante, Gretzky a pris sa retraite. À l'occasion de sa dernière rencontre disputée à Ottawa, il a eu droit à une ovation debout, et à une grandiose cérémonie d'adieu à New York, où il a longuement salué la foule : cette dernière rendait hommage au plus grand joueur de tous les temps. Épilogue doux-amer pour *La Merveille* : il avait certes fait du hockey un sport populaire chez les jeunes de tout le continent ; certes ses avoirs personnels étaient devenus incroyables, même à ses yeux, mais il n'avait plus remporté une seule Coupe Stanley depuis qu'il avait quitté le Canada.

En 2002, il revenait avec Équipe Canada, mais cette fois en tant que directeur-gérant de l'équipe. Bien que faisant alors partie du monde ordinaire et non plus des joueurs, Gretzky a ranimé l'espoir chez les amateurs que la puissance de son génie, couplée à son charisme personnel, allait inspirer aux athlètes canadiens le désir de la palme suprême. Une fois de plus, on donnait à Gretzky le rôle du Messie.

Le hockey féminin a fait ses débuts olympiques aux Jeux d'hiver de 1998, à Nagano, au Japon. L'équipe canadienne était quasi assurée de l'or, ayant remporté quatre championnats du monde d'affilée. Mais lors de la finale du championnat, des blessures et une mauvaise punition les ont fait s'incliner 3 à 1 devant l'équipe des États-Unis. (De gauche à droite : Stacy Wilson, Thérèse Brisson et Danielle Goyette) *(Presse canadienne)*

CHAPITRE 10
LE RETOUR AUX SOURCES

Le 27 mai 2000, pendant le septième match des demi-finales de la Coupe Stanley opposant les Stars de Dallas à l'Avalanche du Colorado, une terrible dépêche est tombée, annonçant la mort de Maurice Richard, à l'âge de 78 ans.

Avant les funérailles, plus de 100 000 personnes ont tenu à défiler devant la dépouille mortelle de Richard, tout comme l'avaient fait des milliers de Canadiens, 60 ans auparavant, pour un autre héros national, Howie Morenz. Morenz avait été exposé solennellement au Forum, le Temple que lui et Richard avaient marqué à jamais du sceau de leur génie, mais c'est sur la patinoire du Centre Molson que les amateurs on rendu un ultime hommage au « Rocket ».

Dans un premier temps, Gabriel Labbé n'avait pas imaginé se joindre au défilé pour saluer son héros. Il raconte : « Je ne me sentais pas bien. Je n'irais pas, un point c'est tout. Et puis j'ai senti au fond de moi quelque chose d'étrange, comme un regain d'énergie, et là je me suis dit : "t'es capable. T'as la force d'y aller. Tu y vas ! " » Il en fut de même pour toutes les mères emmenant leurs bébés, les post-ados qui n'avaient vu de Richard que ses exploits sur bande vidéo, les admirateurs d'hier et de la veille, et puis les piliers du Temple de l'équipe des Canadiens, Émile Bouchard et Jean Béliveau, puis le frère cadet Henri, baptisé « le petit Rocket ». Labbé a présenté ses condoléances aux enfants de Richard, présents bien sûr, une vraie famille comme les milliers d'autres qui s'étaient un jour senties liées à elle. Plusieurs des personnes présentes s'appelaient Richard ; un des fils de Labbé s'appelait Richard.

Pendant que le cortège funéraire cheminait vers la Basilique Notre-Dame, la foule massée aux abords de la rue Sainte-Catherine scandait « Maurice ! Maurice ! », comme pour l'encourager une dernière fois. Quand le corbillard a atteint l'église, les gens ont applaudi, et le gong des tours a retenti neuf fois, pour célébrer le dernier, et pour plusieurs, l'unique numéro 9 de l'histoire de Montréal. Ses coéquipiers, eux aussi des « glorieux » – Jean Béliveau, Dickie Moore et Elmer Lach, ont alors déposé le cercueil à l'intérieur de la basilique, ce qui a fait écrire au correspondant de la *Gazette* de Montréal : « Sans doute pour la première fois depuis qu'il avait quitté les bras de sa mère, le « Rocket », celui-là même qui emmenait son équipe à la victoire avec 10 joueurs accrochés à son chandail, avait besoin d'aide. »

À l'intérieur de la nef de la basilique, plus de 2700 invités, sans compter les 1000 autres sièges réservés sous les voûtes par la famille de Richard, et destinés aux petites gens en qui Richard disait se reconnaître. On a alors vu le premier ministre du Canada assis aux côtés d'un premier ministre séparatiste, des skinheads et des banquiers, des francophones et des anglophones, ainsi que des joueurs qui avaient porté les couleurs bleu blanc rouge fraterniser avec d'autres qui avaient porté le chandail bleu et blanc de Toronto. Un autre numéro 9, Gordie Howe, maintenant les cheveux blancs, est venu rendre hommage à son plus grand rival. Howe explique : « On ne l'aimait pas parce qu'il nous battait, mais on lui portait un immense respect. Et le « Rocket » a été fidèle à lui-même, jusqu'au bout. »

L'ami personnel de Richard, le cardinal et archevêque de la ville de Montréal, Jean-Claude Turcotte, s'est dit surpris dans son sermon d'avoir vu défiler un tel éventail d'admirateurs venant d'horizons aussi divers. « Comment est-il possible, a-t-il demandé, qu'un simple joueur de hockey ait déclenché un tel amour et une admiration aussi grande ? » Tout le monde savait bien, et l'archevêque le

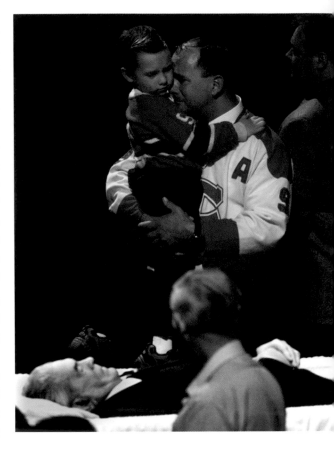

La mort de Maurice Richard le 27 mai 2000, à l'âge de 78 ans, a marqué la fin d'une époque, à la fois pour les amateurs d'hier, habitués au feu de son regard quand il s'élançait sur un gardien adverse terrifié, et pour la jeune génération, qui ne connaissait de ses exploits que ce qu'offraient de vieilles bandes filmées. Avant les funérailles, plus de 100 000 personnes ont défilé devant son cercueil, bien que leur héros disparu n'ait pas été exposé au Forum, la patinoire qu'il avait électrisée avec son immense talent, mais au Centre Molson, là où il n'avait jamais joué, mais que les amateurs émus appelaient maintenant sa demeure. On voit sur la photo « Rocket » Boily et son bébé, Maurice Richard Boily, rendre un ultime hommage à leur héros. *(Presse canadienne)*

premier, que Richard était beaucoup plus qu'un « simple joueur de hockey », même s'il ne s'était jamais vu lui-même sous d'autres traits que ceux-là. Sa famille a jugé bon de refuser poliment l'offre faite par le gouvernement provincial de draper le cercueil de Richard du Fleurdelisé, un puissant symbole nationaliste. Durant toute sa carrière, Richard avait refusé qu'on utilise son nom à des fins politiques. Il avait le sentiment qu'il avait été mis sur terre pour mettre des rondelles dans le but, et d'y mettre tout le sérieux possible. Guy Lafleur commente : « Il a toujours dit franchement ce qu'il pensait, et les gens se sont identifiés à lui pour cette raison. Personne ne pouvait acheter le « Rocket »... il était ce qu'il était, et rien d'autre. » Et d'un coup, il n'était plus.

La mort de Maurice Richard au début du nouveau millénaire a sonné le début de temps difficiles pour le monde du hockey. Pendant plus d'un siècle, le Canada avait porté au pinacle le sport qu'il avait brandi à la face du monde, mais vers la fin des années 1990, l'enthousiasme n'était plus là – ironie du sort : son immense succès en était en partie la cause.

Wayne Gretzky avait inspiré toute une génération de jeunes espoirs, et vers le milieu des années 1990, plus d'un demi million d'entre eux, garçons et filles, s'étaient inscrits dans les fédérations de hockey mineur du pays. Le résultat fut une meilleure allocation du temps de glace, des instructeurs plus compétents et sur la glace, une compétition à la fois intense et parfois disgracieuse. En juin 1996, Ken Dryden écrivait un rapport sérieux et inquiétant sur le programme de hockey de l'Université de Moncton : « Il fut une époque où le sport en général constituait un monde à part, idéalisé, doté d'un code de conduite spécifique tourné vers *l'excellence*, et fait d'esprit sportif. C'était la façon qu'avaient les riches – les seuls à pouvoir trouver le temps et l'énergie nécessaire pour jouer au hockey – d'enseigner à leurs enfants les dures leçons de la vie : le travail, le sens moral et la discipline. Les leçons qui forgent le caractère et fondent les empires. Mais avec le temps, le sport a été absorbé par des questions d'argent, de célébrité, de patriotisme, il s'est de plus en plus inspiré de la vie réelle, et on a fini par y introduire tous les comportements de cette dernière. »

L'incident à l'origine du rapport Dryden eut lieu le 24 février 1996. L'équipe universitaire masculine de l'Université de Moncton, les Aigles bleus, disputait la deuxième joute d'une série 2 de 3 contre les Panthers de l'Université de l'Île-du-Prince-Édouard, à Charlottetown. Avec un pointage de 2 à 2 en période de prolongation, on vit un joueur avant de l'UIPE lancer en direction du gardien adverse – la lumière s'allume, mais l'arbitre Brian Carragher n'indique pas de but ; la lumière s'éteint.

Quelques joueurs de l'UIPE commencent à faire la fête mais Carragher donne un coup de sifflet pour arrêter le jeu et fait signe que non, avec les mains, ce qui indique soit une interruption de la partie soit un but refusé. Quelques joueurs de l'UIPE ont interprété le geste de l'arbitre en ce sens et s'élancent vers l'arbitre pour protester.

Lui s'éloigne et demande l'avis de ses juges de ligne et du juge de buts. Ce dernier et l'un des juges de ligne déclarent alors avoir vu la rondelle toucher le fond du filet – et le but est accordé.

Les Aigles bleus étaient furieux. Ce qu'ils avaient vu, eux, c'était le geste de l'arbitre refusant le but. Et si le juge de buts avait rapidement éteint la lumière, c'est qu'il avait reconnu son erreur. Carragher s'est soudain vu entouré de nombreux joueurs de Moncton bien décidés à lui dire leur façon de penser ; un coup a été porté, puis deux. Dryden, qui assistait à la rencontre, a confié : « J'étais terrifié. Je voyais ça, et je me disais : là, on a franchi la ligne rouge. On ne touche pas à un arbitre. Quels que soient les faits, rien ne justifie qu'on touche à un arbitre. Point final. »

La rencontre n'était pas télédiffusée, mais une équipe de la CBC était sur place pour rendre compte des faits marquants de la joute, et peu après, c'est tout le continent nord-américain qui assistait au tabassage d'un arbitre par une

Cette photo allait désormais le faire reconnaître parmi cent autres : pendant les arrêts de jeu, Ken Dryden debout, s'appuyant sur son bâton. Le prestige de Dryden comme gardien étoile des Canadiens de Montréal a fait comparer cette façon de se tenir de l'athlète universitaire à celle du célèbre *Penseur* d'Auguste Rodin. *(Frank Prazak/Temple de la Renommée)* équipe universitaire. Les amateurs furent sous le choc : cent fois on leur avait raconté des incidents impliquant des instructeurs ou parents enragés s'en prenant aux arbitres, mais là, c'était trop.

Ken Dryden s'est avéré le meilleur observateur de ce phénomène à vrai dire inquiétant : il était par nature beaucoup plus proche de l'athlète scolarisé du siècle précédent, pour qui le sport était une occasion d'affirmer le meilleur de sa personnalité, que de la brute assoiffée de sang lâchée sur la glace et prête à tout pour gagner. Après sa retraite, il s'était fait essayiste, signant coup sur coup deux succès de librairie : *The Game*, et *Home Game*. Après une année passée dans une école secondaire de la banlieue de Toronto, il a aussi écrit un ouvrage sur le système éducatif canadien, *In School*. Avant la publication de son rapport sur la rencontre [de Charlottetown], il avait œuvré au sein du ministère de l'éducation de l'Ontario et enseigné à l'Université de Toronto. Avocat de formation, il avait aussi un bon bagage d'expériences de toutes sortes qui l'ont aidé à interpréter les faits survenus lors de ce match, et à suggérer des solutions pour l'avenir.

Pour Dryden, l'enthousiasme entourant le hockey avait besoin d'être quelque peu bridé, non pas, certes, en transformant un sport amusant ou palpitant en activité programmée ou ennuyeuse, mais en prévoyant des moyens qui empêchent le feu des passions de devenir incontrôlable et de déboucher sur des actes de délinquance irréparables. Il écrit : « Bien sûr, le but du sport mineur, tant au niveau secondaire que post-secondaire, est d'apprendre, mais le sport en lui-même n'est ni bon ni mauvais. On y apprend ce qu'on expérimente et ce qu'on se fait dire de faire, et à ce chapitre, ceux qui donnent le ton, qui suscitent l'ambiance et indiquent le cadre général de cette activité, ce sont les parents, les instructeurs et les dirigeants. »

L'Université de Moncton a réagi à chaud aux incidents de ce soir-là, adoptant l'attitude, indique Dryden, de qui a décidé « d'enfermer quelqu'un et d'aller jeter la clef au loin ». Trois joueurs suspendus pour cinq ans, un pour deux ans, et un autre pour un an, sans compter de multiples suspensions infligées aux entraîneurs. Suite à un appel déposé devant le Comité d'éthique des Associations sportives des Universités des Provinces atlantiques, les suspensions furent réduites et la peine liée à un service communautaire. Extrait du rapport du Comité d'éthique : « À plusieurs égards, ces étudiants se trouvent être des citoyens modèles. Ils ont commis une faute qui pour eux tous était une première, et il nous semble hautement improbable qu'ils récidivent un jour. »

La Fédération canadienne de Hockey ne fut pas d'accord. Elle réprimanda le Comité pour « faute de jugement », et réimposa les peines originelles en dépit du fait qu'un des accusés ait été lavé de toute accusation par la police, et que cette dernière ait déposé des accusations pour assaut à l'encontre de plusieurs autres joueurs des Aigles bleus. Les autres accusés avaient plaidé coupables et furent mis à l'amende, en plus d'acquittements conditionnels liés à 50 heures de service communautaire à effectuer durant les 12 mois prévus de probation.

Dryden a mis de l'avant plusieurs recommandations, mais la plus étonnante fut de demander à l'Université de Moncton de mettre en veilleuse tout son programme de formation, et ce, pour une période de deux ans, pendant qu'elle-même et d'autres universités s'interrogeraient sur la place que devait occuper le sport dans leurs communautés respectives. Par extension, il obligeait le monde du hockey dans son ensemble à se poser la même question. Il écrivit à ce propos : « le feu de l'action, c'est une réalité qui concerne tout le monde. »

Trois ans plus tard, les demandes de Dryden apparurent de plus en plus d'actualité. Après la faute commise par les Aigles bleus ; après l'espoir d'une médaille d'or devenue médaille d'argent remportée par l'équipe féminine canadienne aux Jeux olympiques de Nagano, en 1998, et les rêves brisés de l'équipe masculine ; après qu'a été introduite dans le vocabulaire courant l'expression « la rage de vaincre », litote très spécieuse pour désigner la bonne vieille brutalité du primate évoluant sur les patinoires de la ligue mineure, Dryden a lancé un appel à Hockey Canada, disant : « Il nous faut un autre Sommet du Hockey sur glace ! »

Dryden avait fait partie de la Série du Siècle de 1972, l'année où un ingénu sentiment de supériorité canadienne en matière de hockey avait reçu, en dépit de la victoire, une claque magistrale. Dryden déclara : « On avait gagné, mais plus jamais notre image de nous-mêmes ne serait la même. » Ce sont les mots qu'il a employés à l'été de 1999, à Toronto, lors du discours inaugural tenu devant un aréopage de dirigeants du monde du hockey, baptisé pour la circonstance – et c'est là le signe d'une époque toute entière sous l'emprise des grands conglomérats – « Sommet du tournoi sur glace Molson ». Pendant trois jours, en août de cet été-là, une bonne centaine parmi les principaux acteurs du monde du hockey canadien ont débattu de l'avenir d'un sport qui leur tenait à cœur et dont la réputation se trouvait mise à mal par la violence qui partout pointait. Ils représentaient la LNH, les équipes de la LNH, les associations de parents, d'instructeurs et de directeurs de succursales du hockey mineur, sans compter le bureau de direction de la Fédération canadienne de Hockey. Ils confrontèrent leurs vues sur la meilleure façon de sortir notre sport national des années noires qui s'annonçaient, de lui redonner sa vigueur d'antan, son potentiel artistique, bref de ranimer l'âme canadienne de ses débuts et faire de cette « canadianité » l'étendard du siècle naissant.

« Comment expliquer qu'on ne fait pas davantage de bonnes passes ?... Comment est-il possible de jouer autant de parties sans jamais se pratiquer ?... Et où nous situons-nous en matière d'implication physique, de maniement du bâton, parfois pour frapper ou se battre ? », demanda Dryden à son auditoire. « Est-ce si nécessaire ? Est-ce aussi naturel ou spontané qu'on le dit, ou ne serions-nous pas les seuls à agir de cette façon ? N'y aurait-il pas là un obstacle au développement de nos autres talents ? On n'apprend pas à nager à un enfant en l'envoyant dans un banc de requins ! Jamais il ne va pouvoir se concentrer sur la natation comme telle – tout ce qu'il va faire, c'est se laisser flotter. »

Le thème central de Dryden était le changement de comportement. Il a fait le tour de tous les progrès enregistrés par le hockey au cours du siècle précédent, depuis la passe avant et le masque du gardien jusqu'au style de Wayne Gretzky. « Les changements, insista-t-il, ne viennent pas d'abord des institutions ou des

L'ailier droit étoile de la LNH, Steve Larmer, fut aussi un visionnaire capable de s'inspirer des leçons du passé. Après avoir participé au Sommet du tournoi sur glace de 1999, qui s'était donné pour objectif de rehausser la qualité du hockey en général, Larmer, en compagnie d'un copain entraîneur de sa ville natale de Peterborough, a mis de l'avant un outil pédagogique merveilleusement simple, et qu'il connaissait à fond : faire jouer des gamins de huit ans sur des patinoires extérieures. Sans règlements, et sans instructeurs obsédés par l'idée de gagner, les jeunes deviennent inventifs – ils sont libres ! *(O-Pee-Chee/Temple de la Renommée)*

dirigeants, ils viennent des individus, qu'ils soient joueurs, instructeurs ou propriétaires. »

Il avertit les délégués qu'au cours du prochain siècle, « ce qu'on fera sur la patinoire aura un lien direct avec ce qu'on fera *en dehors de* la patinoire ». L'assistance se dit prête à relever le défi : en puisant dans les expériences passées, elle garantirait au hockey un meilleur avenir. On déposa de nombreuses recommandations : former des maîtres-instructeurs, donner plus de temps aux pratiques et alléger le calendrier des joutes, renouer avec les techniques de base du hockey, depuis longtemps oubliées dans la course folle pour gagner à tout prix. En enseignant respect et tolérance, les Canadiens redécouvriraient le plaisir de l'activité physique, et par ce biais, assureraient l'avenir de leur sport national.

Des chansons pour le hockey

« La chanson du hockey », une ritournelle prévue pendant les arrêts de jeu d'un match et jouée dans tous les arénas canadiens, est vite devenue une tradition. Écrite et exécutée par « Stompin » Tom Connors, elle est peut-être le plus connu des airs entonnés à la gloire du hockey, mais pas le seul. C'est tout un répertoire de chansons, la plupart entraînantes, qui ont vu le jour pour célébrer le hockey et son histoire. On se rappelle celle, très populaire, tragique, intitulée « Fifty Mission Cap », racontant la triste fin de Bill Barilko, des Maple Leafs, la nostalgique « Hockey », de Jane Siberry, remémorant les après-midi d'hiver de nos enfances passées sur la patinoire, et celle de Warren Zevon, « Frappe », disant les rêves secrets des « durs » sur la glace. Sans doute la plus expressive de toutes, celle, sans parole, jouée pour la première fois en 1968, comme thème musical de *Hockey Night in Canada*, que certains amateurs enthousiastes n'hésitent pas à appeler de nos jours « Le deuxième hymne national du Canada », jouée dans les mariages, les bar mitzvah et les soirées de commémoration – et jusque dans les téléphones cellulaires. Le 30 mai 2004, ce sont plus de 900 saxophonistes qui ont accompagné l'orchestre de jazz « The Shuffle Demons » au Dundas Square de Toronto, inscrivant du coup au Livre des records l'une des chansons les plus populaires du pays. *(Shuffle Demons)*

Steve Larmer était l'un des participants au Sommet. Gagnant du Trophée Calder avec les Black Hawks de Chicago, il avait terminé sa carrière avec les Rangers de New York ; en 1994, une saison de 21 buts avait propulsé son équipe en finale de la Coupe Stanley, la première des Rangers en 54 ans. Pour Larmer, il manquait au hockey la toute première chose qui lui avait donné envie de jouer, à lui, c'est-à-dire le plaisir.

Après le sommet, il fit équipe avec Ed Arnold, rédacteur au quotidien de sa ville natale de Peterborough, en Ontario, et ex-instructeur de la Ligue de Hockey de l'Ontario à Peterborough. Leur idée de génie, toute simple : ramener les gamins de huit ans sur les patinoires improvisées d'antan. Il y aurait très peu de règlements, une structure souple, et les joueurs seraient appelés à jouer à toutes les positions. On ne parlerait jamais de « faute ». Larmer explique : « On n'est pas là pour leur crier après. Si tu cries, ils vont avoir peur, et ils vont avoir peur de commettre la même erreur, et ils ne feront rien d'autre. On s'en fiche qu'ils commettent des erreurs. S'ils se trompent cette fois, ça va peut-être marcher la prochaine fois ! Il faut s'accrocher à cette attitude-là : leur faire dire et penser "je suis capable", "je suis capable", "je suis capable !" »

De retour à Montréal après 18 années passées en Europe comme instructeur, Richard Jamieson fut choqué de voir la façon de jouer des joueurs des ligues mineures du Québec. « Je n'en croyais pas mes yeux, expliqua-t-il. Tout était physique, brutal, tout le monde voulait intimider tout le monde. Tu ne peux même pas penser à gagner si dans ton équipe il n'y a pas trois ou quatre fiersà-bras. Les joueurs jouaient avec la peur au ventre. » Durant sa longue carrière de 40 années en tant qu'instructeur, Jamieson avait œuvré au sein d'équipes canadiennes de hockey junior majeur et d'équipes professionnelles américaines. De retour au pays, il fut nommé entraîneur de Petite-Nation, une équipe formée d'adolescents de 15 ans évoluant dans l'Outaouais, située dans la partie ouest du Québec. D'entrée de jeu, il eut à cœur d'introduire dans son équipe un nouveau système fondé sur le respect.

Le système fut baptisé « Franc jeu »[1] (clin d'œil envoyé au "fair play"). Désireux de réduire le niveau de violence régnant au sein du hockey mineur, Hockey Québec inventa un ingénieux concept : les équipes se voyaient récompensées pour leur respect du règlement. Une équipe ayant compté moins de buts pouvait obtenir un point de plus au classement si elle se maintenait en deçà d'un certain nombre de minutes passées au banc des pénalités. Inversement, une équipe gagnante pouvait perdre un point si elle avait accumulé trop de pénalités dans sa quête d'une victoire.

Jamieson explique : « Il s'agit d'une toute autre philosophie. Avec le système Franc jeu, on redonne aux jeunes le plaisir de jouer au hockey. Avant, l'instructeur avait trop de pouvoir. Il pouvait jouer de l'intimidation à volonté, et l'équipe récoltait 10, 12, 20 punitions. Ça ne le dérangeait pas vraiment – il n'y avait aucun prix à payer pour ce type d'attitude. Depuis le début, je vois les choses de la façon suivante : Franc jeu, c'est nous, et le résultat final de ce qui se passe sur la glace, ça dépend de toi. Si on se respecte mutuellement et qu'on essaie de se comprendre les uns les autres, chacun va faire en sorte que tout le monde profite de son action. C'est ça, l'esprit d'équipe. »

L'esprit d'équipe inculqué par Jamieson et appliqué par les joueurs du système Franc jeu a déplu aux partisans de l'autre système, celui de la punition vue comme élément stratégique du déroulement d'une partie. Selon cette philosophie de « la punition bénéfique », faire trébucher un joueur qui s'échappe est une bonne tactique – il ne leur venait pas à l'idée qu'apprendre au gardien à neutraliser une échappée serait préférable. Mais les adversaires les plus coriaces de Jamieson furent les parents eux-mêmes, intervenants essentiels dans le développement du hockey à venir. Jamieson explique : « Franc jeu est une excellente approche, mais le jour où les parents vont se mettre à applaudir les beaux gestes posés sur la patinoire et à cesser de critiquer l'arbitre, une bonne part de la violence actuelle va disparaître. C'est ce qui me fait dire que Franc jeu est certes un outil important, mais qu'il faut aller encore plus loin. »

L'école secondaire Édouard-Montpetit de Montréal était allée plus loin, en s'attaquant concrètement à l'une des propositions centrales déposées par les délégués du Sommet du tournoi sur glace, soit une insertion plus imaginative du hockey au sein du programme scolaire. Certaines écoles fermaient leur patinoire entre 9 h et 16 h ; quant aux cours d'éducation physique – s'il y en avait – ils concernaient plutôt le basketball ou la gymnastique.

---

1. En français dans le texte. NDT

Édouard-Montpetit faisait partie du petit nombre d'écoles offrant le programme sport-étude au Québec, qui prévoyait des cours le matin, et des activités sportives l'après-midi, l'accent portant sur l'inventivité plus que sur la compétition. Les étudiants se voyaient alors invités à appliquer les connaissances acquises à l'école en s'inscrivant dans des ligues, obligation leur étant faite d'avoir une moyenne générale de 75 % pour l'ensemble de leurs cours sous peine d'être exclus du programme.

Cette approche combinée du sport et de l'excellence académique a donné de bons résultats. Plusieurs diplômés ont en effet rejoint les rangs de la LNH, dont le gros travailleur défensif des Canadiens de Montréal Patrick Traverse, le dur ailier droit Ian Laperrière, du Colorado, et le talentueux homme fort d'Edmonton, Georges Laraque. Le plus célèbre diplômé d'Édouard-Montpetit fut Éric Gagné, brillant lanceur de relève des Dodgers de Los Angeles, également très bon joueur de hockey. Incidemment, le hockey et le baseball sont les deux principales disciplines sportives enseignées à Édouard-Monpetit.

L'un des principaux acteurs de cette réussite, Benoît Barbeau, a commencé à œuvrer comme entraîneur d'une équipe de hockey en 1989, l'année où Édouard-Montpetit est passé au programme sport-études. Stratège avisé, il cumule les diplômes : baccalauréat spécialisé en éducation physique, section hockey, maîtrise en administration sportive de l'Université de Montréal, et certificat d'intervention psychosociale de l'Université du Québec à Montréal.

Benoît Barbeau est à la fois entraîneur et concepteur du programme Sport-étude, qu'il a introduit et piloté à l'école secondaire Édouard-Montpetit, en 1989. Le programme permet à de jeunes espoirs de développer leurs talents sportifs tout en suivant les cours habituels prévus dans une école ; il insiste aussi sur les performances de l'athlète, la pratique et l'innovation, plutôt que sur la compétition. La méthode Barbeau est devenue célèbre : elle met de l'avant l'imagination de l'athlète. Quand se pose un problème dans un sport donné, n'importe lequel, on ne le règle pas avec des ordres, on s'en remet à l'approche inventive dite « résolution de problème ». *(École Édouard-Montpetit)*

En 1986, il devient conseiller technique à Hydro-Québec, et pendant la saison 1993-1994, il invente une méthode novatrice, la Méthode Barbeau, qu'il qualifie d'« approche pédagogique moderne non traditionnelle », et en vertu de laquelle l'étudiant est déclaré libre de commettre des erreurs. Soulignant la différence entre sa propre méthode et celle de la plupart des instructeurs, il indique : « Le hockey a toujours été un domaine où l'enseignement passe pour l'essentiel par des ordres donnés à des subalternes. "Fais ça ! Tu vas voir que ça marche !", "Reste là, c'est là, ta place", sans nécessairement amener les jeunes à comprendre par eux-mêmes où se placer et quels gestes poser. Par exemple : tu viens vers moi pour m'enlever la rondelle. J'ai un problème. Je dois régler ce problème... En d'autres termes, qu'est-ce que je vais faire pour t'empêcher de me l'enlever ? Chacun possède sa petite boîte à outils et va l'utiliser. Il n'y a pas deux jeunes qui vont le faire de la même façon, mais ils vont respecter les règles, des règles précises, les grands principes de base. »

Barbeau a aussi fait sienne une autre recommandation capitale du Sommet du tournoi sur glace : un meilleur entraînement et un meilleur encadrement des instructeurs. « Est-ce que vous vous rendez compte ? En moyenne, un apprenti-instructeur rencontre son équipe deux ou trois fois plus souvent qu'un prof d'éducation physique, et lui, il a quatre années d'université dans le corps. C'est comme ça que ça marche ! »

Les écoles offrant le programme sport-études utilisaient les services d'entraîneurs professionnels, et l'un d'entre eux avait des antécédents irréprochables de joueur et d'enseignant. En tant que membre des premières équipes de hockey féminin canadien, tant au niveau national qu'olympique, la pionnière France Saint-Louis avait vécu et accompagné les profonds changements survenus au sein du hockey féminin pendant les 20 années de sa carrière. Quand elle a débuté, en 1978, elle avait 19 ans, il n'existait pas d'équipes féminines de hockey au niveau national, mais quand elle a pris sa retraite 20 ans plus tard, elle avait remporté une médaille d'argent pour Équipe Canada lors des Jeux olympiques de Nagano, en 1998.

En tant que professeure d'éducation physique à l'école secondaire De Mortagne, à Boucherville, sur la rive-sud de Montréal, Saint-Louis a mis sur pied un programme sport-études avec l'idée bien arrêtée d'offrir aux élèves la chance, non seulement de poursuivre leurs études tout en recevant une formation sportive, mais aussi de pouvoir rester au Canada pour le faire. « Ils peuvent faire leur cégep, puis l'université, tout en étudiant et pratiquant le hockey, explique Saint-Louis. Ça, c'est formidable, mais plusieurs de nos joueurs filent encore aux États-Unis. C'est de notre faute. Il nous faut résoudre ce problème et faire en sorte qu'ils restent au Québec. On a trop de bons joueurs de hockey ici ! »

Ce qui incitait les joueurs de hockey canadiens, hommes et femmes, à s'exiler au sud, c'est le système de bourses richement doté au niveau du sport universitaire. Quand des joueurs peuvent choisir entre quitter le foyer familial à l'âge de 14 ans, jouer dans une ligue de hockey Junior A au Canada mais perdre toute admissibilité au régime des bourses offertes, et se priver de hockey junior mais être accepté dans une université américaine, ils prennent tout ce qu'il y a de bon d'un côté : une formation, et une chance d'être remarqué par des éclaireurs professionnels qui prennent au sérieux une formation en hockey dans une université américaine. Trois ligues junior canadiennes ont voulu relever le défi en offrant des bourses à même leurs fonds, ajoutant le gîte et le couvert pendant la durée du stage en hockey junior, puis les frais d'inscription à une université canadienne – si le joueur en question ne faisait pas partie des très rares candidats sélectionnés par la LNH une fois terminée officiellement sa carrière de hockey junior à l'âge de 20 ans.

Ce programme a effectivement incité plus de joueurs à rester au Canada, mais il y avait un hic pour le talentueux joueur de hockey de 18 ans qui optait pour une université canadienne : il avait toutes les chances de réchauffer le banc des joueurs, et ce, pour un long moment, les « anciens » du hockey junior A constituant le gros des effectifs de l'équipe. Le pays qui avait mis au monde le hockey n'avait pas encore trouvé le moyen le plus sûr pour que ses jeunes talents restent au pays, soient heureux d'y être, jouent avec les meilleurs, et puissent y envisager une carrière.

Donc, à l'approche des Jeux olympiques de Salt Lake City en 2002, et en dépit d'une réflexion en profondeur sur toute la question, d'approches pédagogiques innovantes et de programmes combinant études et sport, le hockey canadien avait plusieurs défis à relever, et à plusieurs niveaux. Les joueurs d'élite du pays ruminaient toujours les mauvais souvenirs de Nagano. Le pays avait besoin de quelque chose qui n'était pas de l'ordre du remue-méninges et des innovations pédagogiques. Le Canada avait besoin de héros.

Âgée de 15 ans à peine, Hayley Wickenheiser fut invitée à joindre les rangs de l'équipe nationale de hockey féminin. Vu son âge, on l'a surnommée « chaise haute ». En 1994, elle remportait avec son équipe la médaille d'or du championnat mondial de hockey féminin, dont l'aînée, France Saint-Louis, alors âgée de 35 ans, se faisait appeler par elle « M'man ».

Joueuse de centre, Wickenheiser affichait des antécédents classiques. Elle avait grandi à Shaunavon, en Saskatchewan, chaussant ses premiers patins à l'âge de deux ans. Les samedis soirs, comme des millions d'autres jeunes Canadiens, elle s'assoyait devant *Hockey Night in Canada*, et applaudissait le génial artificier Wayne Gretzky et la force tranquille d'un Mark Messier, tous deux grands bâtisseurs de la dynastie des Oilers d'Edmonton dans les années 1980. Entre les périodes et après la joute, elle courait s'entraîner sur la patinoire improvisée dans la cour familiale par le père d'une amie, et comme tous les gamins du coin, elle voulait devenir Gretzky. Elle adorait tout ce qui avait rapport au hockey.

Voulant expliquer plus tard son engouement et celui de millions d'amateurs, elle déclarait : « Dans le hockey, il y a tout ! Tu dois être fort et rapide. Intelligent, savoir inventer des choses. Et toute cette effervescence, cette fébrilité : ce n'est jamais pareil d'une fois à l'autre. Ça débordait sur toutes mes activités d'enfant. Puis chaque fois, il y avait un sacré défi à relever. Dans ma petite

Hayley Wickenheiser avait à peine 15 ans, en 1994, lorsqu'elle fut invitée à joindre les rangs de l'équipe féminine canadienne de hockey, qui a remporté cette année-là la médaille d'or du Championnat du monde. Joueuse avant exceptionnelle, Wickenheiser a décroché une médaille d'argent du hockey féminin aux Jeux olympiques d'hiver de Nagano en 1998, et deux médailles d'or à Salt Lake City et à Turin, en 2002 et 2006. Son méga talent a attiré l'attention de la LNH, et les Flyers de Philadelphie l'ont invitée à leur camp de recrutement. En 2003, lors d'une série de matchs disputés en Finlande, Wickenheiser a passé le test haut la main, devenant la première femme à compter un but dans une ligue professionnelle masculine. Elle a confié par la suite : « Je ne voulais pas jouer dans une ligue masculine pour faire l'histoire, je voulais juste me prouver que je pouvais concurrencer les meilleurs, et pour donner un nouvel allant au hockey féminin. »

(Dave Sanford/FIHG/Temple de la Renommée)

ville, toute jeune encore, j'étais la seule fille avec mon amie Danielle à jouer au hockey. Et on ne faisait que ça. J'adorais ! »

Cet aspect quelque peu idyllique de son enfance fut aussi classique en un autre sens, car lorsqu'à l'âge de cinq ans elle voulut jouer dans une organisation, il n'y avait place que pour des garçons. Comme d'autres l'avaient découvert bien avant elle, le problème, ce n'était pas les coéquipiers, c'étaient les parents. Wickenheiser raconte : « Un jour, une mère m'a glissé à l'oreille : c'est pas ta place. Il faut que tu fasses autre chose. »

À l'âge de 12 ans, ses parents et instructeurs ont décidé de déménager à Calgary. Laisser derrière soi des amies chères au début de l'adolescence fut une expérience douloureuse, mais le déménagement fut pour elle d'une importance capitale : pour la première fois, elle a pu jouer dans une ligue féminine, et confronter ses talents à ceux de ses paires. « Se retrouver entre filles était plus agréable, je me sentais mieux dans ma peau, confia-t-elle. Je n'étais pas toujours obligée d'aller me changer toute seule, il y avait plein de filles dans le vestiaire. C'était tellement l'fun ! »

Son talent était un mélange de force, de rapidité et de créativité. Il n'en fallait pas tant pour que Wickenheiser surpasse toutes ses paires et se retrouve bientôt dans une des meilleures équipes de garçons de niveau Bantam. Et dans sa deuxième saison, il lui est arrivé quelque chose d'extraordinaire : elle a décroché le prix du joueur le plus utile à son équipe. Elle raconte : « Là, je t'avoue, c'est difficile à mettre en mots. Ça été une sorte de jalon dans l'histoire du hockey féminin, parce que personne à l'époque n'aurait même pu imaginer que ça arrive à une fille. J'étais entourée de gens qui ne voulaient pas me voir évoluer dans cette ligue. J'étais une cible. Eux, ils mettaient le paquet, et à chaque fois que je mettais les pieds sur une patinoire, je me disais : il faut que tu sois prête, et que tu sois la meilleure, si tu veux seulement bien jouer, c'est-à-dire jouer au niveau qu'il te faut atteindre juste pour survivre ! »

Wickenheiser n'a pas seulement survécu, elle est devenue la meilleure joueuse de hockey au pays, et son immense talent naturel a balayé tous les obstacles imposés, disait-on, par son sexe. Même après la déception qu'a représentée la médaille d'argent des Olympiques de Nagano, et même si elle était partiellement handicapée par une blessure au bras, Wickenheiser fut nommée meilleure athlète de son équipe, et ce ne fut pas un coup publicitaire de la part des Flyers de Philadelphie lorsque leur directeur-gérant, Bobby Clarke, offrit à Wickenheiser, en 1998, de faire un essai comme possible recrue de son équipe, et une autre fois l'année suivante.

Cette fois encore, Wickenheiser fut à la hauteur : elle évoluait avec des joueurs du calibre de la LNH, mais elle est demeurée modeste – et clairvoyante – dans ses aspirations. Elle expliqua : « À la base, je vois là une chance d'améliorer mon hockey. » Elle exprima aussi l'espoir qu'un jour pas trop lointain, une ligue de hockey professionnelle féminine verrait le jour : elle ne parlait pas que pour elle-même, elle le souhaitait au nom de toutes les femmes de talent du pays.

En 2000, Wickenheiser s'est de nouveau alignée avec une équipe olympique, mais en baseball, cette fois. Elle devenait du même coup la troisième canadienne à faire les Olympiques d'hiver et les Olympiques d'été, après la skieuse et kayakiste Sue Holloway, et la cycliste et patineuse de vitesse Clara Hugues. Mais la médaille d'or qui était passée sous le nez de l'équipe féminine canadienne lui restait sur le cœur, et elle fut reconnaissante pour ce qu'elle avait appris comme lanceuse de son équipe de balle-molle. Savoir mettre en perspective, peut-être, les espoirs canadiens d'une revanche lors des Jeux de Salt Lake City en 2002 : « J'ai beaucoup appris en matière de patience, de flair et de tension extrême. »

Mario Lemieux était un autre de ces joueurs qui savent tout des émotions qui vous étreignent quand il faut absolument gagner. Il avait remporté plusieurs victoires dans beaucoup d'arénas, mais la douleur physique était venue ternir les triomphes de la Coupe Stanley et de Coupe Canada. De terribles et chroniques maux de dos l'avaient marqué : il lui était arrivé de ne pouvoir se pencher pour attacher ses patins ou de devoir quitter la glace. En décembre 1992, il est allé consulter un médecin pour un kyste au cou, accompagné d'un mal de gorge. Le diagnostic est tombé : c'était la maladie de Hodgkin, un cancer.

Deux des oncles de Lemieux étaient morts du cancer. Pendant cinq ans, lui-même avait œuvré comme directeur honoraire de l'Institut du cancer de Pittsburgh, et il ne se contentait pas de figurer dans des tournois de golf organisés pour des levées de fonds, il allait lui-même visiter des enfants dont les chances de survie étaient 10 fois moindres que les siennes. Son cancer avait été diagnostiqué à temps, et il avait 95 % de chances de s'en sortir.

Au cours des quatre semaines qui ont suivi, Lemieux a été soumis quotidiennement à des séances de radiothérapie, du lundi au vendredi, et alors que pour d'autres, la thérapie en question a d'importants effets indésirables, on a vu, chez l'athlète Mario Lemieux, que son conditionnement physique excep-

Le hockey en pleine nature

En janvier 2002, le tout premier Championnat du monde du Hockey sur glace extérieure s'est tenu à Plaster Rock, au Nouveau-Brunswick. Danny Braun y œuvrait comme responsable du développement communautaire, et pour financer un nouvel établissement sportif, il a eu l'idée d'organiser un grand rassemblement payant de joueurs de hockey extérieur. Le tournoi inaugural a attiré plus de 40 équipes des Maritimes et du Maine, venues disputer pendant une fin de semaine une trentaine de matchs de poule, chacune rêvant d'emporter avec elle une réplique en bois de la Coupe Stanley. En 2005, ce sont plus de 95 équipes qui sont débarquées au Lac Roulston, venues de tout le Canada et des îles Caïmans (!). Sur le lac, on a dénombré 24 patinoires disposées côte à côte, clin d'œil affectueux à une époque où la plus belle patinoire, c'était la Nature. *(Brian Smith/Village de Plaster Rock)*

tionnel, doublé de sa volonté de vaincre, s'est avéré salutaire. Après son ultime traitement, le 2 mars 1993 – on pouvait voir les traces récentes des brûlures radioactives sur son cou – Lemieux s'est envolé pour Philadelphie rejoindre les Pingouins. Ce soir-là, après une minute et demi d'ovation debout offerte par ses fans de Philadelphie, par nature peu enclins à s'attendrir, Lemieux a célébré son retour à la santé en comptant un but et obtenant une mention d'aide.

Lemieux s'est retiré en 1997, à l'âge de 31 ans, en n'oubliant pas de souligner sa dernière présence sur la glace avec un autre but. Le Temple de la Renommée a renoncé au délai habituel de trois ans, et l'a reçu en son sein l'automne suivant. Un autre coup dur l'attendait, cette fois de la part de son club, qui se trouvait en très mauvaise situation financière : il apprit qu'on ne pourrait lui payer les 33 millions qu'on lui devait sur les 42 prévus au contrat qu'il avait signé en 1992. Après avoir vainement tenté de régler la question devant une cour de justice, Lemieux a posé un geste totalement inédit de la part d'un joueur professionnel : il a acheté son équipe, devenant du même coup l'un de ses principaux actionnaires. Et pour faire monter la valeur de la franchise, il a retiré son numéro 66 accroché aux chevrons de l'aréna, et il a décidé de renouer avec la compétition.

En tant que capitaine de l'équipe canadienne de hockey aux Jeux olympiques d'hiver de Salt Lake City, en 2002, Mario Lemieux portait sur ses épaules le plus gros des espoirs de médaille d'or du pays. 2002 est l'année où pour la deuxième fois, des joueurs de la LNH purent figurer sur l'alignement d'une équipe olympique. Après les insuccès répétés et partout décriés d'Équipe Canada dans leur quête d'une médaille d'or, Lemieux et ses coéquipiers furent soumis à une pression terrible. Mais Lemieux s'y connaissait en matière de tension extrême, lui qui se remettait d'un traitement du cancer, luttait en permanence contre de violents maux de dos, et qui avait quitté sa retraite pour sauver les Pingouins de Pittsburgh, retournant à ses anciennes amours à la fois comme joueur et propriétaire de l'équipe. En cinq matchs, cette année-là, il a compté six buts, et mené le Canada à sa première médaille d'or depuis 1952. *(Dave Sandford/FIHG/Temple de la Renommée)*

Commentant son retour, Mario explique : « Les premiers entraînements ont été pénibles. Je patinais mal, et je me fatiguais très vite. Il était clair que je n'étais pas en forme, mais après deux semaines environ, j'ai recommencé à mieux patiner, je me suis senti beaucoup mieux – pas seulement le coup de patin qu'il fallait, mais aussi le contrôle de la rondelle, et c'est à ce moment-là que j'ai su que j'avais de très bonnes chances de revenir au jeu. »

Lemieux est revenu jouer dans la LNH le 27 décembre 2000, après 44 mois de repos. Il avait maintenant 35 ans, et il fit bientôt savoir à tout le monde qu'il était vraiment revenu : après seulement 33 secondes de jeu contre Toronto, il a touché le fond du filet, et une autre fois encore ce soir-là, dans un blanchissage des Leafs par les Pingouins 5 à 0. Un des patrons des Pingouins a déclaré : « Le jour, c'est un patron en complet cravate, et le soir, il endosse un autre costume, et il joue ! »

Après l'aventure désastreuse de 1998 aux Jeux olympiques de Nagano, l'équipe nationale du Canada avait précisément besoin d'un héros dans sa tenue des grands soirs. Elle bénéficiait déjà des services de Wayne Gretzky comme directeur général, et ce dernier connaissait le seul homme capable de donner au Canada ce qu'il avait raté à Nagano : Mario Lemieux, investi d'un titre, Capitaine Canada, et d'une mission : trouver de l'or sur la patinoire, et le ramener au Canada. Sur la glace, il faudrait un bon prospecteur...

Trent Evans savait tout sur la glace. En tant que spécialiste engagé par les Oilers d'Edmonton, Evans et son équipe s'étaient fait une réputation dans toute la LNH pour la qualité de leur glace : dure, lisse, rapide. Il explique : « La glace qu'on a ici, à Edmonton, est précisément celle dont les amateurs raffolent : elle donne

Superstitions

La pièce de un dollar canadien qui fut un jour connue sous le nom de « Huard porte-bonheur » fait partie de la liste des nombreuses superstitions qui ont émaillé l'histoire du hockey canadien. Lors des Jeux olympiques de 2002, à Salt Lake City, on a attribué au huard des pouvoirs quasi surnaturels : il avait été déposé sous la glace, en plein centre de la patinoire, et les deux équipes masculine et féminine canadiennes ont cette année-là remporté la médaille d'or. En 1950-1951, après plusieurs défaites d'affilée infligées aux Rangers de New York, un restaurant avait inventé une « potion magique » destinée aux joueurs, à prendre juste avant la partie – les Rangers ont du coup engrangé toute une série de victoires. Mais ça leur avait pris 54 ans avant de chasser la « malédiction » lancée sur l'équipe, le jour où ses dirigeants avaient brûlé l'hypothèque contractée avec le Madison Square Garden dans le vase de la Coupe Stanley. En 1994, les Rangers ont vaincu le sortilège et remporté la Coupe contre Vancouver.

Plusieurs joueurs de hockey pensent qu'une certaine façon de porter leur uniforme ou de pratiquer certains rituels avant la joute influence l'issue du match. Wayne Gretzky ne permettait pas que les bâtons de hockey soient posés l'un par-dessus l'autre ou que d'autres joueurs touchent le sien ; le gardien Patrick Roy jonglait avec des rondelles puis s'empressait de les cacher pour chasser le mauvais sort. En 1970, les Flyers de Philadelphie disaient que la façon qu'avait Kate Smith de chanter « God Bless America » – en direct ou enregistrée – en remplacement de l'hymne national, leur donnait une longueur d'avance. Le défenseur étoile des Maple Leafs de Toronto, « Red » Kelly, une fois devenu instructeur, prit l'habitude de disposer de petites pyramides de cristal dans le vestiaire et sous le banc des joueurs, espérant que « l'énergie » développée par la pointe des pyramides emmènerait les Leafs jusqu'à la Coupe Stanley. Après avoir éliminé Pittsburgh, Toronto a rencontré les féroces Flyers de Philadelphie, qui ont finalement remporté une dure série de sept matchs – avec l'aide de Kate Smith... *(DiMaggio-Kalish/Temple de la Renommée)*

du jeu rapide. Quand il faut patiner, lancer et faire des passes, la qualité de la glace est primordiale. »

Une glace de qualité est un mélange d'art, de technique, et de géographie favorable ; elle est un facteur déterminant de l'issue d'une rencontre, et les organisateurs des Jeux de Salt Lake City refusaient qu'une glace médiocre puisse finalement influer sur l'attribution d'une médaille d'or. Ils ont donc invité Evans et quelques-uns de ses collaborateurs à une rencontre internationale qui mettrait en présence l'élite des fabricants de glace et des conducteurs de Zamboni. Ainsi, dans leur quête de l'or, les plus grands joueurs de hockey au monde patineraient sur la meilleure des glaces possibles. Ce que tout le monde ignorait encore, et Evans le premier, c'est qu'il y aurait de l'or *sous* la glace !

Après avoir remporté la médaille d'or lors des Jeux olympiques d'Hiver de 2002, les femmes d'Équipe Canada essaient d'apercevoir le huard porte-bonheur enfoncé sous le centre de la glace. Elles furent aussitôt chassées par d'autres femmes de l'équipe : la finale pour la médaille d'or de l'équipe masculine n'avait toujours pas été jouée, et personne ne souhaitait que l'arme secrète canadienne soit retirée par les responsables olympiques.

(Dave Sandford/FIHG/Temple de la Renommée)

Le principal aréna des Jeux de Salt Lake City était le Centre E, et comme c'est le cas pour toutes les joutes internationales, la glace avait près de cinq mètres de plus en largeur qu'une glace traditionnelle de la LNH. Comme on n'avait pas trouvé exactement le point central de la patinoire où serait posé le logo de Salt Lake, la tâche d'Evans fut de trouver un moyen de prendre les mesures exactes de l'aréna de manière à ce que l'emplacement des buts et des autres bornes soit précisément déterminé. Il a fait peindre la glace en blanc, puis, explique-t-il, « on a tiré une ligne reliant le centre des buts et des deux filets pour nous assurer qu'ils étaient bien carrés. » Normalement, pour fixer la pièce indiquant le centre de la glace, Evans utilisait une vis insérée dans un support en plomb, mais ce jour-là, il n'avait pas ce qu'il fallait. Il fouille alors dans sa poche et en sort une pièce de 10 cents, se disant qu'« une pièce qui sort d'une poche est chaude, qu'elle fait donc fondre la glace, s'y creuse une place et y reste. »

Mais lui et son collègue fabricant de glace d'Edmonton, Duncan Muire, en vinrent à la conclusion que la pièce de 10 cents n'était décidément pas ce qu'il fallait. « On s'est mis d'accord qu'il serait préférable d'avoir l'or d'un huard [canadien]… on voulait que l'équipe gagnante parte avec de l'or, pas avec l'argent d'une pièce de 10 cents. »

Le lendemain, Evans a installé au centre de la glace, par-dessus la pièce de 10 cents, son huard, ainsi nommé pour désigner le grand oiseau canadien dessiné sur le côté face de la pièce. Et comme il était responsable de l'arrosage de la patinoire, il lui revenait de sceller – non de camoufler – son travail d'artisan dans la glace. « Un coup d'œil suffisait pour reconnaître sans erreur possible le

L'équipe féminine canadienne avait espéré l'or mais avait obtenu la médaille d'argent lors des Jeux olympiques d'hiver de Nagano, en 1998. Soutenue par la pièce couleur or du dollar canadien – le huard porte-bonheur – et par tout l'éventail de leurs talents et de leur envie de gagner, les femmes canadiennes ont tenu bon : en dépit d'une pluie de punitions douteuses et d'un retour en force en troisième période de leur ennemie de toujours, l'équipe américaine, elles ont fini le match 3 à 2, donnant du coup au Canada sa première médaille d'or olympique féminine. *(Presse canadienne)*

huard canadien. » Le problème est alors venu des superviseurs d'Evans, qui lui ont demandé d'enlever le huard. « Ils se sont dits qu'étant Canadiens, on défavorisait les autres équipes, que c'était malhonnête. Ce n'est pas cela qui allait influer sur les résultats de la rencontre. Cette toute petite chose ne méritait pas qu'on en fasse tout un plat et qu'on l'enlève. »

De fait, Evans souhaitait secrètement que le huard donne au tournoi olympique un résultat heureux pour le Canada, et non seulement il ne l'a pas enlevé, mais il a mis une bonne couche de peinture jaune juste au-dessus de la pièce d'un dollar. Il ne lui restait plus qu'à faire connaître l'astuce aux équipes canadiennes. Il courut au Pavillon du Canada et se présenta à Bob Nicholson, président de la Fédération canadienne de Hockey. Mis au parfum de toute l'histoire, Nicholson « a paru si enthousiaste qu'il m'a tout de suite amené dans la suite VIP pour téléphoner à Pat Quinn et à son épouse, de même qu'aux entraîneurs canadiens. »

Evans a tenu à informer lui-même l'équipe canadienne féminine, qui allait disputer l'or aux Américaines, leurs principales rivales. Le huard au centre de la glace était devenu une bannière pour laquelle on allait se battre. « Et ça y allait ! Yeh ! les filles ! Allez-y ! les filles ! on va patiner sur le huard canadien, on y va pour l'honneur du Canada ! »

Les joueuses canadiennes ont atteint la finale mais elles se sentaient battues d'avance, ayant perdu leurs huit derniers matchs préolympiques aux mains des Américaines. En demi-finale, elles avaient eu chaud : elles l'avaient finalement emporté 7 à 3, victoire décisive, mais après être revenues de l'arrière.

En tant que membre expérimentée des tournois olympiques, Thérèse Brisson a eu recours à un classique de la littérature américaine pour illustrer la tâche qui incombait maintenant à l'équipe canadienne. Elle a envoyé un courriel à l'une de ses amies restées au Canada disant en substance qu'elle et ses coéquipières se sentaient dans la peau de Dorothée, dans *Le magicien d'Oz :* « On est donc venues ici entourées de quelques amis sûrs : un épouvantail, un homme de fer blanc, un lion, tous tâchant d'avoir l'air intelligent – surtout moi... (elle avait été victime d'une commotion cérébrale quelques mois auparavant), de se donner du cœur, du courage, et puis là Dorothée tombe sur le Magicien qui lui déclare : « Vous avez, tous ensemble, ce qu'il faut pour le faire ! »

Le hic : elles jouaient sur la glace des Américaines, et il était à craindre que leur patriotisme déchaîné ne vienne ternir l'idéal olympique. Déjà, l'arbitre était américaine. Elle a décerné 13 punitions – 8 de suite ! – aux joueuses canadiennes, l'équipe américaine s'en tirant avec 6 pénalités. Et la joueuse de défense, Geraldine Heany, de commenter après le match : « Elle aurait dû endosser le chandail de l'équipe américaine, aujourd'hui... »

Mais avec quatre minutes à jouer, les femmes arborant la feuille d'érable menaient par deux buts ; c'est alors que Karyn Bye, celle qui avait fait le tour de la patinoire en brandissant le drapeau étoilé après la victoire américaine de Nagano, s'est inscrite au tableau des compteuses, réduisant l'écart à un but, et pendant un moment, on a cru que le vent avait changé de bord. Mais les joueuses canadiennes avaient le huard sous leurs patins, et on leur déposa la médaille d'or autour du cou, et tout un pays savoura sa revanche sur Nagano, prouvant au monde qu'elles étaient ce qu'elles savaient intimement être : des filles en or !

Pour Wickenheiser, qui a compté l'un des buts de l'équipe canadienne, et qui allait être nommée « meilleure professionnelle »: « Ce fut, a-t-elle déclaré, le moment le plus intense de toute mon existence. Tout ce pourquoi j'avais travaillé, tout ce que j'avais espéré est tombé sur moi à ce moment-là. J'étais la personne la plus heureuse sur terre ! »

Transportées par l'événement, les Canadiennes ont alors vu dans le huard une partie essentielle de leur triomphe, et certaines ont demandé à le voir. Trent Evans était tout près du banc ; il a craint à ce moment que ce qui était devenu un authentique talisman ne tourne en eau de vaisselle si jamais les filles allaient raconter leur secret. « J'ai dit à Nicholson : éloigne-les du centre de la patinoire. Il faut que le secret stimule également notre équipe masculine. »

En haut dans les gradins, Wayne Gretzky pensait la même chose. Le directeur général d'Équipe Canada criait dans son téléphone de trouver quelqu'un, et vite ! qui se charge d'éloigner les filles. Wickenheiser a finalement compris, et elle s'est élancée pour ramener ses joueuses loin du centre de la glace, sans qu'un dommage quelconque n'ait semblé avoir été causé à notre arme secrète. Têtues, les filles voulurent en avoir le cœur net. Le soir, au moment où le Centre E est vide et plongé dans le noir, et à l'heure où les joueuses d'Équipe Canada devaient quitter leurs patins pour les sandales, elles se rassemblèrent au centre de la glace. Evans raconte : « Elles se mirent au garde-à-vous en l'honneur du huard – et se sont envoyées des bières en sa compagnie... »

Les dieux durent être invoqués une fois encore lorsque Peter Jordan, journaliste à la télé de CBC, et réputé pour ses frasques, a monté un court document sur la fabrication de la glace aux Olympiques, et qu'il a eu vent de l'histoire du huard enfoncé dans la glace. Pour un journaliste, c'était une histoire littéralement « en or », à mettre tout de suite en onde, et en dépit des efforts d'Evans pour imposer un embargo sur la nouvelle, l'histoire fut diffusée juste avant le match pour la médaille d'or de l'équipe masculine – eux qui en avaient déjà plein les bras d'avoir à rencontrer les Américains en finale.

Evans, prudent, et devenu très superstitieux, était convaincu que c'était foutu. « Et ce dimanche matin fatidique où devait se jouer la médaille d'or, je suis allé faire un tour, voir si tout était en place... j'étais sûr que le huard ne serait plus là ; j'en avais apporté un avec moi. Si l'autre avait été enlevé, j'en mettrais un autre... »

Le huard était toujours en place. Les joueurs canadiens le savaient, mais les millions de leurs compatriotes qui regardaient la télé, ce 24 février 2002, ignoraient que la rondelle jetée par l'arbitre tombait sur un aussi puissant porte-bonheur. Tout ce qu'ils savaient, c'est que cette partie-là était aussi cruciale que la huitième joute de la Série du Siècle de 1972, et peut-être plus encore : elle serait une première médaille d'or canadienne aux Jeux olympiques depuis celle des Mercurys d'Edmonton en 1952, un demi-siècle plus tôt.

Au pays comme à l'étranger, les Canadiens de tout âge mirent un terme à leurs activités du moment pour regarder la partie, espérant que leur rêve devienne une réalité : les Canadiens étaient les meilleurs joueurs au monde. Jerry Jabson venait d'émigrer au Canada depuis ses Philippines fanatiques de basketball. Avec des copains, il s'est installé devant son téléviseur. Six mois plus tôt, il avait échangé le soleil de Manille et une profession d'ingénieur contre la neige de Scarborough, en Ontario, et un boulot sur une chaîne de montage : il lui fallait assez d'argent pour emmener toute sa famille avec lui dans cet étrange pays qui faisait du hockey une obsession. Jabson confie : « On ne comprenait pas les règlements. Tout ce qu'on savait, c'est qu'il fallait mettre la rondelle dans le but. C'était la première chose à faire, quoi qu'il arrive. Et une bonne façon de courir sur la glace, c'est de chausser des chaussures avec une lame. C'est tout à fait unique, ce sport-là : tu mets des chaussures spéciales, et tu vas vite ! »

Jabson était fidèle à ses rendez-vous avec le hockey : il savait qu'en comprenant mieux les règlements, il allait devenir un vrai Canadien. « Le hockey est

le sport national de ce pays, dit-il. Partout où vous allez au Canada, tout le monde parle de hockey, dans les bars, les restaurants, dans les fêtes. Surtout pendant les finales. Il arrive même que les Canadiens ne vont pas travailler, juste pour regarder un match. »

À quelques kilomètres de là, à Caledonia, en Ontario, mais à des années lumières du monde de l'immigration, la conservatrice de Musée, Karen Richardson, et sa famille regardaient aussi les joutes à la télévision, mais cette fois à travers le prisme d'antécédents nombreux et prestigieux en matière de hockey. « On est presque tous nés avec des patins et des bâtons de hockey dans les mains », confia-t-elle. Rick, son mari, était l'un des administrateurs de la

Le 24 février 2002, les Canadiens, où qu'ils fussent, ont cessé le travail pour regarder la joute la plus importante du hockey masculin depuis la Série du Siècle de 1972. Pour le grand plaisir des amateurs, Équipe Canada a défait les États-Unis 5 à 2. C'était à Salt Lake City, et le Canada remportait sa première médaille d'or olympique depuis 50 ans.
(Presse canadienne)

Fédération de Hockey de l'Ontario. Quant à elle, elle avait en quelque sorte grandi et patiné sur la Grand River, dans le sud-ouest de l'Ontario ; sa mère avait joué dans une équipe féminine dans les années 1970. Ses deux fils s'étaient illustrés dans le hockey mineur et junior, puis, à l'âge adulte, avaient continué comme instructeurs pour le compte d'une ligue de loisirs. Karen avait aussi deux petits-fils déjà en patins...

Et la partie du siècle allait se jouer. Pour garder un souvenir impérissable de cette journée historique, qui s'avéra une date dans l'Histoire à la fois pour la famille Richardson et pour le hockey en général, on eut recours au magnétoscope. « La tension montait, montait ! On était tous assis sur le bord de nos sièges, chaque minute était une minute en or, déclara Richardson. On marquait, et toute la foule était debout, applaudissait, les drapeaux flottaient dans l'aréna, et puis bien sûr, il y avait là ma mère, trépignant sur le bout de son siège, on aurait pu suivre presque chaque manœuvre de l'équipe sur son visage... »

Quelque part aux antipodes, dans le dangereux paysage labouré de bombes de Kandahar, en Afghanistan, le sergent Lorne Ford montait la garde dans une tranchée. C'était la nuit noire. Lui ne pouvait pas penser à autre chose qu'au hockey. Drôle de guerre d'une autre époque, avec des tranchées, des seigneurs de la guerre, et des ennemis à cheval. Cette nuit-là, lui et ses camarades officiers subalternes et officiers avaient pris la relève des opérations pour permettre aux enrôlés de regarder le match olympique.

En faction pour prévenir toute attaque contre son camp de base, il entendait le déroulement du match dans la radio des militaires canadiens et dans la télé installée dans une tente dressée tout près, pour ceux qui n'étaient pas de service, cette nuit-là. « D'où j'étais, et de la tente d'à-côté, raconte-t-il, j'entendais tout : chaque but compté. Il se passait là quelque chose qu'on aurait tous voulu voir depuis 50 ans. Dans le Motorola que tout le monde avait à sa disposition, on entendait juste : "Le Canada a compté !" À quelques secondes d'intervalle, tous les gars dans nos lignes savaient ce qui se passait là-bas. Je ne peux pas dire si c'était pareil dans les lignes américaines. J'en doute énormément. Je veux dire : on sait quel pays le hockey prend le plus aux tripes ! »

Le match a été à la hauteur du battage publicitaire qu'il avait suscité, et aussi des espoirs soulevés : en troisième période, le Canada menait 3 à 2, et pour les amateurs répartis sur toute la planète, il aurait été impossible, mais absolument impossible de mesurer le degré de tensions accumulées.

Équipe USA a fait trembler le cœur des Canadiens et ravivé l'espoir des Américains lors d'un avantage numérique : Brett Hull a obtenu une occasion unique de compter, mais Martin Brodeur l'a tranquillement stoppé. Puis, avec quatre minutes à jouer, le Canadien Jarome Iginla a décoché un tir que le gardien américain Mike Richter – glissant sur sa ligne de but – a voulu stopper en se retournant pour l'empêcher de retomber dans le filet. La rondelle avait frappé son gant, le retournant complètement, et la rondelle, dans l'air, retombait vers le filet maintenant désert ; Joe Sakic, le joueur de centre d'Iginla, tente de la faire dévier mais il frappe dans le vide ; le défenseur américain, Tom Poti essaye à son tour de la déblayer en terrain plus sûr, mais en vain – la rondelle vient choir dans le filet... Le reste est l'histoire d'un cri, un rugissement sorti de la poitrine de tous les Canadiens de la planète et de celle des dirigeants d'Équipe Canada : Wayne Gretzky, Kevin Lowe, Steve Tambellini, debout, pompant le poing ! Le match n'était pas terminé mais le Canada était maintenant l'équipe à battre – Joe Sakic a fait taire tous les sceptiques en enfilant un autre but, donnant aux Canadiens en extase une décisive victoire de 5 à 2, et la médaille d'or.

À Kandahar, le sergent Ford avait été relevé de son poste dans les tranchées pour assister à la fin du match. « C'était... c'était incroyable ! La tente au complet est devenue complètement folle ! » Victoire tout aussi poignante pour la famille de Karen Richardson, en Ontario. « Plusieurs fois, confia-t-elle, je me suis dit que tout le voisinage allait nous entendre crier dans notre salon ! Quand ça été fini, qu'on a su qu'on avait gagné... et puis il y avait ma mère qui sautait sur place, criait... Un moment tout à fait magique ! »

« Dans ma profession, je dis souvent aux gens que l'histoire n'est pas tant une affaire de dates et d'événements qu'un ensemble d'émotions simples, vécues par des gens simples, a dit Karen Richardson. Le souvenir de ce moment partagé, vécu par tous les membres de ma famille restera chez tous comme l'un des plus forts. »

Jerry Jabson a d'un coup mieux compris son pays d'adoption : il avait assisté au triomphe du Canada, et entendu klaxonner les voitures, les drapeaux flotter au vent – tout son voisinage de Scarborough était là. « Dans mon pays, on est un peu plus conservateur, tint-il à préciser. On n'exprime pas nos émotions de la même façon. Quand notre équipe gagne, on se sent bien. C'est humain, tout ça. »

À Salt Lake City, une autre feuille d'érable fut mise à l'honneur. Pendant qu'Équipe Canada célébrait sa victoire après le coup de sifflet final, Trent Evans, spécialiste en glace de patinoire et passé maître en matière de huard, prit un tournevis et courut se saisir de sa chance. « En moins de 10 secondes, j'avais fait fondre la glace juste au-dessus du huard, que j'ai extrait à l'aide du tournevis ». Dans une conférence de presse improvisée, il présenta à Gretzky le huard qui avait deux fois porté bonheur aux Canadiens. « Ce huard s'en va tout de suite au Temple de la Renommée, lâcha le patron d'Équipe Canada, visiblement soulagé. Il a donné aux hommes et aux femmes de nos équipes le petit quelque chose qui manquait pour l'obtention de notre médaille d'or. »

En 2004, le hockey professionnel célébra son centenaire. L'époque de Houghton, au Michigan, semblait lointaine, mais elle ne l'était pas tant que ça. En juin de cette année-là, une équipe représentant un « petit marché », Calgary, disputa un match de la Coupe Stanley contre une autre décrite comme un « gros marché », le Lightning de Tampa Bay. Les amateurs de tous horizons furent enchantés de la série, la plus palpitante depuis plusieurs années.

Quand Tampa Bay a remporté la Coupe, ses habitants, habitués depuis longtemps à décrocher un billet gratuit pour chaque achat de 10 dollars d'essence, ont envahi joyeusement les rues de la ville pour s'acheter tout l'atti-

Comme pour faire mentir les experts, pour qui l'époque des équipes évoluant dans des « petits marchés » était révolue, la Coupe Stanley de 2002 a mis aux prises les Flames de Calgary et le Lightning de Tampa Bay, et ce fut en fait l'une des séries les plus palpitantes à laquelle on n'ait jamais assisté. Avec chacune trois victoires en poche, les deux équipes se sont dirigées vers l'épreuve de force finale : le septième match – c'était la première fois en 10 ans qu'il avait fallu sept rencontres pour décider d'un vainqueur. Tampa Bay menait 2 à 0, mais un but de Calgary au milieu de la troisième période a rétréci l'écart. Il était un peu illusoire de battre le gardien de Tampa, Nikolai Khabibulin. Le Lightning, qui n'avait atteint les éliminatoires que deux fois depuis son entrée dans la LHN, en 1992, a remporté la Coupe 2004. *(Dave Sanford/Temple de la Renommée)*

rail et les produits dérivés de la Coupe Stanley, y compris les exemplaires d'un journal local où quelqu'un avait prématurément envoyé à la salle de composition un éditorial félicitant le Lightning pour leur bel effort et leur souhaitant meilleure chance l'année suivante...

Mais pour les principaux acteurs du monde du hockey, l'année suivante était depuis longtemps dans tous les esprits, avec, dans l'air, des menaces de grève. Et la date butoir du 15 septembre prévue pour la signature d'une entente entre la LNH et ses joueurs approchait à grands pas. Les Canadiens redoutaient que la Coupe du monde qui allait se disputer en septembre soit leur dernière chance avant longtemps de voir à l'œuvre leurs héros si les prédictions les plus noires devaient se concrétiser. Le 14 septembre, le Canada fut à la hauteur de toutes les

Pendant la saison 1985-1986, la recrue Patrick Roy s'est vite imposée comme l'un des tout premiers gardiens d'une ligue professionnelle à emmener les Canadiens de Montréal à la Coupe Stanley et à remporter le premier de ses trois Trophées Conn Smythe accordé au joueur le plus utile à son équipe pendant les éliminatoires. Sa réputation fut solidement établie dès 1989, l'année du premier de ses trois Trophées Vézina ; parallèlement à sa réputation, c'est son équipement de gardien de but qui a pris de l'ampleur. En 2003, après 553 victoires, le plus grand nombre jamais remportées, Roy prend sa retraite. En comparaison, l'équipement de ses débuts semble plutôt léger. Pour augmenter le nombre de buts comptés à chaque partie, la LNH a revu sa réglementation en 2005 de manière à réduire la dimension de l'équipement de ses gardiens.

(à gauche : Temple de la Renommée, à droite : Dave Sandford/Temple de la Renommée)

attentes, battant la Finlande 3 à 2 et remportant la Coupe du monde, mais la victoire fut douce amère. Dans le vestiaire des Canadiens, seul un avis laconique rappelait leur victoire : « Pas de pratiques demain. Il n'y a plus personne à battre ». Le lendemain, ce n'était pas seulement les pratiques qui étaient annulées : les joueurs de la LNH étaient mis en lock-out, la direction de la Ligue étant arrivée à la conclusion qu'elle ne pouvait signer une entente collective avec ses joueurs.

Dans les mois qui ont suivi, il y a eu des périodes d'acrimonie, puis d'apathie, puis un certain 16 février 2005, on a cru que c'était dans la poche : une rumeur de la dernière heure avait parlé d'une entente survenue entre la LNH et ses joueurs – mais tout est tombé à l'eau, et la LNH est devenue la première ligue

professionnelle sportive de l'histoire à annuler toute une saison. La radio et les chaînes de télévision furent bientôt débordées par les appels des amateurs déçus, mais Wayne Gretzky, lui-même propriétaire d'une équipe, a alors émis le commentaire sans doute le plus perspicace du moment : « Les amateurs canadiens, entrevoyait-il, reviendront toujours à leur sport national. Les amateurs américains, par contre, nous causent beaucoup de souci. »

Entre le septième match de la Coupe Stanley de 2004 et la joute d'ouverture de la saison 2005-2006, les amateurs canadiens ont jeté leur dévolu sur le hockey junior et amateur – ils se sont aussi posé la question de savoir si le hockey avait encore sa place, et si oui, laquelle, dans le paysage sportif canadien. Le débat a atteint son point le plus chaud à la suite d'un défi légal lancé à la LNH, en tant que « propriétaire » de la Coupe Stanley. Le premier coup de feu fut tiré par une association d'Edmonton auto-baptisée « Libérez Stanley ! » En février 2005, elle fut rejointe par un groupe de Toronto qui a porté l'affaire devant la Cour

supérieure de l'Ontario. Les soi-disant « libérateurs » soulignaient le mot « défi », dans l'appellation « Trophée du Défi du Dominion de Lord Stanley », et contestaient la prétention de la LNH d'être propriétaire de la Coupe sous prétexte qu'elle en avait pris possession en 1947.

Un organe de presse en manque de nouvelles sportives a pris la relève, adoptant, sinon le point de vue des contestataires, du moins celui de qui détient une bonne histoire. Et puis les Canadiens – les Américains également – ont mis de l'avant une proposition de poids : la Coupe Stanley 2005 serait disputée par des équipes des ligues universitaires, par la Ligue américaine de Hockey, par les Ligues senior en compétition pour la Coupe Allan, et aussi par la Ligue féminine nationale et internationale. La gouverneur général de l'époque, Adrienne Clarkson, a donné son appui au défi lancé au Trophée du Défi, et promit au hockey féminin une Coupe spécifique.

On l'appelle The Next One (le prochain), clin d'œil au premier et au plus grand des deux, Wayne Gretzky, le joueur auquel Sidney Crosby a été comparé et continuera d'être comparé pendant toute sa carrière. Il a la même volonté de gagner que Gretzky, le même génie d'analyse du jeu, mais lui adore s'impliquer physiquement pour aller chercher la rondelle et la mettre dans le filet. *(Presse canadienne)*

Le 5 octobre 2005, après un lock-out de 16 mois déclaré par la direction de la LNH, première ligue professionnelle à perdre toute une saison à la suite d'une dispute salariale, le hockey a repris vie en Amérique du Nord, et l'hiver, une fois encore, s'est illuminé. Le premier soir, de vieilles rivalités sont réapparues, comme celles d'Ottawa et de Toronto, d'Edmonton et de Calgary, de Montréal et de Boston, mais un autre avenir pointait à l'horizon : les Canucks de Vancouver rencontraient les Coyotes de Phoenix, propriété de leur entraîneur, Wayne Gretzky. *(Photo : Graig Abel)*

Le débat portant sur la Coupe a ravivé l'intérêt général pour le hockey à tous les niveaux, au Canada et bien au-delà de ses frontières. Plusieurs joueurs de la LNH avaient filé en Europe durant le lock-out, question de garder la forme – physique et financière... – mais pendant la même période, les Canadiens ont suivi de près les développements survenus dans leur sport national. Un site Internet privé a montré que presque la moitié des répondants à un questionnaire appuyait l'idée de joueurs remplaçants, si jamais aucune entente n'était encore en vue pour la saison 2005-2006. Même disparue du paysage, la LNH rappelait sa présence dans l'esprit des gens.

En juillet 2005, les joueurs et la direction de la LNH tombèrent finalement d'accord. L'enjeu était grave : une autre saison perdue, et c'était la survie de la LNH qui se serait jouée. Faisaient maintenant partie d'accords signés des mesures jusque-là non négociables, du point de vue des joueurs, comme les limites financières liées aux capacités réelles de l'équipe et aux revenus de la Ligue. Aussi objet d'une entente : une réduction générale des salaires de 24 %.

Il y avait quand même de bonnes nouvelles pour les joueurs, comme la réduction du temps d'éligibilité comme agents libres, et un partage des revenus entre la Ligue et les joueurs. Bonnes nouvelles aussi pour les amateurs, avec des changements apportés au règlement et destinés à donner plus de vitesse au sport. L'équipement du gardien qui, avec le temps, avait fini par ressembler au Bibendum de la compagnie Michelin, allait être allégé ; la zone de manœuvre du gardien de but allait également être réduite.

Les matchs restés nuls après cinq minutes de prolongation donneraient lieu à une série de tirs au but. La mesure visait simplement à donner l'envie aux joueurs de gagner, point final – mais ces derniers ne furent pas emballés par l'idée. La LNH a aussi promis de mettre un terme à l'obstruction, question de redonner aux grands joueurs tout leur brio, à quoi devait contribuer également l'élimination de la ligne rouge. Un défenseur pourrait donc, en toute légalité, faire une passe, derrière son but, à un coéquipier arrivé à la ligne bleue adverse. Cette modification du règlement allait ouvrir le jeu, et récompenser le joueur rapide et talentueux, et rendre la tâche plus difficile au joueur de défense qui avait pris l'habitude, pour protéger sa zone, de s'agripper au joueur adverse ou de carrément l'accrocher.

Le président de la LNH, Gary Bettman, déclara en cette occasion : « C'est une nouvelle façon de jouer qui s'annonce, et un avenir prometteur pour la Ligue Nationale de Hockey. » Il flottait tout de même dans l'air un relent d'amertume. Wayne Gretzky, maintenant propriétaire-gérant des Coyotes de Phoenix, a confié : « En fin de compte, tout le monde a perdu. On a presque paralysé toute l'industrie. C'est décevant, ce qui est arrivé. »

Le 5 octobre 2005, le soir de l'ouverture de la nouvelle saison, tout ou presque fut pardonné et placé dans les archives pour d'éventuelles consultations : ce soir-là, la première ligue de hockey au monde reprenait ses activités. Bien sûr, d'anciens visages occupaient maintenant de nouveaux postes. Gretzky officiait comme instructeur, dirigeant ses Coyotes à la fois depuis le banc des joueurs et derrière son bureau. À Pittsburgh, Mario Lemieux, lui aussi propriétaire, avait de nouveau chaussé ses patins ; il était devenu le mentor du premier choix des Pingouins, un très jeune joueur surnommé « The Next One » (le prochain), Sidney Crosby. Durant la saison 2005-2006, Crosby a montré qu'il était plus qu'un coup publicitaire : il fut remarqué comme l'un des plus brillants joueurs de la Ligue. Il était le mieux placé pour remplacer Mario Lemieux, qui a pris sa retraite définitive en janvier 2006. Todd Bertuzzi, des Canucks de Vancouver, suspendu en mars 2004 pour son agression à l'encontre du joueur de l'Avalanche du Colorado, Steve Moore, s'est vu accorder la permission de revenir au jeu, promettant du coup à son équipe, pour dire son regret des événements passés, qu'il donnerait une Coupe Stanley à Vancouver, dont la première – et la dernière – remontait à 1915... L'establishment du hockey a tenu à lui signifier son plein retour dans la Ligue en l'inscrivant dans l'équipe olympique canadienne de 2006.

Comme toujours, la bannière de l'espoir flottait dans tout le pays : on voulait que cette saison-là soit la bonne, celle du triomphe des équipes de la Ligue, et les sondages menés par les chaînes de télévision au cours des premières semaines ont prouvé le retour des amateurs à leur Ligue. Il fallait rattraper le temps perdu. « C'est parti ! », la proclamation universelle de l'ouverture d'un match chez les joueurs et les amateurs du monde entier a électrisé tout le pays. Une fois encore, un Trophée, offert il y avait plus d'un siècle pour encourager l'amour du hockey dans le monde, brillait de tous ses feux, allumant le regard de tous les amateurs canadiens et du monde entier. De Shediac à Shawinigan à Salmon Arm, de Stockholm à Saint-Petersbourg, en Russie comme en Floride, les rêves d'hiver seraient plus que des rêves d'hiver, et les attentes printanières des joueurs feraient battre les cœurs. Le sport national canadien appartenait dorénavant au monde !

REMERCIEMENTS

Cet ouvrage a été rendu possible et sans cesse bonifié grâce à la collaboration de nombreuses équipes de travail. À Radio-Canada, Karen Bower m'a invité au match, et sa gentillesse de tous les instants, de même que son évidente compétence à diriger des ligues majeures, en ont assuré l'heureux déroulement. La supervision du projet, confiée à Mark Starowicz et Sue Dando, a stimulé l'ardeur créatrice des écrivains, producteurs et directeurs Michael Claydon, Laine Drewery, Peter Ingles, Claude Berrardelli, Jo-Ann Demers, Wayne Chong, David Langer, Lynne Chichakian, Lynda Baril, David Wells, Rob MacAskill, Terry Walker, Roberto Verdecchia, et Michael Drapack. Eux et plusieurs autres, devant ou derrière la caméra, furent d'excellents conseillers. Une reconnaissance toute particulière doit aller à Lesley Cameron, pour avoir gardé le champagne au frais, chaque fois que l'auteur s'avérait en panne d'inspiration entre les périodes. Au point d'appui, je veux dire toute ma gratitude aux recherchistes Angela Comelli, Paul Patskou, Ron Krant, et Natalie Tedesco : ils ont su, avec beaucoup de tact, corriger mes erreurs. Également, à David York, Carolyn Bell Farrell, Andrew Bergant, Lisa Jakobsen, et Barbara Shearer, pour leur hospitalité à l'égard de l'équipe visiteuse lors de mes séjours à Toronto. Le doigté de l'équipe-étoile éditoriale de Dinah Forbes et de Jenny Bradshaw, de McClelland and Stewart, a fait de l'écriture de cet ouvrage quelque chose comme un beau coup de patin en pleine nature. Gros mercis à ces deux experts, qui m'ont chaque fois indiqué, avec beaucoup de gentillesse, quand je ratais le filet, ou pire, quand je lançais n'importe où. Et à la fin, comme toujours, mon épouse, Nancy Merritt Bell, et ma fille, Rose, m'ont rappelé que ce qui compte, ce n'est pas le pointage final, mais comment on a joué. Ce fut pour moi un honneur et un privilège de m'aligner avec des coéquipiers aussi brillants, et aussi généreux.

Achevé d'imprimer sur les presses
de l'imprimerie Transcontinental
au mois de octobre 2006
Québec (Canada)